Gidon Kremer · Zwischen Welten

Gidon Kremer

Zwischen Welten

Mit 25 Abbildungen

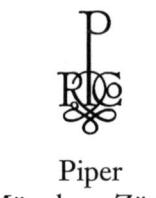

Piper
München Zürich

Allen, die ihren Weg suchen

ISBN 3-492-04459-X
© Piper Verlag GmbH, München 2003
Satz: Uwe Steffen, München
Druck und Bindung: Pustet, Regensburg
Printed in Germany

www.piper.de

Der kühle, wägende Verstand
kann Rußlands Wesen nicht verstehen;
denn daß es heilig ist, dies Land,
das kann allein der Glaube sehen.
Fjodor Tjutschew (19. Jahrhundert)

Die Analyse ist ein westliches Phänomen und taugt
nicht für den russischen Menschen. Rußland »kann
man nicht verstehen«, weil es sich selbst verboten
hat, verstanden zu werden.
Wiktor Jerofejew (2002)

Inhalt

Vorwort

Was geht im Menschen vor, wenn er sich erinnert? Diese Frage habe ich mir oft gestellt, als ich begann, dieses Buch zu schreiben. Das war im Sommer 1990, als ich an Bord des Eisbrechers *Rossia* eine lange Reise zum Nordpol unternahm – ich wollte eine Pause machen, Urlaub haben von der Hektik meines Geigerlebens, aber auch Zeit zum Nachdenken und Erinnern. Nach der Rückkehr schrieb ich wie besessen innerhalb von sechs Wochen den ersten Entwurf zu diesem Buch.

»Zwischen Welten« schließt unmittelbar an »Kindheitssplitter«, die Erinnerungen meiner frühen Jahre, an. Es ist die Zeit zwischen 1965 und 1980, von der ich hier erzähle, meine Moskauer Studienjahre bei David Oistrach, die Wettbewerbe, die ersten großen Konzerte, prägende Erlebnisse meines jungen Künstlerlebens. Es ist aber auch meine »éducation sentimentale«, die ich hier nachvollziehe, die Phasen meiner persönlichen Reifung, Momente des Glücks und der Krise.

In diesen Jahrzehnten wurde aber auch vorbereitet, was zum politisch-gesellschaftlichen Umbruch nach 1989 geführt und die Welt verändert hat. Auch darum geht es in diesem Buch, denn die Geschichte eines Lebens ist auch Bild seiner Zeit. So können die Stationen meines persönlichen und musikalischen Werdeganges auch gelesen werden als bewahrte Erinnerung an eine Ära, die bis heute nachwirkt. Der langsame, schwierige Entscheidungsprozeß zu meinem

»Transit« aus der Sowjetunion in den Westen ist für mich ein zentrales Motiv dieser Erinnerungen eines jungen Musikers im Sozialismus. Mir fiel dieser Schritt nicht leicht. Ich hänge noch heute an dem Land, das ich »verlassen« habe, und an seiner Kultur. Immer wieder merkte ich, daß ich »zwischen Welten« war und nirgendwo ganz zu Hause (und das ist bis heute so). Der Ort, an dem ich mich emotional befand, war nie ganz im »Westen« und nie ganz im »Osten«, wie man früher zu sagen pflegte, sondern irgendwo dazwischen oder auch jenseits. Die Leser werden spüren, daß der Buchtitel, der diese Erfahrung in eine knappe Wortfigur bringt, nicht nur politisch und geographisch gemeint ist.

Rechenschaft wollte ich mir geben, auch wenn die Erinnerung an manches halbverdrängte Ereignis überaus schmerzhaft war. Vorbild für einen ehrlichen Umgang mit mir selbst waren dabei Ingmar Bergmans Memoiren *Laterna Magica*. An einer Stelle dieser bemerkenswert offenen »Lebensbeichte« beschreibt Bergman, wie er sich über alte Photographien beugt und durch das Vergrößerungsglas versucht, »vermoderte Gefühle zu durchdringen«. In dem Bild finde ich mich wieder, auch wenn mir andere Epitheta passender erscheinen: »verwittert« oder »vergilbt« vielleicht. Eine Biographie ist aber mehr als das Blättern im Photoalbum der Erinnerung: Die Gegenwart erhält Sinn, die Zukunft wird vorstellbar.

Gidon Kremer

Prolog

Anfang der achtziger Jahre kam ich gelegentlich zurück in die Sowjetunion. Ich reiste nicht allein, sondern mit ausländischen Touristen, weil ich mich so sicherer fühlte. Einmal schloß ich mich einer jener Gruppen an, die glaubten, in fünf bis sieben Tagen das Land kennenlernen zu können. Erstes Ziel unserer Reise war Leningrad. Wir fuhren vom Flughafen Pulkowo in die Stadt, müde und doch voller Sehnsucht schaute ich aus dem Fenster. Plötzlich ertappte ich mich beim Lesen: »Die Partei und das Volk sind eins« – »Der Kommunismus ist unser Ziel« – »Wir gehen Lenins Weg«. Nie ist mir die Leere dieser Propagandasprüche so bewußt geworden. Kaum jemand nahm sie wahr, und dennoch gehörten sie zur Wirklichkeit.

Ich erinnere mich an eine Episode aus Moskau. Vor vielen Jahren fuhr mich ein englischer Diplomat von seiner Botschaft aus ins Studentenheim des Tschaikowski-Konservatoriums. Beim Aussteigen versuchte er, den Text des roten Banners auf dem Institutsgelände zu lesen. »Sie sind wohl erst kurz in Moskau?« Überrascht meinte er: »Woher wissen Sie das?« »Ganz einfach, bei uns liest das niemand mehr.«

Jetzt, als ich wieder einmal in das Land zurückkam, ging mir die wahre Bedeutung dieser Slogans auf. »Die Grenzen der Sprache sind die Grenzen des Ichs.« Wittgensteins Satz machte mir bewußt, wie sehr solche Propagandasprüche Totalitarismus spiegeln und zugleich befördern. Die Einschränkungen der Freiheit bildeten das System, in das der Alltag gezwängt wurde.

Wie wohltuend war es aber doch auch, bei solchen Reisen zu erfahren, daß jenseits der politischen Indoktrination immer wieder auf wunderbare Weise menschliche Regungen zum Vorschein kamen. Eine kleine Episode aus einem anderen Aufenthalt in der Sowjetunion mag das belegen.

Ich besuche Freunde in der Ukraine. Spät ist es geworden, vielleicht halb zwei Uhr nachts. Stunden des Wiedersehens dauern im Osten lang. Aber es hilft nichts, ich muß ins Hotel zurück. Am Ende eines Feiertags allerdings ein Taxi bestellen zu wollen ist so gut wie aussichtslos. Chronischer Mangel herrscht auch hier. Busse, die U-Bahn, alles andere steht schon still. Also gehen wir in der Hoffnung auf die Straße, doch noch irgendwie ein Auto zu erwischen.

Mittlerweile ist es ungefähr zwei Uhr morgens, da biegt ein kleiner Lada um die Ecke. »Könnten Sie meinen Freund ins Hotel ›Dnipro‹ fahren?«

Schweigen. Der Beifahrer schaut mich seltsam an. »Na, gut«, antwortet schließlich der Mann am Steuer generös.

Während der Fahrt dreht sich die Person auf dem Nebensitz mehrmals nach mir um. Ganz wohl ist mir dabei nicht. Ob die beiden es gut mit mir meinen? Schließlich ist es tiefe Nacht, und die Stadt Kiew ist mir in all den Jahren fremd geworden.

Plötzlich murmelt der Beifahrer vor sich hin: »Teufel auch, es kann nicht sein.«

»Was kann nicht sein?« mische ich mich zögernd in das Selbstgespräch ein.

»Nichts Besonderes, Sie erinnern mich nur an jemanden.«

Ich beginne zu ahnen, was er meinen könnte, und sage, meinerseits ein wenig erleichtert: »Na, vielleicht bin ich es doch?«

»Nein«, erwidert der Mann, »es ist unmöglich, derjenige, den ich meine, ist nicht hier, er ist dort!«

Nun beginne ich befreit zu lachen und beharre auf meinem Satz: »Na, vielleicht bin ich es doch?«

»Gidon Kremer?« fragt er beinahe erschrocken.

»Ja.«

Da aber reagiert mein Gesprächspartner, anders als ich erwartet hatte, völlig verzweifelt: »Wie soll ich das jemandem erklären? Es wird mir doch niemand glauben, daß ich Sie gesehen habe!«

Nun erfuhr ich, daß der Mann vor etwa zwölf, dreizehn Jahren an der Musikschule in Dunajewzy bei Chmelnizk studiert hatte, einem kleinen Ort in der Ukraine. Damals hatte ich einmal das Städtchen besucht und war sozusagen der Lieblingskünstler seines Lehrers geworden. An den Ort, sogar an den überfüllten Saal der Schule konnte ich mich auch nach so langer Zeit noch gut erinnern. Ich war gerührt. Trotz meiner langen Abwesenheit war ich offensichtlich in Erinnerung geblieben. Als wir am Hotel ankamen, zog ich ein paar Scheine aus der Tasche, um zu bezahlen. Die Männer aber wollten partout kein Geld nehmen, ich mußte es ihnen förmlich aufdrängen.

Studienjahre in Moskau

Ein ausgesprochener Verehrer David Oistrachs bin ich, als ich jung war, eigentlich nicht gewesen. Beim Schulabschluß in Riga war ich noch in dem Dilemma, bei wem ich wohl weiterstudieren sollte. Das traditionsreiche Leningrader Konservatorium kannte ich schon, es hatte für mich wenig Anziehungskraft. Im Grunde gab es in Rußland nur einen wirklichen kulturellen Mittelpunkt: Moskau. Dort konnte man vorwärtskommen, denn auch in der Kunst herrschte, wie in allen Lebensbereichen des Sozialismus, das Prinzip des Zentralismus. Somit blieb also nur das Tschaikowski-Konservatorium.

Aber bei wem Unterricht nehmen? Juri Jankelewitsch, der als sehr autoritär galt, übte auf viele Geiger eine große Anziehungskraft aus. Mich allerdings schreckte seine herrische Art ab. Sich jemandem zu fügen ist mir nie leicht gefallen. Leonid Kogan besaß als Künstler damals schon eine fanatische Anhängerschaft, als Lehrer aber hatte er noch keinen großen Namen. Andere kamen nicht in die engere Wahl. So konnte es eigentlich nur Oistrach sein.

Pjotr Bondarenko, Oistrachs Assistent, hatte mich beim Regionalwettbewerb der baltischen Sowjetrepubliken gehört und sich gleich bemüht, mich in Oistrachs Klasse zu holen. Nun kam ich zu dem großen Geiger und spielte ihm vor. Obwohl ich mich auf die Aufnahmeprüfung gut vorbereitet und mit Bartóks Solosonate und dem Brahms-Konzert ein schwieriges Programm ausgewählt hatte, schien

Oistrach doch Bedenken zu haben, ob ich wirklich zu ihm und seinem Schülerkreis passen würde. In den Jahren zuvor hatte er mich einige Male gehört, etwa bei Vorauswahlen zu internationalen Wettbewerben in Paris, Genua oder Bukarest, die üblicherweise in Moskau stattfanden. Oistrach fand mein Spiel zu eigenwillig, unbeherrscht, nahezu anarchisch. Es lag ihm einfach nicht. Im Gespräch machte er mir klar, daß er mich nur dann für die Klasse akzeptieren könne, wenn ich ihm verspräche, alles genau so zu machen, wie er es mir zeigte.

In diesem Moment sträubte sich vieles in mir gegen Oistrach. Aber die Aufnahmeprüfungen hatten schon begonnen, und ich sah keine Chance, einen anderen Lehrer zu finden. Mir blieb nichts anderes übrig, als Oistrachs Bedingungen zu akzeptieren. Das war aber nur der erste Schritt. In verschiedenen Fächern lagen noch ganz andere Prüfungen vor mir: Geschichte der Sowjetunion, Literatur, Harmonielehre... Da ich aus Lettland kam, war ich zwangsläufig schlechter, oder sagen wir milder: anders vorbereitet als die Moskauer. Im Unterrichtsniveau bestimmter Disziplinen gab es ein beträchtliches Gefälle zwischen der Hauptstadt und dem weiten Land.

Mir selbst aber stand der Sinn nach etwas ganz anderem. Nachdem ich die Prüfung im Hauptfach Violine als Viertbester von etwa 50 Bewerbern bestanden hatte – Viktor Tretjakow, der hervorragende Geiger und spätere Preisträger beim Tschaikowski-Wettbewerb, war Erster geworden –, interessierte ich mich nur noch für das Internationale Filmfestival, das damals in Moskau stattfand. 35 Filme sah ich im Laufe dieser beiden Wochen. Die acht oder neun Aufnahmeprüfungen absolvierte ich fast wie nebenher. Obwohl nur wenige Filme wirklich überwältigend waren, hatte mich die komplexe Kunstform des Kinos doch ganz in ihren Bann gezogen. Stanley Kramer faszinierte mich, auch die Italiener Luchino Visconti, Federico Fellini und Michelangelo Antonioni. Unter diesem Eindruck stellte ich mir noch einmal ernstlich die Frage, ob ich wirklich Geiger werden wollte.

Wenig später wurde ich in Oistrachs Klasse aufgenommen. Es geschah verhältnismäßig unspektakulär, aber es dauerte noch einige Zeit, bis ich das alles wirklich schätzen lernte. Oistrach merkte sehr schnell, daß ich gar nicht die Absicht hatte, alles anders oder gar aus Opposition gegen ihn zu machen. Meistens gelang es mir, ihn davon zu überzeugen, daß meine Ansprüche gar nicht so extravagant waren, daß ich mich eigentlich nur auf der Suche nach mir selbst befand. Das schien er zu begrüßen. So bauten wir uns gegenseitig Brücken der Verständigung.

Nicht nur ich mußte erst lernen, was Oistrachs Betreuung wirklich bedeutete. Bei Studienbeginn waren sich viele von uns gar nicht des Glücks bewußt, hier am Tschaikowski-Konservatorium von Titanen umkreist zu sein: Mstislaw Rostropowitsch gehörte zu unserem Alltag, David Oistrach, ebenso Swjatoslaw Richter, Emil Gilels und Leonid Kogan. Auch wenn uns die Abkürzungen und Koseformen ihrer Namen – Rostrap, Dodik, Slawa, Milja oder Ljonja – leicht über die Lippen kamen, dem Respekt, den wir Studenten jedem einzelnen entgegenbrachten, tat das keinen Abbruch. Die Künstler beherrschten unseren Unterricht und die Podien der Metropole. Fast alle, die in den verschiedenen Konzertsälen auftraten, unterrichteten auch am Konservatorium. Ich denke etwa an Pianisten wie Jakow Zak, Lew Oborin, Jakow Flier oder Jakow Milstein. Jeder hatte durch seine Ausstrahlung, seine unverwechselbare Persönlichkeit einen Kreis von Studenten um sich geschart. Nur Swjatoslaw Richter schien eine Ausnahme zu sein. Der Rhythmus eines Instituts blieb ihm fremd. Viele andere, nicht weniger geschätzte Künstler traten zwar seltener auf, kamen dafür um so bewußter ihren pädagogischen Aufgaben nach. Im Musikleben der Hauptstadt brodelte es jedenfalls spürbar, denn an starken Individualisten war kein Mangel.

David Oistrach und Gidon Kremer beim Unterricht

Die meisten Geiger meiner Studienzeit hielten sich bei der Wahl ihres Lehrers an jene Namen, die auch mir vor der Aufnahmeprüfung vorgeschwebt hatten: Oistrach, Kogan oder Jankelewitsch. Daneben aber gab es noch eine Reihe weiterer Musiker von gleichem Niveau: Dmitri Zyganow, Galina Barinowa oder Boris Belenki sollten angesichts der zahllosen Talente, die sie erzogen haben, nicht unterschätzt und vergessen werden. Und alles zusammen war es das, was man in der Welt die »sowjetische Schule« nannte.

Zu meiner Studienzeit wurden die Maßstäbe noch von solchen Künstlern wie Dmitri Schostakowitsch gesetzt, die ich hautnah miterlebt habe. Aus heutiger Sicht kann man ihn als den bedeutendsten Musiker jener Zeit bezeichnen. Immer neue Werke von geradezu erschreckenden Dimensionen brachte seine schier unerschöpfliche Kreativität hervor. Damals allerdings hinterließen sie bei mir, einem brodelnden, jungen Geist, eher den Eindruck von etwas gut Gearbeitetem, Bekanntem, gar Akademischem. Erst viel später, nach seinem Tode im Jahre 1975, begann ich die wahre Bedeutung seines Werkes zu erkennen, vor allem in der späten Periode. Die letzten Quartette, die 14. und 15. Symphonie, die Liederzyklen, die Violin- und die Bratschensonate sowie das zweite Violinkonzert, deren Premieren ich miterlebte, erschlossen sich mir erst im Laufe der Jahre. Neben Schostakowitsch, und durchaus nicht in seinem Schatten, gab es aber auch noch viele andere Komponisten – etwa Aram Chatschaturjan, Georgi Swiridow, Moissei Wainberg – mit ebenso herausragenden Eigenschaften. Und wir alle profitierten von diesem breiten Spektrum an Auffassungen und Haltungen.

Was uns aber darüber hinaus alle verband, Professoren wie Studenten, war die Allgegenwart des Staates. Auf jeder Stufe der Ausbildung wurde man energisch auch von außen geformt und hatte sich allgemeinen Regeln zu fügen, die das herrschende politische System diktierte. Am stärksten bekamen wir das im Unterricht außerhalb des Spezialfachs zu spüren. Im musikalischen Bereich konnten wir uns wenigstens etwas vor dem kollektiven Unsinn schützen. Die politischen Disziplinen und regelmäßigen Versammlungen aber besaßen Priorität und konnten über jedes einzelne Schicksal entscheiden. Vieles von dem, was uns Musikern aufgezwungen wurde – Geschichte der KP, marxistische Ästhetik, wissenschaftlicher Kommunismus, politische Ökonomie –, wirkte sich lähmend auf Willen und Lernfreude aus.

Wie lästig uns diese Fächer waren, mag eine kleine Begebenheit mit einem Kommilitonen demonstrieren, einem witzigen, begabten Geiger, der sich ein gesundes Maß an Leichtsinn bewahrt hatte, man könnte auch sagen, der sich durch provozierende Faulheit auszeichnete. Einmal antwortete er während eines Examens in dialektischem Materialismus ganz trocken auf die Frage seines Professors, wieso er denn überhaupt nicht vorbereitet sei: »Ich kann keinen Diamat, ich habe Diabet.« Es war nicht mehr als ein Kalauer, und doch drückte es unsere ganze Abneigung gegen das System mit seinen wie Geheimcodes fungierenden absurden Abkürzungen aus. Wir litten alle unter dieser Indoktrination, mußten aber so tun, als ob gerade sie unser besonderes Anliegen wäre. Die Gefahr war stets vorhanden, durch ein unpolitisches Verhalten oder durch eine nicht bestandene Prüfung in diesen Fächern in der eigentlichen musikalischen Ausbildung behindert zu werden. Dabei bedeutete doch für die meisten von uns Musik den Lebensinhalt. Wir studierten ja alle am Tschaikowski-Konservatorium, dem Parnaß der Musik.

Die Regeln des Schweigens zur rechten Zeit mußten wir nicht erst am Konservatorium lernen. Sie gehörten zu jenen Dingen, die man uns schon in der Kindheit eingeimpft hatte. Jeder wußte, was er nur zu Hause sagen oder denken durfte, keinesfalls aber in der Schule. Von den Lehrern wurde uns ohnehin alles systematisch ausgetrieben, was als nicht konform galt. Was erlaubt ist und was nicht, war allen bekannt. Und diese Kenntnis war so allumfassend wie das System selbst.

Wie man sich in diesem System fühlte, läßt sich am besten an Details beschreiben. So gab es im Foyer des Konservatoriums ein für Außenstehende kaum auffallendes kleines Fenster, das eine große Bedeutung für uns hatte. Es war das Fenster, durch das die Professoren ihre Gehälter und die Studenten ihre Stipendien herausgereicht bekamen. Kam man dann beim Hinausgehen an dem großen Tschaikowski-Denkmal vorbei, fühlte man den Kontrast: hier der große Mythos Tschaikowski, dort die Wirklichkeit mit dem winzigen Fenster und den demutsvoll-uniformen, endlosen Warteschlangen davor.

Das Leben im Moskauer Studentenheim auf der Malaja Grusinskaja war für mich neu. Zwar hatte ich schon im Leningrader Internat erste Erfahrungen mit dem

Gemeinschaftsleben gemacht, aber das lag doch einige Zeit zurück. Inzwischen war ich erwachsener, selbständiger geworden.

Mein Zimmer bekam ich gleich nach der Ankunft, zusammen mit Goscha, der seit zehn Jahren, seit der ersten Klasse schon, mein Mitschüler und in der Zwischenzeit mein engster Freund geworden war. Das Zimmer Nr. 521 wurde unser Zuhause, für Goscha – heute der anerkannte lettische Komponist Georg Pelécis – sogar noch viel länger als für mich.

Wir beide kamen gut miteinander aus. Abends wollte er oft länger lesen als ich, aber darüber konnten wir uns ohne weiteres verständigen. Zum Üben teilten wir uns den Raum paritätisch: Während einer Hälfte des Tages gehörte Goscha das Zimmer, in der andern konnte ich darüber verfügen. Als Komponist brauchte er zudem das Pianino, nur ein bescheidenes, aber immerhin funktionierendes Instrument, das den Raum zu einem Viertel ausfüllte. Die Stunden teilten wir nach den Vorlesungsabläufen ein. Das Zimmer war trotz seiner kargen Ausstattung – kein Waschbecken, keine Toilette – so etwas wie ein Refugium. Hier konnte man sich von allem zurückziehen, auch wenn der Lärm im Korridor oder die Klänge aus dem Nebenzimmer uns keine Ruhe ließen. Meistens jedoch, so glaube ich wenigstens, wirkte sich mein ziemlich penetrantes Üben auf die Nachbarn stärker aus als ihre Geräusche auf mich. Die kleine, ungefähr sieben Quadratmeter große Zelle bot außerdem in bescheidenem Umfang die Möglichkeit, Gäste zu empfangen.

Dieses neue, erst ein paar Jahre zuvor erbaute Studentenheim galt, gemessen an den allgemeinen Lebens- und Arbeitsverhältnissen, als privilegiertes Haus. Man konnte zu zweit, seltener zu dritt wohnen. Im Keller standen Übungsräume zur Verfügung, die meistens durchgehend benutzt wurden. Jeder, der davon profitieren wollte, mußte sich allerdings schon von sechs Uhr morgens an, spätestens um sieben anstellen. Es gab viele Arbeitswütige, die schon in aller Herrgottsfrühe ein bis zwei Stunden in Ruhe spielen wollten. So sorgte ein ausgeprägtes Konkurrenzklima dafür, daß sogar morgens die Übungszellen nur schwer zu erobern waren. Noch heute habe ich die schläfrigen Gesichter der in Schlangen wartenden Studenten vor Augen, die Fleißigsten zum Teil noch im Pyjama. Gespielt wurde überall, ob im Waschraum oder auf den Toiletten. Ansonsten war der Tag mit Vorlesungen und Seminaren mehr als ausgefüllt. Nachmittags und abends wurde ohnehin geübt. Aus irgendeinem unerfindlichen Grund lieben Musiker den Abend; er gilt als inspirierender. Oft frage ich mich, ob das nicht eine Täuschung ist. Ich jedenfalls übte schon damals lieber in den Morgenstunden.

Das Nachtleben im Studentenheim hatte ganz eigene Attraktionen: Es gab endlose Partys oder – wie das in Rußland so schön lakonisch heißt – Teetrinken. Dieser weite Begriff umfaßt nahezu alle Spielarten von Geselligkeit: endloses Geschwätz ebenso wie ernste, bewegende Gespräche, Kartenspielen, Alkoholgenuß, aber auch Stunden der ersten zaghaften Liebeleien. Dafür gab es allerdings nur die dunklen Ecken der Korridore, die sich höchstens zum Händchenhalten oder zum mehr oder weniger enthusiastischen Umarmen eigneten. Es gab im Heim, genau wie in Jugendherbergen, männliche und weibliche Etagen. Nächtliche Wanderungen waren verboten.

In der Sowjetunion entschied oft ein Stempel alles. Um zusammen auch nur ein Zimmer im Hotel zu bekommen, nicht zu reden vom Studentenheim, mußte man einen Stempel haben, der bezeugte, daß man verheiratet war. Wer ohne Trauschein intime Kontakte hatte, wurde freilich in ganz anderer Weise abgestempelt. Man mußte sehr stark sein, um im Totalitarismus, einer besonderen Spielart des Puritanismus, zu überleben. Darwin war zwar der »Verhaltenskodex eines Kommunismuserbauers«, den wir von A bis Z lernen

21

mußten, nicht bekannt gewesen. Sein Prinzip aber galt auch hier: Der Stärkere setzt sich durch.

Wochen und Monate vergingen. Von Riga fort zu sein war zwar nicht immer bedrückend. Briefe, auch Päckchen von zu Hause trafen regelmäßig ein. Trotzdem fühlten wir uns manchmal etwas abgeschnitten, besonders Goscha, denn seine Freundin und spätere Frau Marina war in unserer Heimatstadt Riga zurückgeblieben. Beinahe jeden Tag schrieb er ihr Briefe. Telephonieren war teuer und umständlich. Im ganzen Studentenheim gab es nur einen Dienstapparat, in der Empfangshalle. Die öffentlichen Automaten, die auf einigen Stockwerken aufgestellt waren, funktionierten schlecht oder gar nicht. Wenn sie aber in Betrieb waren, mußte man nach Münzen suchen und sich in eine große Schlange einreihen.

Sehr bald schon kannten wir die meisten Studienkollegen, freundeten uns an, machten Besuche. In den Zimmern der Mädchen war es meist gemütlicher. Natürlich zog mich nicht nur das buchstäbliche Teetrinken an, dem wir spät abends tatsächlich ausgiebig frönten und das seither zu einer meiner liebsten Gewohnheiten geworden ist. Wichtiger waren mir die Gespräche, das Musikhören, die Erweiterung unserer Interessen und das Eingehen auf andere. Wir lernten einander immer besser kennen; nichts Menschliches war uns fremd, nichts wurde ausgeklammert, Fehler und Enttäuschungen mitgezählt.

Eines Abends saß ich mit drei guten Freunden zusammen. Wir blödelten herum und malten uns unsere Zukunft aus. Weit nach Mitternacht entstand die Idee, sich wechselseitig einen Nachruf zu widmen. Einer dieser Texte – ich habe sie alle archiviert – hat mich damals besonders beeindruckt. Er stammte von meinem begabten Studienfreund Wadim Sacharow. Mit Hilfe einer Zeitverschiebung in die Zukunft fand er eine Form, in der sich persönliche Anspielungen mit wahrsagerischen Elementen mischten:

Ein Mensch hat uns verlassen

Nur schwer kann ich darüber schreiben. Wohl hatte ich Gelegenheit, Zeuge seiner mannigfaltigen Freuden und Leiden zu sein; denn ich war sein Freund. Um so bitterer aber erscheint es mir, daß er, der lebenslange Gefährte, nun in einer anderen Welt weilt. Für immer und ewig. Ich werde mich nicht auf eine genaue Beschreibung seiner guten Charaktereigenschaften einlassen. Nicht, daß er nur gute Charaktereigenschaften gehabt hätte. Nein. Aber er war ein Mensch! Ein Freund, Vater, Bruder und Dichter. Vor allem: Er war Künstler. Beim Schreiben fällt mir eine Episode aus der Zeit ein, als wir noch rührend jung und so naiv waren, daß wir unsere eigenen Nachrufe verfaßten. Wir sagten damals: im Scherz. Mein ganzes Leben lang habe ich diesen Nachruf in der Brusttasche meiner Anzüge mit mir herumgetragen und ihn wie meinen Augapfel gehütet. Aber wer konnte ahnen, daß genau dieser Nachruf dereinst die erste Seite der Zeitschrift »Sowezkaja Musika« zieren würde? Es war damals, als wir unsere hochfliegenden Pläne schmiedeten. Seine Wünsche erfüllten sich. Meine nicht. Das alles war kurz vor dem Wettbewerb in Brüssel. Eine Ewigkeit? Ja. Und doch wie erst vor kurzem. So lebt er noch? Ja, in unseren Herzen ...

Die Vorstellung, daß die phantasierte Szene und die Zukunft in einem magischen Zusammenhang stünden, den wir beschworen, verlieh dieser Nacht im Studentenheim etwas Anarchisch-Spielerisches. Das blieb kein Sonderfall. Viele Abende und Nächte verbrachten wir mit an sich unbedeutenden Spielereien, warfen Streichholzschachteln auf eine bestimmte Art in die Luft, gespannt, auf welcher Kante sie wohl landen würden. Um diese kleinen Verrücktheiten gruppierte sich stets eine Menge Schaulustiger in angeregter Stimmung. Das war die Kehrseite eines strengen Alltags, der rund um die Uhr von Klängen begleitet wurde. Daß aus einem der Räume, die wir uns zu zweit oder zu dritt teilten, einmal kein Instrument heraustönte oder keine Schallplatte, die wir uns gemeinsam anhörten, kam praktisch nicht vor. So ließe sich unser Studentenheim auch keinesfalls als Dormitorium beschreiben, schon eher als lautstarkes Sonarium.

Viel habe ich in diesen Jahren Pjotr Bondarenko zu verdanken. Wenn Oistrach Tourneen unternahm, vertrat ihn sein Assistent. Für viele Studierende war er ein absoluter Glücksfall. In 30 Jahren der Zusammenarbeit hatte er bis ins Detail Kenntnis von Oistrachs musikalischen Erwartungen gewonnen und wußte, welcher der jeweils erfolgversprechende Weg für seine überdurchschnittlich begabten Studenten war. Pjotr Abramowitsch, wie ihn alle nach russischer Tradition mit Vatersnamen nannten, hatte zudem noch eine eigene große Klasse im Gnessin-Institut, der zweiten wichtigen Musikhochschule in Moskau. Oistrach und Bondarenko waren, weit mehr als sonst in der Beziehung zwischen Lehrer und Assistent, ein eingespieltes Team. Oistrach war sozusagen der Kapitän des Schiffes, der ältere Bondarenko der Steuermann, der die Karte festlegte, nach der gewisse Distanzen zurückgelegt werden mußten. Bondarenko kümmerte sich um die technische Vervollkommnung und versuchte den Studenten Disziplin beizubringen. Hin und wieder griff er natürlich auch in stilistische Fragen ein, fühlte sich aber auch für Fingersätze und Bogenstriche verantwortlich. Dennoch sahen einige Studenten Bondarenko nur als Ersatz für den abwesenden Meister, nicht als den erfahrenen Musiker, der vor seiner Lehrtätigkeit viele Jahre im Quartett gespielt hatte.

Bondarenko war oft genug auch nicht gerade umgänglich. Die Jahre im Schatten Oistrachs hatten ihre Spuren hinterlassen. Er fühlte sich nicht genügend geschätzt. Er war von Stimmungen abhängig, geriet nicht selten ohne ersichtlichen oder hörbaren Grund in Erregung und fühlte

Mit Pjotr Bondarenko und Liana Issakadse

sich von kleinsten Vorkommnissen verletzt, beleidigt oder gar bedroht. All das belastete die Kommunikation zwischen ihm und den Studenten. Schon im ersten Jahr des Studiums bemerkte ich all diese Probleme und Spannungen.

Der folgende Zwischenfall war recht typisch für das Klassenleben: Oistrach kam von einer Tournee zurück und hörte sich einen Studenten an. An einer gewissen Stelle unterbrach er ihn und sagte: »Diese Passage ist besser an der Spitze zu spielen.« Darauf der konsternierte Student: »Ja, wirklich? Pjotr Abramowitsch behauptete, es sei besser am Frosch.« Oistrach schaute Bondarenko an, der ohne mit der Wimper zu zucken antwortete: »Ja, natürlich, selbstverständlich, am Frosch zur Übung, an der Spitze zur Aufführung.« Diese Bemerkung, möglicherweise nicht für jeden verständlich, war für uns Profis völlig absurd. Es gibt zwar solche Übungen, die der Überwindung eines instrumentalen Problems dienen. Man steigert die Kompliziertheit der Aufgabe noch, um dann später, befreit von dieser Übertreibung, mit dem Problem leichter zurechtzukommen – etwa wie Sportler, die mit Bleischuhen trainieren, um später um so leichter sprinten zu können.

Die geschilderte Auseinandersetzung macht deutlich, daß der ältere Bondarenko sehr ungern Opponent des etwas jüngeren Oistrach war. Er agierte – meist erfolgreich – in totaler Übereinstimmung und vollem Einvernehmen mit den Forderungen des Meisters. Dabei geriet er gelegentlich in Widerspruch zu seinen eigenen Aussagen. Bondarenko aber opferte dann eher einen Studenten oder dessen Glaubwürdigkeit, als daß er seinen eigenen Begriff von Treue und Verständnis in Frage gestellt hätte.

Das änderte sich ein wenig, als Bondarenko in den letzten Jahren seiner Zusammenarbeit mit Oistrach einige Konflikte offen austrug. Er fühlte sich nicht nur unterschätzt, er verstand vor allem nicht, warum Oistrach sich so indifferent gegenüber seinen Töchtern verhielt, die beide Musikerinnen waren. Der Assistent erwartete, daß sein langjähriger Kollege sich mehr zu seinen Gunsten engagierte. Daß Oistrach das nicht wollte, vielleicht auch nicht konnte, verletzte Bondarenko tief. Trotz dieser internen Schwierigkeiten, wie sie jede berufliche Verbindung mit sich bringt, muß man diese Beziehung aber doch als eine gelungene Arbeitsehe bezeichnen. Die Kollegen achteten einander durchaus und duldeten die Schwächen des jeweils anderen. Das Positive ihrer Zusammenarbeit war beiden bewußt. Oistrach hätte kaum einen treueren Gehilfen finden können.

Um die Eigenschaften von Bondarenko schätzen zu lernen, brauchte ich allerdings Jahre. Das schlichte Auf-den-Tisch-Klopfen des Bleistifts beim Zuhören – eine Angewohnheit von Pjotr Abramowitsch – machte klar, daß ein guter Rhythmus, wie derjenige einer Uhr, auch im Spiel funktionieren muß. Sein aufmerksames, schonungsloses Hören sorgte für lupenreine Intonation. Noch wichtiger aber war, daß ein Musizieren ohne Engagement einfach nicht geduldet wurde. Bondarenkos plötzlich aufflackerndes Temperament machte jedem Studenten unmißverständlich klar, daß es um eine überzeugende Aussage, nicht nur um fehlerfreie Übungen ging. Später, wenn ich von Konzerttourneen zurückkam, sagte der väterlich besorgte Lehrer einmal zu mir: »Das ist gut, die Gastspiele, der Erfolg. Du solltest aber wieder einmal in der Klasse vorbeischauen, um die schmutzige Wäsche in Ordnung zu bringen.« Mit der »schmutzigen Wäsche« sind in diesem Fall, anders als im Deutschen, Schludrigkeiten des Geigenspiels gemeint, die sich während der Tourneen beim Spielen unter allerlei Umständen, mit verschiedenen Partnern und Orchestern einzuschleichen pflegen.

Bondarenkos Unzufriedenheit, die auch schockieren konnte, spielt seither bei meiner Selbstkritik eine wichtige Rolle. In den späteren Jahren nach Oistrachs Tod fühlte sich Bondarenko immer mehr bedrängt und in seiner Arbeit gefährdet. Er hatte seine Rolle als Oistrachs Schatten verloren und damit auch die Sicherheit, die die Verbindung mit dem großen Künstler bot. Eine tragikomische Episode aus jener Zeit, die auch das politische Klima deutlich macht, fällt mir ein: Das Konservatorium feierte Bondarenkos 70. Geburtstag. Rektor Alexandr Sweschnikow begrüßte alle, die sich zu diesem Anlaß versammelt hatten, und begann seine Rede mit »Lieber Pjotr Iwanowitsch« anstatt »Abramowitsch«! Die Verwechslung des Vatersnamens war zwar an sich schon peinlich. Auf Bondarenko aber, den Russen jüdischer Abstammung, wirkte es wie die Bestätigung der alten These, Juden hätten es hier schwerer, Vertrauen zu gewinnen und ihren Fähigkeiten entsprechend geschätzt zu werden. Einige, wie Oistrach oder Gilels, suchten aus diesem Grund ihre Position durch eine Parteimitgliedschaft zu stärken. Ohne Oistrach als Rückhalt fühlte sich Bondarenko nun zurückgesetzt und begann, seine Identität durch stärkere Hinwendung zum Judentum zu finden. Irgendwann entschloß er sich, zusammen mit seiner Frau zu seinen Kindern nach Israel auszuwandern. Doch auch dort hatte er es in einem ihm fremden Staat mit einer fremden Mentalität nicht leicht. Die alten Komplexe aus Rußland verfolgten ihn geradezu. Auch wenn Bondarenko vieles im israelischen Alltag zu akzeptieren versuchte, seinen Charakter konnte er nicht ablegen. Die Neurosen aus einem langen Leben im Sowjetsystem, das Wittern allmächtiger Intrigen schienen ihn bis in die »historische Heimat«, wie die Emigranten Israel zu bezeichnen pflegten, zu verfolgen. Wie meine Mutter konnte er sich das Flüstern nicht mehr abgewöhnen. (»Der Feind hört mit« – dieses in den vierziger Jahren in der Sowjetunion verbreitete Plakat tat seine Wirkung.) All die begabten Schüler, anregenden Konzerte und das reizvolle Land begeisterten Bondarenko zwar. Aber ein Neubeginn war ihm, dem beinahe 8ojährigen, nicht mehr möglich.

Wenn wir uns ab und zu begegneten, reagierte er stets überaus emotional. Schon zum Abschluß meines Studiums hatte ich seine Vorahnungen bestätigt und wurde sein ganzer Stolz. Für ihn war unsere Beziehung so etwas wie ein Lebenselixier. Er fühlte sich gebraucht und verstanden. Es war nur konsequent, daß ich versuchte, meine Erfolge mit Bondarenko zu teilen. Jede neue Schallplatte schickte ich ihm zur Begutachtung. Schließlich bemühte ich mich, ihm auch mein Fest in Lockenhaus zugänglich zu machen. Zweimal war er dabei, und alle, Künstler wie Studenten, zogen Gewinn aus seiner Anwesenheit.

Die Nachricht von seinem Tod in Tel Aviv erreichte mich auf einer Tournee durch die Vereinigten Staaten im Winter 1985. Der Verlust schmerzte und quälte mich zugleich: Hatte ich ihm ausreichend Aufmerksamkeit und Wärme geschenkt? Eine Frage, die man sich immer wieder stellt, wenn das Schicksal einen geliebten Menschen abruft. Bei Bondarenko kam etwas anderes hinzu. Das Leben Pjotr Abramowitschs, der seine Mission in einem Lande erfüllt hatte, seine Zuflucht aber weit entfernt in einem anderen gesucht hatte, war für mich wie für viele seiner Studenten von nahezu symbolischer Bedeutung. Seit der Studienzeit in Moskau hatte seine Persönlichkeit – neben Oistrach als Kapitän – meine Ziele und Maßstäbe als Geiger bestimmt. Jede Schlüsselfigur meines Werdegangs zeichnete die Fähigkeit aus, großzügig schenken zu können, wie ich es schon bei meinen Eltern erlebt habe. Was ich dabei erfuhr, blieb unvergeßlich und wurde zu einem Teil von mir selbst, auch die Lust am Schenken.

Ritornell I

Natascha lernte ich am Tag nach einer verrückten Nacht kennen. Ich selbst war nicht beteiligt gewesen an diesen Eskapaden, als man sich nach der mitternächtlichen Sperrstunde in euphorischer Stimmung über die Balkone des Heims ins Freie schlich. Die Konsequenz blieb nicht aus: Ein Mitschüler mußte das Heim verlassen, Natascha und die übrigen erwarteten disziplinarische Strafen. In dieser allgemeinen Katerstimmung kamen wir in der Raucherecke des Korridors ins Gespräch. Mir ging es dabei vor allem um Gerechtigkeit. War übermütiges Fröhlichsein tatsächlich ein Vergehen, das so hart geahndet werden mußte? Es dauerte nicht lange, und aus dem Thema entwickelte sich schnell ein Dauerdialog, der zwischen uns zu einem von mir immer sehnsüchtiger erwarteten Tagesritual wurde. Natascha war intelligent und attraktiv, wirkte überaus selbständig. Vor allem: Sie hatte so traurige Augen. Ich weiß nicht mehr, was schließlich den Ausschlag gab. Eines Tages wurde mir bewußt: Ich hatte mich verliebt.

Natascha war zwei Jahre älter als ich. Und sie verhielt sich widersprüchlich: Einmal schien sie interessiert und offen, dann wieder distanziert und abweisend. Wir sprachen viel, waren wohl auch aufrichtig zueinander. Aber da gab es eine Barriere, die mir Schmerzen bereitete: Natascha war verlobt. Sie hatte vor, im Frühjahr zu heiraten. In meiner Alles-oder-nichts-Art wollte ich das nicht wahrhaben, wollte ihr unbedingt beweisen, daß unser Gespräch von ganz besonderer Bedeutung sei. Meine romantische Sehnsucht mußte ich einfach in Klängen ausdrücken; das war meine Stärke. So fing ich das Objekt meiner schwärmerischen Begierde im Konservatorium ab und ließ nicht locker, bis sie mit mir in ein Klassenzimmer kam. Dort spielte ich ihr die dritte Ysaye-Sonate vor, die » Ballade «. Die Botschaft lautete: Das bin ich, begreifst du jetzt?

Natascha war beeindruckt und sagte: » Ich glaube an deinen Stern.« Dennoch schien sie zugleich Meilen entfernt zu sein von dem, was mir Gewißheit hätte geben können. Sie beherrschte die Situation, kontrollierte alles durch ihre Gefühle. Es schien mir, als sei die unverbindliche Partnerschaft geradezu mein Schicksal.

An einem Wochenende unternahmen wir gemeinsam einen Ausflug nach Sagorsk, dem historischen Kirchenzentrum, 50 Kilometer von Moskau entfernt. Es war schön zu spüren, daß sie nun offensichtlich bereit war für ein besonderes Erlebnis. Die Realität aber machte uns einen Strich durch die Rechnung. An diesen Tagen herrschte unerbittlicher Frost. Viele Kirchen waren geschlossen. Ein Hotelzimmer wurde uns verweigert, weil uns der Heiratsstempel in unseren Ausweisen fehlte. So endete das Abenteuer auf recht prosaische Weise. Wir mußten zurück ins Studentenheim. Trotzdem hatte uns die kleine Reise einander ein wenig nähergebracht. Etwa zehn Tage nach dem mißlungenen ersten Ausflug verständigten wir uns auf ein zweites gemeinsames Unternehmen. Diesmal sollte es Tallinn sein. Im südlichen Baku aufgewachsen, hatte Natascha schon von der Schönheit dieser nördlichen Stadt gehört. Jetzt durfte uns nichts dazwischenkommen. So nahm ich alles, auch die Organisation eines Hotelzimmers, in die eigenen Hände. Mir kam die Idee, einfach im Namen des Rektors unseres Konservatoriums ein Telegramm zu schicken und ein Hotelzimmer » für zwei Lektoren « reservieren zu lassen. Das mußte einfach gutgehen.

Endlich saßen wir im Zug. Daß etwas in der Luft lag, war deutlich zu spüren. Die Sterne standen günstig. So schien es mir jedenfalls im Überschwang der Gefühle. Sogar das Spiel mit dem Telegramm war gelungen. Das Hotelzimmer erwartete uns. Ich werde die Nr. 119 nie vergessen. Die drei Tage in Tallinn waren das reine Märchen. Es schneite wie in Viscontis romantisch-verklärendem Film zu Dostojewskis *Weißen Nächten*. Wir streiften durch die winzigen Straßen, entdeckten die Kirchen der Altstadt, sogen den Westen in uns auf. In Estland, heute wieder ein selbständiger baltischer Staat, spürte man damals immer noch einen Hauch vom alten Europa, ein deutlicher Kontrast zu Moskau. Das Restaurant im Hotel bot sowieso einiges mehr als die Speisekarte der Studentenkantine. Unsere Gespräche nahmen kein Ende. Die Vision vollkommenen gegenseitigen Verstehens schien wahr geworden zu sein. Selbst Themen, die in der Moskauer Realität tabu waren, wurden wie selbstverständlich aufgegriffen. Abends brannten im Zimmer die Kerzen, die ich aus Moskau mitgebracht hatte. Sie ließen ein sanftes Licht auf die Stille unserer Vertrautheit fallen. Beim letzten Flackern umarmten wir uns.

Auch den nächsten Tag erlebten wir, trotz unserer Gewissensbisse, geradezu feierlich und schön. Wir wollten die Realität – in meinem Fall auch die Schüchternheit – einfach überspielen. Ich erinnere mich noch gut, wie ich an diesem Tag meine Großmutter anrief, nur um ihr zu sagen: »Ich bin glücklich!« Nach Jahren des familiären Versteckspiels mit Gefühlen, sogar vor ihr, war mir diese Aufrichtigkeit geradezu ein Bedürfnis. Vielleicht war es auch eine Art Beschwörung der guten Geister. Aber nicht nur dieses Bestreben, das Erlebte zu bannen oder die verwirrenden Gefühle zu definieren, legte sich auf mein Gemüt. Es war die Vorahnung vom Ende dieser Reise.

Zwei Tage nach der Rückkehr nach Moskau überraschte mich Natascha. Alles sei zu Ende, sie habe kein Interesse mehr an mir, finde keinen Sinn in einer Fortsetzung der Beziehung. Ihre Entscheidung stehe fest. Obwohl sie das Erlebnis mit mir nicht bedauere, empfinde sie es jetzt als Sünde. Sie nannte mich einen Träumer, mit dem sie nicht zurechtkäme. All mein verzweifeltes Bemühen, mein Werben, ein Versuch, sie in Baku zu besuchen – alles scheiterte. Natascha blieb im wahrsten Sinne des Wortes unerbittlich.

Später sahen wir uns kaum noch. Gelegentlich suchte ich ein Gespräch, ein Zeichen von Freundschaft. Mir hätte das genügt. Ihr aber war auch das zuviel.

Das Nachbeben: Mit viel Mühe, aber letzten Endes vergebens lernte ich auf dem Klavier das erste *Intermezzo* aus op. 119 von Brahms. Natascha hatte es gespielt, als wir uns kennenlernten. In Zartheit und Gewicht entsprach es dem Erwachen meiner Gefühle für sie. Von diesen Tönen hatte sich Natascha jetzt weit entfernt.

Im Frühjahr heiratete sie. Waren es masochistische Züge, daß ich nicht darauf verzichten konnte, dabei zu sein? Daß ich sogar mit am Hochzeitstisch saß? Ich versuchte, mich aufrichtig zu freuen, ihre Wahl zu verstehen. Es fiel mir nicht leicht. Die Welt ihres Mannes blieb mir fremd. Er war Physiker; der Rationalismus naturwissenschaftlichen Denkens schien sich auf sein Wesen übertragen zu haben. So versuchte ich mit meiner Niederlage fertigzuwerden.

Einige Monate später traf ich sie wieder. Sie ging an mir vorbei, ohne mich zu grüßen. Das war ein Schock. Wie konnte sie das tun, Natascha, mit der ich meine erste Liebesnacht verbracht hatte.

Wie sehr mich das Erlebnis mit Natascha aufgewühlt hatte, geht auch aus meinen Tagebuchaufzeichnungen hervor, die in ihrem wilden Gemisch aus Schuldzuweisung, Selbstbezichtigung und künstlerischer Sublimierung wie ein Protokoll meiner Enttäuschung erscheinen. Bisweilen versuchte ich dabei wohl Distanz zu gewinnen, indem ich von mir in der dritten Person sprach, gerade so, als sei ich

Goethe, der seine eigenen Leiden einem jungen Werther in den Mund legt.

28. Oktober 1965

Das Leben nahm seinen Lauf. Im Studentenwohnheim herrschte geschäftiges und lautes Treiben. Niemand bemerkte etwas. Der Wind blies ihm entgegen. Mit seinem ganzen Sein spürte er die gegen ihn gerichtete Kraft. Aber gerade sie vermittelte ihm das Gefühl für Kampf, Bewegung, Sieg, Endlosigkeit. Der Himmel war grau. Doch mit dem Wind schien Licht hindurchzudringen. Der Wind veränderte seine Wahrnehmung. Hinter dem Nebel sah er das Blau, den Himmel, die Sonne.

Sie ging neben ihm. Aber in diesen Minuten riß er sich von allem Realen los. Er hätte die Welt umarmen können. Dem Außergewöhnlichen galt seine ganze Liebe in dieser Welt.

13. Januar 1966

Alles war verständlich, klar. Er hatte keine Angst vor dem Tod. Die Möglichkeit, diese Welt jeden Augenblick verlassen zu können, gab ihm jene Kraft, die ihn zugleich davon zurückhielt. In den Tagen der Krankheit trat alles mit noch größerer Klarheit hervor. Er wollte es durchstehen, aber er wußte, daß diese Form von Krankheit unheilbar war. Shakespeare hat sie die »zurückgestoßenen Gefühle« genannt. Aber wenn er nüchtern darüber nachdachte, erkannte er auch darin eine Art Fatum. Mit dieser Antwort wollte er sich jedoch nicht zufriedengeben. Denn die Wahrheit lag für ihn in der Liebe. Sie war zugegen und doch zugleich auch abwesend. Seine Unbeholfenheit ließ ihn zurückschrecken. Während sie Brahms spielte ...

Aus dem Jahr 1966

Eine Warteschlange zum Glück. Alle schweigen. Das Beschwerdebuch ist vollgeschrieben. Die Vorschläge sind verbraucht. Das

Glück kommt zu spät. Leningrader Nebel, die Menge drängelt, dumpfes Getöse, wir kommen zu spät, alles flimmert, die Durchgänge, der Eingang in die Metro, Lotterielose, Putzfrauen, Koffer, Kinder, Stop. Aufs neue: Nebel – Nebel – Nebel. Stop. Wir tauchen auf: Sonne, Pracht, Uhren haben aufgehört zu gehen, Glöckchen, Schlitten … Alle halten inne, schauen …

21. März

Die Gedanken, auch die Handlungen begeben sich auf eine andere Ebene und verwandeln ihren Schöpfer in einen Beobachter, der zwar weiterhin von Erlebtem wie von einem Magnetfeld angezogen wird, dessen magische Kraft aber als Abglanz seines eigenen Charakters zu erkennen beginnt. Dieser Platzwechsel der Energien ist der Anfang künstlerischer Prozesse.

Die Ansprüche bei der Auswahl von Bekannten und Freunden wachsen. Mit jedem Tag steigt die Meßlatte der Individualität. Es scheint, als führe diese Entwicklung in die völlige Einsamkeit. Äußerlichkeiten bedeuten nichts, wenn man nach Kunst strebt.

29. April

Er liebte es, wenn die Menschen seine künstlerischen Fähigkeiten schätzten. Er begann sich an seiner Arbeit zu berauschen, im tiefsten Innern seiner Seele hoffend, der Ruhm werde die Einsamkeit verändern. Aber in anderen Augenblicken war er sich darüber im klaren, daß auch das sinnlos sei. Freu dich, daß du allein bist! Alles strebt nach Bindungen, aber du bist frei. Ist denn das nicht herrlich? Öffne die Augen, den Mund, ein Augenzwinkern.

Spuck drauf, lächle, und … lebe weiter!

25. Juli

Die Einsamkeit war begleitet von einer geradezu monströsen Aktivität, Wißbegier, dem Hang zu starken Affekten und dem Streben nach dem Intensiven. Das Fehlen äußerer Frei-

heit, die Kontaktarmut, die vermeintlichen Mißerfolge bei der Arbeit und eine Tendenz, sich loszureißen von seinem Kreis, was immer wieder als Gleichgültigkeit, Unverständnis aufgenommen wurde – all dies waren seine zusätzlichen Charakterzüge.

Und dann zog es ihn, wie unter einem fatalen Zwang, immer wieder zu den Frauen …

Morgen trete ich zum dritten Mal in meinem Leben mit Orchester auf. Mozart, Nr. 3. Ich bin nervös. Es ist schwer, immer unzufrieden zu sein. Aber wenn man es nüchtern betrachtet, wird mich dieser Zustand während meines ganzen künstlerischen Weges begleiten. Alle meine Anstrengungen, Sicherheit zu gewinnen, sind nur eine Illusion. Bravo, Bursche! Du hast endlich die richtigen Schlüsse gezogen!

31. Dezember
Durchgekommen! Als Erster! Und das zum ersten Mal! Nach vielen Jahren bin ich wieder mit Felix zusammengekommen. Ich habe mich behauptet! Ich war erfolgreich, vor allem am zweiten Tag, als ich einfach spielte …

Winter 1967
Von Geburt an wurde ich zu dieser Intensität des Lebens getrieben. Bald bin ich zwanzig und befinde mich im Dilemma: Wenn ich mich von Grund auf änderte, müßte mein jetziges Ich sterben. Es bliebe nur eine Menge funktionierender Organe übrig, die die leibliche Form behalten könnten, den Namen ebenfalls. Ich habe aber vollkommen begriffen, daß dieses Ich einen Wert besitzt. So bleibt mir nichts anderes übrig, als um den Erhalt dieses Wertes zu kämpfen.

Mit der Vergangenheit sind alle Fäden abgerissen – zurück bleibt nur das Gefühl der Erschöpfung. Sämtliche Versuche, Beziehungen zu finden, sind gescheitert.

Ich bin total leer. Mein Leben ist erfüllt von dieser einzigen Hoffnung auf ein blinkendes, winkendes Phantom. Das einzig Reale ist die Musik!

Wenn es einen Künstler gab, dessen Schaffen, dessen Persönlichkeit mich wirklich bewegt haben und den ich seit meiner Kindheit verehrte, so ist das Yehudi Menuhin gewesen. Um gerecht zu sein, muß ich zugeben, daß ich auch für andere Geiger nicht gerade taub war. Das Gleichgewicht David Oistrachs, die Brillanz von Jascha Heifetz, die Klarheit von Henryk Szeryng sowie die Phantasie von Isaac Stern hinterließen unsichtbare, aber vielleicht hörbare Spuren in mir, genauso wie die Eigenartigkeit von Joseph Szigeti, die Vitalität von Leonid Kogan, die Urmusikalität von Arthur Grumiaux oder die Noblesse von Zino Francescatti. Durch meinen Vater, der das mehr als moderate Schallplattenangebot von Riga durch Sammeln seltener Aufnahmen kompensierte, hatte ich gelernt, wie verschieden man Geige spielen kann. Als Rarität dieser Sammlung galt eine Tschaikowski-Aufnahme von Bronisław Huberman, den mein Vater noch persönlich erlebt und immer als Beispiel für »Feuer und Herz« angeführt hatte. Es war eine historische Aufnahme, bei der man alle drei Minuten die Platte wechseln mußte.

Menuhin aber, ein Zeitgenosse, bedeutete mir mehr. Was beeinflußte mich persönlich? Zum Teil, so glaube ich, war es die Ausstrahlung eines Künstlers, der Musik und Ethik als Einheit empfand. Die Memoiren *The Summing up* von Somerset Maugham, für uns eine Buchrarität, gingen in dieselbe Richtung und wirkten intensiv auf mich, als ich 16 Jahre alt war. Ich hatte ein Notizbuch von meiner Großmutter geschenkt bekommen mit vielen Zitaten von Dichtern, von Tolstoi, Romain Rolland, Fontane, eine Art Kompendium der Lebensweisheiten. Auf dem ersten Blatt

37

dieses Notizbuchs hatte meine Großmutter eingetragen: »Dieses Büchlein soll Dich nicht etwa Moral lehren. Es sind schlicht aufgezeichnete Gedanken, die mich in meinem Leben beeinflußt haben und die vielleicht auch Dir einmal eine Richtung weisen und hilfreich sein können. Vielleicht wirst Du auch selber dieses Büchlein einmal ergänzen und weiterführen.« Die ersten Eintragungen meiner Großmutter beginnen mit dem Satz: »In der Sittlichkeit wie in der Kunst ist das Wort nichts, die Tat alles.« Danach folgen Gedanken über Eitelkeit und Ehrgeiz. Auch ein Satz meines Großvaters Karl Brückner befindet sich darunter: »Ein Künstler muß die Naivität eines Kindes, die Zartheit einer Frau und die Energie eines Mannes haben.« Auch ein sehr schönes Zitat von Eleonora Duse ist dabei, die meine Großeltern wohl noch auf der Bühne erlebt haben: »In der Kunst bedeutet das Stehenbleiben einen Rückschritt.« Danach kamen schon eigene Eintragungen, natürlich von Jewgeni Jewtuschenko, der damals in Mode war, und ein Zitat Romain Rollands aus dem Buch Stefan Zweigs über ihn: »Sucht eure eigene Wahrheit und verwirklicht sie im Leben. Es gibt keine fertige Wahrheit, keine Formel, die jeder verwenden kann. Die Wahrheit kann jeder nur für sich schaffen, und sie ist gültig nur für einen selbst. Es gibt nur eine einzige Regel des moralischen Verhaltens: sich selber zu erforschen und sich selber treu zu bleiben, auch wenn das der ganzen Welt widerspricht.« Solche Ideen waren etwas ganz anderes als das, was wir in der Schule lernten. Es erlaubte, freier zu atmen, sich eigene Gedanken zu machen.

Zurück zu Menuhin. Auch die Gespräche zu Hause brachten ihn mir näher. Bücher, die man uns über ihn schickte, machten deutlich, daß meine Ideale den seinen ähnelten. Was aber buchstäblich überwältigte, war sein Spiel. Viele Jahre danach hatte ich Gelegenheit, Menuhin in Moskau und Berlin im Konzert zu hören. Erst da wurde mir bewußt, daß die biographischen Höhen und Tiefen das musikalische Idealbild getrübt hatten, obgleich die Töne immer noch Leben verströmten. Damit meine ich vielleicht das Empfindlichste und Gewagteste: Leben als In-Frage-Stellen und Herausforderung – und es zu akzeptieren. Nach unerreichbarer Vollkommenheit streben. Das Faustische ... Was nützt Perfektion, die nichts mitzuteilen hat? »Göttlich-menschlich« klang der Elgar, den Menuhin mit 16 Jahren spielte. Die Krisenerfahrungen, die das Wunderkind Menuhin beim bewußten Heranreifen machte und die gewisse technische Schwierigkeiten mit sich brachten, konnten doch nie die »göttliche Begabung« auslöschen. So klangen viel später einzelne Phrasen des zweiten Satzes des Beethoven-Konzerts oder aus der Chaconne von Bach. Gespielt für die Studenten des Moskauer Konservatoriums, vermittelten sie ein anderes Zeitgefühl. Der Begriff des Zeitgefühls ist sehr komplex; es gibt genügend Beispiele aus der Musikwelt, die erkennen lassen, daß dieses Gefühl nicht konstant ist, sondern sich mit dem Alter verändert. Vermutlich ist sogar meßbar, daß man mit dem Alter dazu neigt, bestimmte Werke langsamer zu spielen. Ob der Grund in einem langsameren Denken oder langsameren Agieren liegt oder aber Ausdruck von Reife ist, will ich hier gar nicht erörtern. Aber es ist für mich offensichtlich, daß die Tempi in den späten Aufnahmen von Leonard Bernstein langsamere Tempi sind, daß Emil Gilels in seinen letzten Lebensjahren langsamer spielte und daß etwa Carlo Maria Giulini, der ohnehin immer dazu neigte, im Alter vieles noch stärker auskostete.

Das ist aber nur die eine Seite des Zeitgefühls. Es gibt noch eine andere, die möglicherweise mit dem Blutdruck oder dem Pulsschlag eines Menschen zu tun hat, es ist, wenn man so will, das individuelle Zeitgefühl jedes Künstlers. So nimmt etwa Jascha Heifetz die Tempi meist schneller als viele seiner Kollegen. Man könnte es das Heifetzsche Zeitgefühl nennen.

Wenn ich nun von Menuhins Zeitgefühl spreche, rede ich wieder von einem anderen Aspekt, von einem Eindruck, der sich von der Bühne aus überträgt. Ich meine damit, daß man beim Hören das eigene Zeitgefühl vergißt und sich völlig dem Zeitgefühl des Interpreten überläßt. Man ist in solchen Momenten völlig im Banne der Töne, die jetzt erklingen. Und man vergißt die reale Zeit, in der man sich selbst befindet. Man ist außerhalb jeglicher Zeit.

Elgar stand am Anfang dieser Erfahrungen und überwältigte mich mit Haut und Haar. Ich hörte die Zaubertöne von der Küche aus – mein Vater legte im Wohnzimmer eine neue Platte auf – und wußte gar nicht, wer und was gespielt wurde. Es waren Töne von einer gewissen Eindringlichkeit, wenn man will, auch teilweise ganz naive Musik. Gerade in diesem Elgar-Konzert gibt es »unbefleckte« Töne, die mir aus der Seele sprachen, die etwas in mir selbst zum Mitschwingen brachten. Möglicherweise lag es damals auch daran, daß es sich um eine Aufnahme von Menuhin handelte, als dieser etwa 17 Jahre alt war, wie ich damals. Unter dem Eindruck dieses Erlebnisses und im Einverständnis mit Oistrach lernte ich das Elgar-Konzert. Es wurde mein erster Erfolg in den Moskauer Studienjahren.

Schritt für Schritt reifte auch bei mir die Bereitschaft, mich an einem Wettbewerb zu beteiligen. 1966 hatte ich zum ersten Mal das Glück, zu den Auserwählten zu gehören, die vom Staat nach Brüssel zum »Concours Reine Élisabeth« geschickt wurden. Kein Wunder, daß ich als Hauptwerk für das Finale das Elgar-Konzert wählte, das mir ans Herz gewachsen war. Objektiv gesehen war diese Entscheidung unglücklich – im Streß des Wettbewerbs bekamen die Teilnehmer kaum ausreichend Probenzeit mit dem Orchester. Zudem ist das Werk nicht gerade populär und stößt bis heute auf Kritik außerhalb der englischsprechenden Länder. Subjektiv betrachtet war es verständlich, eine Musik zu präsentieren, mit der ich mich identifizierte, die mich bewegte.

Die Monate der Vorbereitung waren vorbei, der Streß der Abreise – bekomme ich einen Ausreisepaß? – war überstanden. Ich landete zum ersten Mal in meinem Leben auf einem ausländischen Flughafen. Welche Wärme in der Stimme der Flughafendurchsage für Ohren, die das unverständliche Gebrüll auf russischen Bahnhöfen gewohnt waren! Alles war neu für mich, ich lernte ein wahres Wunderland kennen. Splitter der Erinnerung tauchen vor mir auf: das »Hôtel de Congrès«, wo ich aus Kostengründen – der Staat bezahlte ja die Unterkunft – mit einem Kollegen das Zimmer teilen mußte. Nun, nach dem Wettbewerb, als ich noch einen Monat in Belgien bleiben konnte, hatte ich ein Einzelzimmer. Wir bekamen übrigens ein sehr spärliches Tagegeld, es war das erste und einzige Westgeld. Natürlich wollte niemand den ganzen Betrag für Essen ausgeben, Sparen gehörte zum Alltag russischer Musiker. Wie alle Sowjetmenschen waren auch wir darauf vorbereitet worden, Lebensmittel mitzunehmen, wenn wir ins Ausland reisten. Und so schleppten wir Büchsen mit, damit wir im Zimmer essen konnten und nicht Restaurants aufsuchen mußten. Alle Dienstreisenden, auch Musiker, profitierten davon, wenn das Frühstück im Hotelpreis inbegriffen war. Man speicherte es wie ein Kamel und lebte bisweilen den ganzen Tag davon.

Womit ich nicht gerechnet hatte, was mir aber deutlich im Gedächtnis geblieben ist, war der »Schatten«, mit dem ich zum erstenmal in meinem Leben konfrontiert wurde. Eine attraktive Dame begleitete uns als Dolmetscherin. Das Übersetzen war nur ein Teil ihres Jobs, wesentlicher war, über uns Bericht zu erstatten. »Schatten« gehörten zum System. Diese Dame in Brüssel setzte uns damals alle unter großen Druck. Sie rügte unser Benehmen, als wir eine ganze Nacht mit Freunden in einem Park verbrachten, sie beanstandete Verspätungen, und sie hätte uns auch zurückschicken können.

Den größten Zauber bedeutete für uns aber, und das galt für alle Menschen aus der Sowjetunion: Geschäfte und nichts als Geschäfte. Was für Angebote, was für Farben! Welch ein Durcheinander an Preisen! Von alldem hatten wir im eigenen Land überhaupt keine Ahnung. Das hat sich mir so eingeprägt, daß es mir bis heute nachgeht. Noch heute überkommt mich oft angesichts des Überangebots in Schallplattenläden oder im Kaufhaus eine tiefe Depression, das Bedürfnis, den Laden so schnell wie möglich wieder zu verlassen. Damals war die Belastung fast größer als die Freude an diesen westlichen Kaufparadiesen.

Zurück zur Musik und zum Wettbewerb. Mit Erfolg kam ich durch die ersten zwei Runden und stand im Mai 1967 auf der Bühne des »Palais des Beaux Arts«. Hier spielte ich im Finale das Menuhin so vertraute Elgar-Konzert. Er selber und andere Berühmtheiten wie Szigeti, Grumiaux, Gingold, Oistrach saßen in der Jury. Mein Auftritt stand in Anbetracht der Wettbewerbsspannung sicher nicht nur im Zeichen der Verehrung für Yehudi Menuhin, der natürlich gar nichts von der Vorgeschichte wußte und mich zum ersten Mal sah. Das geliebte Werk versuchte ich mit den eigenen romantischen Gefühlen zu füllen, die ihre Wurzeln in allen Empfindungen und Enttäuschungen hatten, die mir, dem damals 20jährigen, besonders wichtig waren.

Mit der Menuhin-Aufnahme im Gedächtnis schien mir die Expressivität, um die ich mich bemühte, Elgar vollkommen angemessen zu sein, seinem Geist zu entsprechen. Daß ich trotz meines Einsatzes »nur« den dritten Preis bekam, enttäuschte mich sehr. Es kam mir vor, als sei mein Inneres nicht verstanden, nicht akzeptiert worden. Meine beiden Mitstreiter, mein Schulfreund Philipp Hirschhorn und Stoika Milanowa, eine Bulgarin, die auch bei Oistrach studierte, waren zwar geigerisch sehr stark, strahlten aber aus meiner Sicht eine Kälte aus, die mir fremd war. Was ich als Kälte, Nüchternheit, Berechnung empfand, war schon in diesen

Mit Yehudi Menuhin in den neunziger Jahren

Jahren der Gegenpol zu meinem allmählich sich bildenden Konzept eines gefühlsbetonten, persönlichen Musizierens. Den Grundsätzen Menuhins hatte ich mich zu nähern versucht. Es reichte nicht aus. Das außerordentliche geigerische Können, die Perfektion des Stilgefühls, das meine Mitstreiter mit ihrem Spiel entwickelten, kamen besser an. Philipp spielte das Paganini-Konzert mit teuflischer Sicherheit, Stoika bewältigte energisch die monumentale Architektonik Schostakowitschs. Bei Wettbewerben, das mußte ich nun lernen, entschieden eben auch noch andere Faktoren.

Oistrach war sehr überrascht, als er mir am Morgen nach der Preisverteilung gratulierte. Meine bittere Reaktion und meine Tränen empfand er wahrscheinlich als Undank oder krankhaften Ehrgeiz. Sogar er, der mir die größte Unterstützung auf dem Weg des Wachsens gewährte, der auf seinen Schüler stolz war, konnte schwerlich durchschauen, was der Grund meiner Verzweiflung war. Mein in das Geigen

43

projiziertes »blutendes Herz« erlebte eine sehr subjektive Niederlage. Aus der Sicht meiner Eltern und aller meiner Freunde hatte ich einen Riesenerfolg errungen. Ich selbst aber empfand mein Abschneiden als Zurückweisung.

1985, 18 Jahre nach meinem ersten internationalen Erfolg im »Concours Reine Élisabeth«, stand ich nicht mehr vor, sondern saß in der Jury des traditionsreichen Brüsseler Wettbewerbs, neben Menuhin. Wir kannten uns inzwischen ein wenig, aber nur flüchtig. Ich bewunderte ihn nach wie vor, auch wenn die eine oder andere Leistung inzwischen nicht mehr im ganzen überzeugte. Was mich mehr beschäftigte, war die Beziehung zu Menuhin als Mensch. Seine Ansprachen, sein Auftreten hatten oft die Aura von etwas Überdimensionalem, wenn man will, von einer unfehlbar erscheinenden »Überhumanität«, die mich in Verlegenheit brachte. Man wagte kaum, in seine Nähe zu treten, ein Wort zu sagen. Das Idol besaß noch immer Anziehungskraft, und ich fühlte mich zu Recht noch immer als Jüngling.

Ein chinesischer Teilnehmer, ein Student des großartigen Joseph Gingold, der später den ersten Preis gewann, wählte für das Finale das Elgar-Konzert. Diese Gelegenheit nutzte ich, um Kontakt zu Menuhin zu suchen. In der Pause erzählte ich ihm die Geschichte meiner Beziehung zu dem Werk, die so eng mit ihm selber verbunden war. Darauf antwortete er mir überraschenderweise, ich hätte doch damals herrlich gespielt. Sollte ich glauben, daß er sich wirklich daran erinnerte? Irgendwie konnte ich es ihm nicht gleich abnehmen. Es war doch bekannt, daß Lord Menuhin kaum je ein schlechtes Wort über Musiker in der Öffentlichkeit sagte. Doch das eigentlich Verblüffende kam erst jetzt. »Ich selber«, fuhr Menuhin fort, »hatte unlängst eine ganz besondere Konfrontation mit diesem Werk. Mein Zahnarzt, der während der Behandlung immer über Kopfhörer Musik erklingen läßt, spielte mir ausgerechnet das Elgar-Konzert vor, in der Aufnahme einer jungen Geigerin. Wissen Sie,

das hat mehr geschmerzt als das Bohren.« Der greise Yehudi, lächelnd, mit kindlichem Leidensausdruck im Gesicht.
Es war gerade diese ein wenig boshafte Geschichte, die für
mich die wahre Unschuld Menuhins wiederherstellte. Diese
private Äußerung änderte im übrigen nichts an meinem
Respekt und der langjährigen Sympathie für die von Menuhin gemeinte Kollegin und ihr geigerisches Können. Man
könnte behaupten, daß vielen Geigern immer noch das romantische Tenorstimmen-Ideal vorschwebt. Wer so denkt,
wird in jeder romantischen Musik von einer Belkanto-Ten-
denz im Sinne Verdis oder Puccinis verführt. So könnte es
sein, daß gerade dieses Element für Menuhin in der erwähnten Interpretation fremd war.

Ich mußte noch oft an das Phänomen Menuhin denken.
Besonders in späteren Jahren, wenn ich die nettesten, per-
sönlichsten Zeilen von ihm bekam. Wie freute ich mich,
als er mich einmal zu einem Gespräch nach Hause ein-
lud. Dabei überraschte es mich kaum, daß er es sich ganz
bequem machte und mir die Tür im schlichten Kimono
öffnete. Der Heiligenschein blieb im Kleiderschrank; der
Mensch trat hervor. Ein Zitat aus der Rede Menuhins anläßlich seines 70. Geburtstags paßt in dieses Bild: »Wir alle
sind Sünder, auch ich. Aber wir können versuchen, besser zu
werden.« Georges Enesco, auf den sich Menuhin im Geistigen gern berief, pflegte zu sagen: »Wie schön wäre es, wenn
Musiker wie Mönche Bruderschaften gründen könnten.« In
solch einem imaginären Kloster könnte man zur Ruhe und
Besinnung kommen und neue Kraft schöpfen. Lord und
Laienbruder Menuhin würden sich dort vielleicht in einer
Gestalt treffen. Die Vorstellung von jemandem, der sich ein
Leben lang darum bemüht, Frommes zu vermitteln, und der
Versuchung aus dem Wege zu gehen, dafür geehrt zu wer-
den, hat etwas Bezwingendes. Das Bild von Yehudi aber, der
den Frack ablegt, um mit den Engeln Quartett zu spielen, ist
geradezu paradiesisch.

Eine Zeit der Anerkennung, der persönlichen Bestätigung lag hinter mir: Brüssel, die erste Tournee über einen Monat lang, der anstrengende Sommer danach, das erste Konzert mit Oistrach als Dirigent im heimatlichen Dzintari (Jurmala). Es kam der September. Das reguläre Studium ging weiter. Auszeichnungen für die Studenten waren dabei nichts Außergewöhnliches. Sie galten lediglich als Beweis für das hohe Niveau dieser weltbesten Musikakademie. Aus der Sicht des Staates hatte freilich soziales Engagement nicht weniger große Bedeutung. Niemand konnte sich dagegen wehren, in den ersten Tagen des Septembers 1967 »enthusiastisch« am Bau des Kalininprospekts, der die architektonische Einheit des alten Moskauer Arbatviertels durchbrach, teilzunehmen. Mit riesigen Mietskasernen wurde damals einer der schönsten Stadtteile nahezu vernichtet. Unsere Aufgabe war dabei, die vom Staat erbauten Hochhäuser vom Bauschutt zu befreien. Zwei, drei Tage mußten wir hier verbringen. Vermutlich habe ich tatsächlich etwas Sperrmüll nach unten getragen und so an der Vollendung dieser Bauten mitgewirkt. In Erinnerung blieb mir vor allem die Zeit des Nichtstuns, in der man wenigstens von Vorlesungen unbelastet blieb.

Diese Zeit werde ich jedoch aus einem anderen Grund nie vergessen. Hier begegnete ich Tatjana, hier machten wir unsere ersten gemeinsamen Spaziergänge. Auch sie war eine fortgeschrittene Geigerin und hatte einen sehr guten Ruf. Was mich vor allem beeindruckte, war ihre unwiderstehliche Fröhlichkeit. Tatjana und ich fanden viele gemeinsame Anziehungspunkte: ein Boot, einen Park und zahllose Filme. Tatjanas positive Lebenseinstellung, ihre feste Überzeugung, alles sei keineswegs so tragisch, wie ich es darstellte, übte einen starken Sog auf mich aus. Als ich sie kennenlernte, hatte ich schon einige Erfahrungen gemacht. Es schien nicht so recht zu klappen mit mir und den Frauen und der ersehnten Zweisamkeit. Und nun stieß ich auf einen Menschen, der mir das alles ausreden wollte. Diese kleinen Injektionen der Lebensfreude haben mir sehr gut getan. Vermutlich hat Tatjana ihren unerschöpflichen Enthusiasmus und ihren Frohsinn, womit sie mir das Gefühl des Alleinseins nahm, als Erbgut von ihren Eltern mitbekommen. Ich muß sagen, daß die Begegnung mit ihrer Familie einem Vorstoß auf unbekanntes Terrain glich. Ihr Vater war Flieger beim Militär und ein Kommunist dazu, einer allerdings, den man als Idealisten bezeichnen könnte, der an die fortschrittliche Idee des Kommunismus wirklich glaubte. Tatjanas Mutter war Schulärztin, eine sehr agile, resolute, auf Gesundheit bedachte Frau. Die Eltern Grindenko waren aus der ukrainischen Stadt Charkow und lebten mit ihren beiden Kindern in sehr bescheidenen Verhältnissen. Sie hatten eine jener typischen sowjetischen Gemeinschaftswohnungen zusammen mit sieben weiteren Familien. Sie lebten selber sehr genügsam, um die Begabung ihrer Kinder zu fördern; beide, Vater wie Mutter, liebten Musik sehr. Sie waren wohl auch nach Moskau gekommen, ins Zentrum des Musiklebens, um ihren Kindern die beste Ausbildung zu ermöglichen. Jeder, der in Berührung kam mit dieser Familie, spürte ihre positive Energie.

Diese ganze optimistische Lebenseinstellung machte mir sehr schnell Mut, konkrete Absichten zu verfolgen. Am 7. November, dem Tag der Oktoberrevolution, kannten wir uns schon zwei Monate. Wir feierten unser Jubiläum mit ihren Eltern und ihrem Bruder während des Feuerwerks – das war Tatjanas Idee gewesen – auf einem gemeinsamen Spaziergang zum Roten Platz. Dort gab es so viele Menschen, daß man im Gedränge plötzlich das Gefühl hatte, nicht mehr selbst zu gehen – man wurde von der dichten Menschenmenge regelrecht getragen. Es war furchtbar. Damals habe ich zum ersten Mal, panisch vor Angst, verstanden, daß ich nicht Teil der Masse sein will.

Nun sahen wir uns täglich und telephonierten so oft wie möglich miteinander. Tatjana hatte offenbar Angst, ihre

Eltern könnten kein Verständnis für uns haben. Das Gegenteil aber war der Fall. Sie sei schon im richtigen Alter dafür, meinte ihre Mutter und schien dabei nicht weniger idealistisch eingestellt zu sein als Tatjana selbst. So wie sie und ihr Mann wollten, daß es ihren Kindern gutgeht, wollten sie eben auch, daß es uns als Paar gutging.

Einen Monat später verließ ich das Studentenheim. Wir mieteten – welch ein Glück, überhaupt etwas zu finden – eine 19 Quadratmeter kleine Wohnung, ein Studio sozusagen. Tatjanas Eltern akzeptierten unsere Beziehung nicht nur, sie halfen sogar bei der Einrichtung, was Tatjana sichtlich überraschte. Man wünschte uns Glück, und kaum jemand, der uns sah, zweifelte daran, daß es uns eines Tages winken würde. Nur vor Juri Jankelewitsch, Tatjanas Lehrer, mußte alles verheimlicht werden. Er sah in jeder aufkeimenden Beziehung unter seinen Studenten eine Gefahr für das berufliche Fortkommen.

Ein neuer Lebensabschnitt begann. Im Rückblick sehe ich noch heute diese Zeit als eine meiner glücklichsten Lebensphasen an. Unsere Ansprüche waren gering, Hoffnungen und Gefühle um so größer. Im Januar, während der Winterferien, gingen wir nach Riga. Niemand wußte, was wir vorhatten, mit Ausnahme unseres Freundes Jura, meiner Rigaer Vertrauten Emma und ihres Mannes Wadim. Unter dem Siegel der Verschwiegenheit heirateten wir am 1. Februar 1968. Unsere Freunde waren die Trauzeugen. Am selben Tag noch begann ich mit der Aufnahme zu meiner ersten Schallplatte: Es war nicht nur ein glücklicher, es war auch ein kreativer Tag. Meine Mutter kochte mittags mein Lieblingsessen, Krautwickel mit Kartoffeln, ohne zu ahnen, daß sie unser Hochzeitsmahl bereitete. Später, als wir sie einweihten, reagierte sie überaus glücklich. Nur betrübte sie noch lange, daß das Essen ihrer Ansicht nach nicht dem Anlaß entsprochen hatte. Uns jedoch war diese Hausmannskost als Hochzeitsschmaus gerade recht gewesen.

Die Metropole

In all den Jahren meines Studiums übte das kulturelle Leben Moskaus großen Reiz aus. Aber die Erinnerung ist eine launische Diva, sie kommt, wann sie will, nistet sich in den Nischen des Denkens ein oder erscheint urplötzlich als Glied einer langen Assoziationskette. Vieles hat sich in den Untiefen des Bewußtseins so gut versteckt, daß es unbemerkt, unverstanden, ungehört bleibt. Auch die Aufnahmekapazität der Jugend hat ihre Grenzen. Einiges ist heute noch so lebendig wie am Tag des Erlebnisses. Anderes wiederum hat erst im Laufe der Zeit, lange nach dem Geschehen, meine Aufmerksamkeit erregt. Hängengeblieben sind oft nur Andeutungen, Fragmente der Kulturlandschaft einer Weltmetropole, die von vielem anderem zwangsweise abgeschnitten war; der Eiserne Vorhang hatte sich in dieser Zeit ja erst einen Spalt breit gehoben. Aber Moskau gelang es dennoch, wenn auch nicht in der Quantität der Ereignisse, so doch in ihrer Qualität anderen Großstädten ebenbürtig zu sein.

Eine Neuerscheinung in der Akademischen Buchhandlung von Helsinki, eine Schallplatte bei »Tower Records« in New York oder eine Ausstellung im Londoner British Museum waren eben doch lediglich ein Buch, eine Schallplatte, eine Ausstellung unter Hunderten, Tausenden mehr oder weniger bedeutungsvollen Ereignissen. In Moskau jedoch hatte ein Buch immer hohen Seltenheitswert, ob im Samisdat erschienen oder in relativ kleiner Auflage offiziell veröffentlicht, ob vom Ausland eingeführt oder geschmuggelt. Es war immer *das* Buch. Es wurde von vielen, man könnte fast sagen: simultan gelesen, oft nur für ein bis zwei Tage heimlich ausgeliehen und unter Freunden diskutiert, die zum selben Kreis gehörten. Das Buch wurde tatsächlich *gebraucht*, es war buchstäblich geistige Nahrung. Weit weg von jener Welt, die den hemmungslosen Konsum propagierte, besaßen auch ein Konzert, ein Gastspiel, eine Theatervorstellung diesen außerordentlichen Wert.

Gerade auf musikalischem Gebiet hatte das russische Kulturleben Erstaunliches zu bieten. Jetzt, nachdem viele der Großen gestorben sind, andere das Land verlassen haben, ist man sich vielleicht mehr und auch schmerzlicher bewußt, welcher Reichtum an Persönlichkeiten in den sechziger Jahren die Szene beherrschte. Dabei denke ich nur an meine Studienzeit. Würde man den Blick auf die gesamte Periode nach der Oktoberrevolution richten, käme man zu noch viel dramatischeren Erkenntnissen über den erlittenen Verlust. Der ideologische Terror und das GULag-System als Basis sind als Instrumente der Unterdrückung unübertroffen gewesen; es grenzt an ein Wunder, daß sich der Geist dennoch einen Überlebensraum sichern konnte.

Zum allgemeinen Klima am Moskauer Konservatorium muß noch einiges hinzugefügt werden. Die Erinnerungen an den damals noch nicht lange verstorbenen Klaviermentor Heinrich Neuhaus und das Idol vieler Musikliebhaber, den frühverstorbenen romantischen Wladimir Sofronizki, waren noch lebendig. Von letzterem gibt es, wie von der genialen Marija Judina, unübertroffene Aufnahmen. In der Stärke des Ausdrucks und Kraft der Persönlichkeit könnte man die beiden großen Künstler vielleicht mit Dinu Lipatti und Wanda Landowska vergleichen. Marija Judina gab zu meiner Studienzeit immer noch Konzerte und überraschte ihr treues Publikum mit extravaganten Auftritten.

Beim russischen Publikum will ich einen Moment verweilen. Ich glaube, in jener Zeit wurde dem russischen Publikum ein Wertgefühl für Kultur regelrecht eingeimpft. Das Empfinden für Musik, die Neugier auf jegliche Art von Kultur scheinen mir damals ungemein wach gewesen zu sein. Allerdings muß man einschränkend sagen, daß sich auch in Rußland in den Konzertsälen und Theatern nur eine gewisse Schicht versammelte, nicht die breite Masse. Aber diese Schicht der Interessierten beschäftigte sich ganz intensiv mit Kultur. Ein Teil dieses Publikums besuchte sogar viele Vorspiele, an denen junge Studenten teilnahmen, bevor sie zu einem Wettbewerb geschickt wurden. Möglicherweise war ein kulturelles Ereignis, Musik, Theater, eben auch ein gewisser Ersatz für all das, was man in dieser Gesellschaft entbehren mußte.

Marija Judina wurde damals ganz unerwartet einmal ins Konservatorium eingeladen. Vier unvergeßliche Nachmittage war sie bei uns. Jedesmal – so etwas sprach sich schnell herum – schien der kleine Konservatoriumssaal die wachsende Menge der Studenten kaum fassen zu können. Was für ein Glück für mich, dabeigewesen zu sein. In ihren obligatorischen Turnschuhen und im langen schwarzen Kleid, von dem man sagte, es sei ihr einziges, war uns die Judina wie eine Nonne erschienen. Sie sprach frei, hielt sich nicht an die offizielle Ideologie und zeigte offen ihre tiefe Religiosität. Unbeirrt vertrat sie geistige Werte, verglich Musik mit Poesie, die ihr besonders nahe war, und zitierte oft als Einleitung zu einem Stück, das sie vorstellen wollte, aus dem Werk eines Dichters. Die Judina las mit Vorliebe aus den Werken von Boris Pasternak, Anna Achmatowa und anderen tragischen Gestalten der russischen Geistesgeschichte, deren Werke damals noch ein Schattendasein führten. Marija Judina spielte das historische Repertoire, Chopin und Brahms etwa, ebenso besessen wie die in Rußland weitgehend unbekannten Zeitgenossen. Trotz ihres Alters, sie war ja mit dem Jahrhundert geboren worden, zeigte sie den mir von meinem Großvater bekannten Hunger nach allem Neuen. Diese geistige Wachheit trieb sie förmlich in Richtung Alban Berg, Béla Bartók, Igor Strawinsky, sogar Karlheinz Stockhausen – alles Namen, die man damals noch als westlich-dekadent abtat. Marija Judinas ganzes Wesen, ihre Erscheinung waren der lebende Beweis, wie ein Mensch sich einem ganzen System entgegenstellen kann. Ich spreche hier von Pianisten, aber auch die berühmte russische Geigerschule stand noch in Blüte. David Oistrach und Leonid Kogan als Spitze der Moskauer Schule hatten das Sagen in der Hauptstadt, die viel zu früh verstorbenen Michail Waiman und Boris Gutnikow in Leningrad. Sie alle unterrichteten und spielten regelmäßig in den schönsten Konzertsälen der Hauptstadt. Mit ihnen traten Dutzende von Preisträgern internationaler Wettbewerbe auf, vor allem des Tschaikowski-Wettbewerbs, dessen Radius im wesentlichen auf das eigene Land beschränkt blieb. Ein kreativer, oft schmerzhafter Konkurrenzkampf, eine explosive Mischung aus Ehrgeiz und Intrigen, wurde besonders um Auslandsgastspiele geführt.

Die Schleuse ins Ausland stand allerdings nicht für alle begabten Söhne und Töchter der Sowjetunion offen. Als Ausgleich für all jene, die den Sprung über die Grenze nicht schafften, offerierte das Land mit seiner endlosen Weite nahezu unbegrenzte Auftrittsmöglichkeiten aller Art – von Engagements in den sogenannten Roten Ecken der Erholungsheime bis hin zu den pompösen Kulturpalästen, die es überall gab. Rote Ecken waren im übrigen eine typisch sowjetische Einrichtung, die es in jeder Institution gab – von der Bank und dem Warenhaus bis zu den Schulen und Betrieben. Sie dienten, geschmückt mit ein paar roten Fahnen, als Ort für Kleinveranstaltungen ideologischer Art, Versammlungen und offizielle Anlässe, wurden aber auch genutzt für Vorträge, Konzerte oder Amateuraufführungen. Einige Musiker schafften es mit Protektion, auf Tourneen im Ausland mit staatlichen Orchestern als Solisten aufzutreten. Andere verzweifelten in und an der Provinz und sahen sich später, als das möglich wurde, zur Emigration gezwungen. Aber die besten sowjetischen Musiker, ob Pianisten, Geiger oder Cellisten (Mstislaw Rostropowitsch war noch mehr als präsent), traten ausnahmslos auch in Moskau auf. Das gehörte nicht nur zu den gesellschaftlichen Regeln und zur alles beherrschenden Planung, sondern auch zur Konkurrenzsituation in der Hauptstadt.

Natürlich spielten Einschränkungen auf allen Gebieten eine große Rolle. Darum schien gelegentlich jedes Mittel recht, sich zu profilieren. Wahres Interesse an der Kunst wurde nicht selten von Konformismus dem Staat gegenüber begleitet. Viele Komponisten lebten und arbeiteten im Komponistenhaus mitten in der Stadt, knapp 300 Meter vom Tschaikowski-Konservatorium entfernt. Dort war der Unionsverband der sowjetischen Komponisten untergebracht. Schostakowitsch, Chatschaturjan, Kabalewski fanden hier auch ihr privates Zuhause. Im selben Gebäude residierte Tichon Chrennikow, seit 1948 Vorsitzender des Komponistenverbands, der so lange so viele beherrschte und das ganze Musikleben nach seinem und der Partei Willen manipulierte.

Trotz dieses kulturellen Reichtums schien das Interesse des Publikums und vieler Künstler mehr auf das gerichtet zu sein, was von draußen kam. Das Eigene, auch wenn es hervorragend war, kannten wir ja. Das Fremde und Rare aber zog uns an. Nicht frei von dieser Sogkraft waren sogar jene, die lange Schlange standen, um ein Konzert von Swjatoslaw Richter zu erleben oder atemlos Zeugen einer Uraufführung der letzten Werke Schostakowitschs zu werden. Das Unbekannte hatte eben jene Bedeutung wie *das* Buch, *die* Platte, *die* Ausstellung. Ich genoß die Freizügigkeit eines Louis Kentner im Umgang mit Beethoven. Sein Spiel machte mir klar, wie eng doch die gewohnten akademischen Auffassungen sind. Richters Beethoven faszinierte deswegen nicht weniger. Dann erlebte ich zum ersten Mal – und der Saal war überraschenderweise nicht einmal voll – Martha Argerich. Beim Chopin-Wettbewerb hatte ich sie im Fernsehen zum ersten Mal gesehen. Zu Vaters Plattensammlung in Riga gehörte ein polnisches Cover, das mich faszinierte, weil es Martha im Profil zeigte, wobei ihr Gesicht fast vollständig von ihren langen schwarzen Haaren bedeckt war. Martha spielte hinreißend.

Der amerikanische Pianist Misha Dichter wurde nach dem Tschaikowski-Wettbewerb zum Liebling des Publikums. Im Rahmen seiner Tournee durch die Sowjetunion saß er auf dem Podium des Konservatoriums und überraschte mich zunächst mit etwas ganz anderem als mit seinem Spiel. Vor Beginn des Konzerts, kurz nach dem Betreten des Podiums und noch während er begeistert empfangen wurde, machte er es sich auf dem Klavierstuhl bequem. Mit dem Gesicht zum Publikum schaute er – so schien es wenigstens – mißbilligend in die Runde, als wolle er im Augenblick, da die üblichen Geräusche von Hinsetzen, Husten, Programmblättern aufhören, das Publikum mit seinem Blick strafen. Diese ungewöhnliche Geste kündete von anderen Sitten; vielleicht war es auch ein Zeichen von Arroganz. Ich selbst blicke kaum je einmal zu den Hörern, suche nie den Augenkontakt. Die Ansicht Glenn Goulds vertrete ich ganz und gar, die Beziehung zur Musik müsse im Verhältnis eins zu eins zur Partitur stehen. Auch Swjatoslaw Richter hat nie mit dem Publikum kokettiert. Ich kann mich an Auftritte Richters erinnern, bei denen man spürte, wie das Werk gewissermaßen schon erklang, bevor der Künstler sich überhaupt auf dem Stuhl niedergelassen hatte, so konzentriert war er. Mich hat immer fasziniert, wenn Interpreten wie Richter oder Maria Callas beim Erscheinen auf der Bühne spüren ließen, wie sehr sie mit der Musik, dem Werk oder ihrer Rolle eins waren. Dichters Auftritt hatte jedenfalls damals keine positive Ausstrahlung. Freilich

54

kann es möglich sein, daß man grundsätzlich dazu neigt, das Fremde, die unbekannte Geste als Unzulänglichkeit der anderen Lebensart zu diffamieren. Dieser negative Eindruck, den der amerikanische Pianist zunächst auf mich gemacht hatte, verschwand allerdings schon beim ersten Ton. Die Hysterie um Namen wie Van Cliburn, damals ein weitverbreitetes Jugendidol, löste in mir widersprüchliche Empfindungen aus. Ich bin Zeuge gewesen, wie man ihn buchstäblich auf Händen trug. Die Blumensträuße auf der Bühne erinnerten mehr an ein Staatsbegräbnis als an einen Klavierabend. Aber auch ich war seit meiner Kindheit ein absoluter Cliburn-Fan. Das Moskauer Publikum bewies ihm seine Treue. Faszinierend aber wirkten nur die wirklich großen Künstler: Die Probe von Paul Kletzki, das Auftreten von Claudio Arrau, der Klang der Wiener Philharmoniker, die Stimmen der Mailänder Scala, die Musik von *Tristan und Isolde* unter Karl Böhm – so vieles wäre aufzuzählen. Aber auch Duke Ellington und James Last erfreuten mich, der ich mit der Jazz- und Popmusik noch kaum in Kontakt gekommen war.

Es gab noch einen Künstler, der mich ganz in seinen Bann zog. Das war Jacques Brel, der 1965 oder 1966 nicht weniger als zehn Konzerte in Moskau gab. Eine Freundin schenkte mir eine jener kostbaren Karten, die sie mit viel Glück ergattert hatte. Das Konzert wurde für mich, der kein Wort Französisch verstand, eines der größten künstlerischen Erlebnisse meines Lebens. Überwältigend war schon die Plastizität der Stimme, die Brel absolut unter Kontrolle hatte. Was mich allerdings am meisten bewegte, geradezu erschütterte und hypnotisierte, war seine Hingabe. Ich könnte kaum eine Künstlerpersönlichkeit nennen – abgesehen von der Callas –, die mit ihrer Kunst so eins war, mit jedem Wort, jedem Ton und dem ganzen Lied. Brel schien sich im Singen, in der Aktion völlig aufzulösen, als wollte er seinem nahen Tod bewußt entgegengehen.

Die wichtigsten Erfahrungen waren jedoch mit den Stunden bei Oistrach verbunden. Ob in der Klasse oder auf dem Podium, sein überlegenes Können und Wissen hielten uns stets in Atem. Ich muß immer wieder an die Probe des Tschaikowski-Konzerts zu seinem 60. Geburtstag denken. Sein Leben lang hatte er das Werk gespielt, und dennoch war keine Spur von Routine dabei entstanden. Er vermittelte das Gefühl, stets ein neues Tschaikowski-Konzert zu hören. Jede Kurve der Stimmverläufe, jedes Schwingen der Kantilene wirkte frisch und unerwartet. Alles atmete. Diese Fähigkeit wollte ich eines Tages selbst besitzen. Auf höchstem Niveau reflektierte sie mein eigenes Ideal. Berge an musikalischer Prosa lagen da noch vor mir, im Studium wie im beginnenden Reiseleben. Zu dieser musikalischen Prosa gehörten auch die Wettbewerbe, die wichtig waren, auch wenn sie wie ein Strudel wirkten, in den man sich notgedrungen hineinziehen lassen mußte. Denn sie entschieden, ob man fähig war, sich durchzusetzen. Hier in Moskau konnte ich allmählich meinen künstlerischen Ruf festigen. Die Arbeit in Oistrachs Klasse besaß natürlich die größte Bedeutung.

Prägend wirkte sich auch das Konkurrenzklima aus, das generell das Leben am Konservatorium bestimmte. Nur Begabung zu haben reichte nicht aus. Aus dem ganzen Land kamen die Talente, wohnten im Zentrum Moskau, studierten und rivalisierten miteinander. Auch kleinere Gruppen ausländischer Studenten gab es, wenngleich ihre Leistungen oft nicht dem sonst geforderten Niveau entsprachen. Die Internationalität der Studentenschaft machte uns bewußt, daß es fern vom russischen Imperium eine andere, buchstäblich fabelhafte Welt gab. Sie wurde zwar ideologisch verteufelt, besaß aber dennoch oder gerade deshalb eine nahezu magnetische Kraft. Für uns Musikstudenten lag die einzige Chance, sich dieser fremden, reizvollen Welt zu nähern, bei den internationalen Wettbewerben. In den folgenden Studienjahren nach dem Erfolg in Brüssel ging ich noch zweimal erfolgreich durch die Mühle eines Auswahlspiels, um dann im Jahre 1969 zuerst in Montreal, dann in Genua an internationalen Wettbewerben teilzunehmen. Das Auswahlspiel war ein nahezu perfekt ausgeklügeltes Verfahren. Russische Künstler, weil sie die besten der Welt waren und damit ideale Repräsentanten ihres Landes und des dort herrschenden Systems, hatten die patriotische Pflicht, Wettbewerbe zu gewinnen. Beim Vorspiel, zu dem Kandidaten aus der ganzen Sowjetunion angereist kamen, entschied sich nun, wer zu einem Wettbewerb fahren durfte. Meist spielten 10, 20, manchmal auch 30 Kandidaten vor, von denen drei bis vier ausgewählt wurden.

Mußte ich in Montreal noch in einer starken Mannschaft auftreten – zu den Teilnehmern von russischer Seite gehörten meine erfahrenen älteren Kollegen Oleg Krysa und Wladimir Spiwakow –, so war ich für Genua vom Ministerium ohne Vorauswahl, sozusagen als Zugpferd, auserkoren worden. Diese Form des starken Einzelkämpfers wurde ins Leben gerufen, um einen potentiellen künstlerischen Sieg mit Patriotismus und Imagepflege der Sowjetunion verbinden zu können.

Selbstverständlich spielten in der Vorbereitung mein Kontakt zu Oistrach und die Betreuung durch Bondarenko eine große Rolle. Immer wenn ein Student der Klasse auf einen Wettbewerb hin getrimmt wurde, kannte das Training kaum Grenzen. Das betraf sowohl die Zeit, die man dem Kandidaten widmete, als auch den Wert, der auf eine für den Wettstreit notwendige Perfektion des Spiels gelegt wurde. Das System wurde so standardisiert, daß die sowjetischen Teilnehmer den anderen Mitbewerbern nahezu zwangsläufig überlegen waren. Die Schule bildete zum Erfolg aus. Und der Erfolg machte Schule. Konstantin Stanislawski, der berühmte russische Theaterleiter, hatte das Musische als etwas Metaphysisches, als Überaufgabe propagiert. Das bedeutete, daß jeder, der über das Vermögen technischer Vollendung verfügte, auch zur höchsten Entwicklung der künstlerischen und musikalischen Qualitäten verpflichtet war. Die Sowjets glaubten allen Ernstes, das Prinzip, das unweigerlich zum Sieg führte, entdeckt zu haben. Wenn sich unter den Siegern dann noch Persönlichkeiten fanden, um so besser.

Für Wettbewerbe mußte man nicht nur die obligatorischen Werke und solche, die man selber auswählte, einstudieren, also ein großes Repertoire bewältigen. Man mußte auch lernen, wie es vorzutragen sei, was erwartet wurde und was nicht »erlaubt« war, das heißt, welchen Interpretationen man aus dem Weg gehen sollte. Man war sich unter den Professoren, die sehr viele Wettbewerbe als Juroren bestritten, deren Studenten sehr oft bei Wettbewerben mitgespielt und Preise gewonnen hatten, völlig im klaren, welche Werke günstig für einen überzeugenden Auftritt sein konnten und welche nicht. Natürlich wußte man auch, welche Art des Spiels bei Juroren auf Anerkennung stieß. So mußte man eher Wege beschreiten, die konventionell waren, um das Gros der Juroren zu überzeugen. Mit anderen Worten: Das Konventionelle, optimal ausgeführt, wies den Weg zum Erfolg.

In Oistrachs Klasse gab es natürlich keinen Mangel an Individualisten, die es mit der Geige und der Kunst ernst meinten. Oistrachs menschliche Qualitäten, seine Ausstrahlung und Wärme sowie sein phänomenales geigerisches Können beeinflußten jeden, der damit in Berührung kam. Oberflächlichkeit wurde ebensowenig geduldet wie Mangel an Perfektion. Man wurde angehalten, überzeugend, sauber, korrekt und mit Ausdruck zu spielen. Die Gefahr aber, daß ein weniger begabter Student sich in eine Art »kleiner Oistrach« verwandeln würde, war nie gebannt. Gelegentlich waren aber auch jene erfolgreich, die eigene Wege gingen. Diesen Künstlern stand dann nicht nur das gesamte schulische Potential zur Verfügung, sie konnten sich auch Oistrachs Sympathie und seiner überraschenden Aufgeschlossenheit sicher sein. Als Künstler war er groß genug, die aufkeimenden Eigenarten einer Begabung zu fördern. Im Grunde vertraute er auf die eigentliche Weisheit des Unterrichts: Bei einem guten Studenten lernt auch der Lehrer noch dazu. Oistrach mangelte es sicher nicht an Erfahrung oder Einsicht, aber er wußte, daß die grenzenlose Welt der Töne von niemandem durchmessen werden kann. Die Prinzipien eines guten Rhythmus, des Stils, der gewählten Tempi, des nicht verfälschten Ausdrucks sollten den freien Geist nur zügeln, um ihm die bestmögliche Form zu verleihen. Ein Ziel, das Oistrach seinen Schülern nicht weniger als sich selbst setzte und auf das ich mich durch ihn und Bondarenkos Arbeit immer mehr konzentrierte.

In Montreal siegte Wladimir Spiwakow; Oleg Krysa und ich teilten uns ex aequo den zweiten Platz. Als Niederlage aber empfand ich mein Abschneiden keineswegs. Es brachte mich einen Schritt weiter, nachdem ich 1967 in Brüssel ja »nur« den dritten Preis erhalten hatte. Montreal war für mich vor allem aber wegen der enormen Repertoireanforderungen wichtig. Zum ersten Mal wurden nämlich bei einem Wettbewerb große Violinsonaten verlangt. Die *Kreutzersonate* von Beethoven und die erste Sonate von Bartók bildeten seither Grundsteine meiner Konzertprogramme. Zusätzlich brachte die Partnerschaft mit meinem alten Freund, dem Pianisten Juri Smirnow, neue Erfahrungen. Ich wußte von jetzt an, wie wichtig ein eingespieltes Duo sein kann. Wir haben Stunden, Tage, Nächte, Wochen gearbeitet, um jedes Detail zu proben, um Dinge umzusetzen, die unser Zusammenspiel atmen ließen. Diese Erfahrung kam mir im Wettbewerb zugute. Später habe ich auch in der Zusammenarbeit mit Oleg Maisenberg oder mit Tatjana jede Kleinigkeit beachtet und besprochen. Gerade die Aufmerksamkeit für das Detail ließ unser Musizieren so konzentriert erscheinen.

Der Paganini-Wettbewerb in Genua stellte andere Anforderungen. Das Virtuose, das Technisch-auf-der-Höhe-Sein waren hier gefragt. Den ganzen Sommer 1969 über widmete ich mich diesem Ziel. Die romantische Legende Paganini beflügelte mich und erweiterte mein Repertoire um Werke, die ich sonst nicht favorisiert hätte. Aber mir schwebte nicht Virtuosität als Selbstzweck, sondern als Ausdrucksmöglichkeit vor. Der Sieg war mir eine große Genugtuung, auch wenn beim Wettbewerb das musikalische Niveau – zu unterscheiden, wie gesagt, vom geigerischen – eher bescheiden war. Immerhin hatte ich zum ersten Mal einen ersten Platz belegt und hatte auf der Guarneri Paganinis spielen dürfen.

Ich erinnere mich an das eigenartige Gefühl, als ich diese Kostbarkeit berührte, die sonst im Museum der Stadt ihrer stummen Einsamkeit überlassen blieb. Man überreichte mir das Instrument einen Tag vor dem Auftritt für etwa eine halbe Stunde zum Einspielen. Dann wurde sie wieder weggeschlossen. Man kann sich aber mit einem Instrument genausowenig wie mit einem Menschen in einer so kurzen Zeit vertraut machen. Am nächsten Tag feierte Genua das traditionelle Kolumbus-Fest. Im geschmückten Saal, vor hoher Prominenz, zu der auch der Astronaut Collins gehörte, der durch seine Mondexpedition berühmt geworden war, vor laufenden Fernsehkameras hörte ich Ansprachen, die der Länge von Parteikongressen entsprachen. Alles auf Italienisch. Plötzlich erklang mein Name. Die Geige wurde gebracht, mir überreicht. »Spiel, Junge, spiel«, dachte ich bei mir. Die italienische Gesellschaft hörte zu. Es war wohl wie zu Zeiten meines berühmten Vorgängers.

Mir ist noch eine andere Episode in Erinnerung, ein Ausflug, den ich von Genua nach Mailand machte, wo ich bei Feltrinelli *Doktor Schiwago* suchte. Es war das erste Buch, das ich heimlich nach Rußland brachte. Über Pasternaks Roman wurde sehr viel gesprochen, er gehörte zur verbotenen Literatur.

Bei der Rückkehr in Moskau gab es viele Gratulationen. Das Entscheidende aber, das Podium, blieb weiterhin nur zugänglich, wenn der Staat es wollte. Die »Eroberung der Welt« mußte auf später verschoben werden.

Das Zuhause

Man nennt mich oft den »fliegenden Holländer«. Auf diesem tragischen Menschen lastet der Fluch, nicht ankommen, nicht zu Hause sein zu können, so wie Lord Byrons Manfred nicht vergessen kann. Fliegen war mir nie ein wirkliches Bedürfnis, nur ist es im Laufe der Zeit ein Bestandteil meines Alltags geworden. Das Weggehen wurde immer selbstverständlicher, zugleich wichtiger fast noch als das Ankommen. Die Ankunft aber trägt schon den Keim künftiger Abschiede in sich – ein Teufelskreis, den ich immer noch zu durchbrechen hoffe.

Bevor ich von den Moskauer Wohnungen spreche, in denen ich lebte, möchte ich kurz auf jene zurückblicken, die mir aus der Kindheit im Gedächtnis haften geblieben sind. Die erste Wohnung, an die ich mich erinnere, in der Rupniecibas iela (ein trivialer lettischer Name, der zu deutsch etwa Wirtschaftsstraße bedeutet), besaß noch einen Ofen. Man heizte mit Holz und nur, wenn keines vorhanden war, mit Kohle. Die Wärme war so angenehm und die Stimmung so behaglich, wie ich sie heute nur noch bei Freunden am Kamin erlebe. Das Jahr über wurden im Keller Kartoffeln gelagert. Man brauchte schon einige Zentner und bestellte sie jeweils im Herbst. Meine Mutter kochte Preiselbeerkonfitüre ein, für uns eine Delikatesse, die wir das ganze Jahr über genossen.

Die Wohnung besaß nur zwei kleine Zimmer, und oft mußte ich in der Küche üben. Als ich älter wurde, räumte meine Mutter sogar die Vorratskammer für mich aus. Sie wurde sozusagen mein Territorium. Von der Mutter bemalte Möbel, ein winziger Schrank und ein Tisch machten den Raum, der mir einige Jahre gehörte, wohnlich. Er war viel gemütlicher als die kalte Bibliothek, an der mich nur die Riesensammlung von Büchern anzog. Das Kältegefühl wurde durch drei Dinge verursacht: den Torbogen, der sich unter dem Zimmer befand, das Leben der Erwachsenen, das sich im Zimmer nebenan abspielte, und durch mein Nasenbluten, das immer wieder gerade hier auftrat. Gerade das Nasenbluten wurde für mich zum Symbol meiner Einsamkeit.

Nach Großvaters Tod zogen wir in die Wohnung der Großeltern. Die Räume in der Ausekla iela kannte ich gut, schließlich hatte ich schon einen Großteil meiner Kindheit dort verbracht. Der Hof war ein riesengroßer überdeckter »Atombombenkeller«. Hier ging ich früher mit unserem Hund Rex spazieren oder rutschte im Winter bei Schnee mit dem Schlitten den »Berg« hinunter. Die neue Wohnung war komfortabler als die erste, hatte eine Zentralheizung, eine bessere Küche und zwei separate Räume. Einen davon benutzte ich nachts, veranstaltete dort kleine Partys und Diskussionsrunden. Auch die Bücher, Platten und Noten wanderten von der alten Wohnung hierher und vereinten sich mit Großvaters Sammlung.

Zwei Jahre später wurde das Studentenheim in Moskau mein Domizil, mit einem Zimmer, das ein Bücherregal und ein Brett als Tisch am Fenster besaß. Es gab nicht die Spur von Komfort. Nach anderthalb Jahren konnte ich dann für teures Geld das Studio mit Tatjana mieten, das hauptsächlich von ihren Eltern eingerichtet wurde. Erst langsam kamen wir auf den Geschmack, etwas Eigenes anzuschaffen. Das Stipendium war klein, Miete und Unterhalt entsprachen dem keineswegs.

Das Studio bestand nur aus einem Zimmer. Da wir beide Geiger waren, mußten wir unsere Arbeit geschickt organisieren. Mich störte nicht, daß ich meist in der Küche üben mußte. Das war ich schließlich gewohnt. Oft übernachteten Freunde bei uns, das gehörte gewissermaßen zur Tradition unseres Haushalts. Heute denke ich, wie schwierig es doch gewesen sein muß, ein Eheleben und den Besuch so vieler Freunde in Einklang zu bringen. Offenbar wollten wir aber unser Glück teilen oder gar verschenken. Anderthalb Jahre währte dieses Glück. In Moskau damals eine Mietwohnung zu finden konnte man tatsächlich nur als Glück bezeichnen. Aber dann kam ein noch größeres hinzu: die Chodynka, unsere erste eigene Zweizimmerwohnung. Wir bewohnten sie viele Jahre, Tatjana lebt dort bis heute.

Alles, was ich vom Herbst 1969 an erlebt habe, was sich an Gegenständen ansammelte, all meine Hoffnungen haben mit der Chodynka zu tun. Kein Wunder also, daß mir von dem Zeitpunkt an, da ich die Chodynka verließ, mein Leben wie das eines Heimatlosen vorkam. Wenn ich an die russischen Jahre zurückdenke, erweckt vor allem die Chodynka meine nostalgischen Gefühle. Sie war Treffpunkt der Freunde, Ausgangspunkt von Beziehungen, Probenraum für den Beruf und Lernstube fürs Leben. Bis heute habe ich keinen Ersatz gefunden für dieses Zuhause, einen Ort der Identifikation, des geistigen Aufbruchs. Alles, was danach kam, rief das Gefühl eines Transitraums hervor, zu dem dann allerdings auch die Chodynka in meinen letzten Moskauer Jahren wurde. In der Erinnerung scheint sie trotz ihrer Kargheit und der Beschränkungen mehr besessen zu haben als alle späteren Hotels und Wohnungen. Das Negative verdrängt und vergißt man ohnehin. Alle Versuche scheiterten, eine Bleibe zu finden, die meinem Inneren entspricht und die gute Atmosphäre der Chodynka wiederherstellt: ein Heim für mich und Gleichgesinnte – ein Refugium und ein Hafen für den »Holländer«.

Ein Heim zu erwerben hatte Tatjana und mir das verbliebene Preisgeld aus dem Wettbewerb ermöglicht, das eigentlich zum Kauf eines Autos bestimmt war. Denn nur Valutazahlungen konnten dabei helfen. Normalerweise mußte man fünf bis zehn Jahre auf eine eigene Wohnung warten. Wegen meiner Siege bei Wettbewerben, etwa in Montreal oder Genua, gehörten wir, was uns ein wenig unwirklich vorkam, zu den Privilegierten. Sogar die Verteilung der Appartements verlief zu unseren Gunsten. Die Wohnung im dritten Stock, die uns durch Los zugeteilt wurde, stand besonders hoch im Kurs. Man mußte damit rechnen, daß der Fahrstuhl für die neun Stockwerke oft nicht funktionieren würde. Defekte Lifts gehörten zu den Tausenden von Unzulänglichkeiten, die in unserem Land herrschten. Privilegien aber führten zwangsläufig auch zu Neid, vor allem einem jungen Paar gegenüber. Unseren vermeintlichen Vorteil mußten wir später noch teuer bezahlen.

Die Straße hieß Chodinskaja, aber wir änderten sie bald in Chodynka ab. Das neunstöckige Hochhaus war noch im Bau, als schon die Aufteilung der Wohnräume vorgenommen wurde. Nie zuvor hatte ich ein zukünftiges Heim entstehen sehen. Wir waren voller Ungeduld, fuhren oft hin, schauten uns den Stand der Dinge an, ob es unsere Etage schon gäbe, und phantasierten, wie wir die Wohnung einrichten würden. Die einfachsten Dinge schleppten sich hin, die Zeit dehnte sich nahezu ins Unermeßliche, aber schließlich zogen wir doch ein. Wir betraten unsere erste eigene Wohnung: zwei Zimmer, das erste knapp zwölf, das zweite siebzehn und die Küche viereinhalb Quadratmeter groß. In diesen Wänden sollte sich in den nächsten Jahren unser Leben abspielen, unzählige Feste, viele Dramen. Vor allem aber wurde die Wohnung sozusagen der Stützpunkt für unsere künstlerische Laufbahn.

Was uns jetzt interessierte, war die Ausstattung der Wohnung, das Besorgen des Notwendigsten. Als besonderen Luxus empfanden wir die Möglichkeit, etwas aus dem Ausland mitbringen zu können. Ob es Tapeten, Lichtschalter oder die Waschmaschine waren, im Lande selbst etwas zu finden blieb immer problematisch, auch dann, wenn man der Nomenklatura angehörte. Das wußten wir mittlerweile gut genug, jeder kannte schließlich den Widerspruch zwischen der Realität und den Vorlesungen im Fach »Wissenschaftlicher Kommunismus«, wo das Manna auf Erden versprochen wurde.

Die Gelegenheit, vom Ausland zu profitieren, wurde allerdings sehr eingeschränkt. Nach den Wettbewerben durfte ich trotz vieler Einladungen aus dem Ausland die Grenze Richtung Westen nicht mehr überqueren. Auch Tatjana schien bei den Behörden in Ungnade gefallen zu sein. Ihre Reisen zum Wettbewerb nach Sofia und zum Meisterkurs, zu dem ihr Lehrer Jankelewitsch sie nach Salzburg mitgenommen hatte, waren die letzten gewesen. Etwas Undurchschaubares spielte sich hinter unserem Rücken ab. Der Tschaikowski-Wettbewerb, an dem wir 1970 beide teilnehmen wollten, sollte uns auch dazu dienen, den Damm des Behördenschweigens zu durchbrechen. Wir nahmen an, daß ein überzeugender Erfolg uns aus der Klemme befreien werde.

Noch war es nicht soweit. Wir möblierten also unsere Chodynka mit den Resten der Einkäufe auf vergangenen Reisen und bekamen zusätzlich Möbel von meinen und Tatjanas Eltern aus Riga und Moskau. Ein von meinen Großeltern vor vielen Jahren im Baltikum erworbener schöner Barocksekretär schmückte nun die bescheidenen Räume des Betonklotzes, ein Glanzstück unserer Wohnung, auch wenn er restaurationsbedürftig war. Ein anderes antikes Prachtstück, einen Schrank aus schwarzem Holz mit Einlegearbeiten, erhielten wir von Bekannten nahezu umsonst. Er litt zwar ebenso an Altersschwäche, ließ aber noch die Spuren vergangener Schönheit erkennen, die der Wohnung persönliche Züge verlieh. Damit wurde an Ideale aus der Vergangenheit erinnert, die auch das Leben der Privilegierten im alten Rußland einmal bestimmt hatten. Viele

Ausländer waren bei ihren Aufenthalten von der russischen Offenherzigkeit und Großzügigkeit überrascht. Auch wenn die Menschen oft in größter Bescheidenheit lebten, bewahrten sie sich doch ihren Sinn für Herzlichkeit. In Opposition zum herrschenden System entstand bei vielen ein heftiges Verlangen nach Kultur und Gerechtigkeit. Die nostalgisch beschworene Vergangenheit besaß immer noch mehr Anziehungskraft als der Westen und sein Kommerzdenken. So verstanden wir etwas pathetisch die Chodynka auch als einen Hort des Humanen.

Kurz vor dem Einzug erfuhren wir, daß ein frischverheirateter Bekannter von mir im selben Haus wohnen würde. Der Pianist Oleg Maisenberg und seine Frau Wassilissa hatten mit Valuta, die Oleg kurz zuvor in Wien als Preisträger beim Schubert-Wettbewerb bekommen hatte, ein Studio im Erdgeschoß erworben. Das Gemeinschaftsleben fand bald seinen Rhythmus. Die Tauschgeschäfte mit zum Teil unter schwierigen Umständen organisierten Lebensmitteln gehörten ebenso zum Tages- und Nachtplan wie die für mich schon seit Jahren bekannten Teezeremonien.

Das Teetrinken, von japanischem Zengeist weit entfernt, gewann immer mehr an Bedeutung in unserem Zusammenleben. Freunde wurden zusammengewürfelt, Diskussionsrunden improvisiert, Musik- und Musikergespräche nahmen kein Ende. Auf gleiche Art bekamen – nicht freiwillig selbstverständlich – die Lebensmittelsuchaktionen ihren rituellen Stellenwert. Wir alle waren noch Studenten, kämpften um unsere Prüfungen, besuchten – wenn man zu Karten kam, im schlimmsten Fall auch schwarz – Konzerte und übten, übten, übten ... Es klingt hier so selbstverständlich, als ob der Erfolg durch Arbeit geradezu garantiert werde. Dabei muß ich an all diejenigen denken, die trotz endloser Bemühungen ihre Träume begraben mußten.

Tatjana und ich schienen ständig in Vorbereitung auf irgendeinen Wettbewerb zu leben. Das war zu jener Zeit, als ein Sieg bei einem Wettbewerb und der Titel eines Laureaten noch als Passierschein zum Konzertpodium galten. Die Realität sah freilich komplizierter aus. Nicht alle Begünstigten wurden in gleicher Weise behandelt. Das Orwellsche Gesetz aus der *Farm der Tiere* – »alle Tiere sind gleich, aber einige Tiere sind gleicher als andere« – wurde uns sehr schnell beigebracht. Die richtige Abstammung und Loyalität dem Regime gegenüber gehörten zu den Voraussetzungen für Begünstigungen. Wir Unverbesserlichen setzten freilich unsere Hoffnung auch auf das Üben und das wahre Können des Künstlers. Dieser Glaube mußte Tatjana und mir wohl irgendwann einmal eingeimpft worden sein.

Da man das Haus nicht für Musiker gebaut hatte, war es nötig, Türen und Wände nachträglich zu dämpfen. Aber wir fanden uns zurecht, respektierten gegenseitig unsere Bedürfnisse und die individuell unterschiedlichen Arbeitsrhythmen. Etwas anderes aber war eine Katastrophe: die Nachbarn. Sie beschwerten sich ständig, auch wenn wir zu normalen Tageszeiten arbeiteten. Jeder Vorwand war ihnen willkommen, um uns zu schikanieren. Wir bekamen den Eindruck, daß Künstler für manche offenbar a priori ein rotes Tuch sind. Wir brauchten bisweilen nur in den vom Bau her nicht optimal isolierten Flur zu gehen, von wo wir ja das Stimmengewirr von unten auch hörten, schon erschien einer der Nachbarn, um sich über unser Trampeln zu beklagen. Einmal sagte uns der Hausgenosse mit unverhohlen antisemitischem Zungenschlag, jedes Volk, auch das an südlichen Meeren residierende, habe ein Recht auf einen Tag Ruhe! Ein anderes Mal erschien er ganz im Ernst mit einer Pistole und drohte, nun endgültig das Problem zu lösen. Kurzum: unsere Nachbarn waren keine musischen, aber auch keine toten Seelen. Allmählich wurde ich leicht neurotisch, und jeder, der Roman Polanskis Film *Der Mieter* gesehen hat, wird sich meinen Zustand leicht ausmalen können. Nach elf Uhr abends zuckte ich wie Polanskis Filmheld bei jedem Schritt zusammen, den wir oder unsere Gäste taten. Es wurde immer mühsamer. Meine Versuche, etwas zu erklären, scheiterten mit konstanter Regelmäßigkeit. Am liebsten hätten uns unsere Mitbewohner wohl aus dem Hause getrieben. Und weil sie es selbst nicht schafften, schrieben sie Briefe an Zeitungen und Behörden und mobilisierten die Öffentlichkeit. Dahinter stand der Glaube an die Kraft einer Denunziation. Anonyme Briefe besaßen besonderes Gewicht. Und wer weiß, ob nicht einer dieser infamen Papierfetzen auch unsere Personalakten belastete.

So mischten sich in der Chodynka Arbeit, Freude, Musik, Gefühle der Gemeinschaft mit Angst, Frust und Einschüchterungen. Und dennoch wurde die Atmosphäre mehr vom Glauben an uns bestimmt und vom Versuch, unserer künstlerischen Sache treu zu bleiben, als von den widrigen Umständen. Tatjanas Eltern, liebenswürdig und besorgt, kamen regelmäßig und halfen uns, den Alltag zu bewältigen.

Wassilissa und Oleg kämpften derweil mit ihren eigenen Problemen. Oleg wurde eines Tages zur Armee einberufen. Er konnte das nicht, wie eine Reihe anderer Musiker, vermeiden. Das bedeutete natürlich sowohl fürs Eheleben wie für den musischen Beruf eine enorme zusätzliche Belastung. Das russische Soldatenleben ist nichts für sensible Seelen. Oleg selber versuchte, es mit Humor zu nehmen, Wassilissa hatte es dagegen schwerer. Wie die meisten Frauen wünschte sie sich eine Familie und Kinder, nicht Uniform, Distanz und Nachtwachen.

Zum Glück blieb ich wenigstens von dieser Last befreit. Der Grund? Wir standen vor einer anderen Prüfung, dem Tschaikowski-Wettbewerb; die Teilnehmer sollten eben auf ihre Weise dem Prestige des Landes dienen. Tatjana, inzwischen Siegerin beim Unions-Wettbewerb, gehörte fast selbstverständlich zur sowjetischen Mannschaft. Bei mir gab wohl mehr die Eigeninitiative den Ausschlag. Sogar Oistrach war erstaunt über meinen Wunsch teilzunehmen, hatte ich doch gerade erst zwei Preise gewonnen. Wieso ich denn nochmals ein Risiko eingehen wolle, fragte er mich. Ein Wettkampf sei doch meist ein unsicheres Abenteuer. Meine Erklärung war eindeutig. Ich wußte ganz einfach, daß mir ohne diese Feuerprobe, ohne die Gunst und Anerkennung des Publikums im eigenen Lande zu gewinnen, die Schubkraft für den erträumten Aufstieg in den Olymp der Kunst gefehlt hätte. Auch Bondarenko spürte das wohl und stand mir zur Seite. So stimmte Oistrach schließlich zu.

Viele Monate dauerte die Vorbereitung, vor allem hatte ich das Tschaikowski-Konzert noch nicht in meinem Repertoire. Tatjana war mir da voraus, mit diesem Werk hatte sie im selben Jahr den Wettbewerb gewonnen, der als Vorstufe zum Tschaikowski-Wettbewerb galt. Eigentlich ist schon bemerkenswert, daß unser beider künstlerische Ambitionen, die dasselbe Ziel im Visier hatten, nicht zum direkten Konflikt führten. Jeder wünschte dem andern, daß es ihm gelingen möge, und wo immer es ging, versuchten wir uns gegenseitig zu helfen. Da wir bei zwei verschiedenen Professoren studierten, gaben wir das Beste aus unserem jeweiligen Unterricht an den Partner weiter. Spannungen ließen sich dennoch nicht vermeiden. Tatjana hat sich als Frau weit mehr von meinen Nervositäten anstecken lassen, war empfindlicher, auch verletzlicher als ich. So zumindest hat sie Jahre später in einem Interview die damalige Situation gesehen. Mir war das gar nicht bewußt. Uns beiden wurde immer klarer, daß nicht zwei gleichzeitig gewinnen konnten.

Andere starke Geiger bereiteten sich nicht minder sorgfältig vor: die reizende und musikalisch urbegabte Liana Issakadse, der routinierte und geigerisch sichere Andrei Korsakow, Tatjanas Konkurrent im Unionskampf. Die Nerven waren zum Zerreißen gespannt, als das Ministerium überdies Jankelewitschs Lieblingsstudenten, meinen Montreal-Rivalen Wladimir Spiwakow, als Teilnehmer nominierte. Die Kandidaten eines internationalen Wettbewerbs mußten sich nicht nur durch ein ausgeklügeltes Auswahlsystem – vom Vorspiel in der internen Streicherabteilung bis zum Allunionswettbewerb – hindurchkämpfen. Auch das Ministerium konnte zusätzliche Kandidaten aufstellen, wenn es der Überzeugung war, daß sich jemand (auch ideologisch) besonders ausgezeichnet hatte oder die sowjetische Kandidatenriege nicht stark genug war. So war ich ja schon nach Genua geschickt worden. Für Tatjana, die aus derselben Klasse wie der ministeriell verordnete Spiwakow kam, bedeutete das zusätzlichen Streß. Bei Entscheidungen dieser Art suchten die Behörden nach Lösungen, die dem Teamgeist entsprachen, den die »sowjetische Schule« repräsentieren sollte. Obwohl sich Jankelewitsch den Anschein von Fairplay gab, wußten Tatjana und ich, auf welches Pferd er setzte. Für jeden von uns gab es neue Belastungen. Aber der Geist der Chodynka stärkte uns den Rücken.

Konzerte im sowjetischen Imperium

In meinen Studienjahren – das Ausland war noch ein ferner Wunschtraum – reiste ich erstmals nach Sibirien. Das Tschaikowski-Konservatorium feierte seinen 100. Jahrestag, und ich gehörte zu einer vom Rektorat gebildeten »Konzertbrigade«. Wir waren etwa zehn Musiker und sollten in Studentenklubs, Schulen und Arbeiterwohnheimen auftreten. Endstation der Reise war die »Bratskaja Gess«, ein auf einem der größten Flüsse Rußlands erbautes riesiges Elektrizitätswerk, das dem Volk als historisches Beispiel für die Stärke des kommunistischen Systems dargestellt wurde. Wir sahen den Damm, wir erlebten die sibirische Kälte, wir flogen endlos scheinende Strecken, und wir brachten ans Ende der Welt einen Hauch klassischer Musik aus Moskau, dem unangefochtenen Zentrum des Landes.

Das Repertoire reichte vom Baikal-Volkslied bis zu Mozarts *Kleiner Nachtmusik*. Mozart wurde in absolut unwürdigem Vortrag dargeboten, direkt vom Blatt gespielt. Wir hatten trotzdem damit mehr Erfolg als mit dem einen oder anderen ernsteren und besser vorbereiteten Stück. Offensichtlich gab nicht die Qualität den Ausschlag, sondern der Bekanntheitsgrad des Werkes und die Leichtigkeit der Rezeption. Wir diskutierten die uns abstrus erscheinenden Reaktionen des Publikums und kamen uns auch sonst innerhalb der Gruppe näher. Auf dem Rückweg konnte ich wegen Flugzeugverspätungen 72 Stunden lang nicht schlafen. Mein Körper hielt diesen ohnmachtsnahen Zustand mit sportlichem Überwindungsgeist überraschend gut aus. 1966, im Jahre der Bratskaja-Gess-Tour, hatte Reisen für mich noch etwas Romantisches. Das wurde später anders.

Gleich nachdem ich 1967 in Brüssel beim »Concours Reine Élisabeth« einen Preis gewonnen hatte, wurde mir als »Laureat des internationalen Wettbewerbs« von der staatlichen Konzertagentur ein Minimum an Konzerttourneen zugestanden. Wie in sozialistischen Betrieben wurde auch hier alles planwirtschaftlich gesteuert. So bekam ich als Anfänger etwa zehn bis zwanzig Konzerte pro Saison von »Sojuskonzert« zugesichert, der Staatsagentur für Tourneen innerhalb der Sowjetunion. Ich freute mich auf die Konzerte, im Grunde auf alles, die Plakate, die Hotels, das Reisen selber, wußte aber nicht, was damit verbunden sein würde. Endlich konnte ich auch etwas Geld verdienen, für einen Studierenden nicht ohne Reiz.

Zelinograd 1967. Eine Stadt im weiten Kasachstan, Sinnbild der unter Chruschtschow populären »Eroberung des Neulands« (Zelinograd bedeutet auf russisch wörtlich »Stadt des Neulands«). Es gehörte zu den ungeschriebenen Regeln von Tourneen, nicht nur für Anfänger, in Musikschulen, Kulturhäusern und im lokalen Fernsehen aufzutreten. Aus dem Fenster der Musikschule, in der wir ein Konzert gaben, sah ich in der Dunkelheit eine Leuchtschrift, die stufenweise eingeschaltet wurde: Zuerst »50 Jahre«, dann »Sowjet« und zuletzt »Macht«. Dann erlosch die Schrift, und draußen herrschte wieder vollständige Dunkelheit bei 30 bis 40 Grad Kälte. Das Relais wiederholte den Ablauf: 50 Jahre... Sowjet... Macht. Dunkelheit. Pause. 50 Jahre...

Im kalten Pawlodar, einer anderen sibirischen Stadt, suchten wir den Eingang zu einem Kulturpalast oder Gymnasium. Hier in der tiefsten Provinz, wo alle Türen verriegelt waren, die Stadt ein tristes Bild bot und am Abend allenfalls 50 Leute im Konzertsaal saßen, hing in einem verlassenen Hinterhof ein riesengroßes buntes Plakat: »Es lebe die sowjetisch-birmanische Freundschaft!« Ein anderer Ort auf unserer Sibirientournee hieß Semipalatinsk, die »Stadt der sieben Zelte«. Wurde er von Tschingis-Khan gegründet? Nichts hinderte den Sowjetstaat daran, gerade hier eine Atomwaffenindustrie aufzubauen. Der von Gott verlassene Ort hatte etwas, worauf er stolz sein konnte. Wir lieferten das kulturelle Programm dazu.

Aber nicht nur die Kälte war charakteristisch für dies Land. Der Süden der Sowjetunion machte auf mich einen überwältigenden Eindruck. Vor allem Usbekistan mit den sagenumwobenen alten Städten Buchara und Samarkand, aber auch Duschanbe oder Aschchabad, den Metropolen Mittelasiens. Später Herbst, hier ist es nun plus 38, 40 Grad. Was kann bei dieser Hitze wohl noch schöner sein als das Ausziehen eines Fracks nach dem Abendkonzert? Es ist nicht etwa die Dusche. Das Schönste ist, splitternackt im Hotelzimmer zu sitzen und, tief mit dem Kopf nach vorn gebückt, eine riesige Tschardschoymelone ohne Messer und Gabel zu essen. Das Ding hat ein Gewicht von etwa zehn bis zwanzig Kilogramm; wenn ich heute an den Saft der geöffneten Melone denke, dann läuft mir gleich das Wasser im Mund zusammen. Eine himmlische Frucht. Wie sagte ein großer Künstler? Konzerte gebe es nur, damit man Durst bekomme...

Als Gast des Philharmonischen Orchesters in Nowosibirsk kam ich morgens zur Generalprobe. Ich war gewohnt, mich warm zu spielen und deshalb frühzeitig da zu sein. Am Abend sollte ich die *Serenade* von Leonard Bernstein vortragen. Das Werk war für mich im doppelten Sinn des Wortes mit Freude verbunden. Die Musik selbst drückte so viel Freude aus, und ich war glücklich über jede Gelegenheit – sie ergab sich nicht oft –, das Stück zu spielen. Beim

Aufwärmen dachte ich an die vielen Mängel bei der Probe tags zuvor. Die glänzende Partitur barg eine Menge Interpretationsprobleme. Schwierigkeiten bereiteten vor allem Rhythmus und Intonation. Das Orchester aber probte den ganzen Morgen nichts anderes als Mozarts *Kleine Nachtmusik*. Die Orchestermusiker, die am Tag zuvor bei der Probe des Bernstein-Stücks die Herausforderung gespürt hatten, versuchten nach einer gewissen Zeit, ihrem Chefdirigenten Arnold Katz anzudeuten, daß man noch Zeit für die *Serenade* brauche. Der Maestro reagierte darauf mit all seiner Autorität und erwiderte schroff: »Bernstein kam und ging, Mozart aber bleibt uns immer erhalten.« Die *Kleine Nachtmusik* wurde weitergeprobt. In der Nacht, nach der Aufführung, dachte ich an Mozart. Vor zwei Jahrhunderten galt er noch nicht als Klassiker. Ob er wohl damals von seinen Zeitgenossen ähnlich behandelt worden ist wie Leonard Bernstein hier in Sibirien?

Vor einem Konzert krank zu werden ist besonders heikel; noch schlimmer ist es, wenn es auch noch in fremder Umgebung passiert. Das Schlimmste sind für mich Zahnschmerzen. Die ganze Zahnmedizin bewegte sich in der Sowjetunion auf bescheidenem Niveau. Ich empfand es in der Zeit meines Moskauer Lebens schon als Bonus, überhaupt einen anständigen Zahnarzt zu finden. Dank einer Empfehlung landete ich bei einer ganz reizenden jungen Dame, die im gefürchteten Butyrka-Gefängnis angestellt war. Sie arbeitete in einem großen Saal mit anderen Kollegen zusammen. Oft sah ich während der Behandlung die müden Gesichter der Gefängnisanwälte und fragte mich, ob die Insassen wohl auf denselben Stühlen Platz nahmen. Es machte jeden Besuch in der Ambulanz noch unheimlicher. Aber es gab keine Alternative. Die nette Ärztin mußte natürlich auch mit gewissen Einschränkungen zurechtkommen: der Zeit, des Materials, der Anästhesiepräparate. Und ich mit meiner Empfindlichkeit und Spritzenphobie machte es ihr nicht leichter. Es führte dazu, daß ich diese Besuche nur im höchsten Notfall unternahm. Diesen Leichtsinn habe ich noch heute mit ständigen Konsultationen von Zahnärzten zu bezahlen. Schlecht behandelte Zähne sind im übrigen ein charakteristisches Problem vieler meiner Landsleute. Der Berufsrhythmus vergrößerte das Problem. Oft ging ich auf Tournee ohne prophylaktische Behandlung; die wertvollen Stunden waren mir wichtiger fürs Üben.

Das Pech ließ nicht auf sich warten. In Vilnius, mitten auf der Reise, konnte ich den Schmerz nicht mehr ertragen. Ich suchte eine gewöhnliche Poliklinik auf. Der höhere Lebensstandard in den baltischen Republiken ließ auf bessere Arbeitsqualität hoffen. Der kranke Zahn wurde umständlich und lange behandelt. Die Ärztin konnte auf Anhieb den Wurzelkanal nicht finden und mußte – nebenbei bemerkt, ohne Narkose – einen neuen, künstlichen durchs Zahnfleisch stechen. Ich verließ das Spital mit dem Gefühl, trotz der schmerzhaften Prozedur das Notwendigste getan zu haben.

Als ich nachts nach dem Konzert mit dem Zug nach Moskau fuhr, wunderte ich mich nur, daß ich noch immer heftige Schmerzen hatte, die in Wellen kamen und gingen. Am nächsten Tag in Moskau hatte ich erst recht keine Zeit. So verbrachte ich die nächste Nacht wieder schlaflos im Zug. Als ich am Morgen in Gorki ankam, wußte ich: Nichts ist wichtiger als ein Zahnarzt. Zuerst ging ich jedoch pflichtgemäß in die Orchesterprobe, danach direkt ins Krankenhaus. Die Notfallärztin – es war Feiertag, der Internationale Tag der Frau – stellte die Ursache meiner Qualen bald fest, wobei ich vor Schmerzen fast vom Stuhl gesprungen wäre. Ein anderer als der schon behandelte Zahn meldete sich krank. Ich war also gerettet. Die Schmerztablette und ein Schläfchen besorgten hier in Gorki den Rest.

Abends stand ich auf der Bühne, das Publikum begrüßte den Gast. Die ersten Klänge des Orchestertuttis waren allen gut bekannt. Nur für mich war es eine Premiere. Ich spielte zum ersten Mal in meinem Leben das Tschaikowski-Konzert. Einige Monate später sollte der Wettbewerb beginnen.

Feuertaufe

Kurz vor dem Tschaikowski-Wettbewerb erreichte mich ein Brief von David Oistrach. Er antwortete auf ein Schreiben von mir, in dem ich die Teilnahmebedingungen für den Wettbewerb kritisiert hatte. Oistrachs Worte ermutigten mich und waren doch weit mehr. Mir schien es, als sei ich durch sie gewissermaßen von meinem Übervater gesegnet worden.

New York, 1. März 1970
Essex House

Mein lieber Gidon!

Deinen Brief, der mich gleichzeitig erfreut und betrübt hat, habe ich bekommen. Ich freue mich, daß Du viel und mit Anspruch arbeitest, erfolgreich die Vorspiele bestanden hast und Dich die Auftritte in Moskau und Riga künstlerisch befriedigten. Ich teile mit Dir die Enttäuschung über die Behörden, die entschieden haben, sieben »unserer« Teilnehmer zum Tschaikowski-Wettbewerb zuzulassen.

Schon seit vielen Jahren kämpfe ich mit der Musikverwaltung, versuchte wiederholt, sie zu überzeugen, daß eine so zahlreiche Beteiligung von Interpreten ersten Ranges aus dem eigenen Land [SU] uns der Möglichkeit beraubt, begabte Musiker aus anderen Ländern – sozialistische wie kapitalistische – als Gäste hier zu haben und positiv zu bewerten. Unter solchen Bedingungen haben wir nicht einmal die Möglichkeit, die rudimentärste Gastfreundschaft zu zeigen, weil die Präsentation

78

ESSEX HOUSE

160 CENTRAL PARK SOUTH

NEW YORK

1-III-70.

Мой дорогой Гидон!

Я получил твое письмо, одновременно и обрадовавшее, и огорчившее меня. Я рад тому, что ты много и „со вкусом" работаешь, что ты удачно играл на прослушивания, и что твои выступления в Москве и Риге принесли тебе творческое удовлетворение.

Вместе с тобой я разделяю также твои огорчения в связи с нежеланием допустить 7 наших участников к участию в конкурсе им. Чайковского.

Уже в продолжении многих лет я сражаюсь с Музыкальным управлением, доказывая, что участие такого количества первокласных исполнителей, представляющих одну страну, лишает возможности поощрить талантливых музыкантов, наших гостей из других стран, как социалистических, так и капиталистических. Получается положение,

Die erste Seite des Briefes von David Oistrach vom 1. März 1970

einer so mächtigen »Mannschaft« Zweifel aufkommen läßt, ob sie faktisch »durchbrochen« werden kann.

Ungeachtet dessen, daß die Praxis der letzten vier Wettbewerbe bewies, daß mein Standpunkt richtig war, wird bei jedem bevorstehenden Wettbewerb aufs neue Panik verbreitet und eine Absicherung gesucht, die notgedrungen zu dem führt, was Du in Deinem Brief mit Recht beschreibst. Ich bin sicher, meine Meinung wird auch in diesem Jahr nicht beachtet, besonders deshalb, weil es sich um ein Jubiläumsjahr handelt [Lenins 100. Geburtstag]. Leider wird diese Tatsache dazu führen, daß ausländische Interpreten nicht mehr zu unseren Wettbewerben kommen werden, außer vielleicht diejenigen, die mühevoll eine Bach-Fuge einstudieren können, sich für den zweiten Durchgang gar nicht vorbereiten, da sie lediglich aus touristischen Gründen anreisen, weil ihnen doch die Rückreise und die Spesen gesichert sind ...

Man muß aber nun mal mit den Zuständen leben, wie sie sind.

Du mußt vor allem entscheiden, ob Du bei dieser Auswahl der Teilnehmer weiterhin das Feuer besitzt, für den Sieg zu kämpfen. Auf keinen Fall sind Deine Chancen geringer als die Deiner Konkurrenten. Denk aber auch daran, wieviel überzeugender, wichtiger, ehrenvoller ein Sieg in dieser »Besetzung« sein kann im Vergleich zu früheren.

Natürlich mußt Du selbst entscheiden, ob Du an diesem Wettbewerb teilnehmen willst oder nicht, aber Du hast keinen Grund, den Mut zu verlieren. Du entwickelst Dich fabelhaft, als Instrumentalist wie als Musiker, hast ein außergewöhnliches Können. Das von Dir in diesem Sinne gesammelte Kapital ist das Wertvollste, das ein Mensch haben kann, und wenn Du weiterhin so arbeitest wie bisher, wird dieses Kapital immer mehr an Wert gewinnen. Denk daran, welches Glück es ist, Deine Begabung zu besitzen. Das ermöglicht Dir, Deine ganze Seele, Dein Herz, Deine innigsten Gefühle mit einer Menge von Menschen zu teilen, die Dir dafür dankbar und treu sind.

Mit diesem Glück lebe auch ich. Es unterstützt mich in den schwierigsten Augenblicken, wenn Gedanken aufkommen, daß ich nicht mehr über die Kraft verfüge, mein Riesenmaß an Arbeit zu bewältigen, wie ich es bis dahin tat.

Ich bin fest überzeugt, Dir wird früher oder später eine große Anerkennung gezollt, eine viel größere als die, nur kometenhaft auf einem Wettbewerb zu glänzen. Und die Freude über diese Anstrengung wird Dich für all Deine Riesenarbeit und Deine Liebe zur Kunst reich entschädigen.

Sei glücklich.

Dein Dich aufrichtig liebender D. F.

PS. Herzliche Grüße und meine besten Wünsche an Deine liebe Tanechka.

Wann werde ich sie hören?

Der Tag der Feuertaufe kam. Es gelang mir, etwas Unmögliches zu erreichen – Tatjana und ich wohnten nun zusammen mit anderen Teilnehmern im Hotel »Rossija«. Dennoch wurden wir auch jetzt noch von unseren Lehrern betreut, Tatjana von Jankelewitsch, ich von Bondarenko und Oistrach. Bei Proben und Generalproben war immer einer von ihnen anwesend. Wie stets versuchten wir einander zu unterstützen, was natürlich nicht leicht war in der unmittelbaren Konkurrenzsituation. Immerhin gehörten Geiger wie Spiwakow, Issakadse und Korsakow zu den Teilnehmern, die alle schon Preise gewonnen hatten.

Ich hatte mir eine Art Maxime für mein Vorspiel auf einen kleinen Zettel notiert, den ich in die Tasche meines Konzertanzugs steckte: »Spiel die erste Runde für die Jury, die zweite für das Publikum, die dritte für dich selber.« Damit versuchte ich mir Mut zu machen. Bei der Reihenfolge der Auftritte hatte ich eine günstige Nummer gezogen: Mein Einsatz sollte ziemlich am Ende kommen. Tatjana hatte nicht soviel Glück, sie mußte schon früh antreten. Aus der Erfahrung vieler Wettbewerbe wußte ich, daß es psychologisch günstiger war, nicht unter den ersten zu sein. Am Anfang hört die Jury viel kritischer, erwartet noch die Sensation, später wird sie objektiver. Das Wichtigste aber war, das Maximum von dem geben zu können, was in monatelanger Vorbereitung in der Klasse Oistrach/Bondarenko erarbeitet worden war. Ich hatte zudem bei wiederholten Auftritten in verschiedenen Städten des Landes, wie die anderen sowjetischen Teilnehmer auch, meine Leistungsfähigkeit auf die Probe stellen können.

Um zu siegen, mußte man nicht nur gut, sondern außergewöhnlich gut sein. Und man mußte paradoxerweise vergessen können, daß es sich um einen Wettbewerb handelt. Zum Glück glaubten meine Lehrer an mich. Jankelewitsch allerdings sah sein Zugpferd in Spiwakow. Dadurch war Tatjana einem zusätzlichen Druck ausgesetzt, der sie verunsicherte. Obwohl sie unlängst als Siegerin aus dem Unionswettbewerb hervorgegangen war, galt sie hier nicht mehr als Favoritin.

Hinzu kamen die Ausländer, für die das Moskauer Publikum bei Wettbewerben seit Van Cliburn, Stefan Ruha, Shmuel Ashkenazy, John Ogdon und Misha Dichter ein Faible hatte. Schon in den ersten Runden des Wettbewerbs stellte sich heraus, daß die meisten ausländischen Kandidaten ein hohes Niveau besaßen. Mayumi Fujikawa etwa überzeugte das Moskauer Publikum und machte sich später einen internationalen Namen. Glenn Dichterow, der in Moskau den fünften Preis errang, ist heute Konzertmeister der New Yorker Philharmoniker. Rainer Küchl, inzwischen erfahrener Konzertmeister der Wiener Philharmoniker, damals noch ganz jung, war auch nicht unter den Ersten.

Ich kann mich nicht mehr genau erinnern, wie ich in den einzelnen Durchgängen spielte. Es gelang mir, die Aufmerksamkeit der renommierten Jury, die von Oistrach ge-

Beim Tschaikowski-Wettbewerb 1970

leitet wurde, zu gewinnen; auch Szigeti und Kogan waren
dabei. Unserem Hauptkonkurrenten Spiwakow versagten
im ersten Durchgang die Nerven. Im zweiten war er offenbar erfolgreicher. Mit der *Caprice basque* von Sarasate, einem
effektvollen Reißer, machte er Eindruck beim Publikum.
Mir gelang das mit der *Letzten Rose* von Heinrich Wilhelm
Ernst. Der späte Zeitgenosse Paganinis versucht hier mit
seinen technischen Einfällen den legendären Vorgänger
noch zu übertrumpfen.

Obwohl alles streng geheim war, sickerte doch durch,
daß ich nach Zensuren – die Einschätzungen unterlagen wie
die Pariser Restaurants einem 20-25-Punkte-System – in
beiden Runden als Erster abgeschnitten hatte. Es war aber
nicht zu erfahren, ob das wirklich stimmte oder nur eine
von meinen Betreuern entwickelte Taktik war, meine Stimmung zu heben. Den Gerüchten zufolge war Tatjana ebenso

erfolgreich, sie pendelte zwischen dem zweiten und dritten Platz. Das Wichtigste war aber der Auftritt mit dem Orchester. Zwölf ausgewählte Teilnehmer warteten auf ihren Moment. An jedem Nachmittag respektive Abend mußte ein Teilnehmer an der Endrunde zwei Konzerte mit Orchester absolvieren, das obligatorische Tschaikowski-Werk und eines nach eigener Wahl. Die Liste der Kompositionen hatte man eingeschränkt auf die bedeutendsten Violinkonzerte der Weltliteratur. Nur eine Orchesterprobe war vorgesehen. Juri Temirkanow, heute bei den Philharmonikern von Sankt Petersburg, war als Dirigentenpartner für die Geiger ausersehen. Als Wahlwerk entschied ich mich für das Sibelius-Konzert. Tatjana spielte die *Symphonie espagnole* von Lalo. Die letzten Retuschen wurden noch in der Klasse angebracht, alle Kräfte gesammelt, die Nerven beruhigt. Jeder war sich bewußt, was dieser eine Auftritt für eine Bedeutung besaß.

Auch für mich war dieser Moment der Kulminationspunkt jahrelanger Arbeit. Ich mußte beweisen, daß ich besser war, als man es mir zutraute, daß ich nicht nur gut geigen konnte, sondern künstlerisch überzeugend und als Mensch liebenswert war. Die »Kindheitssplitter« machten sich bemerkbar. Es klingt pathetisch, wenn ich das hier so aufzähle, aber es gibt die Situation genau wieder: Alles stand auf dem Spiel. Das Professionelle war dabei mit dem Persönlichen eng verknüpft.

Beim Finale war uns die Aufmerksamkeit des ganzen Landes sicher, über das Fernsehen war die breite Öffentlichkeit am Wettbewerb beteiligt, hinzu kamen der vollbesetzte traditionsreiche Saal, die respektable Jury. Die kurze Probenarbeit mit dem routinemäßig begleitenden Orchester förderte nicht gerade das Vertrauen der Teilnehmer in die eigene Leistungsfähigkeit; der Meisterschaft des Dirigenten Temirkanow gelang es jedoch immer wieder, die kritische Situation zu entschärfen.

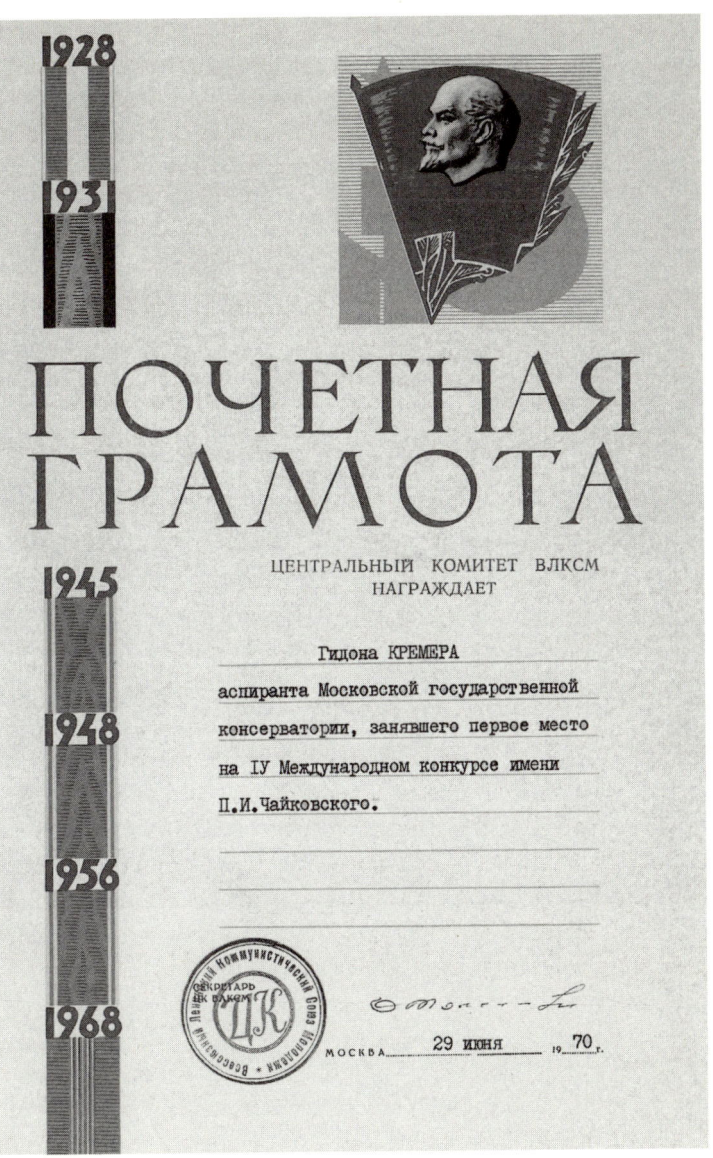

Urkunde des Komsomol-ZK zum Gewinn des Tschaikowski-Wettbewerbs

Mit Tatjana Grindenko auf der Titelseite der Zeitschrift
» Die Sowjetunion «

Es gab ein großes künstlerisches Problem. Im normalen Konzertbetrieb spielt man selten zwei große Werke hintereinander. Dem einen oder andern Teilnehmer, leider auch Tatjana, reichte der Atem für die Mammutanstrengung nicht aus. Ich dagegen hatte Glück, das geliebte Sibelius-Konzert stimmte mich gut ein. So fühlte ich mich bei dem in jeder Hinsicht gefährlicheren Tschaikowski-Werk stärker.

Die Jury verließ den Saal nach dem letzten Auftritt. Während der langen Besprechung wurden die Clans aktiv. Laut Reglement sollte über jeden zu vergebenden Preis separat abgestimmt werden. Das Niveau war jedoch sehr hoch. Das nutzten einige aus, die mir den Sieg allein nicht gönnen wollten. Es kam der Vorschlag, zwei oder gar drei erste Preise zu vergeben. Oistrach als Vorsitzender bestand aber darauf, die Statuten zu respektieren.

Bei der Stimmabgabe war ich der einzige, der mehr als zwei Drittel der Stimmen bekam, die notwendige Zahl für den ersten Preis. Spiwakow und Fujikawa teilten sich den zweiten Platz. Tatjana rangierte an vierter Stelle. Obwohl das als Riesenerfolg angesehen wurde und man uns als Laureaten-Ehepaar hochpries, mischten sich auf einmal Spannung und Trauer in unsere Beziehung. Das verstanden wir jedoch erst viel später. Der »Platz an der Sonne« war eben nur ein Billett für eine Einzelreise. Im Augenblick jedoch schmückte ein Photo von Tatjana und mir, glücklich und lebensfroh, das Cover der in sämtlichen Ländern verbreiteten Zeitschrift *Die Sowjetunion*.

Oistrach überreichte mir mit großer Genugtuung den Preis. Maria Callas, Ehrengast der Abschlußveranstaltung, gratulierte mir. Das Außergewöhnliche dieser Begegnung nahm ich, damals schier bewußtlos vor Glück, erst sehr viel später wahr.

Alltag eines Preisträgers

Nach dem Tschaikowski-Wettbewerb änderte sich, was Auslandsreisen betraf, für mich zunächst nichts. Im Herbst stellte ich fest, daß die Kaderabteilung des Konservatoriums Anweisung bekommen hatte, mir keine Ausreisegenehmigung zu gewähren. Der stereotyp vom Chef der Abteilung wiederholte Satz bedrückte mich dennoch sehr, obwohl ich ihn von Kollegen schon oft gehört hatte: »Die Entscheidung über Ihre Reise wurde vertagt.«

Reisegenehmigungen waren eine Prozedur für sich. Jeder ins Ausland reisende Sowjetbürger mußte eine »Charakteristik« einholen, ein Gutachten über seine Qualifikation und seine politische Zuverlässigkeit. Solche Papiere stellten Arbeitgeber oder Ausbildungsinstitute aus, wobei der Vorgang von Beginn an willkürlich blockiert werden konnte. Kollegen, die einem übel wollten, warfen einem gerne heimlich Knüppel zwischen die Beine. Gelegentlich genügte schon die Verbreitung eines Gerüchts. Ein anderes Mal wurde das Verhalten gegenüber Kollegen bemängelt oder der generelle Lernwille angezweifelt. »Dokumente« dieser Art benötigten, um gültig zu sein, die Unterschrift von drei Verantwortlichen, dem sogenannten Dreieck, man hätte es auch das Bermudadreieck nennen können: dem Leiter des Hauses, dem Sekretär der Kommunistischen Partei und der Gewerkschaft. Komsomolzen, Mitglieder des Kommunistischen Jugendverbands, hatten zusätzlich noch Unterlagen des Vorsitzenden ihrer Studienorganisation beizubringen.

Beim Einholen dieser drei Unterschriften half im Grunde nur Glück, damit keiner der Verantwortlichen aus irgendwelchen unerfindlichen Gründen sein »Njet« einlegte. Oft geriet man in Zeitnot, weil die Anträge in jeder Instanz auch noch von einer Kommission beraten wurden, die nur einmal pro Woche tagte. Zur inneren Struktur einer solchen Bürokratie gehörte das vollkommene Desinteresse an einer Beschleunigung von Entscheidungen. Kam das Papier, warum auch immer, zu spät an, war es schlicht wertlos geworden. Hatte es die erste Hürde genommen, wanderte es weiter ins Kreiskomitee der Komsomolzen-Organisation beziehungsweise der KPdSU. Erhielt man nach Wochen auch von dort einen positiven Bescheid, folgte die nächste Etappe.

Jeder Reisende mußte persönlich in der sogenannten Auslandskommission des Bezirkskomitees erscheinen. Bevor man die Sowjetunion verlassen durfte, mußte man Befragungen über sich ergehen lassen, die einer Inquisition gleichkamen. Eine einzige Frage nicht erwartungsgemäß beantwortet zu haben genügte schon, um den Instanzenweg zu blockieren. Was die Befragung anging, mußte man auch als Musiker über die von der Sowjetunion als wichtig erachteten Produktionsziffern und Planzahlen, die auf dem letzten Parteitag veröffentlicht worden waren, Auskunft geben können. Oder man mußte die Namen der kommunistischen Parteiführer jener Länder kennen, in die man reisen wollte, gleichviel, ob es sich dabei um bekanntere europäische Länder oder exotische Regionen handelte.

War man bis dahin erfolgreich gewesen und hatte die vier bis fünf Stempel endlich beisammen, gelangte das Gesuch zu den höheren Verwaltungsabteilungen: zunächst zum Stadtkomitee der Partei, anschließend ins Zentralkomitee der KPdSU, das wiederum seine ganz eigenen Kontakte zu den höchsten Rängen des KGB pflegte. Irgendwo in diesem Kreislauf zur Hölle war noch die Ausreisekommission des

Kulturministeriums eingeschaltet, die, dem Wesen vieler bürokratischer Instanzen gemäß, nichts entscheiden, aber alles verhindern konnte. Bis zum Schluß lebte man in ständiger Angst, etwas könne noch schiefgehen. Der Auslandspaß wurde normalerweise erst am letzten Abend oder in der Nacht vor der Abreise, gelegentlich sogar erst am Flughafen oder Bahnhof ausgehändigt. Das Gefühl totaler Abhängigkeit und ständiger Unsicherheit sollte permanent wachgehalten werden.

Für November 1970 war ein Konzert in Budapest geplant, anschließend mein Debüt in Wien. Die Verträge lagen schon seit Monaten unterschrieben vor. Eines Tages erfuhr ich, daß beide Veranstaltungen nicht stattfinden sollten. Man erklärte mir nicht, weshalb, begegnete mir nur mit verstohlenen, ausweichenden Blicken. Nahezu gespenstisch wirkte auf mich, daß auch einige Professoren, die noch vor kurzem herzlich ihre Bewunderung für mein Spiel geäußert hatten, mir auf einmal aus dem Weg gingen. Ich hatte das Gefühl, gegen mich sei eine Verschwörung angezettelt worden. Ich hoffte auf Oistrachs Rückkehr.

Eines Tages wurde ich ins Kaderbüro zitiert, wo man mir mitteilte, daß ich nach Budapest fahren dürfe. Über das Wiener Debüt jedoch fiel kein Wort. Noch vor knapp zwei Monaten beim Tschaikowski-Wettbewerb glaubte ich, es endlich geschafft zu haben. Wieso wurde dieser wichtige Sieg einfach ignoriert? Wieso die Konzerte in Wien in Frage gestellt? Verwirrt verließ ich das Büro.

Schon am nächsten Tag ging das Gerücht im Konservatorium um, ich hätte die Tür zur Kaderabteilung einfach hinter mir zugeworfen. Natürlich war das eine gezielte Provokation. Die mechanisch schließende Tür des Kaderbüros, die ich möglicherweise wirklich nicht beim automatischen Zufallen gebremst hatte, eignete sich vorzüglich, um jemandem übel mitzuspielen, um daraus im buchstäblichen Sinne eine Falle zu machen.

Aber wenigstens hatte sich das Tor nach Budapest geöffnet. Mit Oistrach als Dirigenten spielte ich das Sibelius-Konzert. Es war beglückend, meinen Lehrer so nah, so intensiv zu erleben. Vor allem seine musikalische Einstellung war eine große Stütze für mich. Als Dirigent und Partner war er bei diesem ihm so vertrauten Werk völlig in seinem Element. Oistrach genoß es einfach, Musik zu machen. Der Abend wurde zu meinem ersten wirklichen Konzerttriumph. Ich erlebte eine schier unglaubliche Resonanz. Leute begrüßten und beglückwünschten mich auf offener Straße; mir als Anfänger bereitete das damals große Genugtuung. Das ungarische Publikum behielt ich noch viele Jahre in meiner Erinnerung als eine der wärmsten und musikalischsten Konzertgemeinschaften weltweit. Subjektiv Erlebtes tendiert oft dazu, sich in quasi objektiven Beurteilungen und Einschätzungen niederzuschlagen. Daß ich bei jenem Konzert von David Oistrach vorgestellt wurde, hatte sicher mit zur großen Euphorie beigetragen, mit der ich dieses Debüt anging und mit der das Publikum mich aufnahm. Aber auch bei späteren Auftritten mit Orchester und in Recitals spürte ich diese besondere Atmosphäre, durch die ich zu einem oft und gern gesehenen Gast in Ungarn wurde. Ungarn blieb überhaupt lange Zeit das einzige Land, wohin mir die Sowjetunion zu reisen erlaubte. Wie hätte ich da nicht eine besonders herzliche Beziehung zu diesem Land entwickeln sollen? Wie ich mich damals aber wirklich fühlte, spiegeln meine Tagebucheintragungen:

24. Oktober 1970
Die Kontraste sind offensichtlich. Leise Musik im Fahrstuhl –
ein Blick aus dem Fenster auf die Donau ... Weiß ich denn noch,
was ein Walzer bedeutet? Musik im Hotelzimmer, im Aufzug,

bildhübsche Mädchen auf den Straßen. Und doch – ein Gefühl der völligen Einsamkeit verläßt mich nicht. All das erfahren, aber nicht allein sein müssen – das ist wohl der Traum dieser Tage.

Einkaufen kann man kaum etwas, die Preise sind horrend, auch im Restaurant. Und zur selben Zeit geht in Moskau, in Riga, in Koktschetaw alles seinen gewohnten Gang. Wäre man jetzt dort, würde gleich wieder diese Nervosität einsetzen, diese Sehnsucht nach etwas anderem. Wie soll man sich dort davor schützen? Alles vergessen? Man muß mit der Welt auskommen, in der man sich befindet. Das einzig Konstante ist man selbst und seine Sache, das heißt: der Beruf. Beim Verlassen des Lokals sagt der Portier: »Auf Wiedersehen, Herr Kapellmeister.«

26. Oktober
Oistrach hat mich in ein Lokal mit Zigeunerkapelle eingeladen. Die Musiker spielten phantastisch, voller Seele. Noch ein Beispiel für ein ganz anderes Leben mit Musik.

Alles ist hier ruhiger, sicherer, höflicher. Will Brahms-Sonaten spielen... Die Gesundheit ist die Hauptsache! Was wird werden, sollte sie vergehen?

29. Oktober
Oistrachs Violinabend. Unglaubliche Harmonie begleitet diesen Menschen sein ganzes Leben lang. Mit ihr scheint er auf dem Gipfel seines Könnens angelangt zu sein.

Niemand kann meine Einsamkeit ermessen. Die Feststellung ändert nichts an der Hilflosigkeit, sie zu überwinden: Privatleben und Beruf sind meist voneinander getrennte Sphären. Man kann mit der Geige die ganze Welt erobern und sich doch verlassen fühlen.

Es ist kein neuer Gedanke – nur die Umstände, der unermeßlich große Erfolg ist neu und läßt den Abstand zwischen künstlerischem Ansehen und privater Isolation um so deutlicher

hervortreten. Der Erfolg hat keinen Einfluß auf meine innere Welt.
Die Geige ist der Nährboden für alles. Ihre einsame Stimme klingt weiter in überfüllten Sälen und Städten. Die Verbindung zur Welt entsteht nur von der Bühne aus.

Das Konzert mit Oistrach fand im Rahmen der Kulturtage der UdSSR in Ungarn statt. Wie alle sowjetischen Künstler mußte ich daran teilnehmen, auch wenn mir solche politisch motivierten Projekte nie viel bedeuteten. Allerdings war es für das Gewissen jener, die sozusagen im Auftrag des Staates handelten, immerhin beruhigend, in kultureller und nicht in militärischer Mission unterwegs zu sein. Das kann ich allerdings mangels eigener Erfahrung nur vermuten, denn ich habe nie eine Soldatenuniform getragen. Für den sowjetischen Staat war Kultur ein vortreffliches Instrument der Indoktrination. Als Großer Bruder fühlte er sich dazu vor allem den osteuropäischen Satellitenstaaten gegenüber aufgerufen.

Es waren politische Gründe, weswegen die Kulturministerin der Sowjetunion, Jekaterina Furzewa – lange Zeit die einzige Frau in der Regierung –, bei unserem Konzert in Budapest anwesend war. Daß sie ein hohes Amt bekleidete und die Staatspolitik vertrat, hinderte sie jedoch nicht an emotionalen Regungen. Ihre Begeisterungsfähigkeit schien freilich immer im Zusammenhang mit den Interessen des Staates zu stehen. Es sollte sich zeigen, daß diese Frau aus dem Volk, über die viele spotteten, fähiger und liberaler war, als ich erwartet hatte. Oistrach nutzte instinktiv jenen Moment aus, als Jekaterina Furzewa uns gratulierte. Er bat die Ministerin, die er gut kannte, mir beim Zustandekommen des Wien-Debüts behilflich zu sein. Offenbar noch unter dem Eindruck des soeben Erlebten versprach sie, sich zu kümmern.

Eine Woche später war ich in Polen, um am Schluß meiner Tournee in Bromberg (Bydgoszcz) und Thorn (Toruń) zwei kurzfristig angesetzte Konzerte zu geben. Dort erreichte mich die Nachricht, es sei in der sowjetischen Botschaft ein Telegramm vom Kulturministerium aus Moskau eingetroffen, ich könne nach Wien fahren. Ein Vertreter des Ministeriums würde mich als Dolmetscher begleiten. Das Telegramm enthielt keine weiteren Anweisungen zur technischen Abwicklung, dafür bekam ich Grüße zum Jahrestag der Oktoberrevolution, die stets an alle Sowjetkünstler im Ausland verschickt wurden. Erfreut über die Nachricht, nahm ich die Angelegenheit selbst in die Hand und bat sogleich die polnische Konzertagentur, mir ein Visum und eine Fahrkarte nach Wien zu besorgen. Ich wollte um jeden Preis früher als mein »Dolmetscher« ankommen und flog sofort aus Warschau ab. Auf die winzige Freiheit, einen Tag allein in der mir noch unbekannten Weltstadt zu sein, konnte ich nicht verzichten. Und auch nicht auf die Freude, meine deutsche Muttersprache ohne »Übersetzer« zu genießen.

Bei meiner Ankunft machte Wien den Eindruck, als wolle es mich persönlich begrüßen. Die Stadt strahlte eine gewinnende Heiterkeit aus. Die Begeisterung war noch ungetrübt. Meine in Österreich wohnenden Freunde aus den Moskauer Studienjahren erwarteten mich. Ich informierte sie über den kommenden »Dolmetscher« aus Moskau. Sie versprachen, mit Wort und Tat darauf Rücksicht zu nehmen.

Im Hotel »Imperial« öffnete sich mir eine Welt voller Großzügigkeit, wie ich sie bis dahin nicht gekannt hatte. Von Freunden umgeben, den Luxus vor Augen, kamen mir der Anruf aus Moskau und die nervöse Stimme meines Schattens geradezu harmlos, ja ein wenig lächerlich vor. Seine fassungslosen Fragen amüsierten mich geradezu: »Wo sind Sie denn? Wieso sind Sie schon in Wien? Ich warte hier auf Sie. Wer hat das genehmigt?« Meine Eigenmächtigkeit hatte ihn völlig überfordert.

Wassili Stepanowitsch Kortikow sprach keineswegs fließend Deutsch; deshalb hatte ich die Aufgabe des Dolmetschers oft selbst zu übernehmen. Am zweiten Tag informierte sich Genosse Kortikow, wieviel sein Zimmer im »Imperial« kostete. Als ihm der Preis genannt wurde, geriet er völlig in Panik. Im Vertrag zwischen Goskonzert, der staatlichen Konzertagentur der Sowjetunion, und dem Wiener Musikverein war kein Dolmetscher vorgesehen. Aus diesem Grund mußte Kortikow sein Zimmer von dem aus Rußland mitgebrachten Spesengeld bezahlen. Normalerweise brachten Moskaus Finanzbehörden die nicht gerade verwöhnten Sowjetbürger in zweit- oder drittklassigen Hotels unter und kalkulierten bei den Spesen dementsprechend sparsam. Daß ich als Solist der Wiener Symphoniker im Fünfsternehotel »Imperial« logieren konnte, war für mich ein ganz ungewöhnliches Privileg. Die Großzügigkeit des Musikvereins, dem dies zu danken war, stellte selbst unter westlichen Organisatoren – wie ich später noch erfahren sollte – eher die Ausnahme dar. Während sowjetische Funktionäre ihre Künstler zwangen, im Ausland nach ihrem heimatlichen Standard zu leben, sparten westliche Veranstalter nicht selten zu ihren eigenen Gunsten an den Unterkunftskosten. Geknausert wurde auf beiden Seiten, nur aus unterschiedlichen Motiven.

Der Genosse Dolmetscher bekam Angst, zuviel Geld für das Hotel ausgeben zu müssen, und schlug mir vor: »Könnten wir denn nicht zusammen ein Zimmer nehmen?«

Das gehörte zwar zum sowjetischen Alltag, es wäre aber das letzte gewesen, was ich mir hier in Wien für die kommenden anstrengenden Konzerttage gewünscht hätte. Mir war wohl bewußt, welche Macht Kortikow über mich hatte. Würde ihm mein Benehmen nicht gefallen und er sich in seinem Bericht an die Behörden in Moskau kritisch äußern, könnte das für mich unangenehme Folgen haben. Also versuchte ich zunächst in Frage zu stellen, daß es überhaupt noch freie Zimmer gäbe. Dann sprach ich heimlich mit Ljuba Kormout, der Vertreterin von Eurodisc, einer guten Freundin Oistrachs, die ich kurz zuvor in Budapest kennengelernt hatte. Ob sie irgendwie helfen könne? Sie zeigte volles Verständnis und beruhigte mich mit ihrer Versicherung, im Musikverein würde man sich schon etwas einfallen lassen. Abends teilte das Hotelpersonal Kortikow mit, es gäbe keine freien Doppelzimmer mehr. Alles sei ausgebucht. Meinen Begleiter besänftigte diese Auskunft wenig. Am nächsten Morgen bohrte er weiter: »Vielleicht kann ich bei dir im Zimmer die Couch benutzen. Ich brauche doch keinen Luxus.«

Das hätte mir gerade noch gefehlt. Ich mußte aber weiterhin auf der Hut sein. Ich erwiderte so nebenbei, es sei zu bedenken, wie wohl die Hoteldirektion so etwas aufnehmen würde. Diese Bemerkung löste eine völlig unerwartete Reaktion aus. Plötzlich flackerten die Augen des Genossen Kortikow, die sonst absolut tot wirkten; er schien begriffen zu haben: »Ach ja, die haben doch hier die ...« Darauf Schweigen, von einer Geste begleitet, typisch für einen Sowjetmenschen. Homosexualität galt immer noch als absolutes Tabu. Damit war das Thema vom Tisch.

Auch sonst versuchte ich nach Kräften, mich von meinem Schatten zu befreien. Nachts mußte ich aufpassen, daß er nicht merkte, wenn ich das Hotel verließ, um meine Freunde zu sehen. Die Frage am nächsten Morgen – »Wo warst du?« – hätte äußerst unangenehm werden können. Daß er mich duzte, war ein Zeichen typisch sowjetischer Kameraderie. Aus der Sicht Wassili Stepanowitschs waren wir Vertreter eines Landes, mußten unsere Mission ehrenvoll und brüderlich erfüllen. Jeder hatte seine Aufgabe, ich die künstlerische, er die ideologische.

Die Konzerte mit dem Dirigenten Thomas Schippers, den ich damals noch nicht kannte, brachten mir den ersten

Kontakt mit dem Wiener Konzertpublikum. Viele Jahre noch konnte ich von diesem Debüt zehren, auch wenn in Wien Elgars Violinkonzert, wie zuvor in Brüssel, nicht zu den favorisierten Werken gehört. Trotz ihres hinreißend romantischen Geistes und ihrer musikalischen Qualitäten wurde die Komposition immer wieder kritisiert und letztlich doch mißverstanden. Patriarchen der Musikästhetik wie Adorno beeinflußten mit ihrer Kritik die Öffentlichkeit, was bei einem deutsch-romantisch-national gesinnten Publikum nicht folgenlos blieb. Es gehörte fast schon zum guten Ton, den Wert dieser Musik in Frage zu stellen. Für mich blieb Elgars Violinkonzert immer ein Lieblingswerk. Die Welt rigider deutscher Musikauffassung war für mich damals eine Terra incognita.

Die günstigen Umstände, unter denen dieses Wiener Debüt zustande gekommen war, erlaubten mir, ohne emotionale Zurückhaltung zu spielen. Der wunderschöne Saal, seine hervorragende Akustik, der Klang des Orchesters, alles inspirierte mich. Nachdem ich das Werk Elgars zu Ende gespielt hatte, das in seinen Ausmaßen einer großen Symphonie entspricht, brach das Publikum in Beifallsstürme aus. Ich empfand eine seltene Genugtuung und bedankte mich beim Publikum mit den *Variationen über das Lied »Die letzte Rose«* von Heinrich Wilhelm Ernst. Ich gönnte mir und den Wienern am ersten Abend diese überaus virtuose Zugabe (schließlich stand ich unter dem Erwartungsdruck eines Debüts). Am nächsten Tag war ich sehr überrascht, als Doktor Gamsjäger, der Generalsekretär des Musikvereins, zu mir kam und mich bat, in den kommenden Konzerten keine Zugabe zu spielen. Ich habe niemals herausgefunden, ob er aus eigener Initiative handelte oder nur dem Wunsch von Schippers nachkam. Seine unerwartete Bitte ärgerte mich doch sehr. In den folgenden Jahren mußte ich zur Kenntnis nehmen, daß es nicht nur Befürworter, sondern auch Gegner von Zugaben gibt. Auf mich, der ich aus Rußland kam, wo Zugaben nicht nur erwünscht waren, sondern geradezu erwartet wurden, wirkte dieses partielle Verdikt verwirrend. In die Euphorie meines Wiener Debüts mischte sich so eine kleine Irritation.

Ich war traurig, als ich Wien wieder verlassen mußte. Natürlich wurde ich wiederholt gefragt, ob ich denn nicht einfach dableiben wolle, um mir neue Schikanen zu ersparen. Aber wie hätte ich all jenen, die in der Sowjetunion, auf der anderen Seite des Eisernen Vorhangs, mein Leben ausmachten, Tatjana, meinen Eltern, Oistrach, den Rücken kehren können? Es war für mich ganz selbstverständlich, daß ich sie auf keinen Fall im Stich lassen würde. Während der Heimreise bewegten mich gemischte Gefühle. Keine Frage, ich mußte zurück, um Tatjana bald wiederzusehen; darauf freute ich mich. Wir genossen damals sehr unsere Zweisamkeit. Und doch waren wir beide nicht auf die Idee gekommen, das Wiener Debüt gemeinsam zu unternehmen, weil Auslandsreisen zum exklusivsten Luxus gehörten, den es in der totalitären Sowjetunion gab. Nur besonders anerkannte und staatstreue Künstler hatten Anspruch auf Begleitung ihrer Lebenspartner, und oft auch dann nur, wenn sie aus Gesundheitsgründen darum baten. Ich erinnere mich an ein von Rostropowitsch gestelltes Gesuch, bei dem er diesen Nonsens sozusagen offiziell konterkarierte. Er schrieb: »... weil ich vollkommen gesund bin und mich fabelhaft fühle, bitte ich darum, auch meiner Gemahlin die Reise zu gestatten.« So etwas sprach sich herum. Für uns aber war damals schon die Tatsache, daß ich überhaupt fahren durfte, ein großes Ereignis. Während meines Aufenthalts in Wien hatte ich versucht, ein paar Mitbringsel für Tatjana zu erwerben. Geschenke zu machen ist mir bis heute eine Freude. Zudem fehlten in unserer neuen Wohnung noch viele Dinge. So wurde die Rückkehr zum Fest. Wir hatten uns so viel zu erzählen.

Im Dezember 1970 wurde kurzfristig ein Auftritt in Preßburg (Bratislava) genehmigt, wieder ein Konzert im Rahmen von Kulturtagen der UdSSR. Zusammen mit einigen Tänzern des Bolschoi-Theaters sollte ich das gemischte Programm der Abschlußveranstaltung krönen. Womöglich steckte Jekaterina Furzewa dahinter. Vielleicht versuchte sie auf diese Weise, mich zu unterstützen. Möglicherweise war aber etwas anderes noch entscheidender: Die Tschechoslowaken hatten nach den Ereignissen von 1968, nach der rücksichtslosen Niederschlagung des »Prager Frühlings«, verständlicherweise starken Widerstand gegen Kultur entwickelt, die aus Rußland importiert wurde. Moskau bemühte sich jetzt, solche Repräsentanten der sowjetischen Kultur zu entsenden, die den Unmut der Bevölkerung besänftigen konnten. Aus unerklärlichen Gründen paßte ich plötzlich in diese Elitetruppe. Auf dem Galaabend sollte ich mit Neeme Järvi den ersten Satz des Tschaikowski-Konzerts spielen. Diese Aufgabe war hart, vor allem, weil ich mir im klaren war, daß kaum jemand im Saal wirklich zuhörte. Eine große Beeinträchtigung war, daß ich auf dem Podium spielte, das Orchester aber im Graben. Selbst bei solchen Anlässen machte es mir viel aus, wenn das Publikum unfähig war mitzuempfinden und nur eine Kulisse, hier auch noch eine politische, darstellte.

Zurück in Moskau erwartete mich etwas, womit ich nicht gerechnet hatte: das große Schweigen. Für lange Zeit bekam ich keine Auslandsreisen bewilligt. Fragen nach Gründen für diese Maßnahme wurden nie beantwortet. Für mich und mein Gefühl, den Olymp erreicht zu haben, war das ein schwerer Schock.

Die folgenden Jahre wurden für mich zu einer Periode des inneren Wachstums. Das Ausland blieb mir versperrt. Bescheidene Ausnahmen bildeten die DDR, die ich mit einer Studentengruppe besuchte, und Ungarn, wo ich bei zwei Sommerkonzerten mitwirkte. Was das Violinrepertoire angeht, hatte ich noch vieles zu erforschen. In der Sowjetunion gab es weiterhin unzählige Auftrittsmöglichkeiten; seit dem Tschaikowski-Wettbewerb war ich überall gern gesehen. Ich nutzte die Chancen, die mir geboten wurden, und ging auf Reisen, wann immer möglich. Gleichzeitig setzte ich am Konservatorium das Studium in Oistrachs Klasse fort.

Mit der Frage meines »Ausreiseverbots« beschäftigte ich mich intensiv. Aber jeder Klärungsversuch scheiterte, sei es im Bezirksparteikomitee der KPdSU, sei es im Ministerium. Niemand war bereit, mit mir offen zu sprechen. Goskonzert machte das Spiel mit. Selbst in anderen sozialistischen Ländern aufzutreten wurde mir verwehrt. Goskonzert unterhielt zu den Partnerinstitutionen in den Ländern dieser Region ein sogenanntes Austauschprogramm, in welches nur genehme Künstler aufgenommen wurden. Aus irgendeinem Grund war mein Name aus den Akten entfernt worden.

Niemand konnte sicher sein, daß er noch »ausreisefähig« war – in Künstlerkreisen damals ein gängiger Begriff – oder je wieder sein würde. Nicht nur ich wurde so behandelt. Die Namen vieler meiner Freunde und Kollegen standen auf einer unveröffentlichten Schwarzen Liste. Oft reichte ein Verdacht, um von einem Künstler den Paß wieder einzuziehen. Meist aber wurden die Reisedokumente aufgrund einer anonymen Entscheidung im ZK der KPdSU von vornherein verweigert. Gelegentlich konnte man in Erfahrung bringen, daß der »Punkt 5« eine Rolle gespielt hatte. Unter »Punkt 5« wurde im sowjetischen Paß die jeweilige Nationalität eingetragen, denn die Sowjetunion verstand sich ja als multinationaler Staat. Im allgemeinen Sprachgebrauch, vor allem aber in Anekdoten wurde der Hinweis, man solle »den Punkt 5 nicht vergessen«, allerdings fast nur im Zusammenhang mit jüdischen Bürgern verwendet. Bei mir stand statt dessen geradezu extravagant »Schwede« da; das hatte ich der Herkunft meines Großvaters mütterlicherseits zu verdanken. Alles war mysteriös, undurchschaubar.

Eines Tages wurde ich telephonisch aufgefordert, die Bezirksabteilung des KGB zu besuchen. Ich sollte bei einem gewissen Nikolai Nikolajewitsch vorsprechen. Ob dies sein richtiger Name war, weiß ich bis heute nicht. Ich traf zur vereinbarten Zeit dort ein und war sehr aufgeregt, denn ich hoffte, mir durch ein Gespräch mit einem Verantwortlichen etwas Klarheit zu verschaffen. Der Mann, den ich in der Kotschujewskajastraße traf, wo sich die bescheiden aussehende Bezirksabteilung des gewaltigen Apparats befand, blieb zurückhaltend und sachlich. Er interessierte sich vor allem für meine Kontakte zu Ausländern. Er fragte mich, ob jemand versucht hätte, mich »anzuwerben«. Dann wollte er in Erfahrung bringen, ob ich etwas Verdächtiges unter den Studenten, vor allem unter den Ausländern im Konservatorium, bemerkt hätte. Schließlich fragte er mich, wer Ljuba Kormout sei, wieso sie so oft nach Moskau käme, was für ein Verhältnis ich zu ihr hätte und worüber wir miteinander sprächen.

Ljuba arbeitete, wie schon früher erwähnt, als Vertreterin der Schallplattengesellschaft Ariola-Eurodisc. Diese Firma hatte sich unter anderem auf Einspielungen mit russischen Künstlern spezialisiert. Auch meine ersten Schallplatten wurden von Ariola veröffentlicht. Ljuba sprach aufgrund ihrer jugoslawischen Herkunft einwandfrei Russisch und war mit einer Reihe bedeutender Künstler wie Oistrach, Rostropowitsch, Richter und Mrawinski gut befreundet. Ihre menschliche Wärme, ihre Rücksicht auf die Interessen der Künstler wurden auch mir bald sehr wichtig. Für den Mann in der Kotschujewskaja, der mich ganz gezielt ausfragte, war das sicher nichts Neues. Was sollte ich ihm also erzählen? Was erwartete er von mir? Er behauptete, mich einfach kennenlernen zu wollen. Ich versuchte nun meinerseits, von ihm eine Erklärung zu erhalten, weshalb ich nicht ausreisen durfte. Daraufhin versprach er, meine Angelegenheit zu prüfen. Es würde mir zugute kommen, wenn ich ihn anriefe, falls sich unter den Ausländern irgend etwas Ungewöhnliches zutragen sollte. Dies sei kein »Auftrag«, sondern lediglich eine »Bitte« an mich.

Beim Verlassen des Gebäudes fragte ich mich, ob dies nicht doch die mildeste Form der Anwerbung für den KGB gewesen war. Wichtigere Aufgaben traute mir der Beamte offenbar nicht zu. Kaltblütig, wie er war, hatte er mich immerhin richtig eingeschätzt. Später erfuhr ich, daß ein derartiges Ansinnen kaum einem meiner sowjetischen Kollegen erspart geblieben war. Verwirrt und erleichtert zugleich verließ ich das Zimmer in dem bescheidenen einstöckigen Haus, das man schwerlich als Villa bezeichnen konnte. Bis sich die Tür zur Straße öffnete, erwartete ich jeden Moment, festgenommen zu werden. Sogar bei der Bushaltestelle an der Ecke drehte ich mich nochmals um. Aber niemand verfolgte mich.

Auch in den folgenden Monaten gab es keinerlei Hinweise, die mir das herrschende Schweigen erklären konnten. Nach einem Jahr kam ich zu dem Entschluß, den Genossen vom KGB anzurufen. Schließlich hatte er mich ja aufgefordert, mich bei ihm zu melden. Zwar gab es nichts zu denunzieren, aber ich wollte wissen, warum erneut ein Konzert von Goskonzert abgesagt worden war. Aber einen Nikolai Nikolajewitsch gab es unter der gewählten Nummer nicht. Ob mir vielleicht ein Nikolai Sergejewitsch helfen könne? Was für ein Problem ich denn hätte? Am Telephon war das gar nicht so einfach zu formulieren. Was mir in der Seele brannte, konnte ich ohnehin nicht aussprechen. Am liebsten hätte ich gebrüllt: »Laßt mich doch endlich raus, ich will ja nichts anderes als geigen.« Eine kühle Stimme antwortete schließlich, man werde mich zurückrufen. Bei diesem Telephonversprechen ist es geblieben. »Don't call us, we'll call you« – die typische Distanzformel der amerikanischen

Geschäftswelt war dem KGB als einem der effizientesten Großunternehmen der Sowjetunion natürlich geläufig. Seine Machtstrukturen bestimmten das Schicksal vieler Menschen und bis zu einem gewissen Grad auch meines.

Mein Widerwille gegen den Druck, der auf mich ausgeübt wurde, verstärkte sich immer mehr. Gegen das Schweigen aber blieb ich ohnmächtig.

Verhaltensnormen

Schon mit meinen ersten Erfolgen begann sich meine Beziehung zu David Oistrach zu verändern. Die Stimme des Mentors, die bis vor kurzem noch so vieles in meinem Leben festgelegt hatte, verwandelte sich in die eines älteren Kollegen, gar eines Freundes. In seiner Nähe konnte ich viel lernen, was meinen Horizont erweiterte. Stärken und Schwächen des großen Künstlers zeigten sich in persönlichen Auseinandersetzungen direkter als in seinem Spiel. Sein musikalisches Können erschien mir vollkommen. Im Umgang mit ihm war nicht zu übersehen, daß auch er nicht vom Druck des totalitären Staates verschont blieb. Sogar ein Oistrach mit all seinen staatlichen Auszeichnungen blieb aus der Sicht der Machthaber nur ein gewöhnlicher sowjetischer Bürger, der sich dem Regime zu fügen hatte. Widerstand aber fiel dem Meister schwer, gelang ihm nur selten.

Damals begann ich, meinen Programmen ein Konzept zu unterlegen. So gestaltete ich etwa einen Abend mit Fantasien: Telemann, Schumann, Schönberg, Schnittke, jeder Komponist war mit einem Werk in Form einer »Fantasia« vertreten. Das sorgte für Abwechslung. In anderen Programmen stellte ich Bach Reger oder Schönberg Beethoven gegenüber. Damit wollte ich Verwandtschaften herausstellen und zeigen, wo Komponisten kreative Resonanz fanden. An diese Art der Programmgestaltung hielt ich mich später bei meinem Münchener und dem New Yorker Debüt. Ich begann mit Strawinskys *Soloelegie* – einem Stück, das die

Funktion eines Epigraphs haben sollte. Es folgte Prokofjews erste Sonate. Nach der Pause dann Schuberts *Trockene Blumen*, Flötenvariationen in der Violinfassung, und als Schlußstück des Abends schließlich Bachs Solopartita E-Dur. Ich verfolgte mit diesem Ablauf eine bestimmte Dramaturgie, ähnlich einem Theaterstück. Nicht das Aneinanderreihen populärer Werke reizte mich, sondern der Versuch, unerwartete Kontraste zu bieten. Dies war jedenfalls kein reiner Sonatenabend, wie man ihn wenigstens einmal wöchentlich im Saal des Tschaikowski-Konservatoriums zu hören bekam. Dort bot man den Zuhörern zwar die bedeutendsten Werke an, die je für Violine komponiert worden sind, aber es waren oft immer wieder dieselben, allseits bekannten Stücke.

Für Harmonie besaß Oistrach ein ganz individuelles Gespür, zu vielem anderen aber hatte er ein eher konventionelles Verhältnis. Seine eigenen Programme baute er ganz in diesem Sinne auf. Aus diesem Grund war ihm zu Beginn meines Studiums auch meine Risikofreudigkeit fremd gewesen. Um so mehr Bedeutung hatte es für mich, daß er mir nach einem meiner Recitals sagte: »Ich hätte niemals ein Konzert mit der Strawinsky-*Elegie* begonnen, aber du sollst, du mußt dabei bleiben. Bei dir funktioniert das. Es ist unverwechselbar deine Art, und das ist das Wertvollste, was man hat!«

Solche Sätze zeigten mir, wie großzügig starke Künstlerpersönlichkeiten, unabhängig von Rang und Alter, zu ihren Mitmenschen und Kollegen sein können. Oistrachs souveräne Haltung meinen Experimenten gegenüber war mir auch eine Lektion zum Thema »offen sein für Neues, Unbekanntes«. Noch heute werde ich an Oistrach erinnert, wenn Kollegen mir defensiv oder aggressiv begegnen. Ein Ohr füreinander zu haben und sich gegenseitig zu ermutigen hat etwas mit Achtung zu tun. In seiner ganzen Erscheinung strahlte Oistrach dies auf Studenten wie Freunde

Mit David Oistrach

aus. Den zeitaufwendigen Unterricht und die bisweilen unmenschlichen Tourneebelastungen empfand er als seine selbstverständliche Pflicht. Geben war ihm ein Bedürfnis. Und ich dankte mehr und mehr dem Schicksal, das mich in seine Nähe gebracht hatte. Seine Liebe zur Musik blieb für mich exemplarisch.

In seinen Kommentaren war Oistrach allerdings nicht immer ausschließlich generös. Ich erinnere mich an jene Unterrichtsstunde, in der ich enthusiastisch eine Sonate von Lucian Prigoschin vortrug. Oistrach war von diesem Werk tief enttäuscht: »Also, wenn sich die Musik in diese Richtung entwickelt, kann ich mich nur freuen, wenn ich das nicht erleben muß.« Gewisse äußere Aspekte an diesem Stück konnte man sicherlich als exzentrisch bezeichnen: das Klopfen an der Violindecke oder das Zupfen der Saiten im Innern des Klaviers. Kompositionstechnisch wirkte es recht bescheiden. Im Vergleich zu vielem, was ich später an zeitgenössischer Musik kennenlernte, kam es mir geradezu naiv vor. Oistrach schien überaus irritiert zu sein. Allein, daß es seinem Klangideal – dem Ideal des schönen Tones – nicht entsprach, schmerzte ihn schon. Ästhetischer Wohllaut war ihm wichtiger als der nüchterne Realismus in den Kompositionen unserer Zeit.

Als ich Oistrach eine andere Komposition vorspielte, Alfred Schnittkes in großen Partien extrovertierte *Quasi una sonata*, fiel mir beim intensiven Spiel der Bogen aus der Hand. Mein Klavierpartner Juri Smirnow und ich waren gezwungen, den Vortrag zu unterbrechen. Ehe wir weiterspielen konnten, warf Oistrach humorvoll und sarkastisch zugleich ein: »Das geschieht dir recht.« Auch wenn er selbst unzählige moderne Kompositionen spielte, so erwartete ich natürlich von einem Künstler seines Formats nicht, für alles Verständnis zu haben. Er hat viele, auch mittelmäßige, Werke uraufgeführt; aber wirklich identifiziert hat er sich vor allem mit den Großen seiner Zeit, mit den Klassikern der Moderne: Schostakowitsch, Prokofjew, Bartók, Hindemith, Janáček, Britten, Strawinsky. Oistrachs Beziehungen zu diesen Künstlern haben die Violinliteratur um viele Meisterwerke bereichert, die heute das Repertoire aller Geiger der Welt schmücken.

Von anderen Zeitgenossen, etwa den Vertretern der Neuen Wiener Schule oder Edgard Varèse und Karlheinz Stockhausen, wurde Oistrachs Schaffen weniger befruchtet. Oistrach blieb Klassiker: im Spiel wie im Denken. Die Herausforderung, das Risiko, das Ungewohnte waren nicht seine Sache. Das minderte aber in keiner Weise die Eindringlichkeit und tiefe Expressivität seines Spiels. Eine gewisse Grandezza und die Harmonie in der Musik bedeuteten ihm eben mehr als alle Experimente. »King David«, wie ihn viele seiner Kollegen nannten, wenn sie unter sich waren, besaß seine menschlichen Grenzen wie wir alle. Aber als Geiger war er den meisten anderen überlegen. Eine eigenartige Episode mit Oistrach ist mir noch in Erinnerung: Ich hatte innerhalb von sechs Tagen die virtuose *Tzigane* von Ravel als Auswahlstück für einen Wettbewerb eingeübt und wollte ihn damit bei seiner Rückkehr von einer Konzertreise überraschen. Voller Enthusiasmus wollte ich eben mit dem Vortrag beginnen, als er enttäuscht bemerkte: »Muß es die *Tzigane* sein? Das ist das Stück, das ich immer spiele, wenn ich nicht zum Üben komme.« Ich habe das Stück nie mehr angerührt.

Mir fällt noch ein kleiner Zwischenfall ein, dessen Zeuge ich gewesen bin. Als ich Oistrach einmal zu Hause besuchte, schien er sehr verstimmt, ja sogar verärgert zu sein. Der nächste Tschaikowski-Wettbewerb sollte beginnen, es herrschte große Anspannung. Oistrach wurde, obwohl erst vor kurzem von einer Krankheit genesen, unter großen Druck gesetzt, die Jury zu übernehmen. Er war sichtlich unglücklich darüber, wagte aber nicht, sich zu wehren. Was ihm im Augenblick meines Besuchs Sorgen bereitete, war die Frage, wie er in den Kremlpalast käme. Erst unlängst hatte er sich ein neues Auto gekauft. Der kleine blaue Lada machte ihn glücklich. Als leidenschaftlicher Autofahrer und Technikfan freute er sich über das neueste, wenngleich bescheidene Modell. Mit diesem Wagen wollte er also in den Kreml fahren. Schließlich wurde Oistrach die Anfahrt in seinem Lada verweigert. Die lapidare Erklärung: »Laut Reglement sind im Kreml wie zum Kongreßhaus keine Autos unter der Klasse eines Wolga zugelassen.« Oistrach, der »Verdiente Künstler des Volkes«, mußte sich unterordnen. Die Marke des Wagens war wichtiger als der Rang des Geistes.

Eines Abends – Oistrach war noch Rekonvaleszent – gingen wir in der Tschkalowstraße spazieren, wo seine kleine Wohnung lag. Wie üblich waren wir in Gespräche vertieft, und ich erzählte ihm, daß man darüber spreche, die Sowjetunion würde bald wieder diplomatische Beziehungen zu

Israel aufnehmen. Oistrach lächelte mit großer Traurigkeit: »Sie sollten es lieber mit uns tun!« Anstatt sich international in Szene zu setzen, könnte der Staat den einheimischen Juden mehr Respekt entgegenbringen und den weit verbreiteten Antisemitismus im eigenen Land mildern.

Eines Tages kauften Tatjana und ich unser erstes Auto, einen Wolga. Diesen Luxus konnten wir uns leisten, weil von meinen Preisen in Genua und Montreal noch Geld übriggeblieben war. Der Wolga galt als das russische Prestigeauto. Die meisten Funktionäre fuhren bis in die neunziger Jahre diesen Wagen, der – bei geringerer Qualität – das Image eines Mercedes besaß. Wir hatten beide noch keinen Führerschein. So wurde das Auto von unserem Bekannten Sascha gefahren, einem Photoreporter. Unsere Inkompetenz war eine Weile sein Vorteil. Schließlich kam der Tag, an dem Tatjana und mir der Führerschein ausgestellt wurde. Erst vorsichtig, dann immer mutiger tauchten wir in den von Polizisten wimmelnden Moskauer Verkehr ein. Eines Tages aber wurde unser Wolga vor unserer Haustür gestohlen. Wir hörten gerade noch, wie der Motor angelassen wurde. Dann war er weg, nachmittags um fünf Uhr. Nichts half, weder die Meldung bei der Polizei noch unser verzweifeltes Suchen in den Nebenstraßen. Zuerst hatten wir gehofft, jemand habe uns bloß einen Streich spielen wollen. Unser Dasein als Autobesitzer fand ein jähes Ende. Das Objekt unserer Träume war entschwunden. Der Verlust war trotzdem nicht so schlimm, wie man sich das vielleicht vorstellen mag. Es gab noch genügend andere Freuden außer Autofahren.

Eine unserer Lieblingsbeschäftigungen war das Bücherlesen. Allerdings war das im Moskau der siebziger Jahre eine Betätigung, mit der man sich leicht strafbar machen konnte. Durch unsere Bekanntschaft mit einigen Dissidenten, wie dem Dichter Naum Korschawin, kannten wir viele verbotene Schriften, auch jene vom Samisdat. Zu Stalins Zeiten hätte man dafür Jahre im GULag verbringen, sogar hingerichtet werden können. In meiner Generation war man schon sorgloser. Vielen bedeutete Lesen mehr Wissen und eine Ahnung von Gerechtigkeit; das war wichtiger als jede Vorsicht. Wir vertrauten jenen Menschen, die wie wir den unbändigen Drang verspürten, die Wahrheit zu finden. Wie einige unserer Freunde nahmen auch Tatjana und ich das Risiko bereitwillig auf uns. Um nicht aufzufliegen, versteckten wir die Lektüre sorgfältig und gaben sie nur an Leute weiter, die wir gut zu kennen glaubten. Sehr oft setzten wir uns eine Frist für gegenseitig ausgeliehene Bücher, die oft nur eine einzige Nacht währte. Wir vermieden Diskussionen am Telephon oder in Anwesenheit Fremder. Die Chodynka wurde dabei zu einer Art kleinem Informationszentrum. Wir waren uns im klaren darüber, daß der KGB seine Fühler überall hatte.

Die Stunden nach dem Üben verbrachten wir oft im Gespräch mit Freunden. Wir tranken Tee, hörten gemeinsam Musik, blätterten in den neuesten Kopien der Dissidentenliteratur oder erzählten uns die aktuellsten Witze. Eines Abends, um Mitternacht, läutete es plötzlich an der Tür. Wer konnte das so spät noch sein? Auch unsere Nachbarn, die Maisenbergs, die bei uns zu Besuch weilten, waren überrascht und besorgt. Schnell wurden die gefährlichen Bücher versteckt.

Es klingelte nochmals. Dieses Mal ganz intensiv.

»Wer ist da?«

»Öffnen Sie – Miliz!«

Körper und Geist waren aufs äußerste gespannt.

Zwei Uniformierte mit Pistolen am Gürtel traten ein:
»Sind Sie Genosse Kremer?«

»Ja«, antwortete ich, innerlich zitternd, aber nach außen ruhig.

»Ist das Ihr Wohnsitz?«

Hatte das Verhör schon begonnen? Sind wir nun tatsächlich dran?

Dann kam im selben Tonfall eine Frage, die wir am allerwenigsten erwartet hatten:»Haben Sie einen Autodiebstahl gemeldet?«

»Ja!?«

»Ihr Auto wurde gefunden. Sie können es abholen.« Die uniformierten Genossen gingen, und wir feierten die doppelte Freude. Ein Fest brach aus. Wir tranken auf die Polizei, wir tranken auf das Auto. Und nicht zuletzt tranken wir auf die Manuskripte, die unentdeckt geblieben waren.

Tatjana nahm sich 1971 vor, am Brüsseler Wettbewerb »Reine Élisabeth« teilzunehmen. Der vierte Preis im Tschaikowski-Wettbewerb ein Jahr zuvor hatte ihr doch noch keine wirklichen Chancen für eine intensive Konzerttätigkeit eingeräumt. In Rußland gab es wahrlich keinen Mangel an Preisträgern.

Ein Jahr lang bereitete sich Tatjana vor und bestand erfolgreich alle Vorspiele; sie war in guter Form und sollte Ende April nach Brüssel fahren. Am Tag vor der Abreise spielten die sowjetischen Teilnehmer nochmals ihr vollständiges Programm einer einheimischen Jury vor. Es gehörte zur Regel, daß jeder Kandidat, der an einem Wettbewerb teilnehmen wollte, kurz zuvor noch einmal in doppelter Hinsicht geprüft wurde: musikalisch und politisch. Der politische Teil fand selbstredend hinter den Kulissen statt. Tatjana spielte sehr überzeugend, ich konnte das als Zuhörer gut beurteilen. Am nächsten Tag, als sie schon die Koffer packte, mußte ich wegen des Gastspiels eines ausländischen Orchesters zu einem offiziellen Empfang ins Kulturministerium. Leonid Kogan, der als Jurymitglied nach Brüssel mitfahren sollte, war auch dort. Er schien beunruhigt zu sein:»Was ist denn mit Tatjana los?« Zuerst verstand ich seine Frage falsch und dachte, er sei mit ihrem Spiel im letzten Durchgang nicht zufrieden gewesen. Erst einige Sekunden später begriff ich, was er meinte. Für Tatjana waren offenbar irgendwelche Ausreiseschwierigkeiten entstanden. Ich war vollkommen konsterniert, zumal Tatjana zu Hause von nichts wußte. Die Nachricht hätte für mich nicht schlimmer sein können, hätte sie mich selbst betroffen. Einige der anwesenden Funktionäre kannten mich. Ich versuchte gleich, die Situation aufzuklären, und sprach einen Abteilungsleiter aus dem ZK an, dem ich früher ein einziges Mal begegnet war. Sein offenes Gesicht, bei Politikern eine Seltenheit, ließ mich vielleicht an sein Wohlwollen glauben. Auch dem Vizekulturminister, Wladimir Popow, teilte ich meine Besorgnis mit. Beide schienen überrascht zu sein, vielleicht taten sie auch nur so. Beide versprachen mir aber, etwas zu unternehmen, und drangen in mich, nur nicht die Ruhe zu verlieren. Gemeint war damit, ich solle meine Besorgnis nicht an die große Glocke hängen, das könnte eher schaden. Dieses Prinzip sowjetischer Bürokraten, alles zu verheimlichen, verfehlte selten seine Wirkung.

An diesem Tag klärte sich nichts. Ich war weiterhin viel verzweifelter als Tatjana. Sie gestattete sich nicht, offen zu resignieren. Immer schon hatte sie es verstanden, selbst aus der größten Misere Kraft für sich zu ziehen. Mir entging jedoch nicht, wie verloren sie sich fühlte.

Am nächsten Tag sollte ich mit einer Studentenaustauschgruppe für zehn Tage nach Ost-Berlin fahren. Das erste und zugleich auch letzte Mal in diesem Jahr durfte ich reisen. Sogar Ost-Berlin gehörte in den siebziger Jahren für einen Sowjetbürger zum begehrten Ausland. Ausnahmsweise erhielt unsere Gruppenleiterin die Visa nicht wie üblich im letzten Moment vor der Abreise, sondern schon am Vortag. Zufällig wußte ich, daß Oistrach, der am Brüsseler Wettbewerb als Jurymitglied teilnehmen sollte und der von Tatjanas Spiel und ihrer künstlerischen Ausstrahlung sehr angetan war, sich zur selben Zeit in der DDR aufhielt. Er war der einzige, der ihr helfen konnte. Ich mußte zu ihm fahren, auf die Reise mit der Gruppe im Zug verzichten und auf eigene Faust in die DDR fliegen – wie jedes selbständige Handeln ein Verstoß gegen die Regeln und eine selbstmörderische Aktion. Die Frage war auch, ob mir die Ausreise allein überhaupt gelingen würde. Laut Vermerk auf dem Visaformular war mir die Reise nur mit der Gruppe gestattet. Würde man mir am Flughafen überhaupt ein Flugticket verkaufen? Es ging aber um Tatjana. Niemand schien sich für sie einzusetzen, ich wollte also wenigstens den Versuch wagen. Es gelang mir, die Leiterin unserer Reisegruppe zu überreden, mir meinen Paß auszuhändigen. Die Situation hatte ich ihr andeutungsweise erklärt. Dann geschah ein kleines Wunder: Ich konnte selber das Flugticket kaufen, und die Aeroflot flog mich meinen Hoffnungen entgegen.

In Berlin erfuhr ich, daß Oistrach schon nach Leipzig abgereist war, also mußte ich weiter nach Leipzig. Entfernungen und Ausgaben waren zweitrangig. Mein plötzliches Auftauchen überraschte Oistrach natürlich sehr. Wie immer war er sehr nett, sehr aufmerksam, ebenso seine Frau, die ihn stets begleitete. Ich erzählte die ganze traurige Geschichte. Beide schienen betroffen. Ich konnte aber auch sehen, daß Überraschungen und Enttäuschungen dieser Art für die Oistrachs schon zur Alltagsroutine gehörten. Mich allerdings hatten die ständigen bürokratischen Schikanen bisher noch nicht abstumpfen können. Und Oistrach war für mich zudem eine Vaterfigur, von der ich mir Schutz und Hilfe erhoffte.

Tamara Iwanowna, Oistrachs Frau, erwähnte plötzlich verärgert Kogans Namen. Mußte ich das als Hinweis deuten, daß hinter der unseligen Entscheidung sich womöglich Leonid Kogans heimliche Machenschaften verbargen? Von seiner Nähe zu den Funktionären, die oft als Mitgliedschaft im KGB gedeutet wurde, war nicht selten die Rede gewesen. Naiv, wie ich war, hatte ich derlei Gerüchten keinen Glauben schenken wollen.

Während des ganzen Abendessens hing das Thema unausgesprochen im Raum. Erst spät nachts, als mich Oistrach nochmals mit auf sein Zimmer nahm, sagte Dawid Fjodorowitsch:»Ich weiß, daß du von mir Hilfe erwartest. Leider kann ich aber überhaupt nichts für dich tun. Ich muß berücksichtigen, daß ich selber eines Tages in Schwierigkeiten kommen könnte, und muß mir für diesen Fall die Möglichkeit offenhalten, dann um Hilfe bitten zu können.« Sprach er wirklich von sich? Es ging mir blitzartig durch den Kopf. Wahrscheinlich dachte er zugleich an seinen Sohn, seine Familie, seine Studenten. In den Zeiten der Diktatur galt der Grundsatz»Jeder für sich« als Ausdruck eines verbreiteten Selbstschutzes.

Es waren jedenfalls die traurigsten Worte, die ich je von Oistrach hören mußte. Sie zerstörten in mir alle Illusionen und offenbarten mir zugleich seine Hilflosigkeit und eine innere Spannung, die ihn wohl nie losließen. Es schmerzte mich, ihn so zu erleben. Darüber hinaus aber hatte seine Reaktion prototypischen Charakter. Der freiwillig-ohnmächtige Verzicht auf jedes aktive Eingreifen war mit den Jahrzehnten zur Gewohnheit aller prominenten Künstler in Rußland geworden. Ausnahmen gab es so gut wie keine. Die Regierung des Landes, die stolz auf ihre offizielle Ideologie der Einheit war, pries sie als Alternative zum westlichen gesellschaftlichen Zerfall und hatte doch keinerlei Sinn für die Solidarität ihrer Bürger. Gegenseitige Unterstützung sollte nur da demonstriert werden, wo sie verordnet wurde. Für das Einzelschicksal und für eigene Verantwortung war kein Platz. Die Allmacht des Staates bedingte die Ohnmacht des Individuums. Selbst renommierte Künstler wie Oistrach bildeten da keine Ausnahme.

So platzte meine allerletzte Hoffnung. Tatjana mußte in Moskau bleiben und auf die Teilnahme am Wettbewerb verzichten. Von da an war sie nicht einmal sicher, ob sie überhaupt je wieder ins Ausland würde reisen dürfen.

Beim Brüsseler »Concours« galt aus sowjetischer Sicht Andrei Korsakow, Kogans Schüler, als Favorit. Den ersten Preis gewann aber – die Serie von Siegen vieler sowjetischer Musiker an diesem »Concours« unterbrechend – die begabte Israelin Miriam Fried, sehr zum Verdruß der sowjetischen Delegation. Tatjana und ich hielten trotz allem zusammen, obwohl dieses Verbot für uns einer der härtesten Schläge in den gemeinsamen Jahren war. Wer weiß, ob nicht auch dieses Trauma zu einer Belastung unserer Beziehung wurde. Mit Oistrach sprach ich nie mehr über den Zwischenfall. Er freute sich immer, von Tatjanas Erfolgen zu hören. Meinen Leipziger Besuch hat er sicher nie vergessen. Für ihn war sein passives Verhalten die logische Konsequenz seiner mehr oder weniger freiwilligen Verbindung mit den Funktionären, mit denen er sich als Parteimitglied bis zu einem gewissen Grad identifizieren mußte. Er glaubte sicher nicht an die bessere Gesellschaft, für die die Kommunisten Propaganda machten. Und doch bleibt die Frage nach der Verantwortung des einzelnen gegenüber dem politischen Apparat. Jedes persönliche Versagen, jede Verweigerung von Eigeninitiative bedeutete wenn nicht Mitschuld, so doch zumindest Mitverantwortung.

Meine Generation stellte immerhin wieder Fragen, im Gegensatz zu unseren Vätern, die sich der Sinnlosigkeit, der Gefährlichkeit dieses Tuns bewußt waren. Ihnen hatte man beigebracht, sich zu fügen. Das war die Verhaltensnorm. Ich bin sicher, daß die Belastung, die aus dem Schweigen erwuchs, bisweilen ihre Lebenszeit verkürzte. Die bitterste Wahrheit freilich lag darin, daß im Grunde alle Opfer waren: diejenigen, die am Schweigen erstickten, und jene wenigen Tapferen unter den Künstlern, die für die Wahrheit buchstäblich auf die Barrikaden gingen und ihr Handeln ebenfalls mit Verboten, Unterdrückung oder gar mit dem Leben bezahlten.

1972 plante die Schallplattenfirma Hungaroton eine Gesamtaufnahme der Werke Béla Bartóks und lud mich ein, die beiden Sonaten für Violine und Klavier in Budapest aufzunehmen. Den Anstoß dazu hatten meine ersten Konzerte 1970 in Ungarn gegeben. Damals hatte ich die erste Sonate gespielt, die ich sehr liebe und die seit dem Wettbewerb in Montreal zu meinem ständigen Repertoire gehört. Es freute mich, jetzt auch die zweite Sonate erarbeiten zu können. In Juri Smirnow, meinem Klavierpartner, hatte ich seit Jahren einen überzeugenden Pianisten für diese Musik. Eine harte, arbeitsreiche Woche mit Aufnahmen in dem leider sehr nüchternen Rundfunkstudio von Budapest, das der kosmischen Musik Bartóks so gar nicht angemessen war, stand uns bevor. Einzig die Tatsache, daß wir gut betreut wurden, milderte die anstrengende Prozedur. In Budapest, dieser herrlichen Stadt, fühlte ich mich zu Hause wie in Bartóks Musik. Auch bei meinen nächsten Konzerten in Ungarn spielte ich Bartók: sein jugendliches erstes Violinkonzert.

Ein guter Bekannter von Tatjana und mir, ein Russe, der uns oft mit interessanten Büchern versorgte, wußte von meinem längeren Aufenthalt in Budapest. Er bat mich, ihm bei der Suche nach ehemaligen Studienkollegen zu helfen, die er aus den Augen verloren hatte. Seit ihrem Besuch der Moskauer Universität hatte er nichts mehr von ihnen gehört. Mit Hilfe meiner netten ungarischen Dolmetscherin Judith – Ungarisch ist eine Sprache, die man sich nicht so leicht aneignet – konnte ich sie ausfindig machen und lud sie, ein junges Paar, kurzerhand zu meinem letzten Budapester Konzert ein. Am nächsten Tag sollte ich abreisen. Nach dem Konzert war ich mit den beiden verabredet; sie luden mich zum Abendessen zu sich nach Hause ein. Schon damals war ich nach Konzerten nicht gerne allein, vor allem, wenn ich völlig erschöpft war. So freute ich mich auf den gemeinsamen Abend. Die Verständigung war unproblematisch, vor allem deshalb, weil beide Gastgeber perfekt Russisch sprachen. Ich hatte das Gefühl, Moskau überhaupt nicht verlassen zu haben. Wie bei unseren besten Freunden zu Hause drehte sich das Gespräch um die immer gleichen Probleme unserer beider Länder. Wir unterhielten uns über die Zensur in Literatur, Philosophie und Musik, über interessante Neuerscheinungen und Persönlichkeiten. Vieles, worüber wir sprachen, trug den Stempel »Verboten«. Es störte mich nicht, auch in Moskau bewegte ich mich in ähnlich aufgeschlossenen Kreisen.

Ich war etwas nervös, weil ich auf einen Anruf von Tatjana wartete. Sie nahm gerade am Wieniawski-Wettbewerb in Polen teil. Nach der geplatzten Brüssel-Reise bot man ihr endlich wieder eine Chance; einige Tage später gewann sie tatsächlich den ersehnten ersten Preis. Das Telephongespräch sollte mich eigentlich im Hotel erreichen, konnte aber – ich befand mich ja beinahe im Westen – ohne große Schwierigkeiten umgeleitet werden.

Das gegenseitige Verstehen war in dieser letzten Nacht mit den neuen Freunden so intensiv, daß es mir den Schlaf raubte. Selten habe ich ein so offenes, freimütiges Gespräch erlebt. Wir alle genossen es, und es fiel uns schwer, danach wieder auseinanderzugehen. Mich beflügelte auch, daß die neu gewonnenen Freunde kaum etwas mit Musik zu tun hatten. Wie oft litt ich, da ich mich fast immer unter Musikern bewegte, unter der Beschränktheit der Gesprächsthemen, an den engen Interessen von Spezialisten. Diese Krankheit von Interpreten kenne ich nur zu gut, schließlich bin ich selbst einer. Meistens ist man mit Klatsch beschäftigt: wer wann und wie gespielt hat, wer was für eine Kritik bekommen hat, wer mit wem zur Zeit liiert ist oder sich von wem gerade getrennt hat. Selten sprechen Musiker über andere Dinge. Manche, meist sind es Dirigenten, verfolgen noch mit einem gewissen Engagement die Politik. Vor allem dann, wenn ihre Position als Chefdirigent sie zu einem Teil dieser Politik macht. Es soll Musiker geben, die mit der

Börse etwas anfangen können oder sich für Kunstgeschichte interessieren. Sonst aber beschäftigt Musiker, von ihrer Karriere abgesehen, nur ihr Privatleben, ihre Kinder, das Griffbrett und der Geigenkasten oder die Klaviertastatur. Ihre Fracktaschen sind gelegentlich voll mit Photos, die eine glückliche Familie dokumentieren.

Wenn ich dies alles hier aufzähle, dann nicht, um meine Kollegen und Freunde schlechtzumachen. Vieles, wofür ich selbst in den vergangenen Jahren Zeit und Lust hätte aufbringen sollen, blieb ungetan, nur eine schöne Idee. Und sicherlich benutze ich die gleiche Ausrede wie alle anderen: »Wenn ich nur ein wenig mehr Zeit hätte, würde ich...« Der Beruf eines Interpreten erfordert vollkommene Hingabe an die Schöpfungen anderer. Zudem müssen wir immer fit sein. Welches Publikum will schon einen Künstler mit seinen Schwächen oder unkonzentriert erleben. Deshalb ist die Behauptung, man habe gar keine Zeit, nicht ganz falsch. Aber jedem steht nur die Zeit seines Lebens zur Verfügung, und es liegt an uns, zu entscheiden, was wir damit machen. Ich bin selbst noch weit davon entfernt, dieses Wissen um die beschränkte, kostbare Zeit zu nutzen.

Der Abend in der Budapester Wohnung, wo mich keine Musiker, sondern Soziologen, Schüler des ungarischen Marxisten und Philosophen György Lukács, empfingen, brachte mich auf ganz andere Gedanken. Das Treffen weitete meinen Horizont. Zum Abschied wollten mir meine neuen Freunde noch ein Buch schenken. Ein ins Deutsche übersetzter kurzer Essay von Lukács, der sich mit Solschenyzins in Rußland in den sechziger Jahren veröffentlichtem ersten Roman *Ein Tag im Leben des Iwan Denissowitsch* auseinandersetzte, versprach, so etwas wie eine Fortsetzung des Nachtgesprächs zu werden. Daß es ein kritisches Buch war, freute mich besonders. Über Probleme und widersprüchliche Persönlichkeiten nachzudenken, das war genau das Richtige für mich.

Die Ironie des Schicksals wollte es, daß ich bei der Abreise am Bahnhof in Budapest meinen alten Bekannten Philip Schweinik traf, den von mir ungeliebten konservativen Direktor der Rigaer Philharmonie. Er war unerwartet freundlich, den Erinnerungen zum Trotz, die ich aus meiner Schulzeit an ihn hatte. Im Ausland konnten sogar Funktionäre sich gelegentlich anders geben als zu Hause. Was aber war der Grund dieser überraschenden Freundlichkeit? War Schweinik, wie andere Genossen, vom Westen so beeinflußt worden, oder war es mein Aufenthalt im Ausland, aus dem er ersehen mußte, daß meine Position sich langsam festigte. Hatte sich deshalb die frühere Härte nun in Liebenswürdigkeit verwandelt? Gerade die konservativsten Kräfte in der Sowjetunion besaßen einen siebten Sinn für die subtilsten Veränderungen in der Rangordnung. Der Kontrast zu seiner sonstigen Art erstaunte mich jedenfalls.

Es vergingen Monate, ein halbes Jahr. An meinem Status, zu denen zu gehören, die nicht ausreisen durften, änderte sich wenig. Lediglich die Tore in den Sozialismus, in die osteuropäischen Länder, öffneten sich mehr und mehr. Hie und da wurden mir Andeutungen über mögliche »Ausweitungen« meiner Reisen zugetragen. Man sprach das sehr vorsichtig aus. Versprechen wollte niemand etwas. Aus Ungeduld und in der vagen Hoffnung, doch etwas zu erfahren, ging ich oft zum Gebäude von Goskonzert. Im dritten Stock residierte außerdem Sojuskonzert, die Agentur, die für die gesamte Sowjetunion Konzerte vermittelte. Da ich inzwischen in vielen Städten häufiger Gast war, holte ich hier meine Flugtickets und die Reisepapiere ab. Goskonzert im ersten Stock lag sozusagen auf dem Weg. Durch die offenen Türen der verschiedenen Abteilungen versuchte ich etwas über meine Zukunft in Erfahrung zu bringen. Meistens waren die mir bekannten Sachbearbeiter nicht an ihrem Platz. Es gab viele mögliche Gründe für ihre Abwesenheit: eine Sitzung beim Direktor oder Verhandlungen mit Ausländern. Auch Entlassungen waren an der Tagesordnung. Das Personal wechselte in der Branche ständig. Leere Stühle nach der Mittagspause waren keine Ausnahme; es war Sitte, während der Arbeit Einkäufe zu machen. In allen Betrieben des Landes versuchte man während der Arbeitsstunden noch andere Dinge zu erledigen, Kinder abzuholen oder irgendeine Mangelware zu erhaschen. Die Bürde an Arbeitslast, die Frauen in der Sowjetunion zu tragen hatten, war enorm. Und in diesen Büros saßen vorwiegend Frauen. War aber doch jemand vom Personal, den ich nicht kannte, zufällig an seinem Platz, dann bekam ich nicht selten mit saurem Unterton zu hören: »Leider nichts Neues für Sie...« Dann schloß ich die Tür und befand mich wieder im Korridor. Dort wurden wichtige Unterlagen von einem Büro ins andere getragen. Man konnte nur rätseln, wen sie gerade betrafen. Kafka hätte es auch nicht gewußt. Aber er hat wenigstens den Prozeß anschaulich gemacht.

Unmögliche Wirklichkeit

Im Moskauer Kulturministerium gab es eine Abteilung, welche die Honorare aller Künstler festlegte, der Solisten wie der Ensembles. Sie blieben so auf Jahre hinaus konstant. Nur aus besonderem Anlaß, wenn man beispielsweise einen Wettbewerb oder einen Staatspreis gewonnen hatte, kletterte man die Verdienststufen hinauf. Ansonsten mußte man alle paar Jahre mit einer Empfehlung jener Musikinstitution, der man angehörte – sei es der Philharmonie oder Hochschule, eines Orchesters oder Ensembles –, eine Erhöhung beantragen. Papiere, Unterlagen, Stempel und Bescheide waren in der Sowjetunion alles. Manchmal dauerte es sehr lange, bis das Gesuch von der jeweiligen Kommission behandelt wurde. Es konnten Jahre vergehen, weil das Gremium selten tagte und über viele andere Angelegenheiten zu entscheiden hatte. Das durch und durch bürokratische System ließ sich auch bei Musik und Theater einiges einfallen. Für Gastspielkünstler und sogenannte Meisterschaft wurden Aufpreise bestimmt, die eine Zusatzvergütung zwischen 25 und 125 Prozent einbrachte. Um all diese Regelungen individuell zu treffen, brauchten die Leute in der Kommission viel Zeit, hatten sie doch tief und kräftig darüber nachzudenken.

Der Leiter des Ausschusses für die Musiker hieß Smuschtschenko, ein Name, der besonders für Deutschsprachige schwer aussprechbar ist. Herr Smuschtschenko, zu deutsch Herr »Peinlich«, schien eine Figur aus den

Geschichten von Gogol und Tschechow zu sein. In dem Gebäude, wo gleichzeitig das Kulturministerium und die Monopol-Konzertagentur Goskonzert untergebracht waren, gehörte er zu jenen, die sich selten an ihrem Arbeitsplatz aufhielten. Meistens spazierte er in irgendeiner Mission von einem Raum zum andern. Vielleicht sammelte er Informationen über die Bewerber, möglicherweise gehörte die Unerreichbarkeit ja auch zu den Regeln seines Metiers. Vielleicht aber machte er es sich einfach nur bequem. Man traf Herrn Smuschtschenko sogar des öfteren auch im Konzertsaal an. Ob er dienstlich oder aus persönlicher Neigung hinging, konnte allerdings nie geklärt werden. Eines Tages begegnete ich Herrn Smuschtschenko im Treppenhaus des Ministeriums. Obwohl ich keinen Wechsel in eine höhere Stufe anzukündigen hatte, wandte er sich ungewöhnlich liebenswürdig an mich: »Gidon Markussowitsch, ich begrüße Sie! Sie machen große Fortschritte! Es freut mich für Sie, und ich gratuliere Ihnen. Es ist mir immer ein Vergnügen«, fuhr Genosse Smuschtschenko fort, »Ihre Konzerte zu besuchen. Natürlich nicht nur Ihre. Wie Sie wissen, lasse ich mich öfters sehen. Unlängst besuchte ich einen Abend Ihres Kollegen Viktor Tretjakow. Er arbeitet ebenfalls sehr zuverlässig.« Diese Wortwahl befremdete mich etwas. Erst sehr viel später erfuhr ich, daß Herr Smuschtschenko früher in der Zirkusverwaltung gearbeitet hatte. Nun war er aus unerfindlichen Gründen für Musik zuständig. Aber was macht den Unterschied? Ob beim Seiltanz oder bei Paganinis Doppelgriffen, die Maßstäbe wurden in Rußland immer von solchen Smuschtschenkos bestimmt, in deren Schädel offenbar nur Zahlen Platz finden. Diese Tradition läßt sich mindestens bis zu Gogol zurückverfolgen. Wir Künstler führten ein Dasein, das demjenigen seiner *Toten Seelen* ähnelte, jener Seelen nämlich, die pure Fiktionen darstellten, erfunden allein, um einer Statistik, in diesem Falle zu ökonomischen

Zwecken, dienlich zu sein. Und trotzdem traten wir ab und zu auf...

Jede Gelegenheit, im unermeßlich weiten Rußland Konzerte zu geben, war mir inzwischen recht. In erster Linie nicht etwa, wie man vermuten könnte, um mir meinen Lebensunterhalt zu sichern oder weil ich vom Erfolg besessen gewesen wäre, sondern weil ich davon überzeugt war, Musik habe für das Leben essentielle Bedeutung und werde von den Menschen gebraucht. Kunst hat in diesem Land schon immer eine bestärkende, ermutigende Wirkung gehabt. Ich war überzeugt: Literatur, Poesie und Musik nährten den geistigen Widerstand gegen das herrschende System. Wer fähig war, auf diesem Gebiet etwas zu leisten, fühlte sich aufgerufen, dazu beizutragen. Diese Aufgabe entsprach meinem Idealismus.

Ein Bild kommt mir in den Sinn, das ich oft vor Augen hatte: die Aula einer Musik- oder Hochschule in der Provinz, gefüllt mit doppelt so vielen Zuhörern, wie sie eigentlich aufnehmen kann, so daß das Atmen schwerfällt. Trotzdem ist es so still, wie ich es selbst in den berühmtesten Konzertsälen der Welt selten erlebt habe. Die Professoren und Studenten sind enthusiastisch, hören kritisch zu, sind wißbegierig und neugierig, aber auch dankbar für die Töne und Worte, die wir ihnen bieten. Die musizierenden Interpreten wurden noch mehr gefeiert, wenn sie neben ihrem künstlerischen Können auch noch offen und aufgeschlossen waren. Wir empfanden uns als Botschafter der Kultur. Die Begeisterung der Zuhörer war der Resonanzkörper meines Bemühens, mit Musik etwas zu vermitteln. Bei diesem »Etwas« lag das Schwergewicht in der Aufführung unbekannter Werke, und es wurde lebendig durch meine – wie mir schien – kompromißlose, emotionelle Hingabe.

An den entlegensten Orten des Landes, in Ust-Kamenogorsk, Frunse, Tomsk, kam immer wieder eine unglaubliche

Stimmung auf. Regelmäßig improvisierten wir nach meinen Auftritten in den Schulen oder in den winzigen Zimmern der Studentenheime Treffen mit Musikstudenten. Das Bedürfnis, mit den Künstlern in Kontakt zu treten, war riesengroß. Die Enge steigerte das Gemeinschaftserlebnis noch. Man saß nicht selten auf dem Fußboden und begnügte sich mit irgendeinem Bissen, der gerade aufzutreiben war. Die Diskussionen über Musik, Dichtung und die alle bedrükkende Politik waren wichtiger als jeder Komfort. Ich denke oft an diese Zeiten persönlicher Kontakte zurück, als Offenheit und Herzlichkeit für mich etwas ganz Selbstverständliches waren. Diese Unvoreingenommenheit, ja auch Naivität entsprach dem bescheidenen Leben fern den Hauptstädten. Um wie vieles reicher waren diese Treffen, verglichen mit den meisten, die ich später in der etablierten Konzertszene erlebte.

Das persönliche Gespräch diente dem Ideenaustausch, wobei die Unmittelbarkeit der Treffen weder von Verhaltensritualen noch durch auftrumpfende Kenntnisse geschmälert wurde. Sicher machte auch der allgemeine Mangel die Menschen offener für alles, was mit dem geistigen Leben zu tun hatte. Die Musik und das Theater bedeuteten unvergleichlich viel in dem sonst eher tristen Provinzleben. Natürlich erfuhr ich gelegentlich auch die Schattenseiten des Lebens auf dem Lande: absolute Ignoranz, Gleichgültigkeit und auch Schamlosigkeit. Besonders betraf das die Organisation dieser Veranstaltungen, gehörten wir doch alle zum Staatsplan für Kultur.

In meiner Erinnerung an jene Zeit bleibt aber eher das Gute im Gedächtnis haften als die Augenblicke, in denen mich das Pech verfolgte. Und mit dem zeitlichen Abstand gewinnt das eine oder andere problematische Erlebnis sogar heitere Züge. Wir schlugen uns als Künstler ständig mit unprofessionellen Organisatoren herum, fuhren oft in unbequemen Bussen, fanden Klaviere mit fehlenden Tasten vor oder mußten morgens um acht Uhr vor Angestellten in Kaufhäusern auftreten. Triste Hotels gehörten zur Tagesordnung. Das Essen war häufig schlecht und spärlich. Wir mußten uns auf den abenteuerlichen Reisen durch die UdSSR mit Lärm, langen Wartezeiten und Unpünktlichkeit abfinden. Das Konzertieren aber war uns so wichtig, daß uns nichts abschrecken konnte. Das Herumreisen half aber auch, unsere eigenen Probleme zu relativieren. Wir sahen einfach, daß nicht nur wir Künstler den Alltag meistern mußten, daß vielmehr jeder Mensch, der uns begegnete, seine Schwierigkeiten hatte. Selbst die Funktionäre führten Klage. Das unbewegliche System lastete auf allen wie Blei.

Von klein auf hatten wir alle die Parole eingehämmert bekommen: »Rußland, das Land der unbegrenzten Möglichkeiten«. Die Wirklichkeit Rußlands aber entsprach eher einem Land der »unbegrenzten Unmöglichkeiten«. Das Leben des normalen Bürgers wurde ständig behindert und eingeengt. Schlange stehen für Lebensmittel, der Mangel an Käse, Fleisch oder Obst waren alltägliche Unannehmlichkeiten unter tausend anderen. Ob man Toilettenpapier brauchte oder dringend ein Medikament, alles brachte Probleme mit sich. Wen wundert es da, wenn wir auf unseren Konzerttourneen durch das Land noch viele andere »unmögliche« Erfahrungen machten. Als Musiker gehörten wir nicht der privilegierten Klasse an, wir waren weder Parteifunktionäre noch Ausländer. Wir hatten die Bevölkerung mit Kultur zu versorgen; wir waren gewissermaßen Dienstleister.

In Kuibyschew etwa erlebten wir eine ganz unangenehme »Unmöglichkeit«. Es gab nämlich nach unserem Auftritt um zehn Uhr abends keine Geschäfte mehr, um Getränke zu kaufen. Daß Musiker nach einem Konzert schier am Verdursten sind, weiß man wohl allgemein. Nicht weniger bekannt ist die kluge Empfehlung, in fremden Gegenden nur im Notfall Leitungswasser zu trinken. Aus purer Verzweiflung erstand ich irgendwo eine Konserve mit mir unbekanntem Kisilsaft. Hastig trank ich die aus säurereichen Wildbeeren gewonnene Flüssigkeit, in der Hoffnung, wenn schon nicht den Magen zu füllen, so doch den akuten Durst zu stillen. Ich bezahlte meinen Leichtsinn mit einer schlaflosen Nacht und wiederholtem Erbrechen.

Unser Problem war oft weniger die schlechte Qualität des Essens als vielmehr der aufreibende Kampf, überhaupt erst einmal bedient zu werden. In Perm wollte ich mit meinem Klavierpartner Andrei Gawrilow nach einer längeren Probe noch etwas essen. Es war vielleicht fünf Uhr nachmittags. Das Restaurant hatte gerade geöffnet und war vor dem Abendbetrieb noch völlig leer. Man ließ uns nicht ein, weil wir keine Krawatten trugen. Es war wohlgemerkt nicht das »Savoy« in London. Da wir nicht vorhatten, vor dem Konzert zu verhungern, gingen wir kurz auf unsere Zimmer, um nach einer Viertelstunde erneut vor dem erstaunten Türsteher des Restaurants aufzutauchen – diesmal in unseren Fräcken. Für den Portier, einen Kriegsveteranen mit unzähligen Orden auf der Brust, waren wir nun feierlich genug angezogen und damit bedienungswürdig. Wir saßen ganz allein in einem gottverlassenen Lokal in Perm und bekamen von drei Kellnern gleichzeitig ein karges Mahl serviert. Es war eine Szene wie aus einem Beckett-Stück: ein leerer Raum, wenig Worte, Abendgarderobe, begleitet vom klirrenden Klang des Geschirrs und dem Blech der Kriegsmedaillen.

Eine weitere Episode mag eine Ahnung davon vermitteln, daß Konzertreisen in der Sowjetunion alles andere als »easy« waren: Irgendwo in den Weiten Sibiriens auf einem gottverlassenen Bahnhof nachts um drei Uhr. Hier sollen Oleg Maisenberg und ich den Zug wechseln; unseren Anschlußzug sehen wir schon auf dem andern Bahnsteig stehen. Aber wir können nicht raus, unsere Waggontür ist zugefroren. Nach 20 Minuten Kampf mit Hilfe eines Eisenstabs beginnt sich die Tür zu öffnen. In diesem Moment sehen wir durch das Waggonfenster, wie sich unser Anschlußzug langsam, aber unerbittlich in Bewegung setzt. Und der nächste Zug wird erst sieben Stunden später fahren.

Mancher Musikkenner oder kulturell Interessierte mag heute ungläubig den Kopf schütteln, wenn er hört, daß in Lenins Geburtsstadt Simbirsk, später Uljanowsk – im Kulturhaus mit dem Namen »Lenin-Memorial-Zentrum«, wir nannten es ironisch »Memok« –, Werke von John Cage vorgetragen werden durften. Die Ansagerin hatte einige Probleme mit der Aussprache des Namens, aber ihr Stottern tat der Neugier und der Dankbarkeit des Publikums keinen Abbruch.

Auf Transparenten fand sich oft ein Satz Maxim Gorkis: »My roschdeny schtob Skasku sdelat Bylju.« Man könnte ihn etwa so übersetzen: »Wir sind geboren, um ein Märchen (Skasku) zu verwirklichen.« Der unerschöpfliche Witz des Volksmunds entwickelte daraus eine bittere Anspielung auf Kafka: »My roschdeny schtob Kafku sdelat Bylju«, was in freier Übersetzung soviel heißt wie: »Der Traum wird wahr, wen wundert's? Wir sind die Kafkas des Jahrhunderts.«

Kafka konnte man vielerorts begegnen, auch im Palast des Kremls, wo Tatjana und ich oft bei Sammelprogrammen mit Literatur für zwei Violinen mitwirkten. Dieser Form des Musizierens widmeten wir uns vor allem in jener Zeit, als wir beide nicht im Ausland konzertieren durften. Mit der eigenen Bearbeitung des *Carnevale di Venezia* von Paganini oder mit dem spanischen Tanz *Navarra* von Sarasate begeisterten wir nicht nur das Liebhaberpublikum, sogar in Parteikreisen fanden wir damit Anklang. Solch effektvolle Musik wurde in Sammelkonzerten bei politischen Kulturmanifestationen sehr geschätzt und für Millionen von Menschen via Fernsehen übertragen. Selten einmal stellten sich die Veranstalter die Frage, ob wohl Paganini und Lenin ideologisch zueinander paßten. Bei solchen Galakonzerten sollte leichtverdauliche Klassik so viel Gewicht besitzen wie patriotische Kunst. Die Verantwortlichen für die offizielle

Kulturpolitik richteten sich nach dem Geschmack der Masse. Ähnliche Phänomene außermusikalischer Instrumentalisierung lassen sich auch in anderen Gesellschaften nachweisen, etwa im Westen. Nur dominiert dabei nicht selten kommerzielles Denken, so beim Auftreten der »drei Tenöre« Luciano Pavarotti, José Carreras und Plácido Domingo oder bei der Eröffnung der Olympischen Spiele in Los Angeles mit Gershwins *Rhapsody in Blue* auf 100 Klavieren. Unsere Aufgabe war, die Kunstbedürfnisse der Parteigenossen zu befriedigen. In ihrem kumulativen Verständnis waren zwei Geiger, ein Paar wie Tatjana und ich, eben mehr wert als einer. 30 oder 50, wie in den Unisonoensembles, machten selbstverständlich noch größeren Eindruck. Die Ansammlung von Talenten, das endlose Angebot entsprachen dem Ideal einer Massenkultur. In dieser Beziehung lag die Kunstpolitik des Sozialismus auf einer Linie mit jener des Dritten Reiches. Sie hatte als Zeichen des herrschenden Geistes zu triumphieren. Selbst als Studenten des Tschaikowski-Konservatoriums wurden wir oft noch zusammengetrommelt, um vor Scharen von Parteigenossen zu spielen. Im Kongreßpalast des Kremls mit seinen 6000 Plätzen war Schostakowitschs Filmromanze ein besonderer Hit.

Aber selbst da stieß man auf Unmöglichkeiten. Die Künstler waren den gleichen Sicherheitsmaßnahmen unterworfen wie jeder andere, der das Gebäude betrat. Sie mußten sowohl beim Betreten des Künstlerzimmers wie beim Bühnenaufgang einen Passierschein vorweisen, der jeden Tag neu ausgestellt wurde. Der Zettel war nur zusammen mit dem Personalausweis gültig. Das Problem war aber nicht das Vorzeigen der Papiere, sondern deren Aufbewahrung. Wohin sollte man damit auf der Bühne, im letzten Augenblick vor dem Auftritt? Gut – die Männer hatten Hosentaschen... Aber die Damen in ihren langen Abendkleidern? Und die Ballerinen?! Wir nahmen gerne die Gelegenheit wahr, uns als Gentlemen zu zeigen.

Der Vorhang ging auf, das Bühnenbild blendete. Was es auch immer gewesen sein mag, Lenins Porträt, Hammer und Sichel in Riesengröße oder eine rote Fahne über die ganze Fläche von links nach rechts gezogen, alles blendete. Und wenn man sich nicht weigerte hinzuschauen, sah man im Saal etwa 6000 Krawatten glänzen. Obwohl Lenin einst gemeint hatte, »jede Köchin muß lernen, den Staat zu regieren«, hatte die Frauenbewegung die Sowjetunion noch nicht erreicht. Es gehörte zwar durchaus zu den erklärten Absichten der »Diktatur des Proletariats«, den Geschlechtern Gleichberechtigung einzuräumen, in Wirklichkeit aber herrschte kalte männliche Macht. In den Galakonzerten zum Abschluß der Parteitage wurde das Konzept der Macht geradezu zelebriert. Um es musikalisch auszudrücken: wie ein Basso continuo wiederholt und herausgehoben oder als außermusikalisches Sujet vertont. Regelmäßig tauchte ein Lied mit folgendem Text in den Parteiprogrammen auf: »Wir sagen Lenin und meinen die Partei – wir sagen Partei und meinen Lenin.« Da das russische Volk in all den Jahrzehnten, um nicht zu sagen, Jahrhunderten der Unterdrückung nie das Gefühl für Situationskomik verloren hat, fügte es dem Liedtext seine Version hinzu: »Wir denken also schon über 60 Jahre das eine und sagen etwas anderes ...«

Kafka und Orwell, die Visionäre aller möglichen Unmöglichkeiten, sind eigentlich die bedeutendsten Vertreter des »sozialistischen Realismus«. Dachte ich – und widmete mich dem Geigenspiel. Hier triste Abgeschiedenheit, da Galavorstellungen in der Hauptstadt, hier erwünscht, da verschwiegen, hier geschätzt, da angezweifelt: All das gehörte damals zu meinem Lebensalltag. Ich versuchte, damit fertig zu werden, ohne mir selbst dabei abhanden zu kommen.

Herausforderungen

Noch bevor ich nach Moskau kam, hatte ich meine ersten Schallplatten eingespielt. Vor dem Mikrophon zu stehen war für mich eigentlich keine neue Erfahrung. Mein Vater hatte mich schon in meiner Kindheit auf Band aufgenommen, um meine Fehler zu kontrollieren. Wahrscheinlich rührt daher meine bis heute anhaltende Scheu, eigene Aufnahmen anzuhören. Mein Partner in diesen Jahren war der bekannte Pianist Hermann Braun. Er hatte schon mit meinem Vater und Großvater gespielt. Photos davon sind noch erhalten geblieben. Braun verfügte über eine immense Erfahrung mit Instrumentalsolisten und Sängern. Man schätzte ihn als Begleiter, er war ein ausgesprochener Profi, und es bereitete ihm besonderes Vergnügen, neue, noch wenig gespielte Werke zu erarbeiten. Als junger und wenig erfahrener Geiger konnte ich von ihm nur lernen. Neue Werke und neue Komponisten waren mir wichtig. Stücke in kürzester Zeit einzustudieren regte mich ungemein an. So machten wir gemeinsam eine Reihe von Bandaufnahmen, Sonaten von Wadim Salmanow, Arthur Honegger, Grażyna Bacewicz. Dank dieser Rundfunkeinspielungen lernte ich damals schon die Sonaten von Richard Strauss und Max Reger kennen, die später zu einem Teil meines Repertoires wurden, das ich in vielen Städten und Ländern auf der ganzen Welt spielte. Im Grunde genommen verfolgte ich dabei ein Interesse, das mein Großvater in mir geweckt hatte: Die Moderne und das Ungewöhnliche hatten in mir schon einen

Vorkämpfer, lange bevor ich in die große Welt der Musik eintrat.

Braun hatte eine unvergleichliche Art, Musik zu lesen. Man hätte ihn nahezu als einen »Notenfresser« bezeichnen können. Ich habe auch später niemanden erlebt – mit Ausnahme vielleicht von Daniel Barenboim –, der sich mit solchem Genuß in das Abenteuer einer neuen Partitur stürzte, als ob es um ein Festmahl ginge. Noch heute habe ich vor Augen – und ich erzähle es meinen Partnern als Beispiel für Professionalität –, wie Braun die Ecken der Notenpartitur zum Umblättern vorbereitete. Nichts sollte dem Lesen, der Arbeit und dem Genuß im Wege stehen. Präzises Umblättern hatte für Hermann eine wesentliche Funktion beim Aneignen von Musik. Diese Methode übernahm ich von ihm.

Ich dachte sofort an Braun, als mir die Rigaer Schallplattenfirma, ein Ableger der Moskauer Melodija, das Angebot machte, eine Platte aufzunehmen. Es ist symptomatisch für meine Planung, daß ich die Aufnahmetermine ausgerechnet auf den Tag meiner Hochzeit legte. Als würde ich durch etwas getrieben, habe ich oft Dinge gemacht, die ich eigentlich gar nicht wollte. Und stets habe ich zuviel und zuviel Divergierendes gleichzeitig unternommen. Vom Standesamt begab ich mich sozusagen direkt ins Studio. Das Repertoire wählte ich aus Werken meiner damaligen Lieblingskomponisten Corelli, Locatelli, Kreisler und Wieniawski. Sie alle entsprachen zu jener Zeit meinem Ideal eines virtuos-romantischen Violinspiels.

Es folgten der Tschaikowski-Wettbewerb mit seiner Live-Aufnahme und neue Duorecitals. Bei jedem weiteren Projekt gab ich mir besondere Mühe, aber ich kämpfte ständig mit den unnatürlichen Aufnahmeverfahren: mit dem Aufstellen der Mikrophone, den endlosen Wiederholungen, dem artifiziellen Schnitt. So blieben diese nun schon »historischen« ersten Versuche weit hinter meinen Idealvorstellungen zurück. Das mag ungerecht erscheinen, angesichts des Schubert-Recitals oder der Prokofjew-Sonaten, der gemeinsamen Arbeiten mit Oleg Maisenberg. Aber ich glaube, wir beide waren in den Konzerten besser. Vielleicht lag das auch an der Aufnahme, die zwar technische Perfektion anstrebte, aber den Atem der Musik zerstörte.

Die einzige Ausnahme jener Zeit bildeten vielleicht die Bach-Partiten, die unter ganz ungewöhnlichen Umständen zustande kamen; sie waren meine zweite Rigaer Produktion. Ich spielte in derselben asketisch schönen Kirche, wo auch meine allererste Schallplatte aufgenommen worden war. Auch jetzt hatte ich wieder das Gefühl, vom Raum getragen zu werden. Vor einiger Zeit überkam mich erneut der Drang, den Bach-Zyklus aufzunehmen, allerdings nur mit den Sonaten. (Die Partiten nahm ich in Lockenhaus auf.) Somit kehrte ich 27 Jahre später, im Jahre 2002, noch einmal in diese Kirche zurück. Ungewöhnlich war, daß ich damals das ganze Projekt an einem einzigen Tag verwirklichte, und das auch noch sozusagen »auf der Durchreise«. Morgens kam ich mit dem Nachtzug aus Moskau an, mittags waren schon zwei Partiten aufgenommen, nachmittags, nach einer kleinen Siesta, folgten die dritte Partita und die Korrekturen. Daß die Zeit so knapp bemessen war, inspirierte mich, verlangte höchste Intensität. Ich war mit dem Resultat zufrieden, es war eine lebendige Interpretation entstanden. Fünf Jahre später, 1980 in Holland, nahm ich eine komplette Version der Bach-Sonaten und -Partiten auf. Als es mich dann eines Tages reizte, beide Aufnahmen zu vergleichen, mußte ich feststellen, daß die Rigaer Aufnahme eher akademisch klang. In wenigen Jahren hatte sich – für mich unmerklich – mein Bach-Bild verändert. Genauer: Ich neigte dazu, noch extremer, sprich lebendiger zu spielen. Mit der Zeit habe ich einen freieren Umgang mit dieser Musik gefunden, viele verengte Sichtweisen und Schranken überwunden. Musik, auch historische Musik, sollte stets empfunden und vorgetragen werden, als ob sie im Augenblick erst entstünde. Diese Einstellung hat mich zu einer erneuten Einspielung im Jahre 2001/02 motiviert.

Es dauerte lange, bis ich zu einer Orchesteraufnahme kam. Die westlichen Impresarios bemühten sich zwar vehement, mich, den noch kaum bekannten und innerhalb der Grenzen Rußlands zurückgehaltenen Künstler, auf den Plattenmarkt zu bringen. Aber die Sowjets hatten keine Eile. Der Verkauf von Bandaufnahmen war für sie allenfalls mit ein paar zusätzlichen Devisen verbunden. Die Künstler selber, Solisten und Dirigenten eingeschlossen, wurden je nach Kategorie pro Minute in Rubel bezahlt. Die Ensembles bekamen nur einen Bruchteil davon. Die Folge dieser Abfindungspolitik war, daß die Qualität vieler Einspielungen mit Orchester – wie die meines ersten Beethoven-Konzerts – sehr zu wünschen übrig ließ.

Der Dirigent des Beethoven-Konzerts war Woldemar Nelsson, mit dem ich eng befreundet war, auch musikalisch. Wir hatten schon einige schöne Konzerterfahrungen miteinander gemacht. Aber mit einem uninteressierten Orchester konnte er kaum etwas bewirken, auch wenn es sich um die Moskauer Philharmoniker handelte. Das Beethoven-Konzert konnte erst spät abends im Tschaikowski-Konservatorium nach anderen Veranstaltungen aufgenommen werden. Es war schon mitten in der Nacht, als wir beide um eine zusätzliche Korrektur baten und uns dann vom Orchester sagen lassen mußten, wir seien »musikalische Banditen«. Die Sitzung wurde abgebrochen. Als die Aufnahme veröffentlicht wurde, kam sie uns wie ein Flickenteppich vor.

Die Reisetätigkeit nahm ihren sozialistischen Gang. Es gab Städte, in denen ich öfter zu Gast war, in andere kehrte ich seltener zurück. Natürlich gehörte zu den ersteren Leningrad. Die vielen schönen Konzertsäle inspirierten jeder auf seine Art die Wahl des Programms. Aber auch andere

Städte des Landes luden mich eifrig ein. Die Swerdlowsker Philharmonie ging sogar soweit, mir den Titel eines »Ehrensolisten« auf Lebenszeit zu verleihen. Swerdlowsk mit seinem recht guten Orchester und einem lebhaften Publikum, das jeden Abend den Saal restlos füllte, eignete sich besonders gut für Programmexperimente. Die Musikliebhaber der Stadt reagierten offen unzufrieden, als ich einmal, um den Abend nicht zu sehr mit unbekannten Werken zu belasten, auf die Schönberg-*Fantasie* verzichtete. Unverzüglich kam der Ruf aus dem Publikum: »Wo bleibt Schönberg?« So eine Reaktion mußte man einfach respektieren. So spielte ich die *Fantasie* als Zugabe.

In den Jahren 1972/73 sollte ich einen Zyklus »Von Torelli bis Schnittke« spielen, insgesamt 24 Werke für Violine mit Orchester. Die Initiative zu diesem Projekt ging von der litauischen Hauptstadt Vilnius aus, einer Stadt, die ich seit meiner Kindheit sehr liebte. Die Litauische Philharmonie hatte mir vorgeschlagen, einen Zyklus zur Geschichte des Violinspiels auszuarbeiten. Die Organisatoren hatten nach Möglichkeiten gesucht, wie man das Publikum in die Konzerte des einheimischen Symphonieorchesters locken könnte. Zudem hatte die Leitung der Konzertgesellschaft Lust verspürt, etwas Eigenständiges zu veranstalten. Man hatte mir das Vertrauen ausgesprochen, und ich bemühte mich redlich um ein vielfältiges Programm, mit dem ich im übrigen den Grundstock für mein Repertoire legte. An sieben Abenden spielte ich in einem Programm zwischen zwei und fünf Werken für Violine mit Orchester. Die ganze Breite der Violinliteratur aus knapp drei Jahrhunderten wurde dem Publikum geboten. Oft probte ich ein Programm am Morgen und spielte abends in Kaunas, gut 100 Kilometer von Vilnius entfernt, ein ganz anderes. Das war strapaziös, machte aber großen Spaß.

Hier sei eine Bemerkung erlaubt über die merkwürdigen Grundsätze, nach denen die Gagen berechnet wurden. Mein

Marathonunternehmen stellte die Veranstalter vor besonders schwierige Aufgaben. Als Solist erhielt ich, wie alle anderen Kollegen, ein von Moskau festgelegtes Honorar: Ein Orchesterauftritt wurde einem Recital oder einem Soloauftritt gleichgestellt. Wenn ich aber an einem Abend mehrere Werke mit Orchester spielte, brachte das die Buchhaltung in Schwierigkeiten. Natürlich kam es niemandem in den Sinn, mir dafür eine doppelte oder gar dreifache Gage auszuzahlen. Ganz im Gegenteil. Trugen Werke nicht ausdrücklich den Titel » Konzert «, wie etwa das *Poème* von Chausson oder das Konzertstück von Schubert, dann war die Honorarabteilung im unklaren, ob sie mir überhaupt das volle Honorar gutschreiben sollte. Weitere Unsicherheiten ergaben sich, wenn in den Programmen Doppelkonzerte mit Partnern vorgesehen waren. Ob Haydn oder Brahms, für Buchhalter der Musik galt es nach den Titeln der Stücke, die ich vortrug, als erwiesen, daß ich nur die halbe Leistung erbracht haben konnte. Selbst die mir wohlgesinnten und treu ergebenen Mitarbeiter der Litauischen Philharmonie wußten keinen Rat, wie man diese Vorschriften umgehen könnte.

Der Zyklus in Vilnius wurde ein großer Erfolg, und noch heute glaube ich, daß dies eine der kreativsten Phasen meiner künstlerischen Reifezeit gewesen ist. Die Menschen stürmten die Säle, als sei ein Sportereignis angesagt worden. Für mich bot sich Gelegenheit, viele Teile meines zukünftigen Repertoires auszuprobieren. In der Öffentlichkeit wurde viel über die Aufführungen gesprochen; später wurde mir angeboten, den Zyklus in anderen Städten wie Lemberg (Lwiw) und Swerdlowsk zu wiederholen. Als ich aber das Experiment auch in Moskau anbot, wurde es von der Direktion der Staatlichen Philharmonischen Gesellschaft abgelehnt. Man erklärte mir, das sei ein Projekt, mit dem man sich gleich um den Leninpreis – die höchste Kulturauszeichnung im Land – bewerben könnte. » Warten Sie noch etwas, mein Lieber, haben Sie Geduld «, was soviel bedeutete wie:

»Nehmen Sie doch Rücksicht auf Ihre zahlreichen Musikerkollegen!« Ich hatte mich immer bemüht, den Kollegen gegenüber fair zu sein. Was sollte ich tun? Wurde erwartet, daß ich meine Interessen zurücksteckte, mein Können nicht zeigen und mein Schicksal nicht in eigene Hände nehmen sollte?

Eine Bestätigung für die Absurdität der Situation erhielt ich eines Tages bei einem Engagement in Charkow. Doch dieses Mal war ich nicht mit der unberechenbaren Kulturpolitik der Behörden konfrontiert, sondern mit dem sonderbaren Verhalten eines sogenannten Stars. Als ich am Bahnhof ankam, stach mir sogleich auf einem Plakat ins Auge, am Abend sei als Gastdirigent Herr Adrian Sunshine aus Amerika vorgesehen. Der Name war mir unbekannt, aber das hatte nichts zu bedeuten, ich kannte viele Kollegen noch nicht. Vor der Probe aber sagte man mir, Herr Sunshine weigere sich, mit mir zu spielen. Goskonzert, die Organisation, die mit ihm den Vertrag abgeschlossen hatte, hatte ihn anscheinend nicht rechtzeitig informiert. Der Dirigent beharrte auf seinem kompletten Orchesterprogramm ohne Solisten. Die Direktion war verzweifelt. Ihr war bewußt, daß ein Großteil des Publikums ins Konzert kommen wollte, um mich, den frischgebackenen Tschaikowski-Preisträger, den sie vom Fernsehen her kannten, live zu erleben. Die Entscheidung der Organisatoren lautete salomonisch: Soll doch der kapriziöse Maestro Sunshine ruhig seine zwei Teile des Konzerts absolvieren. Anschließend kann dann der Solist Gidon Kremer, dirigiert von unserem einheimischen Chef, im dritten Teil des Abends das Tschaikowski-Konzert darbieten.

Ein anderes Mal war ich mit Tatjana auf Tournee, mit der ich im Duo spielte. Sie mußte aber aus dringendem Grund – ihr Lehrer Juri Jankelewitsch war plötzlich verstorben – abreisen. Unser nächstes Konzert sollte an einem Ort stattfinden, der auf der Tourneeliste zwar vermerkt, aber auf keiner Karte aufzufinden war. Eine Phantomstadt? Stepnogorsk, »die Stadt der Steppe«, hatte man im Gegensatz zu anderen neuen Städten, die schon etwas bekannter waren, in den siebziger Jahren noch nicht auf der Landkarte eingetragen. Vielleicht, mutmaßte ich, sollte der Ort mit voller Absicht nicht registriert werden. Ich begab mich allein dorthin. Das Flugzeug landete in der Steppe auf einem Rollfeld aus versteinertem Sand. Bald stellte sich heraus, daß noch nie ein philharmonischer Gast diesen Flecken Erde besucht hatte, dessen geographische Lage man so sorgfältig hütete. Auf dem Weg in die Stadt erkannte ich, daß das, was man Stadt hätte nennen können, nur aus drei oder vier Straßen mit einigen betonierten Wohnvierteln bestand. Die Siedlung schien nach amerikanischem Muster geplant worden zu sein: eine Bank, eine Benzinstation und möglicherweise ein Supermarkt. Auf den Straßen waren keine Leute zu sehen. »Wer wohnt denn hier? Wo sind die Menschen?« fragte ich vorsichtig die Organisatorin, die mich begleitete. Ohne lange zu überlegen, antwortete sie: »Machen Sie sich keine Sorgen, die kommen alle abends um sechs Uhr zurück.« Sie erklärte mir, daß sich nicht weit entfernt eine Uran-Plutonium-Anlage befand.

Mitten im Zentrum lag eine nagelneue Musikschule. Gerade dort sollte ich in den nächsten Tagen mit meinem gesamten Solorepertoire als Repräsentant der offiziellen Kulturpolitik auftreten. Zu meinem großen Erstaunen versammelten sich zur vereinbarten Stunde tatsächlich Leute im Saal. Es waren nicht viele, aber sie verfolgten das Programm mit großer Aufmerksamkeit. Es war mir ein Bedürfnis, dem Publikum etwas über die Werke zu erzählen, die ich spielte. Meine Erläuterungen begleiteten diesen ersten und deshalb historischen Soloviolinabend der Stadt Stepnogorsk. Telemann und Bach, Wieniawski, Paganini erlebten hier während der kommenden zwei Tage Erstaufführungen ihrer Werke.

Das Gewissen

Der Staat schenkte mir kein Vertrauen. Diese Formulierung machte mich sogleich stutzig: Warum erhält man Vertrauen als Geschenk? Was sorgte im sozialistischen System dafür, daß einem diese Eigenschaft einfach abgesprochen wurde? Über Schicksale wurde vom Parteiapparat verfügt. Als Regel galt: Bevor sich für einen Künstler der Eiserne Vorhang heben konnte, mußte sich erst einmal jener lüften, der die sogenannten Bruderstaaten Osteuropas von der Sowjetunion abgrenzte. Aber selbst um diesen Boden betreten zu können, mußten alle Reisenden den dornigen Weg der Unterlagenbeschaffung gehen. Die Staaten Osteuropas galten als Vorstufe, man reise sozusagen zur Probe. Die Politiker entschieden erst dann, ob der Auserwählte reif genug war, dem Westen die Moral und die Standhaftigkeit des Sowjetmenschen zu demonstrieren.

Die Reisen nach Osteuropa befriedigten die Erwartungen, die man auf das »Ausland« setzte, nur unzureichend. Wir amüsierten uns auf unsere Weise: »Bulgarien ist nur ein Wort, kein Ausland, doch ein Bruderort!« Immerhin konnte man auch dort Interessantes erleben. Es gab sichtbare Unterschiede zu den Verhältnissen in der Sowjetunion, etwa die größere Reisefreiheit in diesen Ländern. Aus unserer Moskauer Perspektive schien es nur in der DDR noch hoffnungsloser als bei uns zu sein. Aber selbst dort kamen uns die Menschen im Vergleich zu den russisch grauen Passanten bunter gekleidet, überhaupt lebensfreudiger vor. Die

Schaufenster boten mehr, und die große Musiktradition schien noch lebendig zu sein.

Im Juni 1972 war ich Solist der Leningrader Symphoniker und ging mit ihnen auf Tournee durch Bulgarien. Alle sowjetischen Musiker waren aufgerufen, den »dominierenden Kulturfortschritt der Sowjetunion zu präsentieren«, und mußten, ob Orchestermusiker oder Solist, als »Repräsentant der Nation« auftreten. Der Strand an der Küste faszinierte mich. Die Menschen, die Sprache, alles wirkte auf mich wie die Mixtur einer tief slawischen und trotzdem westlich orientierten Kultur. Mit dem Dirigenten Juri Temirkanow, den ich seit dem Tschaikowski-Wettbewerb 1970 wegen seiner künstlerischen Ausstrahlung als Partner sehr mochte, verbrachte ich viel Zeit. Wir benahmen uns nicht sowjetisch im konventionellen Sinn. Kurz nach unserer Ankunft betraten wir zusammen das Restaurant des vornehmsten Stadthotels »Sofia«, wo wir einquartiert worden waren. Nichts lag uns in diesem Moment ferner, als die Regel einzuhalten, die dem im Ausland weilenden Sowjetbürger auferlegt war: verantwortungsbewußt gegenüber den Daheimgebliebenen Sparsamkeit zu üben. Die Kellner des Lokals waren sichtlich überrascht, so eigenständige Bürger aus Rußland zu Gast zu haben. Normalerweise bedienten sie nur offizielle Delegationen. Mit Neugier verfolgten sie unser Gespräch und fingen an zu zweifeln, ob wir wohl wirklich aus Moskau respektive Leningrad kämen.

Die Orchestermusiker wußten mit der bulgarischen Lewa viel besser umzugehen. Sie hatten offenbar präzise Kenntnisse darüber, was wo wieviel kostete und was heimzubringen sich lohnte. Aus ihrer Sicht waren wir größenwahnsinnig. Daß man mit einer großen Geste der Verschwendung – wie etwa bei diesem Restaurantbesuch – wenigstens ein kleines Gefühl von Freiheit erleben konnte, war ihnen unverständlich.

Kulturwochen gehörten zu den ständigen Einrichtungen des Staates, die eine ideologisch-politische Funktion hatten. Die Verbreitung von Massenkultur war der Partei ein zentrales Anliegen. Ihrer Meinung zufolge ließ sich Kultur am überzeugendsten durch Massen repräsentieren. Der Sowjetstaat war besonders stolz auf große Ensembles, Chöre, Tanzgruppen. Zum Teil hatten die Großkollektive tatsächlich ein sehr hohes Niveau: etwa das über dem Boden schwebende Moissejew-Ensemble oder die kunstfertigen georgischen Tänzer und Chöre. Auch die Leistungen des ausdrucksstarken »Berjoska«-Ensembles waren beeindruckend. Problematisch waren lediglich der Geschmack bei der Zusammenstellung der Programme und die ideologische Ausrichtung der Produktionen, die auch den Zirkus nicht ausließ. In jeder Präsentation, sogar im Zirkus, erwarteten die Offiziellen eine Demonstration des »national-politischen Bewußtseins«. In den Sammelprogrammen galt diese Forderung sogar für die Solisten. Der erste Satz von Beethovens *Appassionata* zum Beispiel erfüllte diese Funktion nahezu ideal, weil aus allen Geschichtsbüchern zu erfahren war, daß diese Musik irgendwann einmal Lenin »gerührt hatte« und er sie als »übermenschlich« empfunden hatte. Die *Revolutionsetüde* von Chopin, egal, ob gespielt oder getanzt, erfüllte schon allein durch ihren Titel die ideologische Aufgabe.

Nur selten verzichtete man bei der Planung von großen Anlässen auf klassische Hits, etwa den »Tanz der vier kleinen Schwäne« aus Tschaikowskis *Schwanensee*, den »Russischen Tanz« aus seinem *Nußknacker* oder den »siebenten« (woher nur die Zahl?) Chopin-Walzer. Am liebsten bot man im Tagesmenü der Kulturforumkonzerte all das hintereinander. Ein junger Solist wurde mit einem Satz des Tschaikowski- oder eines Rachmaninow-Konzerts vorgestellt. War nicht genügend Zeit für einen Satz, konnte er auch schamlos gekürzt werden. Die Tradition dieser Galakonzerte ging weit zurück, schon bald nach der Revolution wurde diese Art der Präsentation in der Kulturszene beherrschend. Alle sowjetischen Künstler, ob Richter, Oistrach oder Rostropowitsch, die Ulanowa oder die Plissezkaja, ließen sich gern zu solchen Galaveranstaltungen bitten. Schon durch die Einladung, nicht erst durch die Leistung, wurde man zum »Auserwählten«. Die Bedingungen, unter denen diese Auftritte stattfanden, waren nicht selten miserabel. Trotzdem wurden sie oft »live« via Fernsehen in die ganze Sowjetunion übertragen. Die zu Hause Gebliebenen sollten vom offiziellen Kunstbetrieb beeindruckt werden. Dabei konnten die Zuschauer die echten Fähigkeiten der Künstler gar nicht beurteilen. Die Millionen vor dem Bildschirm konnten sich kaum vorstellen, unter welchem Streß – Hunderte von Scheinwerfern, nur flüchtige Probenarbeit, katastrophale Akustik – solche Arbeit geleistet werden mußte. Viele andere Unzulänglichkeiten blieben dem Zuschauer verborgen: die Geräusche hinter der Bühne während des Auftritts, Änderungen im Programm im letzten Augenblick, das schier endlose, sinnlose, ermüdende Warten der Künstler.

Bei einem solchen Spektakel sollte ich in Warschau das Finale des Tschaikowski-Konzerts spielen. Was sich an diesem feierlichen Abend wirklich abspielte, war für das Fernsehpublikum unsichtbar. Während meines Auftritts sollte hinter der Bühne eine Dekoration gewechselt werden. Da die ganze Bühne umgebaut werden mußte und der Orchestergraben zu tief lag, um mich für das Publikum und die Fernsehkamera sichtbar zu machen, wurde ich auf ein kleines Podest von eineinhalb Metern im Quadrat im Orchestergraben plaziert, das man nach oben beförderte. Eistänzer wissen, wie schwierig es ist, einen dreifachen Lutz zu springen, ohne sich vorher warmzulaufen. Als ich an der Reihe war, ging es mir auch so, denn eine Art Eistanz für Geiger wurde auch der siebenminütige Finalsatz des Tschaikowski-Konzerts. Als das Orchester die zehn Takte der Einleitung zum Finale spielte, bemühte ich mich um äußerste Konzentration. Ich hielt die Augen bewußt geschlossen, ich schwebte gewissermaßen über dem Orchester und hatte ständig Angst, unwillkürlich einen Schritt zu machen. Selten war ich so glücklich, als das Ende kam.

In der Tschechoslowakei bekam der Begriff Dunkelheit einen doppelten Sinn. Dunkle Gestalten bestimmten seit 1968 die Kulturpolitik. Die Aufführung von Werken bestimmter einheimischer Komponisten war nach dem Ende des »Prager Frühlings« nicht erwünscht. Davon ahnte ich nichts, als ich in Preßburg als Zugabe das von mir gerade entdeckte *Souvenir* des Slowaken Ladislav Kupkovič spielte. In Prag überraschte ich das Publikum mit *Crux*, einem Werk für Violine und Schlagzeug des tschechischen Komponisten Luboš Fišer. Wie konnte ich wissen, daß Kupkovič vor Jahren emigriert war und Fišer, der in Prag lebte, zu den Dissidenten gehörte? In beiden Fällen erfuhr ich es erst im letzten Augenblick, hatte aber doch den Mut, mir selber und den Werken treu zu bleiben. Das Publikum bedankte sich stürmisch für meine »Aktion«. Mich freute es wiederum, etwas für die Gerechtigkeit getan zu haben. Die Warnungen der Vertreter von Pragokoncert, der staatlichen Konzertagentur, schlug ich in den Wind. Die Begeisterung meiner neuen Freunde war mir wichtiger. Da ich die Werke von der Bühne aus selber ansagte, konnte ich jeglichem Verbot aus dem Weg gehen. Die Genossen der zuständigen Komponistenverbände waren zwar aufgebracht und denunzierten mich; ein offizieller Brief ging aus Prag an das Ministerium in Moskau. Ich aber freute mich im stillen, etwas Eigenes in die vorgegebenen Konzepte des Kulturaustauschs eingebracht zu haben. Wenn ich schon gezwungen war, Kulturbotschafter zu sein, so wollte ich in dieser Mission wenigstens die Werte verkünden, die mir wichtig schienen.

Tatjana und ich hatten uns eine Insel geschaffen. Im Bemühen, uns vor dem allgemeinen Wahnsinn des Systems zu schützen, stärkten wir einander auf jede nur mögliche Art. Sogar unter den schlimmsten Umständen versuchten wir einen Sinn in unserem Beruf, unserem Leben und im Zusammensein mit den Freunden zu entdecken. So gelang es uns immerhin gelegentlich, die eine oder andere Unmöglichkeit in eine Möglichkeit zu verwandeln. Wir hielten zusammen, als Menschen und als Künstler. Als Duo reisten wir jedoch nur selten, meist war jeder musikalisch auf sich allein gestellt. Just in diesem Moment stürzte etwas Ungeplantes in unser Leben. Die Gründe mögen komplex gewesen sein, das Ergebnis war eindeutig – ich hatte mich verliebt.

Im November 1972 lernte ich in Kiew nach einem Konzert Natascha K. kennen. Das Gespräch, das wir an dem Abend führten, hinterließ bei mir einen tiefen Eindruck. Am nächsten Tag sahen wir uns noch einmal. Natascha zog mich vollständig in ihren Bann. Eine Erklärung, wie so etwas nach fast fünfjähriger glücklicher Ehe mit Tatjana passieren konnte, hatte ich nicht. Tatjana war damals gerade in Posen. Beim Wieniawski-Wettbewerb kämpfte sie um ihren Platz an der Preisträgersonne. Ich mochte Tatjana nach wie vor, schätzte sie, bewunderte ihre positive Lebenseinstellung. Sicher, wir sahen uns immer seltener, und oft genug war unser Zusammensein von großem Streß belastet. Die fehlenden Auslandsreisen kompensierte jeder für sich mit intensiver Konzerttätigkeit, so daß wir wenig Zeit füreinander hatten. In der Öffentlichkeit erschienen wir dagegen in dieser ganzen Zeit als das ideale Paar. Ob im Beruf oder im Privatleben, auf Freunde und Bekannte machten wir den Eindruck, unzertrennlich in unseren Interessen und im Bemühen zu sein, alle Schwierigkeiten gemeinsam zu meistern. Und Tatjana war auf einem guten Weg, das vor einem Jahr beim Brüsseler Wettbewerb erlittene Unrecht endlich zu überwinden. Wieso also kam es ausgerechnet in dieser

Zeit bei mir zu solchen emotionalen Verwirrungen? Was bewegte mich wirklich? Als ich Kiew verließ, quälten mich diese Fragen. Eine Antwort aber fand ich nicht. Einige Wochen zuvor hatte ich noch in meinem Tagebuch notiert, wie sehr ich Tatjana auf Reisen vermisse, wie es mich schmerze, daß wir mit dieser Distanz leben müßten: »Es ist traurig, daß wir die Freude an unseren Begegnungen verlernen, noch schlimmer, daß wir auch beim Abschied nicht mehr die richtigen Worte finden.«

Natascha, ein lebenssprühendes Wesen von 20 Jahren, hatte es geschafft, in nur 36 Stunden alles in mir in Frage zu stellen. Von ihrem Charme, den sie sicher schon oft ausgespielt hatte, ließ ich mich wie ein Teenager einfangen. Was immer bei diesem Abenteuer herauskommen mochte, ich war in seiner Gewalt und nicht fähig, mich daraus zu lösen. Aber Zweifel und Gewissensbisse nagten an mir. Ich suchte weiterhin Kontakt zu Natascha. Auch sie schrieb und telephonierte. Wir schienen, trotz des Altersunterschieds, ähnlich zu denken und zu fühlen. Waren es Projektionen, oder war es Wirklichkeit? Das Thema beschäftigte mich tage- und nächtelang. Gleichzeitig interessierte ich mich für alles, was Tatjana betraf. Wie sehr wünschte ich ihr Erfolg beim Wettbewerb. Aber was konnte ich schon auf diese Distanz für sie tun, was erfuhr ich überhaupt von dort? Sogar das Telephonieren war sehr umständlich.

Nataschas Charakter, ihr ganzes Schicksal kamen mir vom ersten Gespräch an widersprüchlich vor. Ihre natürliche Fröhlichkeit stand in scharfem Gegensatz zu ihren unglücklichen Lebensumständen. Mit Tränen in den Augen erzählte sie ununterbrochen: über die Mutter, die vor kurzem gestorben war, über die Liebe zur Harfe, die sie spielte, über das Studium, in dem ihr wenig gelungen war, über den Mann, mit dem sie verheiratet war, der sie nicht zu lieben, ja nicht einmal zu schätzen schien. Ihr Lächeln, ihre Zuneigung verzauberten mich.

Tatjana gewann in Polen den ersten Preis. Wie freute ich mich über ihren Sieg. Ihre Position als Künstlerin wurde dadurch gefestigt, sie stand nunmehr auf eigenen Füßen. Meine Gefühle wurden dennoch nicht klarer. Die Rückkehr Tatjanas bereitete mir Unbehagen. Langsam, überaus behutsam versuchte ich, das Geheimnis ein wenig zu lüften. Ich erzählte von inneren Problemen, von einer Begegnung. Mehr sagen konnte ich nicht – die Umstände, die Fakten, auch Nataschas Name blieben im Vagen. Mein Versuch, so ehrlich wie möglich zu sein, scheiterte. Tatjana konnte diese Enthüllung nicht verkraften. Nach zwei Monaten Abwesenheit, nach dem Erfolg, der akuten Müdigkeit, dann der Vorfreude auf das Nach-Hause-Kommen wurde sie völlig überrumpelt. Sie reagierte abrupt, wie so oft: »Wenn du diese andere Frau liebst, lassen wir uns eben scheiden.« Ich sollte meinen geheimnisvollen Schwierigkeiten folgen, meinte sie sarkastisch. Sie stünde mir nicht mehr im Weg. Kurz danach zog sich aber auch Natascha zurück ins Familienleben. Ich schickte ihr noch etwa ein Jahr lang postlagernd textlose Postkarten, seltener Briefe. Ich bekam nie eine Antwort. Ich erfuhr, daß sie im Jahr darauf Miroslawa zur Welt brachte. Dieses Mädchen könnte meine Tochter sein, ging es mir durch den Kopf. Sie war es aber nicht.

Eines Tages bekam ich einen Anruf aus dem ZK der KPdSU. Man wolle mich dringend sprechen. Sofort kam das Gedankenkarussell in Gang. Am Eingang des Gebäudes stand ein Offizier. Nachdem ich den Passierschein bekommen hatte, begab ich mich in das mir zuvor genannte Zimmer. Die Grabesruhe im ganzen Gebäude war überwältigend. Die Zimmer hatten kleine Nischen, die als Vorzimmer dienten. In einigen gab es Tische und Stühle, aber selten saß jemand dort. Was gespielt wurde, fand offenbar hinter den Doppeltüren statt. Überraschend war auch, daß kaum einmal ein Namensschild an der Tür hing. Alles blieb so anonym wie der ganze Apparat, der dem System diente.

Auf mich wartete Pjotr Andrejewitsch Abrassimow, später langjähriger Botschafter der Sowjetunion in der DDR. Er war ein wichtiger Mann; ich hatte ihn jedoch bis dahin nicht kennengelernt. Der grauhaarige Funktionär erhob sich von seinem Stuhl, stellte sich als »guter Freund und großer Verehrer vieler Musiker« vor, darunter auch Richter und Oistrach. Dann behauptete er, Oistrach persönlich hätte ihn gebeten, sich meiner anzunehmen, und aus Respekt vor dem Musiker und seiner Bitte wolle er mich näher kennenlernen. Erst jetzt wurde mir klar, daß ich wahrscheinlich Oistrach dieses Treffen, diese Fürsorge zu verdanken hatte. Im selben Augenblick sagte der Funktionär: »Alle teilen die Auffassung, daß Sie ein sehr begabter und förderungswürdiger Musiker sind. So wollen wir doch einmal schauen, welche Probleme Ihnen im Wege stehen«, fuhr Pjotr Andrejewitsch in strengem, aber väterlichem Ton fort.

Zunächst wollte er wissen, ob ich selber etwas auf dem Gewissen hätte. Solche Fragen zu stellen war Methode, denn das sollte auf die Selbstzensur vorbereiten. In einem totalitären Staat kann sie viel zerstörerischer als Kritik von anderen sein. Selbstzensur kann den Schaffensprozeß vollständig lähmen. Eine nicht minder zerstörerische Wirkung besaß Selbstdenunziation. Sie wirkte sich auf die gesamte Persönlichkeit aus. Sich selbst zu verraten, ständig von Schuldgefühlen belastet und gespalten zu sein war in der Sowjetunion etwas, was konservative Christen mit konservativen Kommunisten verband. Man denke nur an Schostakowitsch.

Ich stand mir selber zwar nicht unkritisch gegenüber, war aber klug genug zu behaupten, mir fiele nichts Bestimmtes ein. »Na, wollen wir mal sehen«, antwortete er und nahm dazu eine dicke Akte zur Hand. Er öffnete sie und blätterte endlos darin herum. Irgendwo in der Mitte wurde er für einen Augenblick aufmerksam. Von meinem Platz aus sah ich, daß bestimmte Stellen in den Blättern unterstrichen waren. Was hatte das zu bedeuten? Pjotr Andrejewitsch nahm seine Brille, vertiefte sich in das Gelesene und überraschte mich mit der ersten Frage: »Sie waren doch vor kurzem in Ungarn, nicht wahr?«»Ja«, sagte ich, nicht ahnend, was folgen würde. »Sie trafen da einige Leute und führten antisowjetische Gespräche.« Ich war perplex. Wen meinte er denn, was hatte er im Sinn? »Außerdem wurde Ihnen ein Buch von Solschenizyn übergeben, das Sie sicher mitgenommen haben.« Jetzt wußte ich wenigstens, worum es ging. Aber wie konnte er das erfahren haben? Judith, meine Dolmetscherin, vielleicht... Die Gedanken in meinem Kopf drehten sich im Kreis. Was sollte ich jetzt tun? Was antworten? War das ein Verhör? Dann sollte man – oft hatten es meine Freunde aus Dissidentenkreisen wiederholt – unter keinen Umständen Namen oder Orte bekanntgeben. Mehr noch, man sollte überhaupt auf gar nichts eingehen. Aber ich war ja schon mittendrin.

Abrassimow fuhr fort: »Wieso lassen Sie sich, junger Mann, auf so etwas ein? Sie haben doch Ihre Geige, die Zukunft könnte für Sie vielversprechend aussehen. Wieso sind Sie so unvorsichtig? Die Leute, mit denen man spricht« (haben mich die Soziologen reingelegt? dachte ich zwischendurch), »die man unterwegs trifft, sollte man doch gut kennen, bevor man mit ihnen zweifelhafte Ideen austauscht. Sagen Sie mir jetzt ehrlich, was Sie darüber denken?«

Unsicher, wahrscheinlich stotternd versuchte ich zu antworten: »Ja, sicher. Sie haben recht. Man müßte vorsichtiger sein. Man sollte nicht mit Unbekannten...« Gleichzeitig dachte ich: Ist das, was ich hier jetzt sage, nicht schon ein Verrat am Gefühl des zwanglosen Miteinanderseins, das ich damals in Budapest genossen hatte? Ich schämte mich meiner selbst. Wieso hatte ich diese demütigende Ehrfurcht und kleinliche Angst vor einem Parteibonzen? Reagierte ich nur deshalb so, weil ich Jahre auf dieses Gespräch gewartet hatte? Abrassimow verlor nicht seinen belehrenden Ton, als er fortfuhr: »Und außerdem, schauen Sie, Sie sind doch jung, alles liegt vor Ihnen. Aber dieses Sausen durch die Welt, dieses endlose Unterwegssein – das ist doch belastend für Sie, nicht wahr? Man braucht, um das durchzuhalten, eine Basis, ein Zuhause.« Auch dieser Äußerung hätte ich nicht widersprechen müssen. Aber warum, warum nur sprach er darüber?

»Dieses Zuhause, wenn ich das sagen darf, haben Sie nicht. Eine Ehe von zwei Künstlern ist ohnehin eine schwierige Angelegenheit, vor allem, wenn einer von ihnen, lassen Sie mich offen zu Ihnen sein...« Ich verstand immer noch nicht, welche Absicht er verfolgte. »Ihre Frau Tatjana ist vielleicht eine begabte Geigerin, aber sie hat nicht Ihr Talent, und vor allem ist sie für Sie die falsche Partnerin.« Was soll denn das jetzt?, fragte ich mich irritiert. Gut, wir haben gerade eine schwere Zeit miteinander, aber habe nicht ich diese Schwierigkeiten heraufbeschworen? Bin nicht ich an allem schuld? Aber was geht das Abrassimow an? Woher nimmt er überhaupt das Recht, sich in unser Privatleben einzumischen?

»... Sie hätten eine häusliche Person nötig, die Ihnen zur Seite steht und auf Sie aufpaßt.« Wie sehr mich dieser Satz an das Wunschdenken meiner Mutter erinnerte! Das hätte mir gerade noch gefehlt! »Jemanden, der in Ihnen das Gefühl weckt, gerne nach Hause zurückzukehren, und der Sie nicht im Stich läßt. Glauben Sie mir – ich habe erwachsene Kinder. Aber natürlich ist es in Ihrem Fall nicht meine Angelegenheit. Verstehen Sie mich richtig, ich bin schließlich etwas älter als Sie.« Es entstand eine Pause, bis ich in der Lage war zu stammeln: »Wissen Sie, Tatjana hat einen außergewöhnlichen Charakter. Sicher hat sie es oft nicht leicht, aber ich mußte nie an ihrer Treue zweifeln. Gut, Schwierigkeiten, gibt es die denn nicht überall? Vor allem, wo uns so viele Hindernisse in den künstlerischen Weg gelegt wurden.«

»Na, die Schwierigkeiten, die Ihre Frau hat, sind begründet«, unterbrach mich mein Gegenüber mit geheimnisvollem Nachdruck, »das wird sich auch nicht ändern. Für Sie aber will ich versuchen etwas zu tun.« Was heißt begründet? Woher kommen alle diese Informationen? Aus Budapest? Von unseren Nachbarn? Was sollte das alles? »Ich sehe aus unserem Gespräch...«, wie kann er überhaupt etwas sehen?, rätselte ich, »...daß Sie ein ernster junger Mann sind, Oistrach hat mich auf Sie aufmerksam gemacht, wir...«, auf wen bezog sich dieses Wir?, »...wir wollen Ihnen eine Chance geben. Ich werde diesen ›Wisch‹« (auf Russisch klang das viel schärfer, vulgärer) »in den Müll werfen, aber ich rate Ihnen, passen Sie auf! Verderben Sie sich nicht alles selbst.«

Wieder diese Ermahnung zur Vorsicht. Ständig spürte ich die Faust im Nacken. Mit diesen Sätzen endete das Gespräch. Über dieselben stillen Korridore und Treppen verließ ich das geheimnisvolle Gebäude. Hinter jeder Tür arbeiteten Menschen. Einige von ihnen hatten ähnliche Aufgaben wie Herr Abrassimow zu lösen. Vielleicht waren nicht alle so großzügig wie er, dachte ich. Aber war nicht gerade diese scheinbar menschlichere Art weit gefährlicher, weil sich das Gift hier nahezu unmerklich ausbreitete? War das nicht erst recht ein Beweis dafür, wie sehr der Staat über das Individuum verfügte? Er konnte entscheiden, wer was wo und wie zu tun hatte. Mehr noch – und das war das Irritierendste –: wer zu wem paßte!

Aber diese Einwände hatten sich damals noch nicht so deutlich in meinem Kopf formuliert. Dafür war ich emotional zu sehr beteiligt. Was mich allerdings stark beschäftigte, war, herauszufinden, wieso meine Budapester Kontakte so detailliert bekannt waren. Es waren doch keine anderen Zeugen an jenem gemütlichen Herbstabend zugegen gewesen. Bei der Übergabe des Buches war ich mit meinen neuen Freunden sogar allein gewesen. War es möglich, daß die freundliche Dolmetscherin Judith als Informantin mitgewirkt hatte? Bei Interkoncert in Ungarn beschattete man Künstler sicher ebenso wie bei Goskonzert. Aber ausgerechnet Judith? Diese nette Person? Von ihr hätte ich das nie erwartet. Vielleicht also doch die Soziologen? Konnte ich mich menschlich denn so täuschen? Es war einfach unmöglich. Eines aber stimmte, und in diesem Punkt mußte ich sogar Abrassimow Recht geben. Ich schenkte mein Vertrauen viel zu leicht, und die Zukunft sollte zeigen, daß ich mich in diesem Punkt auch nicht ändern würde.

Ich ging nach Hause. Was von alldem konnte, sollte ich Tatjana erzählen? Ohnehin schien sie mich immer weniger zu verstehen. Sollte ich sie mit den Andeutungen Abrassimows vertraut machen? Ich ließ es sein.

Erst ein Jahr später und wieder in Budapest konnte ich einige Zusammenhänge nachvollziehen. Judith, die immer noch für Interkoncert arbeitete, gab mir einen Hinweis, der einen Teil der Informationen aus den Moskauer Akten erklärte. Nicht ich, sondern die Schüler von Lukács, dem bekanntesten Dissidenten Ungarns, waren beschattet worden. Ihr Telephon war ständig abgehört worden, so auch an dem Abend, als ich sie besuchte. Rein zufällig war ich also in eine Falle geraten, die für andere ausgelegt worden war. Das Beispiel illustriert die sozialistische Kooperation zwischen dem damals schon zum Westen tendierenden Ungarn und seinem Großen Bruder im Osten. Wenigstens die Geheimdienste arbeiteten gut zusammen.

Was sich aber nie aufklärte, ist die Frage, welchen Einfluß das Gespräch im ZK schließlich auf mein Eheleben nahm. Hatte die Entwicklung zu unserer Trennung etwas damit zu tun? Ich wollte nie wahrhaben, daß der Einfluß des Staates so weit reichen könnte.

Wie sehr ich mich zu jener Zeit auf das Konzertieren konzentrierte, wie sehr ich nur darin eine Erfüllung meines Lebens sah, dokumentiert ein Brief, den ich 1973 an Oistrach schrieb:

Lieber Dawid Fjodorowitsch,
wie schön war es, Ihre Stimme am Telephon zu hören. Wie freut es mich, daß Sie mein Konzert gehört haben. Ehrlich gesagt war ich so aufgeregt (im Konzert, aber auch noch danach), daß ich nicht beurteilen kann, wie alles wirklich war. Es fällt mir eigentlich grundsätzlich schwer, mir selbst zuzuhören. Aber vermutlich geht es anderen nicht viel besser. Man weiß, daß nichts mehr zu ändern ist (wenn es sich nicht um eine Aufnahme oder eine Schallplatte handelt). Vieles ist so bekannt, daß es fast schon schmerzt (kein anderes Verb wäre passender), zugleich aber empfindet man einiges dabei als vollkommen fremd. Dieser Eindruck des Fremdartigen entsteht auf dem Podium – wahrscheinlich unbemerkt und fast unbewußt – unmittelbar während der totalen Hingabe. Später beim Betrachten oder Abhören mit eigenen Augen und Ohren macht sich diese Erscheinung wie eine unbekannte neue Qualität bemerkbar, wie etwas gänzlich Unvertrautes ...
Deshalb bin ich oft sehr unzufrieden, in gewissem Maße komme ich mir sogar wie verloren vor. Nur wenn einiges davon von Freunden und mir nahestehenden Menschen bemerkt wird oder mir selbst wenigstens etwas gefällt, entfaltet sich diese komplexe Situation, bringt das ganze Bemühen ein wenig Freude, was wiederum als Erinnerung in neuen Situationen hilft.
Sehr oft bemerke ich, wie um mich herum gezetert, kritisiert und belehrt wird. Natürlich ist das auch notwendig, aber gleichzeitig ist es auch wichtig, die Grenzen zu wahren. Diskutieren und urteilen läßt sich leicht, das kreative Neuschaffen aber ist eine andere Kategorie. Darüber denke ich oft nach, wenn ich mit Orchestern in neuen Städten, aber selbst in mir schon vertrauten Kreisen probe. Nur wirkliche Musiker, die berufen sind, können mich unterstützen und mich in schwierigen Situationen im Glauben an mich selbst bestärken.

Mein Abschluß in Ihrer Meisterklasse steht nun bevor. Die Freude, die mich in Ihrer Gegenwart all die Jahre hindurch begleitete, läßt sich nicht ermessen. Ich bin sicher, daß mein ganzes weiteres Leben gerade diese Art des Kontakts – menschlich wie künstlerisch – mein Vorbild bleiben wird.

In der von mir zum ersten Mal gespielten Franck-Sonate »atmete« nicht alles so, wie ich es mir wünschte. In den Ysaye-Variationen ist das eine oder andere leider verrutscht; überhaupt habe ich sie schon heiterer aufgeführt. Trotzdem haben Sie mich angerufen und mir ein weiteres Mal Ihre Anerkennung ausgesprochen, wofür ich mich nochmals bei Ihnen bedanke.

Nun möchte ich Ihnen noch meine Gedanken zu Ihrem Angebot mitteilen, in Ihrer Klasse eine Art Assistenz zu übernehmen. Dieses Angebot kam unerwartet und ist sehr verlockend. Ich würde sowohl Ihnen als auch Pjotr Abramowitsch sehr gerne zur Seite stehen, in welcher Form auch immer. Dies unabhängig davon, ob Ihr Vorschlag realisiert wird oder nicht.

Und doch: Ich kann mein Verlangen zu spielen nicht zügeln, solange meine Kräfte dafür ausreichen. Das ist es, was ich in erster Linie möchte: spielen. Damit will ich aber keineswegs zum Ausdruck bringen, daß ich mich endgültig gegen das Unterrichten entschieden habe oder abgeneigt wäre, meine Erfahrungen an andere weiterzugeben. Es ist auch keine Verweigerung von Kontakten damit verbunden. Ich sehe in der Zukunft dafür sogar geradezu eine Notwendigkeit.

Aber jetzt? Jetzt, da ich ganz in der Erweiterung meines Repertoires stecke, jetzt, da ich noch genug Kraft spüre, mich in der weiten Welt umzusehen, jetzt, da nach Jahren der Komplikationen Hoffnung besteht, daß sich der Vorhang zur Welt öffnet…, jetzt, da meine uneingeschränkte Hingabe gefordert wird, überfällt mich Angst bei dem Gedanken, mich in eine solche Abhängigkeit zu begeben. Ich meine hier vor allem die Abhängigkeit, die ein Lehrplan zur Folge hätte. Ich kenne mich gut genug, um zu wissen, daß ich mich keiner Aufgabe nur for-

*mell stellen kann. Das ganze Gewicht der Verantwortung auf
mich zu nehmen würde aber bedeuten, auf anderes verzichten
zu müssen. Deshalb kommen in mir Zweifel auf, ob es wohl
richtig wäre, diese Aufgabe zum gegenwärtigen Zeitpunkt zu
übernehmen.*

*In den letzten Jahren habe ich um des Wichtigsten willen
auf vieles andere verzichtet, muß es vermutlich auch jetzt noch
tun. Es ist schwer, sehr schwer, allein zu bleiben. Aber ich will
den Kern in mir bewahren, der mich zum Spielen treibt: Dazu
fühle ich mich berufen, das ist es, was im Inneren real vorhanden ist und was an der Oberfläche nur schemenhaft in Erscheinung tritt.*

*Um meine innere Freiheit bewahren zu können, zucke ich
vor jeder Abhängigkeit zurück. Das wollte ich Ihnen erklären,
überlassen wir alles andere der Zeit...*

*Verzeihen Sie mir, lieber Dawid Fjodorowitsch, wenn ich
Sie mit meinen Gedanken so lange aufgehalten habe. Vielleicht
werden Sie jedoch in Ihrem Krankenzimmer etwas abgelenkt,
wenn Sie aus unserem gemeinsamen und für mich so wichtigen
künstlerischen Alltag etwas zu hören bekommen.*

*Von ganzem Herzen hoffe ich, Sie bald gesund wiederzu-
sehen. Diese Hoffnung erfüllt unsere Seele täglich, und damit
schließe ich meine Zeilen.*

Die Schwelle

Der erste Preis beim Wieniawski-Wettbewerb in Posen, den Tatjana sich erkämpft hatte, bedeutete zwar einen wichtigen Schritt auf dem Weg zur internationalen Anerkennung, verschaffte ihr aber nicht die gleichen Auftrittsmöglichkeiten, wie es ein Preis beim Tschaikowski-Wettbewerb vermocht hätte. Zwar konnte sie jetzt intensiver als Solistin konzertieren, das Ausland blieb ihr aber weiterhin versperrt.

Inzwischen aber lebten wir nicht mehr zusammen. Tatjana, die kurz nach unserer Scheidung den Komponisten Wladimir Martynow geheiratet hatte, war dabei, ein neues Leben aufzubauen. Wie schon früher drängte es sie künstlerisch in verschiedene Richtungen. In den folgenden Jahren probierte sie buchstäblich alles aus: vom Barock bis zum Rock. Ihre unbändige Energie, ihr Enthusiasmus und die besondere Fähigkeit zu staunen machten sie experimentierfreudig und halfen ihr, einen eigenen Weg zu gehen. Dieses Verrücktsein im positiven Sinne begeisterte mich schon, als wir noch zusammenlebten. Aber zwei Verrückte – ich zähle auch zu dieser Sorte – waren doch bisweilen des Guten zuviel. Selbst in der Distanz blieb Tatjana bewunderungswürdig. Ihre schnelle Entscheidung zu einer neuen Ehe bestätigte meine Vermutung, der Prozeß der Entfremdung zwischen uns habe schon lange angedauert. Dennoch suchte ich nach einer Form, wie wir leben konnten, ohne uns ignorieren zu müssen. Mir lag daran, unsere jahrelange Beziehung fortzusetzen, unsere Gemeinsamkeiten weiter zu pflegen, mit ihr an Projekten zu arbeiten, die uns beide als Künstler weiterbringen konnten. Die paradoxe Folge war, daß wir in den kommenden Jahren häufiger als Duo auftraten als in den Jahren unserer Ehe. Zu einem Höhepunkt dieser musikalischen Partnerschaft kam es dank unserer Freunde Arvo Pärt und Alfred Schnittke, die uns beide – wie im übrigen später auch Luigi Nono – mit wundervollen Kompositionen für zwei Violinen mit und ohne Orchester beglückten, Werke, die wir immer noch gerne spielen.

Immer mehr konnte ich nun Einfluß auf die Behörden gewinnen und versuchte dabei, mich auch für Tatjana einzusetzen. Wir waren beide am Ende unserer Studienzeit, hatten aber immer noch eine Verbindung zum Konservatorium. Nie werde ich eine Szene vergessen, die sich in der Kaderabteilung des Konservatoriums abspielte: Der Chef, formell im dunklen Anzug mit Krawatte, empfing mich im Stehen. Überraschend war nur, daß er eine Wintermütze trug, die er während unseres ganzen Dialogs nicht abnahm. Entrüstet über die Hartnäckigkeit, mit der ich von ihm verlangte, für Tatjana eine »Charakteristik« auszustellen, sagte er: »Ich verstehe Sie nicht, Gidon Markussowitsch, aus meiner Sicht geht man nach einer Scheidung wie Schiffe im Meer auf Distanz. Wieso bemühen gerade Sie sich um jemanden, der Sie verließ?«

Gerade diese Denkweise ist mir immer fremd gewesen. Seit meiner Kindheit kann ich das definitive Ende einer Beziehung nicht akzeptieren. Bis heute denke ich, daß man sich um etwas Wesentliches bringt, wenn man sich endgültig trennt. Natürlich kann sich die Form einer Beziehung ändern, aber die gemeinsame Sprache und die gemeinsamen Erfahrungen sollten nie verlorengehen. Dieses Bedürfnis nach Kontinuität gehört einfach zu meiner Art – noch heute.

Ich versuche stets, Vergangenheit und Gegenwart miteinander zu versöhnen, das Neue aus dem Alten zu entwikkeln. Meine Freundschaft mit Tatjana kann als ein vitales Beispiel dafür gelten, daß das möglich ist. Die unterschiedlichen Temperamente und daraus entstehende Spannungen, sogar sehr unterschiedliche Interessen und Freundeskreise hinderten uns nicht, immer einen gemeinsamen Nenner zu suchen. In den folgenden Jahren spielten wir gemeinsam in vielen Ländern. Ich wage zu behaupten, daß unsere Programme für das Publikum eine künstlerische Bereicherung darstellten, auch wenn die Vorstellung, zwei Stunden lang nur Geigentöne zu hören, manche Veranstalter erschreckte. Wir boten interessante Kompositionen und eigene Arrangements, gestalteten, wie ich meine, Form und Inhalt eines Duoabends überzeugend. Unsere langjährige Freundschaft und die Erfahrung im Umgang miteinander und mit der Musik spielten zweifellos dabei eine wichtige Rolle. Zwar haben wir uns in unserer Arbeit und in unseren Ansichten immer wieder in unterschiedliche Richtungen entwickelt, aber die Gefahr eines tiefgehenden Mißverständnisses oder gar eines Bruchs bestand nie.

Ich erinnere mich an eine kuriose Begebenheit, die sich noch in dieser Zeit ereignete. Wir besuchten die frühere deutsche Stadt Königsberg, von den Sowjets Kaliningrad genannt, um dort als Duo zu spielen. Wir besuchten das Grab von Immanuel Kant, der Königsberg sein Leben lang nie verlassen hatte; es war von Zerstörung verschont geblieben. Uns machten die Launen der Geschichte nachdenklich: Kants Grab in der sowjetischen Stadt Kaliningrad. Heute sehe ich hier Parallelen zum seltsamen Schicksal meiner eigenen Familie: Meine Großeltern, die größtenteils in Deutschland gelebt hatten, sind in Riga begraben, und mein Vater, der sein ganzes Leben bis drei Jahre vor dem Tod nur in Riga verbracht hatte, ruht auf einem Friedhof in Heidelberg.

In Königsberg kaufte ich die einheimische Zeitung, eine Gewohnheit, die ich seit meiner Kindheit pflege. Sie hieß *Kaliningradskaja Prawda*. Auf der letzten Seite fand ich in der rechten Ecke eine skurrile Ankündigung:»Heute abend findet im Kulturhaus ein Tanzabend statt. In der Pause spielen Gidon Kremer und Tatjana Grindenko Violinduos. Ein Buffet ist während des ganzen Abends offen. Wir laden Sie herzlich ein.«»Prawda« bedeutet auf Russisch zwar »Wahrheit«, die Presse hielt sich jedoch selten an den eigenen Anspruch. In diesem Fall aber hatte das Blatt nichts erfunden. Wir waren wirklich Mitwirkende bei dieser denkwürdigen Veranstaltung.

Die subtilen Töne unserer Prokofjew-Sonate im Kleinen Saal des Kulturhauses wurden hie und da von Tanzrhythmen aus dem Großen begleitet, die über Lautsprecher herüberschallten. Das Publikum öffnete, wohl auf der Suche nach dem Buffet, ständig die Türen. Ein paar gelangweilte Personen hörten uns sogar zu. Vielleicht fiel es ihnen ebenso schwer wie uns, zu glauben, daß zwei so konträre Arten von Musik unter ein Dach paßten. Die Veranstalter aber waren offensichtlich zufrieden. Und da sich niemand öffentlich beschwerte, muß es den Königsbergern erschienen sein, als habe man einen gelungenen Abend erlebt. Tatjana und ich hielten wieder einmal zusammen. Uns ging es um die Musik.

Im Frühjahr 1973 sollte ich wieder einmal in Wien auftreten. Wird es diesmal klappen, fragte ich mich besorgt. Es waren ja schon einige Jahre ins Land gegangen, in denen man mich hinderte, in westlichen Ländern zu konzertieren. Wieder wurde meine »Charakteristik« vorbereitet. Man erwartete mich im Bezirkskomitee der KP zu einer Besprechung. Ein sehr junger, frecher Funktionär stellte mir einige Fragen und äußerte danach ganz unverblümt, er sei dagegen, daß ich ins Ausland reise. Es gebe für mich genug Möglichkeiten, das eigene Land kennenzulernen. Und falsch sei es obendrein, davon zu träumen, harte Währung zu verdienen. Mein Versuch, ihn zu überzeugen, daß es mir um die Musik und nicht um die Devisen gehe, beeindruckte ihn wenig. Auch die Bemerkung, seine Entscheidung stelle meine künstlerische Laufbahn in Frage, ließ den Bürokraten kalt. Selbst mein Vorwurf, daß noch nie zuvor der Gewinner des Tschaikowski-Wettbewerbs so diskriminiert worden sei, war ihm offenbar absolut gleichgültig. Dieser Funktionär, ein ehemaliger Sänger namens Witali Kobenko, glaubte tatsächlich, die ideologischen Interessen der Sowjetunion zu vertreten. Zudem wollte er offensichtlich auch seine Macht demonstrieren. Der sture Genosse behauptete, es sei nicht allein seine Entscheidung, sondern diejenige der ganzen Internationalen Kommission des Bezirkskomitees. Ich könne mich dorthin wenden. Schließlich empfahl er mir, mein Privatleben in Ordnung zu bringen und aufzupassen, mit wem ich verkehre.

(25 Jahre später werde ich in einer Moskauer Zeitung feststellen können, daß es Kobenko immer noch gibt. Mehr – daß er einen Prozeß gegen die Zeitung gewinnt, die ihn angeblich verleumdet hat. Die hatte in einem Interview über den Psychoterror berichtet, dem der Funktionär auch andere Musiker ausgesetzt hatte. Sprachlos muß ich einsehen, daß das sowjetische System im neuen Rußland immer noch am Leben ist.)

Die Andeutungen des Funktionärs waren nicht leicht zu dechiffrieren. Privatleben mußte nicht unbedingt Eheleben bedeuten. Kollegen und Freunde zählten ebenfalls zum privaten Kreis. Die anonyme Art und Weise und die kryptischen Andeutungen aber waren typisch für das System: Alles und alle sollte man verdächtigen. Das Mißtrauen richtete sich gegen Freunde und Bekannte wie gegen jede Regung, die man in der eigenen Seele spürte. Die Form, in der man ein Frühstück zubereitete, konnte ebenso suspekt sein wie ein Kuvert im Briefkasten, das einen nicht zu entziffernden ausländischen Stempel trug.

Der Tag, an dem ich zu dem von Goskonzert vereinbarten Auftritt abreisen sollte, rückte näher. Meine »Charakteristik« indessen verschwand nach diesem Gespräch auf geheimnisvolle Weise. Vergeblich versuchte ich über meinen »Bekannten« im Bezirkskomitee des KGB an Informationen zu kommen. Er meldete sich nicht. Ein anderer versprach, mich anzurufen. Darauf wartete ich vergeblich.

Als ich bei Goskonzert vorbeischaute, um herauszufinden, wie meine Chancen stünden – zwei Tage später sollte ich in Wien spielen –, hörte ich zufällig, wie die für Österreich zuständige Referentin Ljudmila am Telephon erklärte: »Ja, ja ... tut uns auch leid, aber was kann man denn machen? Das kann doch jedem passieren ... er hatte den Autounfall eben erst gestern ... Vielleicht. Wollen wir hoffen ... Ich werde es ihm gewiß sagen. Ich rufe morgen wieder an ...«

Ich begriff, daß die Rede von *mir* war, daß die Dame von *meinem* Autounfall sprach! Nicht, daß die Lüge ihr etwa peinlich gewesen wäre, ertappt fühlte sie sich dennoch. Und so begann sie umständlich, ihre Worte zu begründen. Ljudmila Tichomirowa, die als Referentin sieben Goskonzert-Direktoren überlebte, wußte, wie man Enttäuschungen kunstvoll verbrämt. Sie wiederholte nahezu stereotyp, ich solle nicht nervös werden. Es war ein Satz, den viele benutzten, um der eigenen Verantwortung zu entgehen. Außerdem konnte er später als Entschuldigung verwendet werden, falls jemand »außer Kontrolle« geriet.

Als ich den Raum verließ, versprach Ljudmila Tichomirowa wieder und wieder, sich meiner Sache anzunehmen. Was aber konnte eine Referentin von Goskonzert Positives entscheiden? Gar nichts. Ihre Macht lag nur darin, etwas zu verhindern. Auf viele dieser kleinen Rädchen an den Schaltstellen des Systems traf das zu. Im Umgang mit den Künstlern war Ljudmila aber durchaus effizient. Ihre herzliche Art, etwas zu bedauern, und die Maske der Hilflosigkeit überzeugten nicht wenige. Ljudmila tat, was sie konnte. Was sie nicht konnte, tat sie natürlich nicht.

Zur selben Zeit befanden sich ausgerechnet die Wiener Symphoniker in Moskau. Viele von ihnen kannte ich seit meinem Elgar-Debüt drei Jahre zuvor. Ich suchte diese Freunde nun auf, obwohl die Verantwortlichen von Goskonzert, die meine Ausreiseschwierigkeiten kannten, mir ausdrücklich davon abrieten. Von solchen Anweisungen nicht eingeschüchtert und überzeugt, daß ich und nicht das verlogene System recht hatte, erzählte ich ganz spontan Mstislaw Rostropowitsch davon, dem ich zufällig bei Goskonzert in die Arme lief und der meine Situation kannte. Seine Reaktion war typisch für ihn: Er drohte, mir künftig nicht mehr die Hand zu geben, sollte ich den Anweisungen von Goskonzert Folge leisten. Was seine eigene Person betraf, so scheute er keine Demonstration, keine öffentlichen Auseinandersetzungen. Seine Worte machten mir Mut. Also entschied ich mich dafür, meine Wiener Freunde zu treffen.

Als ich mich in den Konservatoriumssaal schlich, probte Karl Böhm gerade die sowjetische Hymne. Mitten im Spiel drehte sich der greise Meister plötzlich um. Die Orchestermusiker, die mich kannten, hatten ihn dazu veranlaßt, mir eine Frage zu stellen, die ihn offensichtlich in diesem Moment mehr als alles andere beschäftigte. Böhm, der für seine Pedanterie bekannt war, wollte von mir wissen, ob das Tempo der Hymne stimmte. Von mir!

Am nächsten Tag folgte ich der Einladung zu einem Empfang für das Orchester in der österreichischen Botschaft. Viele bedeutende Repräsentanten des Moskauer Kulturlebens waren zugegen. Auch Oistrach und Rostropowitsch befanden sich unter den Gästen. Rostropowitsch begrüßte mich mit einem vieldeutigen Blick. Ebenfalls anwesend waren einige hohe Tiere vom Kulturministerium, die mich verärgert anstarrten. Hinter den Kulissen schwirrten offensichtlich Gerüchte über die Umstände, die meine Ausreise verhinderten. Ich war mir der Aufmerksamkeit, die man mir schenkte, wohl bewußt. Mit meiner Anwesenheit wollte ich gewissermaßen den persönlichen Beweis antreten, daß der angebliche Autounfall mich nicht daran zu hindern vermochte, meine Koffer zu packen und im Musikvereinssaal aufzutreten. Eine solche Demonstration war natürlich nicht ausreichend, um wirklich nach Wien reisen zu können. Immerhin aber erschien in einigen österreichischen Zeitungen ein Kommentar zu meiner ganzen Sache. Und vielleicht machte sich ja sogar in Moskau der eine oder andere Gedanken darüber, was das ganze Theater eigentlich sollte.

Ritornell II

Ein Jahr später trat ein neuer Mensch in mein Leben. Ksenija kannte ich zwar schon lange, ihre Mutter, Wera Gornostajewa, war eine bekannte Pianistin und Professorin des Konservatoriums. Aber bis dahin war unser Kontakt eher spärlich gewesen. Sie war jung, ein Teenager mit hellen Augen, und verströmte eine gewisse Zuversicht. Für Ksenija war ich als erfolgreicher Künstler und bis vor kurzem noch glücklicher Ehemann sicher so etwas wie ein Objekt der Bewunderung. Das bedeutete freilich nicht, daß sich daraus zwangsläufig auch Interesse von meiner Seite ergab.

Mittlerweile aber hatte sich mein Privatleben geändert, verlief nicht mehr in relativ gesicherten Bahnen. Just in diesem Moment griff das Schicksal ein und arrangierte ein wie zufällig erscheinendes Treffen zwischen Ksenija und mir. Den Anlaß habe ich vergessen, aber eines Tages sprachen wir miteinander. Ksenija hörte mir aufmerksam zu und zeigte Verständnis für meine Sorgen. Ihr jugendliches Einfühlungsvermögen überraschte mich außerordentlich. Wie so oft reimte ich mir selbst noch einiges dazu.

Im Juni 1974 fuhr ich ganz allein in den Süden. Meinen Freunden und Bekannten teilte ich mit, in Gagra im Kaukasus Urlaub machen zu wollen. In Wirklichkeit wollte ich mit diesem für mich außergewöhnlichen Schritt versuchen, endlich meine Gedanken zu ordnen und mir über die Zukunft klar zu werden. Meine Einsamkeit aber verstärkte sich und nahm während meines Aufenthalts in einem »Erholungsheim« regelrecht Züge einer Depression an. Ein winziger Raum im Vestibül, der tagsüber von den Gästen des Chefarztes als Vorzimmer benutzt wurde, war das Beste, was Freunde für mich dort während der Hochsaison hatten organisieren können. Die Nächte verbrachte ich in diesem kaum wirklich abgeschirmten Bereich. Bis frühmorgens gegen sieben Uhr. Dann trafen die ersten Besucher ein, um sich auf die Waage zu stellen, die sich hinter dem Vorhang befand. Das Klappern des Geräts weckte mich regelmäßig. So nüchtern gleichförmig begann jeder Tag, und auch der sonstige Tagesablauf blieb ohne Überraschungen. Ablenkung konnte ich kaum finden, versuchte es mit Ausflügen, joggte durch den Park, ging regelmäßig schwimmen und ... schrieb »Abschiedsbriefe«.

Die geplante Tournee durch Jugoslawien, jenes Land, das anscheinend eine offene Grenze zum Westen besaß, gab den Fluchtgedanken erneut Auftrieb. Die Reise sollte in einem Monat beginnen. Rostropowitsch gab zur gleichen Zeit in der Nähe Jugoslawiens – beim »Carinthischen Sommer« in Villach – Konzerte. Ich hoffte, daß er mir helfen würde. Allein wollte ich den Schritt jedoch nicht machen. Als Partner für die Tournee konnte ich Oleg Maisenberg gewinnen.

Meinen Freunden und auch den offiziellen Organen des Staatsapparats versuchte ich in meinen Briefen, die ich in Gagra im Konzept entwarf, zu begründen, welche Motive mich zu meinem Entschluß geführt hatten. Mir war vollkommen bewußt, daß es kein Zurück geben würde. In meiner Einsamkeit stellte ich mir die Flucht wenigstens als sinnvolle Lösung für meinen Beruf vor. Wenn ich schon unfähig war, die persönlichen Verluste zu verkraften, so wollte ich doch zumindest einen Weg finden, meiner Existenz mehr Sinn zu geben. Um das Bild meines Zustands zu vervollständigen, muß ich hier auch erwähnen, daß ich zur gleichen Zeit mein erstes Testament verfaßt habe. Ich war mir nämlich durchaus der Gefahren bewußt, denen ich mich und meine Verwandten bei einer Flucht aussetzen würde. So wollte ich auf alle Fälle zu Papier bringen, daß alles, was ich besaß, im Falle meines Todes an Tatjana gehen sollte. Trotz unserer Trennung war sie mir noch immer der nächste Mensch.

Gagra, 2. Juli 1974

An meine Freunde!

Diese Worte richten sich an jene, die mich mit ihrer Anteilnahme, ihrem Glauben, oft schon durch ihre bloße Anwesenheit unterstützt und mir damit meine Entscheidung so schwer gemacht haben. Sie gaben mir ständig Kraft und bildeten einen Kreis von Menschen, der für mich der »unsere« war und in dem ich mich aufgehoben fühlte. Einige haben mich in meinem Entschluß bestärken wollen, aber es gab auch jene, die dagegen waren (ob aus Prinzip oder eigenen Interessen).

Ich will die Wahrheit sagen: Gerade mit jenen habe ich versucht mitzufühlen, die dagegen waren und betrübt. Das war nicht immer sichtbar, wie vieles bei meiner intensiven Tätigkeit der letzten Jahre. Ich überlegte, was richtig sei, schaute, wie andere handeln, wollte herausfinden, was besser sei. Mir selbst wollte ich etwas beweisen, einen Lebenssinn hier in der Sowjetunion suchen. Ich wollte wirklich in diesem Kreis, diesem Raum leben, atmen und spielen.

Meine Kräfte aber halten dies nicht mehr aus, meine Entschlossenheit zu gehen wächst. Die Zeit vergeht, die Gesundheit schwindet. Es sind einmalige Güter – unwiederbringlich. Hier kam ich zur Welt, hier wuchs ich auf, wurde, was ich bis jetzt bin. Das kann man nicht vergessen, es wäre eine Sünde, sich davon zu distanzieren. Aber in mir sind auch Tropfen eines anderen Blutes. Sie waren immer da und werden bleiben. Ich weiß es und werde ständig daran erinnert.

Es ist schrecklich, sich vorzustellen, daß die Sprache, in der ich schreibe [Russisch], in der ich denke, eine Fremdsprache für mich werden könnte. Denn mit den Wörtern dieser Spra-

che habe ich mich ja selbst entdeckt. Aber ich bin nicht mehr fähig, weiter zu schweigen und mit meinem Schweigen zu lügen, wie es uns beigebracht wurde. Ich bin nicht mehr imstande, zu leben, zu gehen und zu atmen, wie wir es gewohnt sind: ständig vorsichtig sein, in einer Geheimsprache Sinn suchen, ständig in Gefahr sein, mich und meine Freunde verraten.

Uns hat man Solidarität nur in der Theorie beigebracht, nicht in der menschlichen Praxis. Wir haben gelernt, Worte auf Banner zu schreiben und dort zu lesen, aber nicht in unserem Inneren. Wir sollten unsere Seelen verkaufen für etwas, das besser sein sollte. Für eine lichte Zukunft. Für die Zukunft und gegen uns selber! Das hätte man einmal auf ein Banner schreiben müssen. Das wäre ein wahrhaftiger Aufruf gewesen. Man hat uns überzeugen wollen, daß unser Wert nur an dem gemessen würde, was in Statistiken oder Bilanzen steht. Waren wir anderer Meinung, mußten wir es für uns behalten. So wurde über uns bestimmt. Und wir haben uns gefügt.

Jeder Mechanismus bleibt per definitionem eben nur das – auf jedem Meridian und in jeder Sprache. Vielleicht ist in ihm auch ein Funken Wahrheit enthalten; es gibt auch bittere Wahrheit. Aber nur theoretische Freiheit ist gar keine.

Meine Entscheidung ist nur ein individueller Schritt. Es ist keine zugunsten eines allgemein besseren Lebens. Wie könnte auch ein Leben, von den Freunden getrennt, besser sein, es sei denn, man denkt nur an materielle Werte, was freilich viele tun. Wie sollte eine neue Existenz besser sein, wenn vieles – auch gewisse geistige Erfahrungen – verlassen werden muß? Und schließlich: Kann etwas zur früheren Existenz einen Komparativ bilden, wenn die Familie, die jedem am nächsten stehen sollte, verlorengeht?

Nein, es ist nicht der Wunsch nach einem vordergründig besseren Leben. Es ist nur die Einsicht, daß es mir unmöglich geworden ist, so wie bis jetzt weiterzumachen. Ich mache lediglich den Versuch, mich zu befreien.

Ich bin an eine Grenze gestoßen, ich habe das Gefühl, keinen Bewegungsraum zu haben. Nicht mein persönlicher Beitrag wird vom Staat erwartet, sondern meine Anpassung – und zwar fraglos. Meine Möglichkeiten in diesem Land sind äußerst begrenzt. Ich soll darauf verzichten, eigene Wege zu gehen, meine Erfahrungen zu machen. Wie aber soll man dann, um mit Boris Pasternak zu sprechen, »Sieg und Niederlage unterscheiden« können? Wie kann man einen Begriff von eigenen Wert bekommen, wenn der Mensch, der Künstler, vom Staat nur als Nummer behandelt wird? Wenn der Staat nach seinen Maßstäben, die nun einmal nicht die Maßstäbe der Kunst sind, dem Künstler seinen Rang zumißt?

Soll man sich mit alldem einverstanden erklären? Sich fügen? All das billigen? Und das im klaren Bewußtsein, nur ein Leben leben zu können? Niemals.

Der wahre Wert liegt nur in den eigenen Händen, in Händen, die suchen, überwinden, sich wollen, denen Interesse und Mitleid von Bedeutung sind.

Was machst du, wenn du mit deinem ganzen Herzen gehofft hast, daß deine Töne erhört werden, dir aber nur Steine in den Weg gelegt werden?

Der Weg des Künstlers ist Wagnis und führt in eine Terra incognita. Der Mittelweg – wie Schönberg sagte – ist der einzige, der nicht nach Rom führt.

Mein Fazit ist schlicht: Ich bin nicht mehr einverstanden.

Ich plädiere für das Einzigartige. Und wenn es erlaubt ist: für die Musik.

Ich hatte mich ganz auf eine Besinnung über mein Leben verlegt und auf die Klärung meiner Zukunft konzentriert, als zwei sehr poetische Briefe von Ksenija überraschend, geradezu aus heiterem Himmel bei mir eintrafen. Sie schrieb, sie würde mich gerne nach meiner Rückkehr sehen, und unterstrich, auf mich warten zu wollen. Der Brief blieb unbeantwortet.

Noch eine ganze Zeit lang bestraften mich die Behörden mit Schweigen oder besser: mit Verschweigen. Eines Tages nach den Sommerferien fand ich im Briefkasten der Chodynka ein Formular. Es war eine offizielle Aufforderung, mich beim KGB zu melden. Noch nie hatte ich so ein Papier zu sehen bekommen. Mit dem großen, runden offiziellen Stempel sah es bedrohlich aus. Wie bei der Einberufung zum Militärdienst war darauf zu lesen: »Im Falle der Verweigerung unterliegen Sie dem geltenden Recht.« Was aber war das Recht? Und wie konnte ich herausfinden, weshalb man sich für mich interessierte? Ich tappte völlig im dunkeln.

Ein positives Zeichen sah ich darin, daß man mich laut Datum auf dem Formular zu einer Zeit dort erwartet hatte, da ich noch im Sommerurlaub weit weg von Moskau war. Die Post war mir nicht nachgeschickt worden, und eine zweite Aufforderung desselben Inhalts war nicht an mich ergangen. Durfte ich die Angelegenheit also als erledigt betrachten, nachdem das Datum verfallen war? Unter den gegebenen Umständen wäre ich nur zu froh darüber gewesen.

Einem befreundeten Mathematiker in Riga war kürzlich die Wohnung durchsucht worden, danach wurde er verhaftet. Er hatte Samisdat-Literatur gelesen und verbreitet. Lew Alexandrowitsch Ladyschenskis einzigartiger Bibliothek verdankte ich schon seit Jahren den Zugang zu sonst nicht erhältlichen Werken von Dichtern und Schriftstellern, darunter auch wichtige Veröffentlichungen Solschenizyns und anderer Dissidenten. Hatte man mich bei meinen Besuchen in seinem Haus bespitzelt? Tatjana und ich kannten die meisten seiner Moskauer Freunde, Dichter und Wissenschaftler. Sie alle gehörten zum Kreis der Intelligenzija, angeblich gefährliche Leute, die stets als erste des Dissidententums bezichtigt wurden – darunter die nettesten Leute wie die Familien der Mathematiker Nikolai Nagorni und Felix Kabakow.

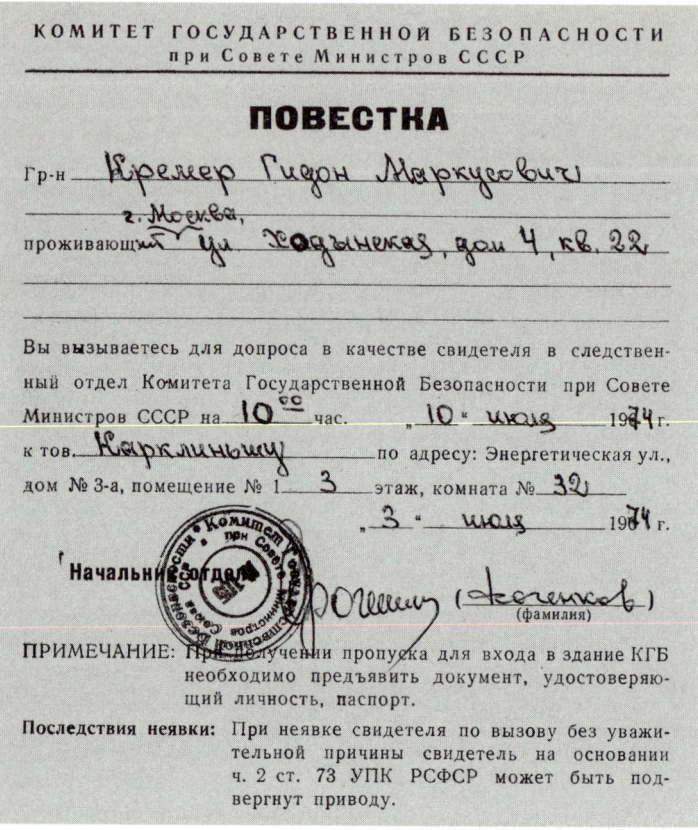

Vorladung des KGB

Eingeschüchtert von der Aufforderung des KGB, fingen wir in den folgenden Tagen an, die Chodynka von allen verdächtigen Büchern und Samisdat-Schriften zu befreien. Einiges verteilten, anderes versteckten wir. Dann nahm ich allen meinen Mut zusammen und rief die in dem Formular angegebene Telephonnummer an. Ich verlangte den dort erwähnten Untersuchungsrichter und war schon auf das Schlimmste vorbereitet. Nach langem

Schweigen sagte man mir: »Nein, Genosse Kremer, Sie werden nicht mehr gebraucht. Die Angelegenheit hat sich erledigt.«

Oleg und ich genossen die Jugoslawientournee sehr. Zum ersten Mal reisten wir ohne Funktionäre durch dieses unglaublich schöne Land, das wegen seiner Neutralitätspolitik gewissermaßen am Rande des Ostblocks lag. Volle zwei Wochen konnten wir uns dort aufhalten, nicht nur zwei Tage, wie unlängst in Wien, als es schließlich doch zu dem Recital kam. Unendlich viel hatten wir während dieser Zeit miteinander zu besprechen.

Einen besonderen Akzent bekamen diese Tage in Jugoslawien schließlich durch die kurzfristige Absage von Swjatoslaw Richter, der beim Dubrovnik-Festival ein Recital spielen sollte. Wir wurden gebeten, an seiner Stelle aufzutreten. Nach Dubrovnik reisen, in das Herz des jugoslawischen Kultursommers, im luxuriösen Hotel »Villa Dubrovnik« absteigen, einem begeisterten Publikum begegnen und dafür noch ein zusätzliches Honorar bekommen, das war mehr als ein Geschenk.

In unserer euphorischen Stimmung gewannen sogar Kleinigkeiten Bedeutung: Wir genossen den Transport zum Konzertsaal auf einem Boot ebensosehr wie den ersten Mietwagen unseres Lebens, den wir auf Kosten der Veranstalter benutzen durften. Während der Autofahrt hielten wir regelmäßig an, um frisches Obst zu kaufen, das man hier, anders als bei uns, leicht bekommen konnte. Alles erschien uns so phantastisch, daß wir uns wie in einem Krimi fühlten, uns ständig umdrehten und fragten: »Was glaubst du, werden wir wirklich nicht verfolgt?« Aus dieser idyllischen Stimmung heraus abzuspringen wäre einem Schock gleichgekommen, damals wohl auch ganz sinnlos gewesen. Wir verzichteten darauf in der Überzeugung, daß es in Zukunft andere, bessere Gelegenheiten dafür geben würde. Wir hatten die sichere Hoffnung, daß es nicht das letzte Mal war, daß man uns ins Ausland fahren ließ.

Bei der Ankunft am Moskauer Flughafen begrüßte mich Ksenija. Ich hatte ihr Briefe geschrieben und darin verschlüsselt angedeutet, daß ich mich mit dem Gedanken trug, aus der Sowjetunion wegzugehen. Um so mehr freute sie sich jetzt zu sehen, daß ich meinen Entschluß doch nicht in die Tat umgesetzt hatte.

Wenn ich heute an die Jahre von 1974 bis 1976 denke, fällt mir stets ein Witz ein. Jemand wird von seinem Freund gefragt, ob er geheiratet habe, und er antwortet: »Nein, weißt du, ich habe einfach eines Tages festgestellt, daß ich in der Küche sitze und eine warme Suppe esse...« Ohne hier allen Facetten meiner Beziehung zu Ksenija gerecht zu werden, kann ich sagen: Genau so, wie in dem Witz, fühlte ich mich. Nach einigen Monaten glaubte ich, daß das Chodynka-Leben irgendwie wiederhergestellt werden könnte, wenn Ksenija nicht nur menschlich ihre Bestätigung fände, sondern auch beruflich. Jedenfalls zog sie langsam ein. Es war zwar ihr »zweiter« Wohnsitz, das Zuhause bei ihrer Familie existierte nach wie vor. Während Ksenija immer häufiger in der Chodynka wohnte, war ich dort immer seltener, weil häufig auf Tourneen.

Tatjana war unzufrieden. Ab und zu benutzte sie mit ihrem Mann die Wohnung noch mit. Ich konnte sie ja nach all den gemeinsamen Jahren schlecht ausquartieren. Schließlich waren mir Moskaus Wohnprobleme wohlbekannt. In ihre Aversion gegen Ksenija spielte ein irrationaler Zug hinein: Hatte sie wohl Angst, mich noch mehr zu verlieren?

Wie oft haben wir damals gemeinsam Rettungsaktionen und Lösungen dieser Lebensverhältnisse besprochen! Tanja behauptete, ich versuchte mich selbst zu betrügen, ohne dem Teufelskreis entrinnen zu können. Ich war verwirrt, nahm aber wenigstens Ksenija in Schutz. Sie hatte es nicht leicht. Meistens zog sie sich zurück und schwieg zu fremden oder meinen Meinungen. Sie besaß ihren Standpunkt, ihre Überzeugung, auch wenn diese von ihrer Mutter, vielleicht auch von ihrem Vater mitgeformt waren. Sie war sich sicher, daß all meine Schwierigkeiten nur vorübergehend seien, ich die Position, die ich verdiene – ihr Lieblingsvergleich war Swjatoslaw Richter –, erreichen werde, ohne das Land verlassen zu müssen. Nur Zeit, Mut, Stärke seien dazu nötig. Es war schwer, diesen Standpunkt zu überhören, schließlich sprachen aus ihm viel Unterstützung, Verständnis, Glauben. Zudem schien Ksenija auch alle meine Zweifel gegenüber unserer Verbindung zu kennen. Gefühle lassen sich eben beim besten Willen nicht verstecken. Sie schien alles zu wissen, zu fühlen und dennoch nicht den Mut zu verlieren. Auf jeden Fall wiederholte sie überzeugend, sie verlange nichts von mir. Wenn sie mir nur etwas zur Seite stehen könne, sei sie schon glücklich ...

Einige meiner Freunde dachten freilich darüber ganz anders. Sie waren davon überzeugt, daß Ksenija dem Einfluß ihrer Mutter unterliege und nur nach Möglichkeiten suche, vom Zusammensein mit mir Vorteile zu ziehen, gesellschaftlich wie materiell. Ksenijas Eltern machten sich Sorgen um die Tochter. Andere Freunde wiederum fanden es inspirierend, wieder in der Küche der Chodynka zu sitzen, diesem Treffpunkt freier Geister, wo die alte Geselligkeit wieder einzog. Ksenija kochte gerne, und wir alle liebten ihre kulinarische Kunst. Konzerte, Filme, Bücher – all das blieb im Zentrum unserer Interessen und vieler Diskussionen. Ksenija sorgte dafür, daß neue Gedanken und die Gesellschaft von Freunden mein Leben bereicherten.

Dennoch blieben in den nächsten zwei Jahren zwei Dinge ungelöst. Die Ansicht, auch hier in Rußland alles erreichen zu können, führte immer wieder zum Streit, zu heftigen Konfrontationen. Ich spürte, die Welt war größer, und ich gehörte dorthin. Aber Ksenija war finster-entschlossen, mir das Gegenteil zu beweisen.

Das zweite aber, was schmerzte, war das Gefühl, mit mir nicht im reinen zu sein. Trotz aller Dankbarkeit, die ich für Ksenija empfand, für das, was sie der Chodynka gab, hatte ich doch die Vorstellung, selber mehr geben zu können, wenn ich mich nicht wegen Ksenija zurückhielt. Ich wußte, daß ich zum Fliegen bestimmt war – um Maxim Gorkis poetische Unterscheidung zwischen einem Vogel in den Lüften und einer Schlange, die zum Kriechen bestimmt war, aufzugreifen. Ksenija hemmte mich. Die Zeit hatte ihre eigene Dynamik: Mit jedem Tag öffneten sich für mich die Tore ein wenig mehr. Ich ging schon mit bedeutenden Orchestern auf Tournee, meine Position in Moskau bei Goskonzert stärkte sich, meine Aktivitäten wurden respektiert. Dennoch kam es täglich zu Kämpfen, auch wegen des Papierkriegs oder wegen der Notwendigkeit, vorsichtig zu sein. Unsere persönlichen Chancen sah ich keineswegs durch eine rosarote Brille, aber die andere, interessantere Welt wollte ich Ksenija dennoch eröffnen. Wir begannen ganz vorsichtig, miteinander zu musizieren; es war der einzige Weg, mehr zusammen zu sein, und künstlerisch doch auch ein Risiko; Ksenija studierte noch. 1975 war meine Stellung so weit gestärkt, daß ich meinen Einfluß geltend machen konnte, mit ihr gemeinsam als Duo auf Konzertreise zu gehen. Der Vorhang hob sich langsam.

Oistrachs Tod

In jener für mich so schwierigen Zeit traf mich die Nachricht von David Oistrachs Tod im Oktober 1974 schwer. Zwar war ich über die häufigen Krankenhausaufenthalte der letzten Zeit informiert, dennoch kam diese Botschaft, die mich in Bulgarien erreichte, wie ein Blitz aus heiterem Himmel. Noch vor kurzem hatte ich ihn in bester Verfassung gesehen. Dawid Fjodorowitsch hatte die Behörden darum gebeten, daß ich in seinem Londoner Konzert als Solist auftreten sollte. Von seinem letzten Herzanfall hatte er sich sichtlich gut erholt, was ihm erlaubte, die geplante Tournee anzutreten, auf die er sich so, wie ich auf London, gefreut hatte.

Nach einem Konzert in Amsterdam erlag er seiner Herzkrankheit. Viel zu früh für ihn wie für uns alle wurde dem Leben und Schaffen eines der größten Geiger unserer Zeit ein Ende gesetzt.

Unlängst stieß ich in der Presse auf ein lang zurückliegendes Gespräch, das Oistrach mit Isaac Stern geführt hatte. Dort sagte er, daß die Musik, ob beim Dirigieren oder beim Geigespielen, der ganze Sinn seines Lebens sei. Er habe keine Angst, im Feuer der enormen Arbeit, die er leiste und derer er sich bewußt sei, zu verbrennen. Ohne seine Arbeit habe sein Leben keine Bedeutung, würde er gar nicht mehr leben wollen...

Den tieferen Gehalt seiner Worte konnten wir erst später begreifen. Der Geiger hatte den ständigen Kampf ums geistige Überleben teuer bezahlt. Wie viele andere hatte auch Dawid Fjodorowitsch ein sehr kritisches Verhältnis zum herrschenden System, obwohl er seit Jahrzehnten zu den Staatskünstlern gehörte. Dieser ständige Zwiespalt war zweifellos mit ein Grund für seinen inneren und äußeren Streß, und das bei einem großen Künstler, der nichts anderes als Harmonie in Klängen und Beziehungen anstrebte. Jahrzehntelang teilte er dieses Bedürfnis generös mit allen, denen seine Wärme, in Tönen wie Worten, viel bedeutete. Durch seinen Tod war für mich eine große Leere entstanden. Eine Quelle der Kraft war für mich versiegt.

Ich unterbrach meine Tournee und flog sofort zur Beerdigung nach Moskau. Auf dem Weg überlegte ich, ob ich bei der offiziellen Trauerzeremonie spielen sollte. Gerne hätte ich, wenn auch nur kurz, von meinem Lehrer mit der Geige Abschied genommen. In Moskau rief ich Bondarenko an und bat ihn um Rat. Er war meiner Ansicht. Das Programm der Trauerfeier im Großen Saal des Tschaikowski-Konservatoriums war aber offiziell schon festgelegt worden. Eine Reihe von Oistrachs Studenten sollten als Unisonoensemble spielen. Nur einige etablierte Kollegen durften eigene Beiträge hinzufügen. Das System diktierte wieder einmal, wie jeder für jeden Anlaß zu klassifizieren sei. Titel, Regalien und Position auf der Leiter des Erfolgs waren wichtiger als menschliche Faktoren. Da die Proben des Ensembles schon vor meiner Ankunft stattgefunden hatten, konnte ich auch da nicht mitwirken. Es hätte mich ohnehin nicht gereizt. Meiner Beziehung zu Oistrach hätte es kaum entsprochen, mein persönliches Gefühl im Kollektiv auszudrücken, obwohl ich viele seiner Studenten als meine Kollegen empfand und respektierte.

Ausländische Freunde aus allen Teilen der Welt trafen ein, eine große Anzahl einheimischer Künstler versammelte sich im Saal. Mitten im Raum, der uns allen als eine Art Altar diente und wo seit über 100 Jahren große Künstler ihre Gefühle ausgedrückt hatten, stand nun auf einem Ge-

stell der Sarg, in dem Oistrach aufgebahrt lag. Die Blumen-
arrangements, Aufschriften auf dekorierten Stoffbändern,
die endlosen Reden, alle Bemühungen, dem Geist dieses
großen Menschen gerecht zu werden, hatten etwas Vergeb-
liches.

Ich glaube, eine der erstaunlichsten Eigenschaften
Oistrachs war sein inneres Gleichgewicht. Vielleicht liegt
darin der Schlüssel zum Geheimnis seiner Einzigartigkeit.
Immer wieder konnte man sich von seiner emotionalen
Durchhaltekraft überzeugen, selbst in seinen letzten Le-
bensjahren. Wie berührend war seine Interpretation des
Violinkonzerts von Tschaikowski anläßlich seines 60. Ge-
burtstags! Bei den Proben schien es, als entdeckte ein junger
Geiger für sich ein neues Werk. Aber er war ein Meister, der
längst unzählige Lesarten beherrschte und auf der Suche
nach der einzigen Interpretation für diesen Abend zauberte.
Wie beseelt klangen sein Brahms, sein Beethoven und sein
Schostakowitsch! Von welchem Feuer waren alle seine Premieren der letzten Jahre erfüllt, die Sonate oder das zweite
Violinkonzert von Schostakowitsch, die Sonatenabende mit
Swjatoslaw Richter und der Zyklus von Brahms' Sympho-
nien! Wir wurden Zeugen immer neuer Glanzleistungen.

Manche glauben, das Leben eines Künstlers sei Boheme,
Romantik, die Welt des »Großen«. In Wirklichkeit sind
jeder Tag und jede Nacht verplant mit Proben, Verpflichtungen, Konzerten, Programmen. Wie oft mußte auch
Oistrach, wenn er sich abends von seinen Schülern verabschiedet hatte, noch seinen Koffer packen, weil sein Flugzeug früh am Morgen startete.

Wenn ich an Oistrach zurückdenke, muß ich immer wieder an seine Hände denken. Sie waren erstaunlich harmo-
nisch, waren immer »Geigenhände«. Die Natürlichkeit der
Hände hängt zutiefst mit dem natürlichen Hören des Tones
zusammen. Und wieder ist es der Klang, der nicht etwa mit
dem fremden Duft exotischer Blumen behext, nicht mit un-

erhörter Kraft verblüfft, sondern es ist der klare, spröde und zugleich kräftige Klang, den die Schöpfer des Instruments ihren Geschöpfen mitgegeben haben. Der Interpret wirkt als Mitschöpfer derer, die diese Vollkommenheit in Holz und Notengestalt angestrebt haben. Die innige Verbindung der wunderbaren Hände Oistrachs mit dem geschliffenen Klang seiner Geige, der lebhafte Kontakt zum Orchester, der ihm ein Herzensanliegen war, und die uneigennützige Einladung aller Mühseligen und Beladenen in dieses Wunderland, das machte seine musikalische Welt aus.

Die einzigartige Atmosphäre des herzlichen Umgangs miteinander war durch Oistrach zur verläßlichen Konstante meines und unseres Geigerlebens geworden. Er war für alle Menschen in seiner Umgebung ein Magnet. Wie viele Studierende waren damals in der achten Klasse des Moskauer Konservatoriums! Manchmal hatte man den Eindruck, hier befände sich das Zentrum der geigerischen Welt. Wie schüchtern kam mancher Neuling in die Klasse, und wie rasch war ihm die Atmosphäre dort ebenso vertraut wie den Alteingesessenen. Oistrach war ein Meister der Anteilnahme. Stets interessierte er sich aufmerksam für alle, die ihn umgaben. Und wir – dachten wir immer darüber nach, an *wen* wir uns da wandten? Wir wußten oder fühlten eher, daß Oistrach immer eine Antwort geben würde und daß er bei allem weise, taktvoll und verbindlich wäre. Wie mehrdeutig konnten gewöhnliche Worte aus dem Mund des Meisters klingen: »Du arbeitest nicht genug.« »So spielt man heute nicht mehr, vor 30 Jahren hättest du damit Erfolg gehabt.«

An einen Fall von Unbeherrschtheit in der Klasse kann ich mich nicht erinnern. Als ich zum erstenmal Beethovens *Kreutzersonate* vor der Klasse spielte, war ich sehr aufgeregt, vieles klappte nicht und ging schief. Oistrachs Resümee klang recht entschieden: »Wenn das deine Auffassung ist, dann liegt sie mir fern.« Selbst in solch einem Augenblick, da er doch zweifellos die Verwirrung des Schülers erkannte, sprach er vor allem von »Auffassung«. Aber welche Weisheit und zugleich Großzügigkeit lagen in seinen Worten: »Ich hätte das nicht so gemacht, aber du hattest schon so oft recht.« Nur ein wahrhaft großherziger Mensch kann einem anderen gute Wünsche auf den Weg mitgeben und sich so über dessen Erfolg freuen, wie ich es bei ihm erlebt habe.

Ich erinnere mich auch, daß Oistrach oft traurig sagte, er fühle sich manchmal nicht wie ein Künstler, sondern wie ein »Dienstreisender«. Wir vergessen oft, daß auch die »Götter des Olymps« (in unserer Zeit vielleicht mehr denn je zuvor) Menschen sind und von allem Menschlichen leider nicht verschont bleiben, seien es Amtspflichten, Krankheiten, seelische Erschütterungen oder Scherereien im Alltag. Wir sind jederzeit bereit, uns für das von ihnen erzeugte Feuer zu begeistern, merken aber nicht immer, wann wir die Einzigartigkeit schätzen, abschirmen und hüten sollten. Jeder wahre Künstler ist dazu verurteilt, seine Lebenskraft seinem Werk zu opfern. Oistrach sagte oft, daß er nicht anders als arbeiten könne. Mit dieser Aufopferung setzte er Maßstäbe.

Oistrachs Frau, seine treue Lebensstütze, trug von seinem Todestag an nur noch Schwarz. Sie war untröstlich. Jeder, der sie besuchen kam, mit ihr sprechen oder sie auf den Friedhof begleiten wollte, sah, daß sie in einen Abgrund der Trauer gestürzt war, aus dem es für sie kein Entrinnen gab. Vielleicht hatte Tamara Iwanowna ihrem Mann gegenüber die gleiche Einstellung wie er zu seiner Kunst. Ohne ihn, den liebsten, wertvollsten Menschen, für den sie sich vollkommen aufopferte, hatte ihr Leben keinen Sinn mehr. Niemand und nichts konnte sie trösten. Dabei war sie nicht unzugänglich für ihre Umwelt. Da war der geigende Sohn Igor mit seiner Familie, da gab es Freunde, die unzähligen Aufnahmen, die Oistrach hinterlassen hatte. An vielem hätte sie sich aufrichten können. Aber sie beschäftigte nur eines – die Vergangenheit. Sie fand sie an Oistrachs Grab. Täglich stattete sie ihm einen Besuch ab.

Einmal begleitete ich sie, legte selbst ein paar Blumen nieder und hörte sie dabei mehrmals sagen: »Hoffentlich ist das Denkmal bald fertig – nur noch das.«

Der Satz ließ mich aufhorchen. Die Arbeit an Oistrachs Denkmal dauerte nahezu ein Jahr. Zwei Tage, nachdem es vollendet war, starb Tamara Iwanowna.

Bis in den Fernen Osten: Sozialismus

Im Mai 1975 machte ich eine Konzertreise in den Fernen Osten der Sowjetunion. Es war das erste Mal, daß ich so abgelegene Städte wie Wladiwostok und die Insel Sachalin besuchte. Die Größe der Sowjetunion sprengte nahezu jegliche Vorstellungskraft. Auch deshalb erschien es mir merkwürdig, überall die gleichen Alltagsprobleme vorzufinden. Die faszinierende Natur eines noch weitgehend unberührten Landes blieb uns Künstlern meist verborgen; selten kamen wir aus den Städten heraus. Um so beglückender war es für mich, daß ich hier am Ende der Welt an einem konzertfreien Tag auch einmal die Möglichkeit zu einem Ausflug hatte. Meine Begeisterung muß ähnlich groß gewesen sein wie jene der Zuhörer für unsere Musik.

Die Konzerte schienen für die Menschen hier eine besondere Bedeutung zu haben. Im Grunde kamen die Musikliebhaber ebenso selten mit qualitätsbewußter, anspruchsvoller Interpretation in Berührung wie wir mit dem Duft dieser unberührten Wälder. Die großen Künstler Rußlands mieden meist die Anstrengung solch weiter Reisen, und ausländische Künstler durften viele Regionen in der Nähe von Militär- und Industriegebieten der Sowjetunion nicht betreten. Diese Beschränkungen im Konzertwesen führten zu einem Überangebot an solchen Künstlern, die sich den Prinzipien der Planwirtschaft und einem entsprechenden Lebensstil vollständig angepaßt hatten. Mit langen Reisen und zahllosen Auftritten konnten sich diese Musiker große Einnahmen sichern. Viele von ihnen hatten einmal einen Wettbewerb gewonnen, gelegentlich einen Titel errungen. Verdiente Künstler der verschiedenen Republiken, des Volkes oder der Sowjetunion gab es – im wahrsten Sinne der herrschenden Ideologie – en masse. Republik-, Komsomol-, Staats- und Leninpreise waren gewissermaßen die Stufen offizieller Anerkennung. Sie bedeuteten ein höheres Honorar, hie und da auch Privilegien. Selbstverständlich bemühte man sich allgemein, nicht zu weit reisen zu müssen. Wer aber die Anstrengungen auf sich nahm, wollte buchstäblich belohnt werden. Titel und Preise, auch Konzerttourneen, wurden überaus häufig an jene Künstler vergeben, die bereit waren, im Sinne der herrschenden Doktrin für den Aufbau des Sozialismus zu arbeiten. Von unschätzbarem Vorteil war es, im engen Freundeskreis jemanden zu besitzen, der sich als Parteimitglied mit dem herrschenden System identifizierte und sich für einen einsetzen konnte. Jeder, der auftreten wollte, mußte auch als Künstler in erster Linie beweisen, daß er gewillt war, den Interessen des Staates zu dienen. Gemeint war dabei nicht unbedingt eine Mitarbeit im berüchtigten KGB. Die Zahl der Musiker, die in den Sog der Abhängigkeit von dieser Institution mit ihren Ablegern gerieten, war allerdings besonders groß, wenn es um das Privileg der Auslandsreisen ging. Die Organisation brachte die Charakterschwächen eines Menschen schonungslos an die Oberfläche: Nackte Angst oder Lust an Intrigen wurden rigoros ausgenutzt, Abstammung und Leistungsfähigkeit spielten eine zusätzliche Rolle.

Ohne Künstler wie Oistrach, Kogan, Gilels, Richter oder Rostropowitsch zu Informanten machen zu müssen, konnte man fast jeden, der Ehrungen des Staates als Zeichen der Anerkennung wollte, auf eine bestimmte Art zum Schweigen bringen. Die Methoden konnten überaus subtil sein und trugen viele verschiedene Gesichter. Swjatoslaw Richter fand eine sehr individuelle Art des Schweigens; parteilos führte er ein Leben in Abgeschiedenheit. Seine Freunde beschützten ihn und erschwerten den Zugang zu ihm. Seine Unnahbarkeit ließ ihn zu einem Ausnahmefall werden. David Oistrach dagegen konnte sich als Parteimitglied diesen Luxus nicht leisten. Seine jüdische Abstammung und die antisemitischen Untertöne der offiziellen Ideologie verunsicherten ihn zusätzlich. So fühlte er sich häufiger als andere unter Druck gesetzt und schwieg, wenn es opportun erschien, oder trat auf, wenn es die Partei verlangte.

Musiker wie Leonid Kogan, Parteimitglied, und Mstislaw Rostropowitsch, betont parteilos, gehörten zur nächsten Generation und verfügten schon über flexiblere Formen des Umgangs mit der Staatspolitik. Sie wählten ihre Freunde geschickt aus und wußten, wer ihnen im gegebenen Augenblick zur Seite stehen konnte. Zugleich aber gehörten sie zu den auserwählten Repräsentanten des Staates, weshalb von ihnen auch erwartet wurde, daß sie sich an bestimmte Regeln hielten. Im Unterschied zu ihren älteren, erfahreneren Kollegen fiel ihnen, mit oder ohne Parteizugehörigkeit, der Umgang mit dem erwünschten Vokabular leichter, was ihrer Karriere durchaus förderlich war. Das galt aber nur so lange, wie sie die ungeschriebenen Regeln einhielten. Erlaubten sie sich größere Eigeninitiative, wie zuerst Rostropowitsch und später auch andere, blieb das nicht folgenlos.

Wie früher der russische Zar festlegte, was für das Volk gut oder schlecht sei, bestimmte dies nun die Partei. Ich spreche hier keineswegs von jener Zeit, da Ausnahmezustände verhängt wurden, etwa während der ganzen Stalin-Epoche. Auch später blieb Anpassung für jeden eine Lebensbedingung, was freilich keine Garantie bedeutete, von Repressalien verschont zu werden. Die mörderischen Jahre des totalen Terrors gehörten zwar schon der russischen Geschichte an, vieles blieb jedoch noch lange nach dem Tod des »Völkervaters« Stalin unverändert. Dieselben Institutionen beherrschten das Leben, und wenn sie jetzt auch mildere Methoden anwandten, konnten sie die Angst vieler Zeitgenossen nicht vertreiben. Sie hatten daran ja auch nicht das geringste Interesse. Furcht blieb die Basis der Unterdrückung.

Das hatte zur Folge, daß selbst in keineswegs lebensgefährlichen Situationen Schweigen und Anpassung das gesellschaftliche Klima bestimmten. Alle wurden von denselben Druckmitteln manipuliert. Beförderung im Beruf mußte immer von oben abgesegnet werden. Die Art, wie man sich zu benehmen hatte, schien genau definiert zu sein. Jeder kannte sie, ohne je irgendwelche Regeln gelesen zu haben. Abstriche gab es nur gelegentlich, denn selbst die kommunistische Regierung brauchte, wie William Shakespeares Könige, ihre Narren, ihre Mercutios. Ihren Witzen und dreisten Handlungen aber waren Grenzen gesetzt, wie das Beispiel Rostropowitsch beweist. Der tägliche Mummenschanz hatte ein durch und durch triviales Antlitz. Er durchdrang unsere Sprache, machte sich in Andeutungen bemerkbar, war Anlaß für manches läppische Geplauder. Jeder von uns war von Jagos, von seelenlosen Spitzeln umgeben, die ihre verräterischen Dienste lächelnd und nicht selten in alkoholisierter Kumpanei erfüllten.

Das Erlebnis des Fernen Ostens, in seinem Alltag dem unseren so ähnlich, und der Versuch einer Erklärung, wie Künstler zu Titeln kamen und wie der ganze Konzertbetrieb funktionierte, brachten mich auf diese Gedanken. Damals wünschte ich mir innig, die doppeldeutigen Worte Hamlets – »Flöte, was für ein herrliches Instrument, aber auf mir kann man nicht spielen« – mögen mich darin unterstützen, derjenige zu bleiben, der ich war und der ich sein wollte. Mut benötigte jeder, um mit der Realität zurechtzukommen. Auch ich mußte aufpassen und vorsichtig sein. Wie sonst hätte der Plan meines Ausbruchs gelingen können?

Ein flüchtiger Blick in meine Personalakten beim ZK der Partei ließ in mir alle Warnsignale aufleuchten. Ich versuchte, soviel wie möglich zu reisen und zu spielen. Während der Wochen im Fernen Osten suchte ich die Nähe zu Ksenija und vergrub mich in die Arbeit an den gemeinsam gespielten Werken. Mit unserem Duo – wie sonst meist mit Oleg oder Tatjana – hoffte ich, den Zuhörern einen Augenblick der Freude zu bereiten. Und es war kein fruchtloses Bemühen. Noch hatte ich viel zu lernen, bevor ich meine Ideen, meine Musik angemessen vermitteln konnte. Eines blieb mir dabei glücklicherweise erspart: Ich war kein »Verdienter Künstler der UdSSR« oder gar »Verdienter Volkskünstler«, eine höhere Stufe desselben Ordens. Der einzige offizielle Titel, den ich trug, war der eines »Preisträgers internationaler Wettbewerbe«.

Mit Amüsement erinnere ich mich an eine Szene aus den Nachrichten des Allunions-Fernsehens. Die gerade aus dem Weltall zurückgekehrten Kosmonauten überreichen Leonid Breschnew *sein* Porträt, das sie auf dem Flug im Raumschiff begleitet hatte, mit *ihren* Autogrammen... All das machte auf mich einen mehr als befremdlichen Eindruck. Oder war ich gar selbst der Fremde im eigenen Land?

Im Fernen Osten wurde uns noch ein anderes Merkmal des sowjetischen Lebensstils bewußt: die strenge Moral. Wie jedem russischen Bürger waren auch mir die Vorschriften in heimischen Hotels seit langem bekannt. Die prüde Moralauffassung des Staates erlaubte einem unverheirateten Paar nicht, gemeinsam ein Zimmer zu beziehen. Auch Künstler, die bisweilen großzügiger behandelt wurden, bekamen am Empfangstisch des Hotels das gleiche »Njet« zu hören wie jeder andere. Um unterwegs zusammen zu sein, konnten Ksenija und ich nur hoffen, daß einem von uns hie und da ein Doppelzimmer zugesprochen wurde. Solch ein Luxus ergab sich sehr selten, Hotels waren im ganzen Land fast stets ausgebucht und sahen eintönig und trist aus. Planwirtschaftliches Denken produzierte nicht selten Stilblüten von unfreiwilliger Komik, etwa das Banner, das ich eines Tages an der Wand eines Hotels las: »Erhöhen wir den Umsatz jeder Menschenliege um eine Kopeke!« Wir mußten schon zufrieden sein, wenn winzige Bettkammern zur Alleinbenutzung zur Verfügung standen. Oft wurden uns Zimmer zugewiesen, die wir mit fremden Dienstreisenden zu teilen hatten, wenn der Gasthof seine Räume pauschal mit männlichen oder weiblichen Gästen belegte.

In Chabarowsk hatte Ksenija das Pech, in eine solche Situation zu geraten. Diskussionen an der Rezeption halfen nie, deshalb entschloß sie sich, einfach ihren Koffer bei mir abzustellen. Nach der ermüdenden Reise und dem gemeinsamen Konzert sahen wir keinen Grund, weshalb Ksenija nicht in meinem Zimmer übernachten sollte. Schließlich gab es da noch eine Couch zum Aufklappen, die ihr viel mehr zusagte als das Bett mit einem fremden weiblichen Geschöpf in dem ihr zugeteilten Raum. Um sieben Uhr morgens wurden wir beide von starkem Klopfen an der Tür aus dem Schlaf gerissen. Meine Frage, wer da sei, verstärkte noch das Gepoltere auf dem Korridor. Eine weibliche Stimme erklärte in dringendem Ton, daß meine Badewanne Wasser durchlasse. Die Person ließ nicht locker und bestand darauf, das Zimmer zu inspizieren. Sie klang immer aggressiver und drohte schon mit der Polizei. Als ich schließlich die Tür einen Spalt öffnete, um zu sehen, wer da überhaupt sei, stürmte die Deschurnaja, die Etagenfrau, mit aller Gewalt herein. Sie sah sich im Zimmer um und entdeckte Ksenija, die längst ihren Schlaf vergessen hatte und vollständig angezogen die Deschurnaja begrüßte. Mit sichtlichem Triumph sagte sie: »Also war sie doch bei Ihnen. Ich werde es sofort weitermelden. Sie können damit rechnen, in den nächsten Stunden aus dem Hotel gewiesen zu werden.« Die Genugtuung, die der Frau die Bestätigung ihres Verdachts brachte, war offensichtlich. In strengem Ton fuhr sie fort:

»Außerdem schreibe ich noch heute einen Brief an Ihre Arbeitgeber. Die sollten Ihnen gegenüber disziplinarische Maßnahmen ergreifen, damit Sie nicht weiterhin gegen die für Hotelgäste festgelegten Regeln verstoßen.« Die Frau schien sich auf dem Höhepunkt ihrer Karriere zu wähnen. Auf dem langen Weg zurück zu ihrem Tisch, von dem sie alle Zimmer rundherum beobachten konnte, hörte sie nicht auf zu schimpfen: »Die glauben, mich an der Nase herumführen zu können! Ha! Die sollen mich kennenlernen!« Mein Versuch, der Dame zu erklären, daß Ksenija und ich seit fast einem Jahr miteinander lebten, überzeugte sie überhaupt nicht. Daß ich ihr sagte, sie hätte gar kein Recht, bei mir einzubrechen, sie handle dabei selber unmoralisch, erboste die Frau noch mehr. Sie sei schließlich nicht von gestern, tobte sie. Das leere Bett im andern Zimmer, ohne Koffer, hätte sie gleich auf den Gedanken gebracht, daß hier etwas im Spiel sei.

Es war offensichtlich, daß die Situation für uns mit jedem Augenblick schlimmer wurde. Meine Hilflosigkeit gegenüber sturen Prinzipien trat deutlich hervor. Im Gegensatz zu der militanten Dame verlor ich meine Sprache vollständig. Dennoch verließ ich bald danach stolz und empört die Szene. Ksenija saß immer noch im Zimmer. Ohne Erklärung begab sie sich zum Empfangstisch. Mit ausdrucksvollem Bedauern und endlosen Entschuldigungen gelang es ihr, die Autorität zu beruhigen. Weshalb fallen Frauen oft die besseren Lösungen ein? Weil sie pragmatischer vorgehen als Männer? Was mir damals als Erniedrigung erschien, erwies sich jedenfalls als effizient. Ksenija war es zu danken, daß unser Zusammensein nicht bestraft wurde.

Nach Abschluß der Konzerte im Osten Rußlands sollte ich nach Japan fliegen. Es kam dazu eher durch Zufall, weil Leonid Kogan auf die letzten vier Konzerte seiner Japantournee verzichten mußte. Goskonzert vereinbarte mit dem japanischen Veranstalter, daß ich als Ersatz für Kogan Beethovens Violinkonzert mit den Leningrader Philharmonikern spielen würde.

Zu diesem Zeitpunkt war ich in Chabarowsk, von wo aus es, damals noch eine Rarität, eine direkte Flugverbindung von einer Stunde nach Niigata in Japan gab. Die Maschine flog zwar nur einmal pro Woche, aber es lag eigentlich auf der Hand, nicht über Moskau, sondern von Chabarowsk aus direkt nach Tokio zu fliegen. Mir gelang es sogar – die intern-russische Konzertagentur Sojuskonzert und die Veranstalter zeigten ungeahntes Verständnis und enorme Flexibilität –, das Ende meiner Tournee so abzustimmen, daß ich nach meinen letzten Auftritten im Fernen Osten nicht allzulange auf den internationalen Aeroflot-Flug warten mußte. Das einzige Problem waren nur mein Reisepaß und das Flugticket. Beides wurde üblicherweise erst abends vor dem Abflug in Moskau ausgehändigt. Wie aber sollten die Dokumente aus der Moskauer Paßbehörde, respektive dem Kulturministerium, nach Chabarowsk gebracht werden, neun Flugstunden entfernt? Auch ein Apparatschik mit ausgeprägter Phantasie konnte sich nicht vorstellen, daß an anderen Orten der Welt längst Expreßdienste üblich waren. In dieser Hinsicht hatte die Sowjetunion gewissermaßen noch das Fahrrad zu erfinden.

Ein Angestellter des Ministeriums sollte den Kurierdienst übernehmen, neun Stunden zu mir fliegen und mir die Unterlagen überbringen. Mußte dieser exklusive Service nicht darauf hindeuten, wie sehr mein Wert in den Augen der Funktionäre inzwischen gestiegen war? Natürlich kam dann alles anders als geplant und vereinbart. Kogan entschloß sich plötzlich während der Japantournee, doch noch drei der vier mit mir längst abgesprochenen Konzerte zu spielen. Also sollte ich nur das letzte übernehmen. Weder die Behörden noch der Manager sahen einen Sinn darin, mich eine Woche früher nach Japan zu schicken. Und weil die Aeroflot-Maschine eben nur einmal pro Woche flog, mußte ich zuerst zurück nach Moskau. Das bedeutete für mich beinahe zwanzig Flugstunden mehr. Eine Woche später saß ich dann in einer unbequemen Iljuschin 62 auf der Route Moskau–Tokio, als beim Frühstück, kurz vor der Ankunft in Tokio, die Stewardeß ansagte, wir befänden uns nun über Chabarowsk. Unwillkürlich mußte ich auflachen. Mein erstes und einziges Konzert in Japan fand in der Provinzstadt Toyama statt. Wie beinahe alle japanischen Städte besaß auch sie einen großen Konzertsaal. Eine böse Überraschung bereiteten mir freilich die Leningrader Philharmoniker. Das Orchester, reichlich müde von der Tournee wie vom Beethoven-Konzert, das es mit Kogan etwa zehnmal gespielt hatte, plante für mich nur eine kurze Einspielprobe. Noch nie zuvor hatte ich ein Werk vortragen müssen, das rund 40 Minuten dauert und das ich bloß eine knappe Viertelstunde proben konnte. Das bedeutete eigentlich lediglich ein Anspielen der Tempi. Für Interpretationsfragen hatte das Orchester weder Zeit noch Lust, solche Probleme mußten während des Auftritts improvisatorisch gelöst werden. Die Musiker schienen die Spannung, die daraus im Konzert entstand, genossen zu haben. Toyamas Musikliebhaber merkten womöglich nicht einmal den Unterschied zwischen Kogan und Kremer. Die Frage ist ohnehin, ob man damals dem Publikum überhaupt meinen Namen bekanntgegeben hat. Auf dem Plakat jedenfalls war das Photo meines älteren Kollegen zu sehen. Für die Zuhörer war sicher das Gastspiel der Leningrader Philharmoniker von größerer Bedeutung.

Mein eigenartiges Japandebüt werde ich trotzdem nie vergessen. Den Rückflug nach Moskau hatte ich, wie die meisten russischen Künstler, mit der einheimischen Aeroflot zu bestreiten. Die russischen Maschinen flogen, wie gesagt, auch hier nur einmal pro Woche. Das war mein Glück, so blieb mir Zeit, Japan etwas kennenzulernen. Der erste Ausflug hätte fast ernste Konsequenzen gehabt. Im »Grand-hotel« in Osaka, wo ich gemeinsam mit den Leningradern abstieg, wohnte auch das Symphonieorchester des Bayerischen Rundfunks. Ein Tuttigeiger, den ich vor vielen Jahren in Riga kennengelernt hatte, als er mit der Dresdner Staatskapelle dort auftrat, war sehr überrascht, mich hier in Japan wiederzutreffen. Er begrüßte mich ganz enthusiastisch und stellte mich seinen Kollegen vor. Von meinen Sprachkenntnissen beeindruckt, luden sie mich zu einer Reise nach Kioto ein. Dieser einzigartigen Chance, etwas vom Land zu sehen, konnte ich nicht widerstehen. Die Steingärten und Tempel, die Stille und Andacht, die blühenden Kirschbäume – alles lernte ich kennen. Wieviel bedeutete das alles mir, der ich aus Moskau kam und noch so wenig von der Welt gesehen hatte! Die kollegiale Atmosphäre unter den Musikern und die Möglichkeit, mit ihnen Deutsch zu sprechen, machte Kioto für mich zum doppelt wertvollen Ereignis.

Als ich ins Hotel zurückkam, wurde ich gleich von dem aufgebrachten Begleitpersonal des russischen Orchesters in die Wirklichkeit zurückgeholt. Man versuchte mir zu erklären, daß fast eine Panik ausgebrochen wäre, weil ich nirgends aufzufinden gewesen war. Als Solist des Orchesters hatte ich mich überhaupt nicht verpflichtet gefühlt, irgend jemanden über meinen Tagesablauf zu informieren. Sicher, ich vermied es auch aus Furcht, mir könnte der Ausflug mit Ausländern untersagt werden. Meine Abfahrt im Bus mit Leuten aus dem Westen war natürlich beobachtet worden. Wie eine kalte Dusche wirkten die strengen Worte der Männer nach diesem ereignisreichen Tag – sie ließen ihrer Unzufriedenheit freien Lauf und drohten mit Konsequenzen. Wieder bekam ich eine Lektion, die mir bewies, daß man als Sowjetmensch nicht einmal im Ausland frei sein kann und nur »ehrenvoll seinem Land zu dienen habe«. Der harte Ton wurde von den Regeln diktiert: Orchestermusiker hatten normalerweise kein Recht, sich allein in der

Stadt zu bewegen. Sie mußten sich vor der Abreise schriftlich verpflichten, nur in Gruppen zu dritt oder viert auszugehen und nicht mit Menschen des anderen Geschlechts allein den Fahrstuhl zu benutzen. In allem sah das kommunistische System eine Provokation.

Ich war erleichtert, als das Orchester abreiste und sich unsere Wege trennten. Ich selber sollte noch nach Tokio fahren. Mein Manager Nishioka bemühte sich im Laufe meines Aufenthalts noch um eine NHK-Studioaufnahme. Einige Tage bereitete ich mich vor, wobei ich bewußt den Vorschlag ablehnte, mit einem japanischen Pianisten zu spielen. Ad-hoc-Partnerschaften ging ich meistens aus dem Weg, wenn mir das Spiel der Pianisten unbekannt war. Ich konzentrierte mich also auf mein Solorepertoire. Als ich das Rundfunkstudio mit seiner optimalen Technik, aber minimalen Ausstrahlung betrat, fragte man mich nach den Noten der Werke, die ich vortragen wollte. Da ich aber mit dieser Aufnahme überhaupt nicht gerechnet hatte, waren in meinem Reisegepäck keine dabei. Ich spielte die Werke aus dem Gedächtnis. Bevor ich jeweils ein neues Stück vortrug, sagte ich den Titel an. Das ergab gleichzeitig eine kleine Verschnaufpause.

So praktizierte ich es auch während der Studioaufnahmen in Riga und Moskau, wo ich meistens stundenlang und ohne weitere Erläuterungen spielte. Das Wissen, daß man dank der Technik alles »zusammenflicken« kann, bestärkte mich in meinem Tun. Auch jetzt wiederholte ich hie und da die ersten Teile der Sätze aus Bachs Partiten mehrmals und wandte die gleiche Methode bei anderen Werken an. Ich ließ mich nicht überreden, in den Abhörraum zu gehen, um ein wenig in die Bänder hineinzuhören. Schon seit meinen allerersten Aufnahmen tat ich das, wie schon erwähnt, ungern. Zu sehr fühlte ich mich in meinem spontanen Spielablauf unterbrochen. Außerdem nahm dabei mein kritisches Ohr zu viele Fehler wahr, was sich destruktiv auf mein Spiel auswirken konnte. Ich vertraute gerne einem neutralen, professionellen Aufnahmeleiter, der schließlich genügend Musikkenntnisse besitzen mußte, wenn er für diese Arbeit ausgewählt wurde. Mit dieser Ausrede glaubte ich auch in Tokios Studio das Richtige zu tun.

Wie falsch war aber meine Haltung in diesem Fall! Nach drei Stunden pausenlosen Spiels wurde ich vom ahnungslosen Aufnahmeleiter gefragt, welchen Take ich denn bevorzuge? Hatte er überhaupt bemerkt, daß ich verschiedene Werke spielte? Ich konnte nur hoffen, daß die Noten der entsprechenden Werke nachträglich besorgt und mit den Bändern verglichen würden. Zum ersten Mal wurde mir bewußt, wie wichtig für jeden menschlichen Kontakt ist, die Bedeutung gewisser Gesten zu kennen, wie leicht man – und das nicht nur in Japan – aneinander vorbeiredet.

Die Sekretärin wartete im Zimmer von Wladimir Iwanowitsch Popow, dem amtierenden Vizeminister für Kultur. Er saß vor einem noch nicht unterschriebenen Blatt, ich ihm gegenüber. Es war ein ganz gewöhnlicher Besuch, bei dem Popow sämtliche Telephonanrufe beantwortete und stumm Briefe und Dokumente unterschrieb, die ihm die Sekretärin vorlegte. Wladimir Iwanowitsch schaute verzweifelt auf ein Papier, machte zwei Kreuze, unterschrieb und gab es der Sekretärin zurück. Kaum hörbar sagte er leicht erbost zu sich selber: »Nichts da zum Fressen!« Erst später rekonstruierte ich, daß er einen Bestellschein des Lebensmittelgeschäfts für Funktionäre ausgefüllt hatte. Die Probleme des Staates schlugen sogar seinen treuesten Dienern auf den Magen. Genosse Popow bat nun die Sekretärin, ihn mit niemandem mehr zu verbinden. Als sich die Tür hinter ihr geschlossen hatte, konnte das Gespräch beginnen.

Popows Arbeitszimmer war für mich wie für andere Künstler der Ort, an dem Auslandstourneen ihren Anfang nahmen. Der Mann mit einer Größe von beinahe zwei Metern besuchte sehr oft Konzerte, mochte die Musiker – vor allem Swjatoslaw Richter – und spielte gerne Tennis. Er wurde gut entlohnt und galt im sonst sehr konservativen Ministerium als Liberaler. Schon in den siebziger Jahren gab es den einen oder anderen aufgeklärt denkenden Politiker; Popow gehörte zu diesen Quotenliberalen. Obwohl er selber innerhalb des rigiden Sowjetsystems nicht viel entscheiden konnte, machte er doch hin und wieder bei Meinungsverschiedenheiten zwischen den Künstlern und ihren administrativen Vorgesetzten seinen Einfluß geltend. Dabei entwickelte der Vizekulturminister gelegentlich künstlerisches Fingerspitzengefühl. Der Apparat zahlte ihm hohe Prämien, die Künstler, das stellte ich bald fest, bedankten sich mit schönen westlichen Tennisbällen.

Ich gehörte nicht zu Wladimir Iwanowitschs engsten Vertrauten, mit denen er Partys veranstaltete und nach Art der meisten russischen Funktionäre Alkohol trank. Und doch hatte er ein Faible für mich. Er zeigte sich mir gegenüber großzügig und voller Respekt. Natürlich konnte sein Verhalten auch andere Gründe haben: Er hielt seine schützende Hand über mich, war mir wohlgesinnt, sammelte jedoch insgeheim mit meiner ahnungslosen Beteiligung für ihn wichtige Informationen. Daß er mir persönlich dabei keine Knüppel zwischen die Beine warf, war nur eine Frage der Opportunität. Wurde ich durch Popows Begünstigung zum unfreiwilligen Informanten? Ich wußte aber ganz genau, wie weit die Aufrichtigkeit mit einem Funktionär gehen durfte. Außerdem war ich doch ein sehr kleiner Fisch im Netz des herrschenden Systems. Und schließlich hatten seine Handlungen nur selten Auswirkungen von Bedeutung.

Und doch war ich in den siebziger Jahren oft nicht ohne Nutzen zu Gast in Popows Büro, wenn er mich, weil ich im Korridor auf meinen Reisepaß wartete, zu sich hereinwinkte. Kein Wunder also, daß ich immer wieder die Urteile der Parteispitze von Popow zu hören bekam, bevor sie publik gemacht wurden. Bei ihm war ich gewissermaßen am Quell des ideologischen Gewissens der Partei. Ab und an war Popow auch ihr Sprachrohr. Wenn es ihm Spaß machte und ungefährlich schien, distanzierte er sich sogar privat vom offiziellen Wahn. Die genaue Linie seiner Gratwanderung blieb schwer zu definieren, er selbst sorgte immer wieder für Überraschungen. Als Kirill Kondraschin im Westen blieb, sagte Wladimir Iwanowitsch: »Stell dir vor, sein Leben lang trug er eine Maske.« Kannte er nur den anderen Kondraschin, denjenigen, der als Parteimitglied jahrelang versuchte, ein treuer Mitläufer zu sein?

Meine Besuche bei dem Minister dauerten in der Regel drei bis zehn Minuten und bedeuteten für den Funktionär wohl eine Art Pause im straffen Arbeitsrhythmus. Manchmal beschwerte er sich über meinen langen Haarschnitt, oder er gab irgendeinen witzigen Kommentar über einen Kollegen ab. Unsere ganze Kommunikation bestand aus Halbsätzen, wobei Popow sich ständig bemühte, kenntnisreich zu erscheinen. Als etwa Tatjana und ich großen Erfolg mit der Erstaufführung von *Tabula rasa* von Arvo Pärt hatten, sagte er am nächsten Tag: »Ein sehr guter Abend, aber glaubst du wirklich, daß das Werk dem Publikum gefallen hat? Weißt du, diese ganze Erfolgshysterie«, gemeint waren die Ovationen der Zuhörer, »ist doch eher einer politischen Einstellung zuzuschreiben. Ein sehr fragwürdiger Komponist...«

Schritte nach draußen

Im Sommer 1974 debütierte ich erfolgreich – Ksenija war mit von der Partie – bei der Bach-Woche in Ansbach. Im Herbst 1975 fand meine erste Orchestertournee durch Deutschland statt. Für die Leningrader Symphoniker unter Juri Temirkanow war es ebenfalls die erste große Westreise. Ein Recital in München, das ich zwischendurch mit Oleg Maisenberg gab, wurde für meine Zukunft besonders wichtig, weil der mir noch unbekannte Joachim Kaiser, einer der bedeutenden Musikkritiker Deutschlands, damals das Konzert als »Ereignis« bezeichnete. Man könnte sagen, daß dieser Abend den Durchbruch in meiner Karriere bedeutete. Die Begegnung mit dem mir noch wenig vertrauten deutschen Publikum brachte wichtige neue Erfahrungen. In jedem Saal, in dem wir spielten, zeigten sich die Musikliebhaber von ihrer besten Seite: aufmerksam und dankbar. Wenn ich auch generell dazu neige, unabhängig vom Beifall zu sein und mich von der Zuhörerschaft nicht allzusehr beeinflussen zu lassen, war mir die Stille während der Aufführung doch sehr recht.

Machte mich vor Konzertbeginn jemand auf eine Person im Auditorium aufmerksam, so fand ich das immer wenig nützlich, eher ablenkend. Seit meiner Jugend bevorzuge ich die Vorstellung vom Publikum als Einheit. Nur wenn jeder einzelne am Prozeß des intensiven Zuhörens beteiligt ist, kann man von einer Einstimmung sprechen. Nur sie läßt die Empfänglichkeit für die Wellen entstehen, die der Künstler vom Podium aus in den Saal sendet. Ohne Aufmerksamkeit bleiben die Töne auf der Strecke. Stille ist Voraussetzung der Kommunikation.

Ketzerisch gesagt, entspricht die Atmosphäre im Konzertsaal – unabhängig davon, ob die Karten von den Besuchern gekauft oder ob ihnen diese geschenkt wurden – nicht selten der einer Bar zur vorgerückten Stunde. Man nimmt zwar den Pianisten noch wahr, aber mit den Gedanken und den Gefühlen ist man ganz woanders: in der Bank, bei den Hausaufgaben der Kinder, bei der Büroarbeit. Solange diese geteilte Aufmerksamkeit im Konzertsaal auf diese schweigsam-schlummernde Weise betrieben wird, ist die Störung für andere noch relativ klein. Schlimmer wird es, wenn sich die eigenen Gedanken so verselbständigen, daß die vom Podium erklingende Musik als störend empfunden wird. Nichts hindert den Abgelenkten, die Tasche zu öffnen und nach seinem Notizbuch zu suchen. Im Flüsterton beginnt dann eine Aussprache mit dem Nachbarn:»Findest du das Kleid nicht auch geschmacklos?« Als Steigerung kommt vielleicht ungeniertes Blättern im Programmheft hinzu: »Und für diese unverständlichen Texte verlangen die Veranstalter noch Geld. Schämen sollten sie sich. Mit der Werbung verdienen sie doch schon genug.« Ein Hustenanfall, und die Stille ist dahin.

Wenn man sich von diesen Beobachtungen auf dem Podium beeinflussen ließe, könnte man der Geige überhaupt keinen Ton mehr entlocken. So lernte ich in all den Jahren – das Publikum in der Sowjetunion war da eine gute Schule –, während des Auftritts alle Nebengedanken auszuschalten. Sicher gelingt das nur selten vollständig. Jeder ausübende Künstler kennt diese flüchtigen Einfälle:»Meine Güte, bin ich heute müde. Warum kommt der Oboeneinsatz schon wieder zu spät? Was ist denn mit dem Parkett los? Wo ist hier bloß eine Stelle im Boden, die nicht quietscht?«

Obwohl man sich ganz in die Partitur zu vertiefen sucht, lenkt einen vieles ab. Ich möchte Glenn Gould zitieren. In einem Interview beantwortete er die Frage, ob ihm das Publikum nicht fehle, ob er angesichts der vielen ihn liebenden Fans, die ihn gerne wieder im Konzertsaal hören würden, keine Gewissensbisse empfinde:»Die einzige Verpflichtung, die einzige Beziehung ist die der Partitur gegenüber. Das ist ein Verhältnis eins zu eins.«Großartig formuliert. Ich wünschte mir, dasselbe Prinzip könnte die Spannung bestimmen, ob auf der Bühne oder im Zuhörerraum. Trotz meiner vielen tristen Reiseerfahrungen durch die Sowjetunion waren dort Konzentration und Stille im Konzertsaal eher die Regel. Schon damals war mir das lieber als der Applaus am Schluß. Die Fähigkeit des kritischen Zuhörens scheint bei den traditionsbewußten Deutschen noch mehr entwickelt zu sein als bei dem mir vertrauten sowjetischen Publikum.

Die Auftritte im Herbst 1975 waren aber noch mit einer ganz prosaischen Hoffnung verknüpft: Ich wollte nach Abschluß der Tournee mit dem von Herrn Smuschtschenko und seiner Tarifkommission in Moskau festgelegten Honorar und mit dem im Laufe der letzten Zeit ersparten Geld einen kleinen westlichen Wagen erwerben. Sogar, wenn wir zum Essen eingeladen waren, wuchsen die Hoffnung und der dafür notwendige Betrag. Ich mußte mich sehr einschränken. Von jedem Konzert, für das das offizielle Honorar etwa 4000 Mark betrug, bekam der sowjetische Staat 3500 Mark. Ich durfte also pro Konzert knappe 500 Mark behalten. So sammelte sich das Geld allmählich in einem Kuvert in meiner Reisetasche. Leider war dieses Depot im Koffer kein sehr sicheres Versteck. Kurz vor dem letzten Deutschlandkonzert mußte ich im Hotel»Vier Jahreszeiten« in München feststellen, daß mein Umschlag mit 6000 Mark spurlos verschwunden war. Betrüblich war der Zwischenfall auch deshalb, weil er sich ausgerechnet in dem Land abspielte, das mir mehr als andere das Gefühl eines Zuhauses gab und wo mein Stern wirklich ganz aufzugehen schien. Der Golf aber blieb, was er immer gewesen war: ein Wunschtraum.

1975 bekam ich das Angebot, am 31. Dezember im Kleinen Saal des Moskauer Konservatoriums ein Recital zu geben. Wie der akustisch hervorragende Große Saal gehört auch der Kleine zu den stimmungsvollen Räumen, in denen sich viele Künstler zu Hause fühlen. Es ging um den Silvesterabend, was sollte man da auf die Beine stellen? Es war mir klar, es durfte kein gewöhnliches Konzert sein. Ich suchte nach einem überzeugenden heiteren Programm, in dem ich Solistisches mit Kammermusik und Theatralischem mischen konnte. Es sollte ein Abend werden, der den Jahreswechsel mit einem kleinen improvisierten Spektakel von allen Beteiligten, den Künstlern wie dem Publikum, feiern sollte. Langsam wurde das Puzzle überschaubar. Das Gerüst bildeten vor allem Wiener Komponisten: Jugendsonaten von Wolfgang Amadeus Mozart, das Violinrondo mit Streichquartett von Franz Schubert, der erst kurz zuvor entdeckte Klavierquartettsatz von Gustav Mahler. Ferner sollte eine von Mozart geschriebene Pantomimenmusik einen wichtigen Programmpunkt bilden. Alle Stimmen dieser Partitur mit Ausnahme der ersten Violine waren verlorengegangen. Alfred Schnittke ließ sich überreden, aus diesem Fragment etwas zu basteln. Anstelle einer erwarteten Rekonstruktion entstand nach einigen Wochen die erste Version eines neuen Opus Alfreds mit dem Titel *Moz-Art à la Haydn*, dem später noch mehrere Versionen folgten. Es war ein Versuch, Musik und absurdes Theater zu verbinden. Den Abend beschließen sollte der *Kaiserwalzer* von Johann Strauß in der Bearbeitung von Arnold Schönberg.

Tatjana und ihr begabter Bruder Anatoli wirkten bei der Vorbereitung ebenso aktiv mit wie der Pianist Alexei Ljubimow sowie der Schlagzeuger Mark Pekarski. Die Ideen, ob von ihnen, Schnittke oder mir, wurden gemeinsam verarbeitet. In eine schwierige Situation geriet die Organisationsabteilung der Philharmonie, die den Abend zu veranstalten hatte. Als ich ihr das Rahmenprogramm vorlegte, ahnte sie noch nicht, was wir vorhatten. Bei der Generalprobe, kurz vor dem Konzert, war aber nichts mehr zu verbergen. Die beiden Damen, die als Vertreter der Institution das Konzert betreuten, bekamen erwartungsgemäß Schweißausbrüche. Aber ein Verbot der Veranstaltung wäre zu diesem Zeitpunkt auch ein Eklat geworden.

Das Publikum erschien in Massen. Wir hatten dafür gesorgt, daß unsere Freunde das Konzert nicht versäumten. Die Erwartung von etwas Außergewöhnlichem erfüllte den Raum. Schon am Eingang wurden die Gäste von einem Chopin-Paraphrasen spielenden Salonorchester begrüßt, das aus Künstlern des Abends zusammengestellt war. Diese unkonventionelle Band leitete ich als Stehgeiger. Die Präsentation der ausgewählten Werke von Haydn, Mozart und Schubert konnte man kaum als unernst empfinden. Aber die winzigen eingeschobenen Mises-en-scènes, das Hereintragen eines kitschigen Gemäldes, witzige oder absurde Kommentare und Durchsagen, sorgten für Heiterkeit. Eine nach Vorbildern der Commedia dell'arte kostümierte »Moz-Art« krönte den Abend: Das absichtlich ungeschickt agierende Bühnenorchester – jedes Mitglied trug das Schild »Madrigal« um den Hals – mit den durch den Saal funkenden, reichlich falschen Tönen von Schnittkes Version Mozarts und das zum Teil überraschte konservative philharmonische Publikum irritierten die Administration. Ich freute mich, mein Ziel erreicht zu haben. Als der Abend mit dem *Kaiserwalzer* und dem von den Künstlern kredenzten Sekt zu Ende ging, waren alle Beteiligten erschöpft, aber froh. Schließlich war das Experiment gelungen. Besonders beglückte das Gemeinschaftserlebnis, und jeder erinnerte sich noch lange daran.

Was ich damals noch nicht ahnte: Diese Silvesterfeier, die wir in naiver Freude genossen, war im Grunde eine Art

Generalprobe für das Fest, das ein paar Jahre später im burgenländischen Lockenhaus beginnen sollte und bis heute als »Oase der Musik« gefeiert wird.

Nach und nach konnte nun auch Ksenija die Welt jenseits der Sowjetunion erleben. Die Offenheit des Westens beeindruckte sie. Historische Orte wie die Hagia Sophia in Istanbul oder das romantische Rothenburg ob der Tauber besuchten wir gemeinsam. Nicht weniger faszinierend waren Wagners *Parsifal* in Bayreuth und Mozarts *Figaro* unter Herbert von Karajan in Salzburg. In Helsinki überraschte ich den finnischen Komponisten Leif Segerstam. David Oistrach hatte die Noten eines seiner Werke mit dem Titel *An der Grenze* nach Moskau mitgebracht. Oistrach, der kurz vor seinem Tod noch mit Segerstam musiziert und von ihm die Partitur als Geschenk bekommen hatte, drückte sie mir damals mit den Worten in die Hand: »Du magst doch immer etwas Neues, vielleicht reizt es dich.« Zu Gast in Finnland, erfreute ich nun Autor und Publikum mit dieser Musik. Heute verschenke auch ich öfters Partituren, die mir Komponisten haben zukommen lassen, an junge Kollegen.

Zusammen mit Segerstam erlebte ich die im wahrsten Sinne des Wortes atemberaubenden »Russischen Berge«, eine Fahrt in einer Achterbahn, die witzigerweise in Rußland »Amerikanische Berge« genannt wird. Das Unternehmen bereitete mir wohl auch deshalb Vergnügen, weil ich als Kind nie die Courage gehabt habe, mich in solche populären Jahrmarktsattraktionen zu stürzen. Das Debüt verlief allerdings wenig erfolgreich: Ich hatte höllische Angst.

Da amüsierte die wahrlich eigenartige Aufführung von Mozarts *Entführung aus dem Serail* in Istanbul schon mehr. Das *Serail* mit türkischer Besetzung, in türkischer Sprache vorgetragen, bekam als Freiluftspektakel – sozusagen im Serail selbst aufgeführt – geradezu surrealistische Züge.

Äußerliche Echtheit erschien mir hier wie ein krasser Widerspruch zur inneren Symbolik des Werkes. Die bis dahin so unerreichbare Welt rückte immer näher. Sogar der Nervenkrieg mit den Behörden ließ nach. Und doch blieb der Staat letztlich immer der Stärkere. Was sich ebenfalls nicht änderte, war Ksenijas Einstellung. Trotz der interessanten Erlebnisse auf unseren Reisen im Westen beharrte sie auf ihrer Meinung, ihr und somit auch mein Aufenthaltsort müsse nicht gewechselt werden. Oft bekräftigte sie diesen Standpunkt, indem sie mich zu überzeugen versuchte – und damit hatte sie nicht ganz unrecht –, ich müsse die Ruhe in mir selber finden. Ihrer Ansicht nach hatte ich mein unersättliches Verlangen nach Abenteuern und Ablenkungen dadurch zu besänftigen, daß ich lernte, die Stunden der Entspannung und das Zusammensein mit ihr mehr zu genießen. Bisweilen konnte ich ihren Argumenten zustimmen, ganz ging ihre Rechnung für mich dennoch nicht auf. Immer deutlicher spürte ich, wie sehr mir Verständnis und die Befriedigung tiefergehender emotionaler Bedürfnisse fehlten. Gewisse Fähigkeiten konnten sich einfach nicht entfalten.

Früher hatte ich mich oft verliebt, begeistert den Kopf verloren und diese Art Euphorie für mich zur Bedingung gemacht für eine gefühlsbetonte, wahre Beziehung. Ich schämte mich, mir eingestehen zu müssen, daß Ksenija gegenüber dieser Überschwang der Gefühle verlorengegangen war.

Mein bedrückter Zustand, der oft weniger mit Privatem als mit Querelen, etwa mit den für die Reisen verantwortlichen Funktionären, zu tun hatte, ermüdete mich seelisch und geistig. Oft war ich unzufrieden über meine musikalischen Leistungen und zusätzlich gestreßt vom Reisen. Ich fühlte mich unter permanentem Druck. Nicht selten konnte Ksenija mit ihrem Sinn für Häuslichkeit für Entspannung sorgen. Inzwischen aber ertappte ich mich häufig dabei, daß ich unbewußt einige Schritte vor ihr herging, wenn wir miteinander ein Konzert oder Freunde besuchten. War es ein Symptom dafür, daß ich das Gefühl des Zusammengehörens nicht zulassen wollte? Für Ksenija, die mich nicht nur unterstützte und verstand, sondern auch liebte, war es nicht einfach, all meine Reaktionen und Worte zu ignorieren. Sie hatte sich trotz aller Bedenken vorgenommen, die Situation zu akzeptieren. Mir wiederum fehlten Kraft und Entschlossenheit, um selber den Abstand zu ihr herzustellen. Ich hatte Angst, die in fast zwei Jahren gewachsene Beziehung aufzugeben und allein zu bleiben. Ich machte mir die Vorzüge unseres Verhältnisses klar und hoffte, daß wir doch noch eine Chance haben könnten. Ksenijas Fähigkeiten als Pianistin, ihre Gedankenwelt ließen eindeutige Zeichen des Wachsens und Reifens erkennen. Ich fand, daß sie immer besser spielte. Und wenn ich mir auch der größeren künstlerischen Ausstrahlung von Oleg oder Tatjana bewußt war, war die Gewohnheit eines Zuhauses, der Geborgenheit stärker und verdrängte manche Zweifel.

Und doch wurde mir die Gemütlichkeit der »Suppe in der Küche« immer verdächtiger. Ich spürte immer mehr die Notwendigkeit, aus dem Käfig der Gewohnheit auszubrechen. Immer häufiger sprach ich davon, wir sollten eine gewisse Zeit lang getrennt leben und die Frage aus der Distanz klären, ob nicht jeder von uns allein besser zurechtkäme. Ich fürchtete mich zwar vor dem Alleinsein, aber mir erschien diese ehrliche Prüfung unserer Gefühle unausweichlich.

Die nächste große Tournee führte mich 1976 mit dem Moskauer Rundfunkorchester unter der Leitung von Wladimir Fedossejew durch Deutschland und Österreich. Schon vorher war mir angedeutet worden, daß Herbert von Karajan mit mir spielen wollte. Ich konnte nicht daran glauben. Außerdem gab es ja noch die besonderen Berliner »Umstände«. Als russischer Künstler durfte ich aus politischen Gründen im Rahmen meiner Konzerte in der Bundesrepublik kein Konzert in West-Berlin geben. Diese Regel galt für alle sowjetischen Musiker. West-Berlin war damals ein anderes Land. Der Glücksfall wollte es aber, daß noch am Tag vor Karajans Berlin-Angebot das reguläre Tournee-konzert in Salzburg stattfand. Mein nächster Auftritt sollte in Rosenheim sein. Vielleicht wurde die Tatsache, daß sich Karajan selbst um mich bemühte, auch hochgespielt. Was auch immer dahinterstecken mochte, damals wurde ein Auge zugedrückt: Der Auftritt in West-Berlin wurde genehmigt. Das bedeutete für mich, daß ich mitten in einer Tournee, bei der ich fast jeden Tag mit Brahms-, Tschai-kowski- oder Prokofjew-Konzerten auftrat, mal eben übers Wochenende nach Berlin fliegen mußte. Am Freitag abend spielte ich noch das Brahms-Werk in Salzburg, am Samstag morgen startete schon meine Maschine nach Berlin. Um 13 Uhr kam ich in Tegel an, um 15.30 Uhr war ich in der Philharmonie. Zehn Minuten später stand ich zum ersten Mal in meinem Leben vor dem Maestro assoluto.

Karajan gab sich freundlich, wollte aber nicht, daß ich etwas vorspiele. »Ich weiß bereits, wie Sie spielen – alles wird schon in Ordnung sein.« Seine heisere Stimme versuchte mich zu beruhigen. Seine überraschende Anwesen-heit bei meinem Londoner Debüt im November 1975 mit André Previn als Dirigent schien das Vertrauen des Meisters in mich geweckt zu haben, obwohl die Presse zwiespältig reagiert hatte: »Der Solist der EMI-Gala demonstrierte einen kleinen Ton, unsichere Technik und Mangel an Phantasie. Es könnte zwar sein, daß er einen unglücklichen Abend hatte, aber dafür gab es keinen Beweis.«

Fünf Minuten nach vier Uhr stand ich zum ersten Mal in meinem Leben auf dem Podium der Philharmonie, dem »Zirkus Karajani«, wie der Volksmund das Konzerthaus nannte. Kurz davor wurde mir gesagt, die Probe werde mitgeschnitten, um Korrekturmaterial zu bekommen. Man wollte nämlich den Konzertmitschnitt als Platte veröffentlichen. Unversehens wurde es mucksmäuschenstill, und die Aufnahme begann. Ich konnte mir diese Art Überfall nicht erklären, es war kaum zu glauben: Was Probe genannt wurde, entpuppte sich im Grunde genommen als Einspielung. Den rechten Augenblick zu nutzen gehörte zur künstlerischen Methodik des Meisters. Diese Taktik entsprach aber auch der Geschäftstüchtigkeit des EMI-Konzerns: Der Star und die Industrie waren angeblich bei einer *Lohengrin*-Produktion hängengeblieben, und flugs wurden alle Schwierigkeiten überwunden, indem man einem jungen Geiger eine günstige Startchance gab. Das, was später veröffentlicht wurde, machte kaum den Eindruck einer Probe. Wir unterbrachen zwar ab und zu, wie man es ja auch bei Korrektursitzungen macht, aber alles funktionierte ohne zusätzliche Ausarbeitung. Die Philharmoniker, voluminös und farbig die bekannten Brahms-Klänge spielend, waren sicher darin geübt, Produktionsprozesse, Abhören, Balanceeinstellung in höchster Qualität aus dem Hut zu zaubern. Die sachkundige Beratung durch den Produzenten Michel Glotz, vor allem die Souveränität, mit der Karajan das Ganze leitete, demonstrierten einen alltäglichen Umgang mit hoher Kunst.

Nur ich fühlte mich überrumpelt. Es ist kaum zu beschreiben, welche Krämpfe, welche Atemnot mich beim Spielen überfielen. Der einzige Gedanke, der mir durch den Kopf ging, war: »Du mußt es durchstehen, nur nicht umfallen.«

Karajan war gut aufgelegt, hörte aufmerksam zu, versuchte auf das eine oder andere einzuwirken. Das Detail war ihm nicht fremd – er wollte die letzte Note des zweiten Satzes viel, viel länger als einen Takt lang hören und bestand darauf mit all seiner Überzeugungskraft. Im ganzen verhielt er sich, vom Attentat auf den jungen Künstler abgesehen, ausgesprochen fair. Weniger seine Bemerkungen, es war seine Präsenz, die einschüchternd wirkte. Die Situation selbst war doch etwas unseriös. Ich wurde schlicht betrogen, in den Glauben versetzt, das Konzert am Sonntag würde mitgeschnitten, und das, was jetzt passierte, wäre nur der Stoff für Korrekturen. Nichts dergleichen. Im Konzert waren die Mikrophone weggeräumt. Das stellte sich aber erst später heraus. An diesem Nachmittag habe ich viel gelernt. Die Orchestermusiker übermittelten mir folgende weise Regel im Umgang mit dem Maestro: Wenn mir etwas nicht gefiel, sollte ich gleich unterbrechen, nur so käme ich hin und wieder zu einer Wiederholung. Ich danke euch, Kollegen! Das war eine Lehre, die ich in Zukunft noch oft angewandt habe, auch mit anderen Stars. Die ganze Sitzung inklusive Abhören dauerte etwa zwei Stunden. Am nächsten Morgen kamen noch ungefähr eine bis anderthalb Stunden dazu. Die Kadenz wurde zusätzlich produziert, als das Orchester schon nicht mehr anwesend war – eine Praxis, die Geld spart, aber weit entfernt ist vom idealen Musizieren. Die Platte war fertig. Ich bekam dafür ein einmaliges Honorar von 1000 Mark, die Lizenzen sowie die restlichen 19000 Mark kassierte Moskau. In der Rückschau denke ich ohne großen Enthusiasmus an das Ereignis, auch wenn ich damals mein Bestes zu geben versuchte. Die Anspannung, das Muß ließen einen freien Strom der Musik kaum zu. So mußte die Aufnahme, die ich nach der Abnahme nie wieder gehört habe, naturgemäß etwas steif wirken. (Oder trügt da das Gedächtnis?)

Das Sonntagskonzert dagegen, Karajans erster öffentlicher Auftritt nach einer schweren Operation, wurde für mich ein besonderes Erlebnis. Die Leute im Saal begrüßten den Maestro mit stehenden Ovationen. Das ging so über Minuten, die mir wie eine Ewigkeit vorkamen. Ich wußte bei diesem Riesenapplaus für den Meister gar nicht, wohin mit der Geige. Das Konzert war dann viel lockerer, freier, dadurch auch musikalisch spannender. So jedenfalls habe ich es in Erinnerung; die Dokumentation dazu fehlt.

Mit Herbert von Karajan beim Abhören einer Aufnahme

Am nächsten Tag flog ich nach München und spielte abends wieder mit Fedossejew und den Moskauern in Rosenheim. »Wie war es?« Nahezu jeder Musiker reagierte mit ungenierter Neugier. Da erst, im Laufe des Konzerts mit den Moskauer Musikern, wurde mir plötzlich bewußt, was für Riesenunterschiede im Klang der Orchester es gab. Die gleiche Brahms-Partitur lag auf dem Dirigentenpult, ich war derselbe, die Musik aber war eine andere. Spreche ich von Qualität? Mehr als das. Trotz der Berliner Erpressung mit der Schallplattenaufnahme meinte ich, mehr Freiheit erlebt zu haben. Ich machte hier so neue, andere Erfahrungen, daß der alte Sowjetspruch »Zwei Welten, zwei Systeme, zwei Lebensarten«, der jahrzehntelang auf den roten Bannern prangte, plötzlich für mich eine ironische Bedeutung bekam. Bei Karajan ging es aber auch um die Zwischentöne, die Pausen oder auch die Natürlichkeit, mit der Musik zur Sprache wurde. Hatte es zudem für mich nicht auch mit deutscher Tradition zu tun? Ging es womöglich darum, daß man sich in Berlin um Karajan herum ganz auf die Musik konzentrieren konnte, sogar mußte? Mir wurde klar, daß ich dieser erst gestern wie neu gehörten Musik näher kommen wollte. Schade nur, daß dieses musikalische Gespräch nicht fortgesetzt wurde, daß die vielversprechende, keimende Zuneigung des großen Maestros von neuen Begeisterungen (am Tag unserer »Aufnahme« stellte sich die 16jährige Anne-Sophie Mutter den Berlinern und ihm vor) überdeckt wurde. So mischten sich in die Gefühle der Dankbarkeit und Bewunderung auch Verlegenheit und Enttäuschung.

Einige Tage später erzählte man mir, daß Karajan in einem Interview von mir als »dem besten Geiger, den wir haben«, gesprochen hatte. Dieser Satz wurde in den kommenden Jahren oft zitiert und hochgespielt. Die Publicity-Maschine griff nach ihm, es war ein griffiger Slogan, ein Superlativ, der mich noch heute gelegentlich verfolgt. Ich mußte mich immer wieder von ihm distanzieren. Musik wie Leistungssport zu beurteilen blieb mir grundsätzlich fremd. Sicher war das Lob für mich vom Maestro gut gemeint, im übrigen gehörte es zu Karajans Art, junge Künstler, mit denen er gut gearbeitet hatte, zu unterstützen. Den Glauben Karajans an mich empfand ich immer als Geschenk, das mir Kraft gab. Aber Karajans Perfektionsimperium sah ich nie als mein Zuhause an.

Was blieb, war die Begegnung mit einer Legende, ein Treffen, das unter glücklicheren Umständen Chancen gehabt hätte, und doch war auch dieses Erlebnis eine Bereicherung. Die Klangqualität des Orchesters, das Streben nach Spannung in einzelnen Tönen, das Bewußtsein und die Selbstverständlichkeit des maximalen Einsatzes sogar unter ungünstigen Umständen – all das löste neue Impulse aus. Durchhalten, durchstehen, das Beste geben – das wollte ich lernen; es gehört eben nicht nur zu den Regeln des Wettbewerbs. Es ist ein Teil der Musik als Beruf, des Lebens, des eigenen Willens. Ohne diese Begegnung mit dem damals schon sehr kranken Maestro wäre ich nie so hautnah zu dieser Erkenntnis gekommen. Vielleicht war eben doch gerade dieses Konzert mit Karajan der Grund seiner Anerkennung. Vielleicht ereignete sich bei unserer Musik doch etwas, was ihn zu diesem fragwürdigen emotionalen Satz bewog. Den Augenblick freilich, diese 40 Minuten Brahms-Konzert an jenem Sonntagnachmittag, erlebte ich als etwas Besonderes und Unvergeßliches.

Ritornell III

Die Saison 1975/76 war angefüllt mit Reisen. Das Debüt mit André Previn in London, die große Tournee mit dem Moskauer Rundfunkorchester und die Arbeit mit Herbert von Karajan waren wichtige Stationen auf meinem Weg. Außerdem konzertierte ich immer mehr mit Oleg Maisenberg. Inzwischen spielten wir beide fest mit dem Gedanken, irgendwann nicht mehr nach Hause zurückzukehren. Allerdings konnte Oleg nicht leugnen, daß die Idee der Flucht vor allem deshalb aufkam, weil er, inzwischen geschieden von Wassilissa, einen Ausweg aus der Sackgasse seines neuen Privatlebens suchte. So hatte er auch für meine Befreiungsversuche von Ksenija volles Verständnis. Als engster und treuester Freund beobachtete Oleg sozusagen aus nächster Nähe mein Beziehungschaos und betrachtete als Außenstehender die Lage weit nüchterner. »Du verdienst Besseres...«, meinte er. Um uns aus unseren mißlichen Situationen zu befreien, warteten wir auf günstige Umstände für einen Absprung. Oleg überließ mir die Initiative. Ich aber war innerlich zerrissen und unschlüssig.

München, 11. März 1976
Vertraute Zeilen, vertraute Zustände, vertraute Entfernungen.
Die nächste kleine Etappe des Abwägens, des Losgerissenseins, der Suche.

Karajan: Der liebe Gott. Der liebe?
Erschütterung durch die spinnenhafte Mafia.
Die samtenen und doch gewichtigen, vollen Brahms-Töne.
Die Angst, ob ich es schaffen werde, ob ich es kann, ob man soll.
Ein lastender Gedanke: vielleicht ist gerade das der Anfang vom Ende.

Zugleich der Wunsch: alles durchzustehen, bis an die Grenze der Möglichkeiten zu spielen, zu fühlen, nicht nachzugeben.

Erst später, als Erinnerung oder Wunsch, eine Prise Vergnügen.

Heute Ysaye [Aufnahmen der Solosonaten]. Vier Stunden lang Klangtöne in der sterilen Leere des Studios und der Lautsprecher. Vier Stunden in der Welt geigerischer Impression, wo jeder Ton verschiedenartig ohne Beständigkeit reflektieren kann, wo das einzig Konstante die Vergänglichkeit bleibt, wie die Spur des Fisches im Wasser, des Vogels in der Luft ...

Ein leeres, stickiges und mit giftigem Blumenduft vollgepumptes Hotelzimmer des »Adria«, wo morgens das Rauschen des Lärmes im Flur mit den Kirchenglocken wetteifert.

13. März
Wie leer kommen mir die überfüllten Straßen vor, wie von bunten Farben flimmernder Autos verstellt scheinen die Warenhäuser.

Wie sinnlos wirken die Namen, die Worte, die Anrufe, die Anreden.

Wie lästig sind die Gespräche über Erfolg und Talent.

Nur wenn ich das alles nicht beachte, kann ich ein Gleichgewicht finden.

Erst einmal wollte ich für mich reinen Tisch machen. Alles lief auf Trennung hinaus. Ich war noch auf Konzertreise unterwegs, als Ksenija ihre Sachen packte und peu à peu meine Wohnung verließ. Vor meiner Abreise zur Eröffnung der Salzburger Festspiele, wo ich mit Karajan ein Konzert von Bach spielte, war die Chodynka schon fast vollständig geräumt. Die Gewißheit, daß wieder ein Kapitel zu Ende ging ohne Perspektive für die Zukunft, die Aussicht auf ein zwar gewolltes, aber zugleich gehaßtes Alleinsein und dann noch die Vorstellung von Ksenijas Trauer – all das machte mich zutiefst unglücklich. Das ersehnte Gefühl von Freiheit wollte sich nicht einstellen.

Die Begegnung mit Karajan in Salzburg war nicht so, daß ich daran mit Freude zurückdenke. Zunächst wollte Karajan das A-Dur-Konzert von Mozart – vor einer Symphonie von Anton Bruckner – aufs Programm setzen. Das wagte ich abzulehnen, auch weil ich mich damals mit Mozarts Musik noch nicht vertraut genug fühlte. Nachdem ich Bachs Doppelkonzert oder das Konzert mit Oboe vorgeschlagen hatte, einigten wir uns auf das Violinkonzert in E-Dur. Nur Karajan zuliebe habe ich es neu einstudiert und kurz davor auch mit Mariss Jansons aufgeführt, mit dem ich seit seinem Debüt mit den Leningrader Philharmonikern regelmäßig spielte. Ich bin damals nahezu kammermusikalisch mit Bach umgegangen, was Karajan zu gefallen schien und ihn bewog, Bach vom Cembalo aus zu dirigieren. Es war eine seltsame Aufführung, die ich sehr mühsam fand. Karajan dirigierte, spielte gelegentlich auf dem Cembalo oder gemeinsam mit dem noch im Orchester vorhandenen Cembalo, bisweilen schwiegen auch beide Cembali. Im Großen Festspielhaus wirkte das sehr verwirrend. Für mich, den er doch als den neuen Geigenstar präsentieren wollte, war es wie eine musikalische Niederlage. Irgendein Kritiker nannte mich dann sogar einen Tiefstapler, weil es offensichtlich eine Diskrepanz gab zwischen der Rolle, die mir Karajan zuschreiben wollte, und dem Slogan vom »besten Geiger«, den er ein paar Wochen zuvor in die Welt gesetzt hatte, und dieser eher devoten Aufführung, in der ich gar nichts unter Beweis stellen konnte, hätte ich es überhaupt gewollt. Gerade nach dem wunderschönen Brahms-Konzert vor einigen Monaten hinterließ dieses zweite und letzte Konzert einen seltsamen Nachgeschmack. Jedenfalls war es nicht das, was ich mir gewünscht hatte, obwohl ich beim Spielen von Bach mit den Tönen eins war.

Nun also kam ich zurück nach Moskau, und mir blieben noch zwei Wochen Urlaub, bevor die nächste Saison begann. Die ersten Konzerte sollten in Städten am Ural mit Ksenija stattfinden. Bei der Planung waren wir noch sicher gewesen, daß meine ständigen Reisen unser Zusammensein belasteten, deshalb wollten wir mehr gemeinsam konzertieren. Ksenija erwartete mich trotz ihres Auszugs aus der Wohnung wie gewohnt am Flughafen. Als sie mich während der Fahrt von Scheremetjewo in die Stadt nach meinen Plänen für die kommenden Urlaubswochen fragte, mußte ich zugeben, noch nichts geplant zu haben. Impulsiv schlug sie mir vor – wie vor zwei Jahren, als wir uns kennenlernten –, zu ihr auf die Datscha zu kommen. Wir fuhren nach Kratowo, 40 Kilometer von Moskau entfernt. Die Datscha war bescheiden. Wir waren kaum je allein, weil auch Ksenijas Verwandte das für russische Verhältnisse exklusive Objekt im Sommer gerne besuchten. Und doch war die Luft besser als in der Großstadt im August; ich konnte spazierengehen oder lesen. Nur der Lärm der vielen Flugzeuge, die in der Nähe starteten und landeten, irritierte mich ständig.

Als wir dann aber Anfang September unsere Konzertreise antreten sollten, überkamen mich doch seltsame Gefühle. Die Vorstellung, nochmals zwei Wochen mit Ksenija zu verbringen, leuchtete mir nach dem Datscha-Aufenthalt nicht mehr ein. Aber ein Wort war ein Wort; das Pflichtgefühl meldete sich. Auch der Gedanke an das Publikum im Ural, das nach Musik lechzte, bewog mich, den Plan einzuhalten. Wir fuhren zum Stadtterminal, Freunde begleiteten uns. Wir gaben unser Gepäck auf, als eine Ansage aus den riesigen Lautsprechern mitteilte, die meisten Flüge seien wegen des schlechten Wetters verschoben worden. Ein Uhr nachts war schon vorbei. Meine Stimmung sank mit jeder neuen Ansage. Nun warteten wir schon acht oder neun Stunden auf die Abreise nach Domodedowo. Die Vorstellung, erst am nächsten Vormittag nach vielen Flugstunden und nach einer Zeitumstellung in Kurgan anzukommen und abends mit Ksenija ein Konzert zu spielen, erschien mir immer absurder. Ihre Bemerkungen, ihre Versuche, mich zu beruhigen – sie freute sich trotz allem noch immer auf die Reise –, brachten mich gegen sie auf. Alles kam mir falsch und hoffnungslos vor.

Als man uns gegen zwei Uhr nachts schließlich zum Bus rief, während unsere Freunde immer noch draußen standen, kochte in mir etwas über. Ich stieg aus dem Bus wieder aus. Ich verlangte die Rückgabe der Koffer. Ich konnte den Freunden nichts erklären. Die innere Not machte mich stumm.

Ksenija verschwand. An diesem Abend, auch in den nächsten Tagen fehlte von ihr jede Spur. Nur eine gemeinsame Freundin sagte mir, ich solle mir keine Sorgen machen. Zwei Tage später fuhr ich mit Andrei Gawrilow an Ksenijas Statt in die nächste Stadt der vorgesehenen Tournee. Die Chodynka war leer und unerträglich, die Schuldgefühle wegen dieses abrupten letzten Schrittes belasteten mich. Ich fühlte mich gleichzeitig befreit und verloren.

Mit künstlerischen Partnerschaften hat es seine eigene Bewandtnis. In meinem Falle war es häufig so, daß ich mit verschiedenen Musikern gespielt habe, die ganz anders waren als ich. Wenn ich etwa an Größen wie Leonard Bernstein oder Martha Argerich denke, so war für mich gerade ihr Anderssein im Künstlertum reizvoll, die ganze Erscheinung, ihr Auftreten und ihre Emotionalität. Das Dionysische, Ungehemmte, das Sich-gehen-lassen-Können hatten mich immer fasziniert, dieses »Spielen aus dem Bauch« wie bei Martha oder die ekstatische Bühnenpräsenz von Bernstein. Bei mir gibt es viele Züge von Toleranz, Zurückhaltung und Nachdenklichkeit, sagen wir pathetisch, des inneren Leidens, die ich nur im Musizieren umzusetzen vermag. Anders aber im Leben – weil ich mich so oft mit Zurückhaltung quäle, fühle ich mich von Menschen angezogen, die lockerer sind. Diesem Typus entsprach auch Gawrilow, damals noch ein ganz junger, sehr begabter Pianist von einer charmanten Unbekümmertheit, die er sich bis heute bewahrt hat. Damals, in diesen dramatischen Augenblicken, hätte ich mir keinen besseren Partner für meine Konzertreise vorstellen können. Zusammen mit ihm war immer für gute Stimmung gesorgt.

Es vergingen einige Wochen. Ksenija erschien. Die Nachricht war für mich ein Schock. Wie konnte das nur passieren? Hatte sie wirklich vor, ein Kind zur Welt zu bringen? Wie sollte ich damit zurechtkommen? Die Fragen überschlugen sich. Ksenija, meist in Schwarz gekleidet, erschien attraktiver als sonst. Trotz ihrer hie und da aufkommenden Traurigkeit machte ihre Entschlossenheit den Eindruck, als habe sie selber alles so geplant. Dabei behauptete sie wiederholt, das Kind sei ein Geschenk Gottes. Sie war entschlossen, das Kind zu behalten. Gleichzeitig versicherte sie aber, von mir keine Unterstützung zu erwarten und auf alle Ansprüche zu verzichten. Das sei ihr persönlicher Entschluß.

Hilflos fühlte ich mich und eindeutig mitbeteiligt, hatte aber außer Worten keine Möglichkeiten, irgendeinen Einfluß auszuüben. Die Vorstellung eines neuen Hindernisses auf dem Weg aus Rußland belastete mich zusätzlich. Nicht nur als Opfer der Umstände empfand ich mich, das wäre ungerecht und unfair gewesen, aber als Opfer des eigenen Zögerns, der eigenen Verantwortungslosigkeit.

Inzwischen reisten Oleg Maisenberg und ich ab. Unsere große Europatournee begann. Wie immer stand die Konzerttätigkeit, ungeachtet aller privaten Probleme, im

Mit Oleg Maisenberg

Zentrum des Geschehens. Zunächst traten wir in der Tschechoslowakei auf, dann in Deutschland. Zum ersten Mal machten wir hier eine intensive Arbeitsphase zusammen durch und führten endlose Gespräche. Oleg war der erste Mensch, dem ich alles erzählen konnte. Er hatte wie immer ein offenes Herz für meine Probleme.

Nach einem langen Nachtgespräch kamen wir auf eine Idee, die gleichzeitig zum Prüfstein für Ksenija werden sollte: Oleg wußte, daß ich Hemmungen hatte, allein das Land zu verlassen. Vielleicht könnte ich Ksenija jetzt mitnehmen? Sie hatte ja oft genug den Wunsch ausgesprochen, um jeden Preis mit mir zusammenbleiben zu wollen. Als Oleg und ich beim ersten Morgenrot auseinandergingen, sah ich endlich einen Ausweg aus der Krise. Oleg bot mir nämlich an – wieder einmal bewies er mir seine Freundschaft –, zu Jahresbeginn zugunsten von Ksenija auf die Mitwirkung an unserer ersten Amerikatournee zu verzichten, ein Angebot, das nicht hoch genug eingeschätzt werden konnte; ich wußte, daß für jeden in der Sowjetunion aufgewachsenen Menschen die erste Reise nach Amerika eine große Bedeutung hatte. Der Januar wäre der späteste Zeitpunkt, zu dem Ksenijas Schwangerschaft den Behörden noch verheimlicht werden konnte. Dies war die einzige und letzte Gelegenheit, zusammen das Land zu verlassen. Ksenija war überrascht von meinem neuen Einfall, reagierte dann aber zu meiner Enttäuschung eher vorsichtig. Am Telephon mußten wir beide uns auf Anspielungen beschränken, sie sagte, daß sie nur dann bereit wäre, mit mir »zu spielen«, wenn ich »einen Schritt in ihre Richtung« machen würde. Für sie wäre es ausgeschlossen, mir im Status einer Freundin zu folgen, weil das für ihre Familie große Nachteile bringen könnte. Wir mußten heiraten.

Um unsere Reise nicht zu gefährden, hatte ich mir ohnehin schon besondere Sicherheitsmaßnahmen überlegt. All das mußte telephonisch durch die Blume formuliert werden. Niemand durfte unsere Absichten ahnen. Selbst das hätte nämlich als staatsfeindliche Aktivität eingestuft werden können. Es mußte zudem noch vorgesorgt werden, damit niemand auf den Gedanken kam, wir könnten ein Paar werden, weil das zur Folge gehabt hätte, daß sämtliche Dokumente inklusive der Anträge für die Tournee hätten neu bearbeitet werden müssen. Das Wichtigste aber war: Niemand durfte von Ksenijas Schwangerschaft erfahren. Das hätte ein unüberwindliches Hindernis für die Ausreise werden können.

Wie konnte man diesen vielen Gefahren aus dem Wege gehen? Ich hatte eine Idee, wie wir die Bürokratie austricksen konnten. In der Sowjetunion verlief die Eheprozedur folgendermaßen: Beide Parteien mußten ihren Paß und den Personalausweis vorlegen, wenn vorhanden auch das Scheidungsurteil. Der meistens auch im Paß eingetragenen Wohnsitzangabe konnte entnommen werden, wo die Eheschließung registriert werden mußte, ob im Wohnsitzbezirk der zukünftigen Ehefrau oder des Ehemanns. Der ganze technische Aufwand kostete zehn Rubel. Nach Ablauf der Wartefrist von einem Monat meldete sich das Brautpaar zum vereinbarten Termin im Amt und durfte sich anschließend als Neuvermählte glücklich fühlen. Zur Zeit unseres Komplotts befand sich mein Personalausweis, in dem auch der Scheidungsstempel meiner Ehe mit Tatjana eingetragen war, im Kulturministerium, weil er gegen den Reisepaß ausgetauscht worden war. So beschloß ich, den Verlust meines Passes vorzutäuschen, mir sofort ein zweites Exemplar ausstellen zu lassen und dem Ministerium zu verschweigen, daß wir uns den Heiratsstempel besorgt hatten. Sollten Ksenija und ich uns später im Ausland entschließen, nicht nach Rußland zurückzukommen, würde der zurückgebliebene Paß mit der Heiratsbestätigung die Familie Ksenijas entlasten.

Jetzt hatten wir beide nur noch zu besprechen, welche Werke wir bei unserem Amerikadebüt spielen wollten. Das war keine unwichtige Angelegenheit, weil wir ein verhältnismäßig kleines gemeinsames Repertoire besaßen, das nicht unbedingt meinen Vorstellungen entsprach. Aber ich fand eine Lösung und schickte kurz darauf ein Telegramm an Goskonzert mit der Nachricht, daß Oleg aus Gesundheitsgründen die Reise nach Amerika nicht antreten könnte. Ich schlug Ksenija Knorre als neue Duopartnerin vor. Einige Tage später rief man bei ihr an, sie möge die notwendigen Ausreiseunterlagen zu Goskonzert bringen. Das Abenteuer begann.

Vor dem Konzert in der Meistersinger-Halle in Nürnberg passierte etwas Furchtbares. Oleg wollte sich einspielen und bat mich, vom Saal aus zuzuhören, wie der Flügel klinge. Wir waren zwar begeisterte Bösendorfer-Anhänger, fanden aber jeden Abend ein anderes Instrument auf der Bühne vor. Nicht jedes entsprach dem Idealklang, den dieser Name

versprach. Ich benutzte die direkt von der Bühne in den Zwischenraum gebaute lange Treppe, ohne zu bemerken, wie gut sie gebohnert war, und rutschte aus. Ich fiel ein paar Stufen hinunter auf den Boden. Meine Geige zerbrach. Einige Teile des Prachtstücks fühlte ich unter mir, andere entdeckte ich in einiger Entfernung unter den Stühlen.

Ich hatte das Gefühl, alles sei zu Ende. Die Guadagnini-Geige, die meinem Großvater sein halbes Leben lang und mir nun auch schon 13 Jahre gedient hatte, war zersplittert, zertrümmert, zerdrückt, zerquetscht. Der Konzertveranstalter Georg Hörtnagel, der Klavierstimmer, Oleg – alle kamen zu mir gelaufen. Ich fühlte einen Schmerz im Arm, hatte aber nur Augen für die Reste meiner Geige, sammelte sie wieder ein und versuchte mir eine Vorstellung vom Ausmaß des Schadens zu machen.

Nach und nach stellte ich fest, daß vieles intakt geblieben war, der Körper der Geige und der Bogen waren unversehrt. Sogar der Stimmstock, die Seele der Violine, schien nur verschoben zu sein. Die aktuellen Schäden ließen sich ziemlich bald diagnostizieren: Der Steg, unter die Stühle gerutscht, paßte nicht mehr an seinen Platz, und der Kinnhalter, der das Hauptgewicht des Schlages abbekommen hatte, war zerbrochen, ebenso der Feinstimmer der A-Saite, wobei sich nie feststellen ließ, auf welch magische Art dieses stählerne Objekt hatte brechen können. Einen relativ kleinen Kratzer bemerkte ich noch am Hals des Instruments, und eine große Beule hatte mein Arm.

Das Konzert sollte in 20 Minuten beginnen. Man suchte einen Geigenbauer, um die Violine zu reparieren. Jetzt erst begannen meine Hände und Füße zu zittern. Auch Oleg war aufgeregt. Der Einlaß des Publikums in den Saal hatte schon begonnen. Die Glocken ertönten, der Geigenbauer war unterwegs. Sollte man etwas ansagen? Nein, dachte ich, erfreut darüber, daß ich überhaupt noch im Besitz meiner Geige war. Beim Einspielen und Ausprobieren merkte ich, daß ich, wenngleich nicht optimal bequem, auch ohne Kinnhalter spielen konnte, wie es der Urtradition des Violinspiels entsprach. Der fehlende Feinstimmer, dieses Bequemlichkeitsattribut, verlor seine Bedeutung angesichts der wichtigen musikalischen Aufgaben, die ich zu lösen hatte. Das Konzert begann, und nach anfänglicher Unsicherheit bekam ich die Situation unter Kontrolle. In der Pause erschien der Geigenbauer. Ich zog jedoch vor, die Werke ohne zusätzliche Hilfe zu Ende zu spielen und nicht auf einen mir unbekannten, unbequemen Kinnhalter umzusteigen. Ich widmete den Abend innerlich meinem unbekannten Schutzengel.

Das letzte Konzert in Prag war vorüber. Ich gab im Künstlerzimmer Autogramme und beantwortete zum tausendsten Mal die üblichen Fragen: »Woher kommen Sie? Wohin gehen Sie? Bei wem haben Sie studiert? Üben Sie viel? Wer ist Ihr Lieblingskomponist? Was für ein Instrument spielen Sie? Wann kommen Sie das nächste Mal?« Erschöpft und müde, versuchte ich auch an diesem Abend den Fans gegenüber freundlich und aufmerksam zu sein. Wie gerne würde ich dieser Coda der Konzerte entfliehen. Selten aber leistete ich mir diesen Luxus und bemühte mich stets, daß niemand den Saal enttäuscht verlassen mußte.

Ein auffallend hübsches Geschöpf mit langen schwarzen Haaren begrüßte mich. Tränen flossen dem jungen Mädchen aus den großen Augen. Ihre Traurigkeit überraschte mich. Ihre nachfolgende Geste verblüffte mich noch mehr. Das Mädchen schaute mich sehr direkt an und sagte mit leiser Stimme, aber fester Überzeugung: »Ich will bei Ihnen sein, wo und wann immer Sie mich brauchen.« Sie hatte nichts gemein mit den vielen jungen Mädchen, deren Hysterie Assoziationen zu Popstarkonzerten auslöst. Solche Formen von Anbetung haben viel mit Fetischismus und Träumerei zu tun. Was für die Popwelt gilt, trifft auch auf die klassische Muse zu. Auch hier gibt es die feuchten, zitternden Hände, den Wunsch nach einem gemeinsamen Photo und zahlreiche offene und versteckte Liebesbotschaften. Fairerweise muß man bekennen, daß sich der eine oder andere Star klassischer Musik dieser Art des Begehrens nicht immer versperren will. Die Aussicht auf ein kleines Abenteuer nach dem Konzert, in der Nacht vor dem Abflug, in einem anonymen Hotelzimmer ist eine Versuchung, die auch mich schon heimgesucht hat. Aber dieses Geschöpf, das da im Prager Künstlerzimmer vor mir stand, mich bewunderte und selbst von seinem Freimut überrascht schien, hatte mit der Hysterie von Groupies absolut nichts zu tun. Ich war verlegen ...

Die obligatorischen Sätze – »Warten Sie doch bitte, wie heißen Sie denn? Es ist schade, daß ich morgen wegfliegen muß« –, ich griff zu diesen Floskeln, die dazu bestimmt waren, den Augenblick zu verlängern. Ich wollte einfach herausfinden, was für ein Mensch sich hinter diesem ganz und gar überzeugenden Gesicht verbarg, was in diesem ungewöhnlichen Gefühlsausbruch zum Ausdruck kam.

Kurz und gut, wir verabredeten einen Spaziergang in einer Stunde. Sie wohnte in der Nähe, und ich klingelte gegen 23 Uhr an ihrer Tür. Als geöffnet wurde, erblickte ich neben Magdalena ihre Mutter, die uns einen schönen Spaziergang wünschte. Und dann sagte sie mit fester Stimme: »Magdalena ist erst 18 Jahre alt, passen Sie auf sie auf.« Wir flanierten durch die Straßen der herrlichen Prager Altstadt. Es schneite, was in mir romantische Reminiszenzen weckte. Wir unterhielten uns in einer bunten Mischung aus Russisch, Deutsch und Englisch. Magdalena studierte Biologie, verstand viel von der Weltliteratur und von Malerei – ihre Mutter war Graphikerin, ihr Vater Maler. Voller Liebe sprach sie von jeder kleinen Straße ihrer Heimatstadt. Als wir uns zwei Stunden später langsam ihrem Zuhause näherten, hatte ich plötzlich das Gefühl, Magdalena sei nicht nur ein mir geschenkter Sonnenstrahl, der sich in die Nacht verirrt hatte. Sie schien wie vom Schicksal geschickt, die Verwirrung in meiner Seele zu vertreiben. Am nächsten Morgen hinterließ ich unserer Dolmetscherin einen Strauß Rosen und eine Schallplatte für Magdalena mit der Aufschrift: »Meinem Prager Sonnenstrahl in der Hoffnung, das Gespräch weiterführen zu können...«

Oleg und ich setzten unsere Europatournee fort, aber ich vergaß Magdalena nicht. Einige Wochen später kam ich nochmals auf einen kurzen Sprung nach Prag, weil ich das Bedürfnis hatte, sie zu sehen und zu sprechen. Ich konnte sie ein wenig in meine schwierigen Lebensumstände einweihen. Sie hörte aufmerksam zu. Ich deutete an, daß ich im Februar nach Wien kommen würde.

Am 31. Dezember gingen Ksenija und ich zum Standesamt, Andrei Gawrilow war der einzige Zeuge unserer geheimen Stempelaktion. Zwei Tage später sollte das Flugzeug zu unserer Amerikatournee starten. »Wir haben es geschafft, sogar zu dritt«, sagte ich erleichtert zu Ksenija, als wir die Paßkontrolle hinter uns hatten. In Amsterdam hatten wir ein erstes Konzert im Concertgebouw. Dann flogen wir nach Florida. Die Zeitverschiebung, die neue Umgebung, die für uns ungewohnte Mentalität der Amerikaner belasteten uns, aber auch die physische Labilität Ksenijas, die im fünften Monat schwanger war. Zudem hatten wir mit dem Konzertstreß zu kämpfen. Allein schon die Vorstellung, vor unserem New-York-Debüt zu stehen, hielt uns in Atem.

Im ersten Teil des Abends bot ich die Partita in h-Moll von Bach, gefolgt von Schnittkes *Präludio in memoriam Schostakowitsch* und Beethovens G-Dur-Sonate im zweiten Teil. Das ganze Programm trug mit der einleitenden Strawinsky-*Elegie* und der ihr folgenden Ives-Sonate ungewöhnliche Züge. Die Zuhörer in den Städten horchten auf, die Aufmerksamkeit der Presse wurde geweckt, vielversprechende Kontakte kamen zustande. In der Avery Fisher Hall erschienen gänzlich unerwartet Leonard Bernstein und Isaac Stern. Die Kritik war zwar typisch für New York, eher »cool«, aber es gelang doch, Aufmerksamkeit zu erregen und einen eigenen Akzent zu setzen. Das *Time*-Magazin machte ein Interview mit mir. Zu meiner Überraschung wurden aus einem drei Stunden langen Gespräch nur drei Sätze veröffentlicht. Daraufhin gratulierten mir die Amerikaner in jeder Stadt: »My god, you got the best possible publicity – you can't imagine how important that is.« Mir war das alles eigentlich nicht so wichtig. Ich hatte noch nicht erkannt, wie mächtig die PR-Maschinerie war, vor allem in Amerika. Eher belastete mich, daß Ksenija in der Presse nicht immer gut wegkam. Ich spürte zwar, daß die Kritik wahrscheinlich recht hatte, wollte mir das aber nicht eingestehen. Ganz nervös wurde ich, als ein Bekannter in Kalifornien plötzlich Ksenija im Auto fragte: »When are you going to have the baby?« Ihr Bäuchlein wuchs, das ließ sich durch keine noch so geschickte Kleidung verbergen. Ich aber verdrängte es noch immer. Das Reisen durch das unermeßliche Amerika – man hatte uns auch für kleine Städte engagiert – wurde für uns beide anstrengend und mühsam. Ich versuchte dennoch, mich glücklich, frei und bei Ksenija gut aufgehoben zu fühlen. Mir wurde aber immer mehr bewußt, wie schnell ich verärgert, unzufrieden und unsicher reagierte. Ksenija litt. Ich wußte nicht, wie ich ihr mein Verhalten erklären sollte. Natürlich gab es auch Tage, an denen wir dank der Fürsorge alter oder neuer Bekannter, darunter viele russische Emigranten, gut betreut wurden. Disneyland, Oscar Petersons phänomenale Klavierimprovisationen, das schlichte Vergnügen eines Einkaufsbummels – es gab Tage, an denen nicht alles vergeblich schien, und Nächte, in denen wir die seit Jahren vertraute Ruhe und Verständigung miteinander wiederfanden.

Im großen und ganzen aber verwirrte die ungelöste Situation. Wo und wann sollten wir unsere Entscheidung treffen? Wie sollten wir sie bekanntgeben? Je mehr wir die Antwort vertagten, desto klarer wurde mir, daß ich mich aus Angst und Unsicherheit nicht zu dem geplanten und notwendigen Schritt durchringen konnte. Mir fehlte die Kraft: das ständige Reisen, die Tag für Tag stattfindenden Konzerte, Ksenijas Zustand. Vieles hinderte daran, den unerläßlichen Schritt zu tun. Da wir aber nicht vorhatten, in Amerika zu bleiben, ergab sich eine Ausrede beinahe wie von selbst. Ich wollte Zeit und Ruhe gewinnen. Schließlich hatten wir geplant, über Wien zurückzureisen. »Vielleicht dort«, sagte ich mir und wußte selber nicht, ob ich mir glauben konnte. In Moskau verfolgte Ksenijas Familie aufgeregt die Nachrichten im Radio. Sie warteten bei jedem Telephongespräch auf die Bekanntgabe unseres Entschlusses, im Westen bleiben zu wollen. So dachten zweifellos alle, die unsere Absichten ahnten. Was ich nicht wußte, war freilich, daß inzwischen auch schon einige Außenstehende von der Sache Wind bekommen hatten. Mich begleitete zudem die Bitte Popows – er hatte im letzten Gespräch mit mir eine Denunziation uns gegenüber angedeutet –, ihn nicht im Stich zu lassen. »Mein Gott, sein armer Kopf«, dachte ich hie und da scherzhaft, bis ich eines Tages merkte, daß es mir grundsätzlich widerstrebte, jemanden, und sei es einen Funktionär, in Gefahr zu bringen.

Anfang Februar kamen wir nach Wien. Im Hotel »Imperial« erwartete mich meine ständige Vertraute Ljuba Kormout. Sie spürte natürlich vieles und wollte von uns hören, was wir nun wirklich vorhatten. Wir wußten es immer noch nicht, wollten erst einmal ausschlafen. Einige Tage später kam Tatjana nach Wien – wir sollten zusammen Schallplattenaufnahmen des Doppelkonzerts von Bach machen und außerdem noch ein Konzert im Wiener Musikverein spielen. Ksenijas Anwesenheit irritierte sie sehr. Um Zeit zu gewinnen, wurde ihre Abreise nach Moskau mit Hilfe eines ärztlichen Attests vertagt.

Wie sollte ich handeln? Was war die richtige Lösung? Ich fühlte mich unfähig, meinen Plan durchzuführen. Die Aufnahmen mit Tatjana begannen. Schon immer hatte das Abhören eigener Leistung auf mich bedrückend gewirkt, so auch jetzt. Aber dann passierte noch etwas. Eines Tages meldete sich Magdalena. Sie hatte alle Hindernisse überwunden und war nach Wien gekommen. Ich traf sie. Intelligent und sonnig, immer noch voller Bewunderung für mich, eröffnete sie mir ein kleines Geheimnis: Sie sei mit der Mutter übereingekommen, mir wohin auch immer zu folgen. Sie sehe nur noch einen Sinn im Leben: Wenn ich ihre Gegenwart brauchen könnte, wollte sie bei mir sein. Sie erwarte und verlange nichts, sie habe ihren Weg gewählt und sei zu allem bereit.

Nun hatte ich mehr, als man sich erträumen konnte. Ksenijas Anwesenheit und den vorbereiteten Sprung in den Westen, Tatjanas kritisches Auge der älteren Schwester, die mich zwar mit Härte behandelte, aber innerlich schützte, und nun noch Magdalena, die ich kaum kannte und die mir als das Traumbild eines Idealfalls schien. Zu alledem kam noch das übliche Tagesprogramm: Konzerte, Aufnahmen, Partys, Photositzungen, Interviews, Abhören, Üben... Ich drehte schlicht durch, ich konnte meine Gedanken nicht mehr ordnen. Jede Entscheidung schien falsch zu sein, für jede Wendung fand ich Pro und Kontra.

Plötzlich dämmerte mir eine Erkenntnis, die sich später noch oft bewahrheiten sollte: Die Dynamik meines Lebens wurde oft nicht so sehr von dem entschieden, was ich machen konnte, sondern eher von dem, was ich um keinen Preis machen wollte. Schon während der Amerikareise war mir klargeworden, daß die Schwierigkeiten mit Ksenija schlicht in unserem Zusammensein, in der Unvereinbarkeit unserer Temperamente lagen. Die Gewißheit, Ksenija einfach nicht so zu lieben, wie ich lieben wollte, gewann im Widerstreit der Gefühle die Oberhand. Die einzig konsequente Lösung bestand darin, sie nach Moskau zurückkehren zu lassen. Für uns als Paar gab es keine Hoffnung mehr. Plötzlich sah ich nur noch diesen Weg. Unter vielen Tränen begleitete ich Ksenija zum Flughafen. Das künstlich verlängerte Kapitel unserer Beziehung ging zu Ende. Nun geschah es zum ersten Mal in meinem Leben, daß ich jemanden verließ.

Mein Versuch, Magdalena näherzukommen, scheiterte kurz danach, und zwar vollständig. Nicht bei ihr, bei mir. Mir stand etwas Unerklärliches im Weg. Ich konnte ihr keine Offenheit, kein liebendes Herz bieten. Vielleicht war es die Belastung der letzten Monate, die mich hinderte, vielleicht die gerade getroffene harte Entscheidung gegenüber Ksenija, vielleicht einfach die Angst vor der Verantwortung einem so jungen Mädchen und seiner romantischen Vorstellungswelt gegenüber. Damit ließ ich Magdalena mit all der Bereitschaft, die sie mir entgegenbrachte, im Stich. Sie war untröstlich und weinte herzzerreißend, weil sie mir keine Kraft schenken konnte und dabei selbst kraftlos wurde.

Am letzten Abend in Wien saßen Tatjana, Magdalena und ich noch einmal zusammen. Mein Schulkollege Michail Baryschnikow, der damals schon im Westen lebte, stieß zufällig dazu und schmückte unsere Abendgesellschaft. Heiter und zufrieden, ahnte er nichts von unserem Drama. Am nächsten Tag flog Tatjana Richtung Moskau, ich nach Berlin. Magdalena begleitete mich zum Flughafen, die Augen voller Tränen – ihre Hoffnung auf eine Zukunft mit mir lebte weiter.

Oleg kam nach Berlin, um das Abschlußkonzert meiner Tournee zu spielen, die über zwei Monate gegangen war. Wieder stellten wir uns die Frage: »Vielleicht jetzt?« Abermals wurde der Entschluß vertagt. Inzwischen hatte Oleg in Moskau einen neuen Sinn für seine Existenz dort gefunden, wenn auch sehr privat. Er hatte sich im Sommer frisch verliebt. Wer konnte ahnen, daß sich diese Beziehung als bittere Enttäuschung entpuppen würde? Ich spürte etwas davon, versuchte meinen Freund zu warnen, erreichte aber überhaupt nichts. Aber all das änderte nichts an seinem Entschluß, eines Tages dann doch der Sowjetunion ganz den Rücken zu kehren. Später einmal. Auch für mich war der Augenblick noch nicht gekommen. Aber erwarteten mich denn nicht Ksenijas und des Stempels wegen in Moskau neue Komplikationen? Alles war möglich, aber meiner Entscheidung, das Leben neu und anders zu gestalten, sollte nun nichts im Wege stehen.

Als wir unerwartet Leningrad anfliegen mußten – Nebel erlaubte keine Landung in Moskau –, freute ich mich darüber. Zwei Tage später, am 28. Februar 1977, sollte ich in Leningrad ein Konzert geben. Die Wolken über Moskau und meinem dortigen Privatleben konnte ich dank dieser schicksalhaften Landung noch ein wenig vor mir herschieben. Am 27. Februar 1977 feierte ich meinen 30. Geburtstag. Es stellte sich heraus, daß auch Alfred Schnittke und seine Frau Irina gerade im Hotel » Europa « abgestiegen waren. Ich machte mir selber ein Geschenk und klopfte an ihre Tür.

Auf gleicher Wellenlänge

Das erste Mal hatte ich den Namen Alfred Schnittke von der estnischen Musikwissenschaftlerin Victoria Tuisk gehört. Sie empfahl mir dringend, ein Werk von ihm anzuschauen. Schon damals – noch als Student des Konservatoriums – war ich auf alles Neue versessen und besorgte mir deshalb die Noten von *Quasi una sonata*, der zweiten Violin-Klavier-Sonate. Mit Juri, meinem Partner zu jener Zeit, beschloß ich, das Stück ins Programm des kommenden Recitals aufzunehmen. Und ich wollte auch den Komponisten kennenlernen, der in Moskau lebte. Der erste Besuch bei ihm war freundlich und sachlich. Zum Abschied schenkte mir Schnittke die Partitur des zweiten Violinkonzerts, eines Werkes aus den sechziger Jahren, der gleichen Schaffensperiode, aus der die Sonate stammte. Es trug die Aufschrift: »An G. K. mit der Hoffnung, irgendwann auch eine meiner Kompositionen von ihm zu hören...« Wer hätte damals gedacht, daß sich dieser Besuch, diese Widmung in eine künstlerisch ungemein anregende Freundschaft verwandeln würde, die bis zu seinem Tod dauerte.

Aber schon mit dem ersten Werk, der zweiten Sonate, bekam ich Probleme. Ich war zwar Sieger des Tschaikowski-Wettbewerbs, konnte daher meine Programmentscheidungen selber treffen. Aber Schnittke war zu jener Zeit in der Sowjetunion umstritten. Die extrovertierten, aggressiven Töne, hinter denen man das Atmen, die Verletzlichkeit und das tief verborgene Innenleben eines individuellen Künstlers spürte, wurden a priori als avangardistisch diffamiert. Vor dem wahren Realismus in Schnittkes Werk hatte man Angst. Seine Musik war, in Weiterentwicklung des oft sarkastischen Dmitri Schostakowitsch, tiefer, bohrender, ausdrucksvoller in der Beschreibung unseres aktuell-hysterischen Doppellebens, besser vielleicht, unseres gespaltenen Bewußtseins. Und sie hatte nichts gemein mit den vielen hochgelobten Werken des sogenannten sozialistischen Realismus. Jeder Versuch, die vom Staat verordnete Ästhetik in Frage zu stellen, galt als gefährliche Überfremdung durch westliche Tendenzen.

Es stimmt, auch Schnittke ließ sich beeinflussen, und ein in der Terminologie der Sowjets »dekadentes Werk« wie die *Sinfonia* von Luciano Berio war sicher auch für seine erste Symphonie, das Stiefkind der siebziger Jahre, von großer Bedeutung. Aber gerade dieser offenere Blick in die Welt ermöglichte Schnittkes Wachstum als unabhängiger Künstler, zu einer Zeit, als viele andere sich dem verordneten Denken unterwarfen. Die öffentliche Gängelung förderte das Dissidententum, wobei außerdem eine Art Dissidententum als Beruf entstand. Und dies alles bei Personen, die nur mit harmlosen Tönen zu tun hatten. Alfred würde ich aber nie als Dissident bezeichnen. Aufkleber dieser Art waren mir sowieso immer suspekt.

Ich hatte meine Entscheidung getroffen, ich wollte die zweite Sonate aufführen. Da bekomme ich plötzlich ein Telegramm aus meiner Heimatstadt Riga, in dem wörtlich steht: »Schnittke paßt uns nicht, können Sie nicht Beethoven spielen?« Unterschrieben: Philip Schweinik, Direktor der Lettischen Philharmonie. (Solche ablehnenden Kommentare bekomme ich auch heute noch zu hören, so unlängst vom Concertgebouw in Amsterdam.)

Nun bin ich in solchen Fällen nicht einfach umzustimmen. Ich fand ein Mittel, auf den Funktionär Schweinik einzuwirken. War es die Drohung, das Konzert abzusagen? Oder die Idee, den Komponistenverband, dessen Mitglied Schnittke ja schließlich war, einzuschalten? Ich weiß es heute nicht mehr, aber ich boxte die Aufführung durch. Nach dieser Schwierigkeit folgten noch viele andere. Auch in Kiew hatte man Bedenken gegen ein Schnittke-Stück, diesmal das zweite Violinkonzert. War vielleicht für die ablehnende Haltung gegenüber diesem Stück entscheidend, daß es sich in mehr oder weniger verschlüsselter Weise mit der Passion auseinandersetzte? Das war zwar nicht ausdrücklich verboten, und es wurde in der Musik auch nicht etwas Antisozialistisches zum Ausdruck gebracht. Man wollte es dennoch nicht, einfach so. Wozu auch sollte man sich in Gefahr bringen, mit der öffentlichen Meinung auf Konfrontationskurs zu gehen, besonders jetzt, da Schnittkes erste Symphonie, die auch Happening-Elemente enthält, in Gorki gespielt wurde und es viele Leserbriefe gab, die das Werk als eine Verleumdung der Revolutionstradition verteufelten. Und das eigentlich nur, weil es dort eine Collage von Märschen – Militär- wie Trauermärschen – gibt. Bei der zweiten Aufführung dieser Symphonie in Tallinn wirkte ich selber mit und spielte die vorgeschriebene Improvisation neben einer Jazzband auf dem Podium, die Abschlußtakte aus der *Abschiedssymphonie* von Haydn vom Balkon aus. Unser Freund Eri Klas dirigierte. Danach war das Werk etwa zehn Jahre verfemt.

Wozu also etwas riskieren? Warum sollte ausgerechnet ich, ein junger Geiger, Tschaikowski-Preisträger am Anfang seiner Laufbahn und ohnehin in Schwierigkeiten mit Auslandsreisen, aber mit einer großen Vorliebe für das Gegen-den-Strom-Schwimmen – wozu sollte ich mir zusätzliche Barrieren aufrichten und eine »musica non grata« spielen? Die Antwort ist einfach: Der Reiz der Konfrontation, die Verantwortung, die ich als Interpret einem zeitgenössischen Komponisten gegenüber empfand, an den ich glaubte, das alles machte mir Mut. Zudem meinte ich, ohnehin nichts mehr verlieren zu können, weil man mich sowieso nicht ins Ausland reisen ließ. Mißstimmung gab es trotzdem, auch im Publikum. Ein Teil lärmte oder tobte frenetisch, auch in den ruhigen Partien der mit Pausen durchzogenen *Quasi una sonata*. Irritiert schienen jedenfalls viele zu sein. Die Jahre vergingen; ich feierte langsam auch im Westen Erfolge. Das Schnittke-Kapitel blieb freilich aktuell. Bei meinem Debütkonzert in New York spielte ich das *Präludio in memoriam Schostakowitsch*. (Der Veranstalter hatte übrigens noch eine zusätzliche Summe zu bezahlen für das Benutzen eines Lautsprechers, um die auf Band aufgenommene zweite Violinstimme dazuzuspielen. Die amerikanischen Gewerkschaften standen jedem Altruismus, etwa der Unterstützung eines lebenden Komponisten, fern. Was zählte, waren die Dollars. Gott sei Dank waren meine Betreuer so generös, in die Bresche zu springen.) Im September 1976 habe ich – wiederum ein Wagnis – auch das Klavierquintett von Schnittke, das gerade von georgischen Musikern in Tiflis uraufgeführt worden war, in Moskau aufs Programm gesetzt. Dabei kam es zur ersten Zusammenarbeit mit dem jungen Bratschisten Juri Baschmet, der damals noch studierte. Kurz danach hatte ich ein Gespräch mit Herrn Wladimirski, dem Leiter des staatlichen Schallplattenbetriebs Melodija. Er hatte schon von meinen Erfolgen im Ausland gehört und war sehr daran interessiert, von mir eine Aufnahme zu bekommen. Er wollte dafür etwas Traditionelles von mir einspielen, ich aber wollte das Quintett, das ihm natürlich gar nicht paßte. Das war gar nicht verwunderlich, denn das hätte bedeutet, ein Staatsunternehmen wie Melodija würde einen Komponisten unterstützen, der gerade unter Beschuß geraten war. Aber ich blieb hartnäckig und bemühte mich sehr, ihm auszureden, daß das Klavierquintett ein avantgardistisches Werk sei. Dazu spielte ich ihm an seinem Arbeitstisch Teile des Stücks als Konzertmitschnitt auf einem Kassettenrecorder vor. Irgendwie konnte ich ihn davon überzeugen, es auf Schallplatte zu produzieren. Und so gibt es diese mittlerweile nahezu historische Aufnahme des Quintetts. Die wichtigsten Brücken zwischen Alfred und mir sollten aber erst noch gebaut werden. Vor allem sollte das erste *Concerto grosso* – komponiert für Tatjana und mich – einen Monat später uraufgeführt werden. So wurde die Geburtstagsfeier zu einem nicht geplanten Arbeitstreffen.

Die Chodynka war nun leer, und mir schien, als träfe das auf ganz Moskau zu. Mit Ksenija hatte ich kaum Kontakt. Und das Konzertleben, die Tourneen gingen derweil immer so weiter. Mehr und mehr wurde mir bewußt, daß die einzig richtige Lösung im »Dort« lag. Ich hatte keine Hoffnung mehr, irgend etwas hier zu verändern. Die Frage blieb, wann der Schritt getan werden sollte. Günstig erschien mir die geplante Herbsttournee durch Europa mit dem Litauischen Kammerorchester. Dabei war auch Tatjanas Mitwirkung von Bedeutung. Ich wollte nämlich nicht wie viele andere Künstler einfach so abspringen. Ich wollte den Staat herausfordern. Ich strebte einen Aufenthalt im Ausland an, ohne zugleich die sowjetische Staatsangehörigkeit aufgeben zu müssen. Obwohl ich im Grunde genommen nur sehr vage Vorstellungen davon hatte, wie das zu verwirklichen wäre, sammelte ich inzwischen alles, was mir im entscheidenden Augenblick helfen konnte. Auch Tatjanas Freundschaft erschien mir als Hilfe, obwohl wir neben den gemeinsamen Konzerten kaum noch persönlichen Kontakt hatten und es mir so vorkam, als hätte sie gar keine richtige Vorstellung von meinen persönlichen Schwierigkeiten.

Im Frühjahr besuchte ich das Taganka-Theater, Inspirationsquell für mich seit vielen Jahren. Die Aufführungen des Regisseurs Juri Ljubimow sorgten ständig für Aufsehen. Das Taganka gehörte zu den Moskauer Kultureinrichtungen, die immer wieder die Grenze des offiziell Erlaubten zu sprengen suchten. Konfrontationen mit Kulturfunktionären waren gang und gäbe. Und genau das war Ljubimows Ziel, freilich nicht nur, weil diese Auseinandersetzungen das Interesse beim Publikum förderten, so daß die Aufführungen ständig ausverkauft waren. Alfred Schnittke und Edison Denissow komponierten gelegentlich die Musik zu Produktionen, was mir die Chance gab, Theaterkarten zu erhalten.

An einem Märztag des Jahres 1977 saß im Taganka der bekannte Pianist Dmitri Baschkirow in Begleitung seiner Tochter Elena neben mir. Kurz zuvor hatte ich sie in der Wohnung ihres Vaters kennengelernt, als ich mit ihm und der Cellistin Karina Georgijan ein Beethoven-Trio probte. Schon damals hatte mich Elenas Charme bezaubert. Nach dem Theater teilten wir uns – wie das in Moskau üblich war – ein Taxi für den Heimweg. Wir plauderten in ungezwungener Offenheit miteinander. Einige Wochen später begegneten wir uns wieder. Elena war auf der Suche nach meinen Photos, die sie bei ihrem Hobby, einer künstlerischen Formarbeit in Ton, unterstützen sollten. Ich erfuhr von Elena, daß sie die Ferien mit ihrer Großmutter am Strand von Riga verbringen würde. Zufällig waren vor meinem Auftritt in Salzburg einige Konzerte gerade in Riga vorgesehen. »Wie schön«, fanden wir beide, »vielleicht werden wir uns wiedersehen.«

Magdalena schrieb mir weiterhin Briefe. Sie war nicht mehr so bedrückt wie damals in Wien. Ihre Mutter hatte sich über ihre Rückkehr sehr gefreut, jetzt studierte Magdalena fleißig und war zufrieden, daß ich wieder gesund nach Moskau gekommen war. Sie interessierte sich für meine Pläne und wollte wissen, wann ich wieder nach Prag oder in die Nähe kommen würde. Magdalenas Briefe erreichten mich in regelmäßigen Abständen, was für mich nur einen Schluß zuließ: Ihre Gefühle für mich waren ernst gewesen.

Meine Pläne für den Sommer, in der Zeit nach all den Verpflichtungen bei Musikfestivals, waren ganz vage. Mir schwebte eine Schiffsreise auf einem der vielen großen russischen Flüsse vor. Dafür gab es aber kaum freie Plätze, die waren meist schon Monate im voraus ausgebucht. (Erst im Sommer 2002 konnte ich diesen Jugendtraum verwirklichen.) Charita Mesenzewa, eine Leningrader Kunsthistorikerin und für mich oft in der Rolle des rettenden Engels, versprach, mir zu helfen. Mit etwas Glück hoffte ich, die Reise an Bord antreten zu können, vielleicht in Begleitung, vielleicht mit Magdalena.

Im Mai, in der Zeit der Rosenblüte, kam ich nach Leningrad. Die ersten Vorboten der »Weißen Nächte« waren zu spüren, als mich die Nachricht erreichte, Ksenija habe ein gesundes Mädchen zur Welt gebracht. Glücksgefühle empfand ich nicht; dennoch sandte ich Ksenija ein Telegramm ins Spital, knapp und distanziert: »Ich gratuliere Dir zum neuen Leben und bedaure, daß Dein Glück nicht zu meinem werden konnte ... « In den folgenden Tagen fühlte ich mich besonders einsam und bedrückt.

Eine Japantournee mit Oleg lag vor mir. Während des Fluges kam ich Ksenijas Bitte nach und machte mir Gedanken, wie das Neugeborene heißen sollte. Wörterbücher, Assoziationen, Erinnerungen halfen mir. Nastja, Anastasia (so sollte meine viele Jahre später geborene Tochter heißen), Laetizia, Lika – die meisten dieser Namen waren literarischer Herkunft. Woher kommt Lika, fragte ich mich. Der Name hatte mit Anton Tschechow, aber auch mit Iwan Bunin zu tun. In einem Namenwörterbuch las ich: »Ailika – alter germanischer Name, nördlichen Ursprungs.« Es sollte noch Jahre dauern, bis ich begriff, wie wichtig meine Tochter für mich ist.

Im Juli fuhr ich in meine Heimatstadt. Am Strand in Dzintari (Jurmala), wo sich ein akustisch gutes Open-Air-Areal befand, traten im Sommer viele Musiker auf. Dieses Mal nutzte ich die Einladung für das Beethoven-Konzert, das ich

231

demnächst mit Claudio Abbado in Salzburg spielen wollte; Kirill Kondraschin dirigierte die Moskauer Philharmoniker. Er fand die von mir in das Werk eingebauten Schnittke-Kadenzen hervorragend. Als ich sie wenig später mit Lovro von Matačić in Monte Carlo spielte, meinte der alte Maestro, es klinge wie Arcangelo Corelli.

Auch Elena erschien zu dem Konzert in Dzintari. Wir gingen am wunderschönen, mir so vertrauten Strand entlang und spazierten durch die herrlich duftenden Wälder. Mit meinem unlängst in Berlin erworbenen neuen gelben Golf machten wir Ausflüge in die Gegend. Im Auto nahm ich Elenas Hand und hielt sie fest. Später, als ich wieder allein war, machte ich mir Gedanken über diesen Ansturm neuer Gefühle, über meine komplizierte Situation.

Die Tage vergingen. Tatjana kam wie geplant nach Riga. Wir spielten hier das Duoprogramm, das für Salzburg vorgesehen war. Nach dem letzten Konzert machten Tatjana und ich uns auf die lange Reise mit dem Golf nach Österreich. Zum Abschied sagte mir Elena, ich solle sie doch anrufen, wenn ich zurück in Moskau sei. Der Weg nach Salzburg führte uns über Prag, wo wir von Magdalena und ihrer Mutter ungemein herzlich empfangen wurden.

Die Beethoven-Kadenzen lösten dann doch eine Kontroverse aus. Als ich sie kurz davor in London gespielt hatte, war es unter den Musikern und Kritikern regelrecht zum Aufruhr gekommen. Schon während der Probe mit dem schon betagten Eugen Jochum rebellierte das London Symphony Orchestra, nicht aber der Dirigent! Der sagte nur lakonisch:»Junger Mann, Sie müssen das machen, was Sie für richtig halten.« Seine Ansicht kam der Generosität Oistrachs sehr nahe, die alte Garde hatte eben noch andere Vorstellungen von Verständnis und Toleranz.

Nicht so das Orchester, nicht so die Kritik. Die Musiker wollten sich in der Probe schier totlachen, die Kritiker wüteten am nächsten Tag in der Presse. In Salzburg, sagte ich noch in der Generalprobe dem Konzertmeister, wolle ich Abbado mit der Schnittke-Kadenz überraschen. Der aber empfand sie als unlogisch und störend und machte Probleme. Auch Tatjana mochte sie nicht und tat sie als Spekulation ab. Ich verteidigte die Kadenz so gut es ging, fühlte mich aber während des Konzerts dann doch nicht frei. Auch die Meinungen von Kollegen können belasten.

Während des Duoabends mit Tatjana gab es ein Gewitter, der Blitz schlug ein, so daß bei Bachs Chaconne das Licht im Saal erlosch. Ich mußte deshalb nach dem Konzert ein Fragment aus dem Werk zusätzlich für die Rundfunkaufzeichnung nachspielen. In Salzburg nahm ich im Sommer 1977 auch das Sibelius-Konzert und Schnittkes *Concerto grosso* mit dem London Symphony Orchestra unter Roschdestwenski auf. Der Dirigent fühlte sich bei dem englischen Ensemble, das er oft leitete, wie ein Fisch im Wasser. Er kannte nahezu alle Namen der Musiker dieses Ensembles, war entspannt und leger im Umgang mit ihnen. Die schwierige Partitur von Sibelius dirigierte er souverän. Das Künstlerische eines Juri Temirkanow, den Ernst eines Mariss Jansons konterte Roschdestwenski mit der Waffe der Brillanz. Schelmisch wechselte er nach Lust und Laune das Metrum von zwei auf drei – eine Aktion, die man vielleicht mit ständigem Fußwechsel zur Bedienung ein und desselben Gaspedals beim Autofahren vergleichen könnte. Im Finale tanzte er beinahe mit. Zusätzlich sprang er buchstäblich vom Dirigentenpult zum Klavier, um den vorgesehenen Solopart im *Concerto grosso* zu spielen. Kurz und gut: Er war in Hochstimmung. Als ich an einer Stelle zweimal hintereinander hängenblieb, schaute er mich, ohne mit der Wimper zu zucken, an und sagte: »Sie haben nicht genügend geübt, mein Freund, Sie sollten sich besser auf die Aufnahme vorbereiten.« Obwohl ich beschämt war, glaubte ich in seinen Augen doch zu lesen, daß er es mit Humor nahm und mir damit Mut machen wollte.

Die erste Seite der Partitur von Alfred Schnittkes » Concerto grosso «

234

Am vorletzten Tag in Salzburg erreichte mich ein Telegramm aus Leningrad – es gab keine Tickets für die Schiffsreise. Ich rief Magdalena an, um ihr Bescheid zu geben, daß unsere Pläne ins Wasser fielen. Trotzdem wollte sie zu mir kommen. Sie besaß schon ein Billett und das russische Visum und wollte keinesfalls auf ihr Vorhaben verzichten; es würde uns schon etwas einfallen. Ich brachte den Mut nicht auf, ihr das auszureden.

Von Prag flogen wir nach Leningrad im selben Flugzeug: Magdalena, Tatjana und ich. Tatjana verabschiedete sich am Flughafen, Magdalena und ich fuhren in eine Privatwohnung am Rande der Stadt. Meine Stimmung war auf dem Nullpunkt. Die enge Zweizimmerwohnung in einem häßlichen Betonklotz, die uns freundlicherweise Charita weit entfernt vom Zentrum zur Verfügung gestellt hatte, verstärkte noch den Eindruck allgemeiner Sinnlosigkeit dieses Unternehmens. Nach dem festlichen Salzburg machten die renovierungsbedürftigen, verlassenen Räume den Eindruck von Gefängniszellen. Im Gegensatz zu mir ließ sich aber Magdalena nicht beirren, sie hatte die Träume noch nicht aufgegeben.

Am nächsten Tag versuchten wir unser Glück im Kartenbüro des Hafens. Vergebens, es bestand keine Chance. Auch die Eremitage bot kaum Ablenkung, überfüllt mit Touristen wirkte die ganze Stadt wie von Menschenmassen überschwemmt. Mit jeder Stunde stiegen meine Irritation und Müdigkeit. Und auch mein Verdruß. Grenzenlose Verzweiflung übermannte mich. Auch Magdalena gelang es nicht, mich aufzurichten. Ein Widerspruch verfolgte mich besonders: Ich sah so viel Gutes, Schönes, Anständiges in Magdalena, und doch konnte ich damit nicht zurechtkommen. Ich traute meinen eigenen Gefühlen nicht mehr und fand keinen Ausweg.

Beim Versuch, aus dieser schier ausweglosen Situation herauszufinden, erinnerte ich mich an Elena und daß sie vor einigen Wochen beim Abschied in Riga gesagt hatte, sie werde Ende August in Moskau sein. Ich begann zu telephonieren. Nach wiederholten Versuchen hörte ich endlich spät abends ihre fröhliche Stimme:»Wo bist du? Wann kommst du?« Mir kam es vor, als seien wir gestern noch verabredet gewesen und hätten uns gerade erst voneinander verabschiedet. Als ich sie fragte, ob sie mich überhaupt sehen wolle, unterbrach sie mich gleich mit den Worten:»Selbstverständlich, natürlich, sehr gerne!«

Elenas Reaktion – für mich war sie ein Rettungsanker, auf Magdalena wirkte sie wie ein Todesurteil. Stumm packten wir unsere Koffer. Ich fühlte mich unfähig, Magdalena zu helfen, ihre Enttäuschung zu verkraften. Meine Schuldgefühle wuchsen. Im Grunde genommen gab es für Magdalena keinen Trost. Als wir uns am Bahnhof verabschiedeten, spürten wir beide, ohne es auszusprechen, daß ein Ende von etwas vollzogen wurde, das kaum begonnen hatte. Wir wußten beide nicht, warum es so passierte.

Trotz meiner Schuldgefühle und Magdalenas Tränen hatte ich bei der Abfahrt des Zuges nur noch eines im Sinn: Elenas Stimme, die so vielversprechend klang.

Der Auslandsaufenthalt

In den Monaten September bis November 1977 spielten Elena und ich Theater. Niemand, aber auch gar niemand durfte etwas von unserer Beziehung erfahren. Es war einfach zu gefährlich. Meine Entscheidung, endlich den Schritt in Richtung Westen zu wagen, war zwar getroffen. Dennoch half mir das nicht aus meinem Dilemma: Was war mir wichtiger, der Beruf oder mein neu gefundenes privates Glück? Elena schien dagegen gänzlich unbeschwert und meinte, ich sollte mich nicht beirren lassen und den einmal gewählten Weg gehen. Aber wir diskutierten unaufhörlich und suchten nach einer Lösung, ohne ihr wirklich näherzukommen. Die verbleibende Zeit bis zu dem entscheidenden Schritt wurde kürzer und kürzer.

Die Stunden, die wir miteinander an geheimgehaltenen Orten verbrachten, waren für uns kostbar. Wir trafen uns »zufällig« bei Konzerten, gingen in einsamen Parks spazieren, reisten sogar einmal nach Vilnius. Elena verbarg ihre Identität nicht selten hinter einem anderen Namen. Wenn ich bei ihr anrief, machte ich etwas Ähnliches. »Oleg« hieß ich dann und »studierte auf einer Diplomatenschule«. Dieses Spiel bereitete uns sogar eine gewisse diebische Freude. Elena hielt sich zu Hause genau an die von uns kreierte Biographie von »Oleg«. Ihre schauspielerische Begabung kam ihr dabei zu Hilfe.

Zur selben Zeit stimmte ich mich auf das »Projekt Auslandsaufenthalt« ein. Ich möchte es noch einmal betonen:

Nicht Flucht, sondern eine Herausforderung war meine Absicht. Um es pathetisch zu formulieren: Ein Geiger hatte vor, den sowjetischen Staat herauszufordern! Die Verbindung mit Elena wollte ich unter allen Umständen aufrechterhalten. Wenn ich nicht in die Sowjetunion zurückkehren würde, gab es für sie mit ihrem jugendlichen Alter und ihrem Studentenstatus eigentlich nur einen Weg – sie würde einen Ausländer heiraten müssen. Anders konnte sie das Land nicht verlassen. Sogar diese Lösung war sehr risikoreich. Wenn nämlich jemand auf den Gedanken gekommen wäre, wir könnten liiert sein, hätte auch eine solche Scheinheirat nicht mehr helfen können. Bei der Überlegung, wer von meinen ausländischen Freunden der potentielle Bräutigam werden könnte, kam ich auf Manfred Gräter, Musikressortchef im WDR, den ich vor einigen Jahren kennengelernt hatte und dem ich als treuestem Freund mein Problem anvertrauen konnte. Manfred war doppelt so alt wie Elena, hatte keine Absicht zu heiraten und paßte nahezu ideal in diese Rolle. Als er bald darauf nach Moskau kam, weihte ich ihn ein. Ich konnte die beiden miteinander bekanntmachen. Das bedeutete schon einen Fortschritt, eine Rolle der bevorstehenden Inszenierung war nun bestens besetzt. Offen blieb die Frage, wann und auf welche Art Manfreds Dienst gebraucht würde. Einige Tage später sollte meine Tournee beginnen. Elena und mich beschlich das Gefühl, die letzten sicheren Stunden miteinander zu verbringen. Natürlich versuchte jeder, dem andern das Unbehagen zu nehmen.

Im Frühjahr 1977 war das *Concerto grosso* für zwei Violinen und Streicher fertig geworden, das Alfred Schnittke Tatjana und mir widmete, ein Werk, das dank seiner virtuosen und attraktiven Faktur, konzeptuellen Geschlossenheit und einem eingeflochtenen Tango sehr bald zu einem Publikumshit wurde. Parallel dazu entstand übrigens auch *Tabula rasa* von Arvo Pärt für die gleiche Besetzung. Ich nutzte die Gelegenheit, daß Tatjana und ich im Herbst mit dem Litauischen Kammerorchester auf Tournee nach Westdeutschland und Österreich gingen, und schlug vor – ich hatte damals schon einigen Einfluß –, Schnittke solle uns als Pianist beziehungsweise Cembalist auf der Reise begleiten. Alfred hatte große Angst – er spielte sonst kaum öffentlich. Und natürlich machten wir uns Sorgen, ob man ihn überhaupt fahren lassen würde. Aber auch Saulius Sondeckis, der Leiter des Litauischen Kammerorchesters, stand zu der Idee, und es schien zu klappen; vielleicht, weil ein Teil der Unterlagen in Litauen bearbeitet wurde. Das sollte Schnittkes erster Auslandsbesuch sein, seit er als Kind mit seinen Eltern einige Jahre in Wien verbracht hatte.

In der ersten Novemberwoche sollte ich Moskau verlassen. Die Tournee mit dem Litauischen Kammerorchester begann in der Bundesrepublik Deutschland. Tatjana war meine Partnerin bei allen Konzerten, in denen wir – abgesehen von Bach-Konzerten und einem Schubert-Rondo – die beiden für uns im selben Jahr komponierten Werke spielten.

Am Abend vor der Abreise spielten wir in Moskau ein Vorkonzert. Als Alfred in der für ihn neuen Rolle aufs Podium kam, konnte man sein aberwitziges Lampenfieber buchstäblich sehen. Nun erfuhr er am eigenen Leib, wie sich seine Interpreten oft fühlten. Komponisten sollten es nicht unterschätzen.

Frühmorgens, vor der Fahrt zum Flughafen, hinterließ ich Elena einen Brief, der an den amtierenden sowjetischen Kulturminister Pjotr Nilowitsch Demitschew adressiert war. Das Schreiben sollte erst während der Tournee in den Briefkasten geworfen werden, den genauen Tag wollte ich noch bestimmen. Wir vereinbarten ein Codewort wie in einem Actionfilm. In meinem Antragschreiben hatte ich die gleiche Formel gewählt, die auch Rostropowitsch für seine Ausreise benutzt hatte: den Wunsch nach »zwei Jahren Auslandsaufenthalt«. Theoretisch wenigstens schien so die

Mit Tatjana Grindenko und Alfred Schnittke in den achtziger Jahren

Rückkehr möglich – bei entsprechenden Veränderungen im Land. Der kurze, sachliche Brief beschuldigte niemanden, suchte keine Alternativen und stellte keine weiteren Forderungen. Als Grund gab ich lediglich meinen Wunsch nach freier künstlerischer Tätigkeit an. Obwohl das alles eindeutig als Bittschrift abgefaßt war, gehörte der Brief nicht zu jenen Schreiben, auf die man eine Antwort erwartete. Diesem ersten Schritt aus der Sowjetunion in die Freiheit mußte nach meinen Erfahrungen früher oder später die Aberkennung der sowjetischen Staatsangehörigkeit folgen. Mein Vorgehen hatte auch die mir wichtige Absicht, eine Diskussion über die sture Haltung der Obrigkeit und über die Notwendigkeit, andere Wege im Umgang mit Künstlern zu finden, auszulösen. Gleichzeitig wollte ich demonstrieren, daß ich jeden Tag Konzerte spielte, die Tournee fortsetzte und eben nicht verschwand. Den Behörden wurde damit signalisiert: Ich, Gidon Kremer, habe wie jeder Mensch das

Recht auf mein Leben und möchte frei sein. Wie ich lebe, soll von mir und keinesfalls von euch bestimmt werden. Auf mein Heimatland aber will ich dabei nicht verzichten.

Erst später sollte ich mir eines Details bewußt werden, das mir im Augenblick des Schreibens nicht aufgefallen war: Ich hatte für das Schreiben an Demitschew das Briefpapier des alten Leningrader Luxushotels »Europa« benutzt.

Moskau, 13. November 1977

Sehr geehrter Pjotr Nilowitsch,

hiermit bitte ich Sie und das Kulturministerium der UdSSR, mir die Möglichkeit zu geben, in den nächsten zwei Jahren meine künstlerische Tätigkeit außerhalb der Grenzen unseres Landes auszuüben. Diese Bitte entspringt allein meinen kreativen Interessen und hat keine politischen oder anderen Ziele. Ausschließlich persönliche Gründe haben mich zu diesem Antrag bewegt. Auch habe ich vor, weiterhin sämtliche eingegangenen Verpflichtungen zu erfüllen und die von Goskonzert abgeschlossenen Verträge in allen Ländern einzuhalten.

Ich hoffe, daß meine Tätigkeit im Ausland auch der Annäherung der Kulturen und dem besseren Verständnis zwischen den Menschen und der humanistischen Tradition unseres Landes dienen wird.

Ich bitte Sie, diesen Antrag als Dokument zu betrachten, das meine Haltung begründet.

Preisträger Internationaler Wettbewerbe
Solist der Moskauer Philharmonie
Gidon Kremer

Die Reise brachte eine Menge neuer, wichtiger Eindrücke für Alfred. Sie war allerdings nun dadurch getrübt, daß ich ihm, als wir aus Moskau abflogen, noch im Flugzeug verriet, ich hätte eigentlich vor, nicht zurückzukommen. Meine Eröffnung stimmte ihn traurig, aber unsere Arbeit drängte alles in den Hintergrund.

Гостиница „ЕВРОПЕЙСКАЯ"

Ленинград, ул. Бродского, 1/7. Тел. 10-31-49

Москва, 13 XI 77

Многоуважаемый Пётр Нилович!

Прошу Министерство культуры СССР и Вас лично предоставить мне возможность в течении 2-х лет заниматься творческой деятельностью за пределами нашей страны. Эта просьба вызвана исключительно творческими потребностями и не преследует никаких политических или иных целей.

Причины, приведшие меня к данному заявлению, сугубо внутреннего характера.

Я намерен и в дальнейшем выполнить все контракты уже заключённые Госконцертом СССР с зарубежными странами на ранее оговоренных условиях. Надеюсь, что и моя деятельность за рубежом послужит делу сближения культур и взаимопонимания на основе гуманных и высоких традиций.

Прошу считать это заявление единственным документом, выражающим суть моей позиции.

Лауреат международных конкурсов
Солист Московской государственной филармонии
Гидон Кремер

Brief an Pjotr Demitschew vom 13. November 1977

Das *Concerto grosso* hatte insgesamt großen Erfolg. Unter diesem Eindruck sagte mir Alfred einmal – und das mag charakteristisch sein für Schnittkes Denken als eines künstlerisch kreativen Menschen: »Ich muß jetzt etwas komponieren, das keinen Erfolg hat. Es ist zu gefährlich, erfolgreich zu sein!« Nur in Stuttgart wurden während der Aufführung lautstark ein paar Türen von hinausgehenden Hörern zugeschlagen. Solche Demonstrationen trafen allerdings auch andere zeitgenössische Komponisten. Wenn der Veranstalter Wert darauf legt, viel Populäres anzubieten und damit für volle Kassen zu sorgen, ärgert sich das Publikum, wenn seine Erwartung getäuscht wird und es im selben Konzert Ungewohntes serviert bekommt. Die auf Umsatz und Konsum ausgerichtete Programmpolitik beeinflußt unmittelbar die Offenheit des Publikums, das kann man bis heute auch in vielen anderen Städten beobachten.

Die Tournee war ein Triumph für Alfreds Komposition, aber auch für *Tabula rasa*. Die Anwesenheit von Pärt hätte dem Stück freilich noch mehr Gewicht gegeben. Jahre später veröffentlichte Manfred Eicher von der Plattenfirma ECM in München eine jetzt schon historische Aufnahme dieses Werks von der Tournee mit Alfred am Klavier. Sie wurde für viele – auch aus der Popmusik – zu einer Art Kultplatte. So ernteten wir viel später noch schöne Früchte unserer Künstlerfreundschaft: Tatjana, Alfred, Arvo, Saulius und ich.

Wir spielten ein Konzert nach dem anderen mit dem Orchester, zwischendurch hatte ich noch einen Duoabend mit Tatjana in München. Manfred Gräter sorgte dafür, daß das Fernsehen diesen Abend mitschnitt, ein weiteres historisches Dokument dieser Zeit.

Mit Elena telephonierte ich bei jeder Gelegenheit. In Moskau war es relativ ruhig. Über meine Rolle in ihrem Leben hatte offenbar bis jetzt noch niemand etwas erfahren. Der Tag, an dem mein Brief an den Kulturminister abgeschickt werden sollte, näherte sich.

Die erste Seite der Partitur von Arvo Pärts » Tabula rasa «
in einer späteren Version für Violine und Viola

Einen Tag nach unserem Münchner Recital wurde für mich ein Treffen mit Joachim Kaiser vereinbart, dem Kritiker und Musikpublizisten, der als erster offiziell von meinen Absichten erfuhr. Einen Tag später berichtete darüber die *Süddeutsche Zeitung*, anschließend die *Frankfurter Allgemeine*. Gleichzeitig schrieb ich einen Brief an Walentin Falin, den sowjetischen Botschafter in Bonn. Ich bat ihn, meinen Antrag zu unterstützen, und erklärte ihm, ich hätte nicht die Absicht, der Bitte einen politischen Charakter zu geben, da es für mich ausschließlich um meine persönliche Freiheit in der Kunst gehe. Allerdings war mir bewußt, daß schon meine Bitte an sich politischen Charakter hatte.

Ich sorgte dafür, daß gleichzeitig mit der Veröffentlichung des Interviews mein Brief beim Kulturminister eintraf. Einfach verschwinden oder um politisches Asyl bitten wollte ich nicht. Meine täglichen Konzertauftritte sollten beweisen, daß ich zu meinen Verpflichtungen stand und gewillt war, auch in Zukunft mein Land zu vertreten. Ein solches Vorgehen war für die Funktionäre neu. Die Überraschung aber war Teil jener Herausforderung, die ich beabsichtigt hatte. Inwischen war Abspringen, Fliehen zur Routine geworden. Regelmäßig verschwanden Künstler, Sportler und Touristen aus dem Hotel und meldeten sich bei der Polizei oder dem Sicherheitsdienst des jeweiligen Landes. Ich aber wollte auf meine ganz persönliche Art das Problem bewältigen. Jeden Abend wollte ich als Künstler auf dem Podium allen Menschen, auch den Funktionären, beweisen, wie *normal* es ist, als Sowjetbürger im Ausland aufzutreten. Ohne spektakuläre politische Aktionen versuchte ich also, mich für das verbriefte Recht eines jeden Menschen einzusetzen, für den Wunsch nach freiem Lebensraum, den ich gleichzeitig auch für meine in Rußland gebliebenen Kollegen durchsetzen wollte. Unter ihnen waren viele herausragende Künstler – wie Natalija Gutman, Oleg Kagan, Sofija Gubaidulina, Walentin Silwestrow und

Roman Kofman –, die in ihrer Bewegungsfreiheit genauso eingeschränkt waren wie ich. Das war allerdings kaum jemandem in Moskau bewußt.

Hier in Deutschland nahmen die litauischen Orchestermusiker und auch der liebe Saulius Sondeckis an, daß die sowjetischen Behörden auf die für sie typische Art reagieren werden, die wir zur Genüge kannten: Laufende Konzerte würden abgesagt, zukünftige Gastspiele in Frage gestellt. Jeder malte sich das schlimmste Szenario aus. Selbstverständlich wußte ich, daß viele Orchestermitglieder von der selten gewährten Chance einer Westeuropatournee profitierten. Das bescheidene Einkommen in Devisen war ein besonders willkommener Bonus. Durch mein Handeln liefen sie nun Gefahr, diese Freiräume wieder zu verlieren.

Am ersten Tag nach dem Interview war die Spannung in der Vorprobe des Konzerts mit Händen zu greifen. Trotzdem wagte kein Mitglied – aus Respekt, Verständnis oder Angst –, mir direkt Vorwürfe zu machen. Die meisten waren sich darüber einig, daß ich bis zum Schluß der Tournee hätte warten sollen. Damit hätte ich das gleiche erreicht, ohne alle anderen Musiker mitzubelasten. Wie aber sollte ich meinen lieben Kollegen erklären, daß mir eben gerade dies von so großer Bedeutung war, ganz normal zu arbeiten, meine Pflichten zu erfüllen und dabei wie selbstverständlich um einen längeren Auslandsaufenthalt zu bitten? Der Gruppenleiter der Litauer nahm Kontakt zur sowjetischen Botschaft auf und hoffte, damit die eigenen Leute schützen zu können. Sondeckis und seine Landsleute waren zwar irritiert, fanden aber den Funktionären gegenüber immerhin plausible Antworten auf die Frage, wieso ich mir solche Ziele setzte. Die Antwort der Botschaft war eindeutig. Solange keine besonderen Anweisungen aus Moskau kämen, konnten die Konzerte fortgesetzt werden. Alle atmeten auf, hie und da war sogar wieder ein Lächeln zu sehen, und ich feierte im stillen den ersten kleinen Sieg meines Unternehmens.

Bei einer Probe mit Arvo Pärt

Wie Tatjana und Alfred auf meinen Schritt reagieren würden, hatte für mich die größte Bedeutung. Schnittke hatte zwar Verständnis, ließ jedoch auch seine Verstimmung über die bevorstehende Trennung spüren. Tatjana stand meinem Schritt kritisch gegenüber, vielleicht weil sie sich auch die negativen Konsequenzen ausmalte, die meine Entscheidung für ihr Berufsleben und unsere Verbindung haben würde. So waren meine beiden besten Freunde aufs äußerste angespannt. Vielleicht freuten sie sich auch, daß ich es wagte, gegen den Staat anzutreten, denn sie kannten ja die Gründe. Doch innerlich schmerzte sie der real drohende persönliche und künstlerische Verlust.

Ein Anruf von Mstislaw Rostropowitsch bestätigte mir, daß ihm meine Geste gefiel. Im Überschwang – einer seiner charakteristischen Eigenschaften – betonte er, mir würde eines Tages ein Denkmal errichtet werden, und ich könnte jederzeit mit seiner Unterstützung rechnen. Ausländische

Rundfunkstationen, die »Stimme Amerikas« etwa, sendeten Reportagen über meine Aktion. Sie konnten auch in Rußland, trotz erheblicher Störungen, empfangen werden und waren für viele in Moskau die einzige Quelle gesicherter Information. Allerdings kam es vor, daß einige Medien meinem Fall doch das Klischee »politisches Asyl« anhängten.

Vieles wirkte befremdlich. Mich interessierte der ganze Rummel allerdings nur am Rande, denn außer den täglichen Konzerten erschien mir die Frage viel wichtiger, wie es weitergehen, was aus Elena, überhaupt aus uns werden würde. Davon durfte aber außer Manfred niemand etwas erfahren. Nur ihm konnte ich mich anvertrauen.

Nach der Veröffentlichung meines Interviews in der Presse, die alle meine Freunde in Spannung versetzte, rief mich die sowjetische Botschaft an. Wie ich befürchtet hatte, wollte mich Walentin Falin, der Botschafter, persönlich kennenlernen. Das war nichts Ungewöhnliches. In allen mir bekannten Fällen von Fluchtversuchen bemühten sich die Angestellten in den Konsulaten um Kontakt zu ihren abtrünnigen Sowjetbürgern. Ganz selten nur endete dies, wie früher, mit direkter Verschleppung, entgegen der Meinung vieler naiver Krimileser oder gewisser Klischees effektvoller Spionagefilme. Man war bestrebt, die Sowjetbürger, die den Versuchungen des Westens erlegen waren, zurückzugewinnen. Die Funktionäre in den Konsulaten und Botschaften mußten wenigstens ihrem Staat beweisen können, daß nichts mehr daran zu ändern sei. Sie erfuhren die Namen der betreffenden Person meist durch die Presse, und oft fand ein Gespräch in Anwesenheit eines westlichen Anwalts statt. Diese Prozeduren spielten sich in einem Konferenzzimmer oder Hotel ab und wurden von den Medien weidlich ausgeschlachtet. Zur ungeschriebenen Regel gehörte dabei häufig ein Antrag auf politisches Asyl, weil es Sicherheit versprach. Der Antragsteller wurde dann umgehend von den staatlichen Institutionen des jeweiligen Landes geschützt.

Meine Situation unterschied sich davon ganz wesentlich: Zum einen sollte das Treffen mit Falin laut Vorschlag des Sekretariats in Form eines gemeinsamen Mittagessens stattfinden. Zum anderen bemühte ich mich nicht um Schutz, ich hatte ja auch nicht die Absicht, um politisches Asyl zu bitten. Der Erwerb künstlerischer Freiheit sollte ein Präzedenzfall werden.

Tatjana wurde von mir als Begleitperson zu meinem Mittagessen mit Falin vorgeschlagen und akzeptiert. Meine Freunde machten sich Sorgen. Daß wir abends aber das nächste Konzert spielen sollten, wirkte sich in doppelter Weise aus: Es machte angst und versprach zugleich ein wenig Sicherheit.

Falin und seine Frau gaben sich von Anfang an locker und liebenswürdig. Der geschmückte Tisch, das Gedeck und das Essen entsprachen hoher diplomatischer Empfangskunst. Das Gespräch verlief zwanglos. Wir lernten uns kennen, aßen vorzüglich, besprachen den Tourneeablauf und ließen den aktuellen Anlaß des Treffens beiseite. Tatjana mit ihrem ungezwungenen Charme war in ihrem Element. Die Ruhe, der Stil, die geistige Beweglichkeit des Botschafters waren beeindruckend. Falin, der spätere Berater Michail Gorbatschows, besaß verblüffende Kunstkenntnisse und behauptete sogar, er würde viel lieber in der Leningrader Eremitage arbeiten als auf dem politischen Parkett. Damals hatte ich nur wenige Erfahrungen mit sowjetischen Funktionären gemacht und war diesem Verhalten nie begegnet. Erst gegen Ende des Essens sprach Falin das heikle Thema an. Er stellte mir ganz direkt die Frage, was bei mir die Krise ausgelöst habe und welches meine wirklichen Absichten seien. Ich begann auszupacken, erzählte von den Erfahrungen der letzten Jahre, meinem Gefühl, diskriminiert zu werden, dem Wunsch, viel Versäumtes nachzuholen, vor allem als Künstler, als Musiker. Dabei betonte ich nochmals, daß ich keineswegs der Sowjetunion den

Rücken kehren wollte. Ich bestand lediglich auf meinem Recht, endlich ungestört meinen eigenen Weg gehen zu können.

Als ich am Ende meiner Rede angelangt war, widersprach Falin mir nicht. Er zeigte Verständnis und berichtete seinerseits über einige Fälle, die er treffend mit »Blödsinn« kommentierte. In Moskau spielten sich Dinge ab, für die er sich schämen müsse. Wir erinnerten uns beide gut an den Zwischenfall im vorigen Juni, als mir der Weg zum Beethoven-Fest in Bonn und zu den Schwetzinger Festspielen versperrt werden sollte. Goskonzert hatte mir die Teilnahme aufgrund der »90 Tage« verweigert, jenes willkürlich festgesetzten Maximums pro Jahr, das sowjetische Künstler sich im Ausland aufhalten durften. Die Impresarios im Westen drängten, ich empfand die Beschränkung als widersinnig. Auf Anraten von Ljuba Kormout, die Falin sehr schätzte, schrieb ich ihm damals einen Brief. Der Botschafter intervenierte zu meinen Gunsten; ich konnte die Konzerte spielen. Der Direktor von Goskonzert, Leonti Supagin, tobte – er habe die Anweisungen »von oben« satt und werde schon eine Methode finden, mich zur Räson zu bringen. Falin schien auch jetzt auf meiner Seite zu stehen. Er beruhigte mich und versprach, die Angelegenheit aus seiner und meiner Sicht nach Moskau weiterzuleiten, wo man »sicher eine Lösung finden werde«. Tatjana und ich »sollten die Tournee erfolgreich zu Ende führen«. Auch das Orchester, von dessen Nervosität er gehört habe, müsse sich keine Sorgen machen. Er selber werde uns im Konzert besuchen.

Beim Konzert in Bonn tauchte Falin tatsächlich hinter den Kulissen auf. Wir sprachen miteinander, sogar der vorsichtige Sondeckis erläuterte seinen Standpunkt: Es sei ihm »so peinlich, daß sich gerade jetzt, während des ersten Gastspiels des Orchesters, so etwas« abspiele, und doch schätze er mich als außergewöhnlichen Künstler, und mein Wunsch, alle Möglichkeiten auszuschöpfen, sei mehr als verständlich.

Der Besuch Falins beruhigte das ganze Team. Die Gefahr, zurückgeschickt zu werden, schien gebannt.

Bei den Telephongesprächen mit Elena war ich nun noch vorsichtiger. Ich versuchte nach Möglichkeit, nur von Postämtern aus mit ihr zu sprechen. Wir hatten Angst, abgehört zu werden, und so wurde die Wohnung ihrer Großmutter zu unserem Kontaktort. Elena berichtete mir in einem Schreiben, das mir jemand persönlich übergab, in Moskau hätten sich inzwischen unzählige Gerüchte verbreitet. Einige Leute beanstandeten mein Vorhaben, indem sie das übliche behaupteten: Ich hätte doch alles gehabt, und mein Handeln sei gemein. Andere bekundeten Sympathie.

Eines Morgens weckte mich der Genosse Popow per Telephon. Noch nie hatte er mich im Ausland angerufen. Er beschwor mich, »nur ja keine Dummheiten zu machen«. Er berichtete, daß im Ministerium unterdessen überlegt werde, wie man mir entgegenkommen könne. In den nächsten Tagen werde mich deshalb ein Vertreter von dort besuchen. Das zeige, daß »man die ganze Situation ernst nehme«. Popow versprach, mir später zu berichten, wie entschieden worden sei. Aus seiner väterlichen Art des Sprechens glaubte ich eine gewisse Unsicherheit herauszuhören. Wünschte er mir weiterhin Erfolg, oder vertagte er die Affäre nur, um mich in eine Falle zu locken? Was wollte man denn aber entscheiden? Meine Bitte um zwei Jahre Auslandsaufenthalt war doch klar formuliert, genauso meine Absicht, auf keinen Fall zurückzukehren. Was sollte das alles, und wer war dieser anonyme Vertreter?

Inzwischen liefen die Konzerte weiter, wir fuhren nach Österreich. Im Fernsehen fragte man mich, was ich denn erhoffte, worauf mir nichts Besseres einfiel, als diplomatisch zu antworten: »Die Russen haben ein Sprichwort – Schweigen bedeutet Einverständnis...« Ich glaubte zwar nicht daran, fand es jedoch besser, etwas optimistisch zu erscheinen. Ob ich damit vor allem mir selber Mut machen oder die Behörden günstig stimmen wollte, weiß ich selbst nicht.

Mein Privatleben, das in Gefahr war, beschäftigte mich inzwischen viel mehr. Ich wollte Elena nicht verlieren und machte mir immer mehr Sorgen um unsere gemeinsame Zukunft. Weiterhin mußte ich sehr vorsichtig sein. Weder Tatjana noch Alfred durften von Elenas Existenz etwas erfahren. Zwischen zwei Konzerten flog ich nach Split. Dort wollte ich Elenas Vater treffen, der eine Konzerttournee in Jugoslawien absolvierte. Inzwischen waren ihre Eltern eingeweiht, und der Vater brachte mir einen Brief von ihr mit. Zum ersten Mal sprachen wir über das Geheimnis miteinander. Dmitri Baschkirow war sichtbar bedrückt und verängstigt. Er suchte nach einem Weg, der auch sein Leben nicht zerstörte. Am liebsten wäre ihm ein Einlenken der Behörden auf meine Forderungen gewesen oder im Falle einer Ablehnung meine Rückkehr. Bedrückt gingen wir auseinander. Nicht ohne Sympathie sagte Baschkirow, mich umarmend, zum Abschied: »Warum mußtet ihr auch so einen Mist bauen?«

Anfang Dezember traf der Vertreter des Kulturministeriums aus Moskau ein. Er hieß Stanislaw Luschin. Später wurde er Direktor des Bolschoi-Theaters, damals war er noch, wie wir zu sagen pflegten, »im Apparat des Ministeriums« tätig. Die Situation verlangte von ihm ein offiziell-distanziertes Verhalten, das er zunächst durch das vertrauliche Du zu überspielen suchte. Von Anfang an bestand Genosse Luschin darauf, unsere Gespräche nicht im Hotel, sondern während eines Spaziergangs zu führen, natürlich nicht wegen seines Bedürfnisses nach frischer Luft. Luschin hatte den Auftrag, dafür zu sorgen, daß wir nicht verfolgt wurden, daß kein »ausländischer Geheimdienst« Aufnahmen von unserem Gespräch machen konnte. Die Sorge um ein sicheres Tête-à-tête war auch Zeichen dafür, wie altmodisch und naiv der totalitäre Apparat sich gebärdete. Luschin faßte sich kurz. In Moskau habe man beschlossen, mir entgegenzukommen und meine Forderungen zu erfüllen. Nur eine Bedingung gäbe es: Ich müsse ganz kurz selber nach Moskau zurückkehren. Dann könne man für meine Absichten Verständnis zeigen und meine Wünsche respektieren. Täte ich dies nicht, würde mein Benehmen als Flucht eingestuft, und ich hätte mit entsprechenden Konsequenzen zu rechnen. Die Drohung in Luschins Stimme war deutlich zu hören. »Du kannst dich natürlich weigern, bist dann aber ein Verräter«, wiederholte er mehrmals, wobei das Wort »Verräter« jedesmal verächtlicher klang. »Lohnt sich denn das«, fuhr der Genosse fort, »wo du doch alle Karten in der Hand hast und man dir tatsächlich großzügig entgegenkommen will?« Während der Genosse Atem holte, erläuterte ich meinen Standpunkt. Das fiel mir nicht leicht, gerade weil ich mit allem, nur nicht mit diesem Vorschlag gerechnet hatte. Ich versuchte meine Haltung zu bekräftigen, erklärte, meine Entscheidung sei getroffen, und der von ihm überbrachte Vorschlag erscheine mir sinnlos.

Luschin blieb stur. Seine Ungeduld wuchs. Er hätte sichtlich gerne das Gespräch an diesem Punkt abgebrochen. Und doch war er gezwungen, fortzufahren und mir einzureden, daß es sich »nur um eine Formalität« handle. Er selber wollte dafür sorgen, daß ich schnellstens, »am selben Tag noch«, Moskau wieder verlassen könnte. Je länger er sprach, desto unerfreulicher erschien mir die Botschaft. Steckte Falin dahinter, Popow vielleicht? Konnte ich der Absichtserklärung und dem Versprechen ausgerechnet dieses Übermittlers glauben? Eines war sicher: Auf die anonymen Machthaber in Moskau konnte ich mich nicht verlassen. Wie oft haben die Funktionäre schon Menschen, unter ihnen bekannte Künstler oder Freunde von mir, im Stich gelassen, gar verraten. Die Geschichte des Sowjetstaats, aber auch meine persönlichen Erfahrungen mit ihm stimmten mich skeptisch.

Andere Gedanken verstärkten noch meine Verwirrung. Meine Eltern hatten mich erst vor kurzem aus Riga angerufen. Sie klangen ausgesprochen aufgewühlt und verlangten, ich solle doch vernünftig sein. Sie betonten, daß sie sehnsüchtig auf mich warteten. Wie sollte ich das verstehen? Wir hatten schließlich eine – selbstverständlich geheime – Absprache, daß ich dem, was sie am Telephon sagten, nie Glauben schenken sollte. Und doch war es so, daß mich der Klang ihrer Stimmen alarmierte. Aus Erfahrung wußten wir alle, wie leicht man unter Druck gesetzt werden konnte. Ihre so fern scheinenden und doch so emotionalen Worte blieben in meiner Seele hängen, ohne daß mir klar war, was ernst gemeint und was nur eine Inszenierung für den Abhördienst war.

Elena berichtete mir durch die Blume von sämtlichen Gesprächen, die zu »meinem Thema« in den Moskauer Kreisen geführt wurden, sowohl von Freunden wie von Feinden. Mit Ratschlägen aber hielt sie sich sehr zurück, schließlich waren wir uns ja schon vor der Abreise darin einig gewesen, daß es kein Zurück mehr gäbe. Die unerwartete neue Wendung schien auch sie zu überfordern. »Ich wünsche mir innig, dich zu sehen«, bei diesen Worten klang ihre Stimme verlockend, liebevoll, beinahe häuslich vertraut. Aber ich spürte, daß sie zugleich vermeiden wollte, mich in irgendeiner Richtung zu beeinflussen. Die unerhoffte Möglichkeit, Elena bald wiedersehen zu können, stimulierte mich. Konnte ich dieser Versuchung widerstehen? Vorsicht war in jedem Falle angebracht. Ich versuchte weiter, die merkwürdigen Andeutungen von Luschin zu analysieren. Warum sprach er zum Beispiel von privaten Angelegenheiten, die noch zu regeln wären, bevor ich meine Wünsche erfüllen könnte. Mit diesem Satz konnte doch unmöglich Tatjana gemeint sein. Auch wenn Falin uns zusammen gesehen hatte, so konnte er doch kaum annehmen, daß wir weiterhin miteinander lebten? Allerdings blieb es für viele Menschen unbegreiflich, wie ich mit meiner Exfrau einen so intensiven künstlerischen Kontakt pflegen konnte. Meinte er eventuell

Ksenija? Inzwischen hatte es sich nämlich herumgesprochen, daß wir ein gemeinsames Kind besaßen. Kaum anzunehmen war, daß die Behörden etwas über meinen zweiten Paß und die ganze »Stempelgeschichte« wußten. Oder doch? Die schlimmste Befürchtung richtete sich freilich auf meine Beziehung zu Elena. Wäre es möglich, daß jemand davon erfahren hätte? Auch das schien undenkbar, waren wir doch so vorsichtig gewesen. Und dennoch: Ganz sicher konnte man nie sein. Es gehört zum Wesen totalitärer Staaten, Unsicherheit und Angstgefühle zu wecken und weiter zu schüren. Meine Gedanken wurden immer chaotischer. Alle Freunde, denen ich vom Besuch Luschins erzählte, waren sich einig. Auf keinen Fall dürfe ich der »Einladung« folgen. Ich würde mich nur in Gefahr bringen. Das schien allen viel zu riskant zu sein. Auch Tatjana hatte kein Verständnis für meine Überlegungen, sie war ohnehin ungewöhnlich hart in diesen Tagen. Fühlte sie sich überfordert, oder vertrat sie den Standpunkt, getan ist getan, wozu jetzt noch das Hin und Her?

Schlaflose Nächte brachten mich an den Rand eines Nervenzusammenbruchs. Abend für Abend hatte ich Konzerte und mußte spielen. Wie sollte ich handeln, welchen Weg wählen? Wo sollte ich die Prioritäten setzen? Die Idee, mein Fall könne jemandem dienen, mischte sich in meine Überlegungen. Es gab genug Freunde, die ebenso abhängig und eingeschränkt wie ich waren. Könnte ich ihr Vorkämpfer werden? Und bei alldem wurde ich vom Wunsch geleitet, die mir Nahestehenden, vor allem Elena und meine Familie, nicht noch größeren Schwierigkeiten auszuliefern.

Der Wirbel meiner Gefühle fand keinen ruhenden Pol, auch die Konzertauftritte wurden in diesen Strudel hineingezogen. Meine Überzeugung, den richtigen Schritt schon getan zu haben, verschwand mehr und mehr, und mir wurde immer bewußter, daß dieser Schritt noch gar nicht gemacht war, daß er noch vor mir lag. Wie konnte ich mich nur absichern? Vielleicht ein Interview in der *Zeit*? Zu unvorsichtig, zu provozierend wollte ich auch nicht werden. Nur wo lag die Grenze zwischen vorsichtig, unvorsichtig und zu unvorsichtig? Neue, vor allem politische Erklärungen waren völlig fehl am Platz, ich selbst hatte ja immer betont, es ginge mir hauptsächlich um die künstlerische Freiheit. Aber eine letzte Aktion zur Vorsorge plante ich doch: ein Interview für das deutsche Fernsehen. Ich vereinbarte, daß dieses Interview nur dann ausgestrahlt werden dürfe, wenn ich mich entschlösse, nach Moskau zurückzukehren und dann dort in Schwierigkeiten geriete. Persönlich auf dem Bildschirm zu erscheinen hielt ich für wirkungsvoller als jeden Zeitungsartikel. Mein treuer, lieber Freund Manfred, der in jenen Tagen zu meinem intimsten Vertrauten wurde, leistete die notwendige Assistenz. Das Aufnahmeteam produzierte einen Film, der in seinem Schreibtisch landete. Und überdies war Manfred nach wie vor bereit, Elena zu heiraten. Auch mit Ljuba Kormout blieb ich in ständigem Kontakt. Sie bestärkte mich ebenfalls in meinen Absichten und meinem Streben nach einem eigenen Weg. Unsere Freundschaft wurde in dieser schweren Zeit besiegelt, auch wenn ihr die Idee meiner »Verhandlungen« in Moskau absurd erschien.

Meine Bereitschaft, mich nach Moskau zu begeben, wuchs allmählich. Sicherheitshalber bat ich – eigentlich eine völlig irreale Situation – in Wien um ein Ausreisevisum aus der UdSSR. Es wurde mir trotz anfänglicher Verwunderung ausgestellt. War das überhaupt eine Sicherheit? Natürlich konnte es jederzeit für ungültig erklärt werden. Das war mir ebenso klar wie den Moskauer Behörden. Und doch zweifelte ich daran, daß man das Spiel so weit treiben würde. Hatte ich womöglich Vertrauen in den Sowjetstaat gewonnen? Ein durch keine Erfahrung abgesicherter Glauben wurde in mir immer stärker.

Das Litauische Orchester war schon abgereist. Tatjana und ich fuhren zu Duoaufnahmen nach Salzburg. Unsere

Musik, diese heiteren Paganini-Töne, stand in schmerzhaftem Gegensatz zur aufwühlenden Dramatik meiner Situation.

Einen Wunsch hatte ich noch, bevor ich den letzten Schritt tun würde: Rostropowitsch wollte ich sehen, von ihm erwartete ich den letzten Anstoß, die letzte Bestätigung, die besten Ratschläge. Tatjana und ich flogen zusammen nach Berlin, zu Slawa und seiner Ehefrau Galina Wischnewskaja, der bekannten Sopranistin. Beide zeigten sich sehr daran interessiert, von allen Wendungen zu erfahren. Aber von Beginn an konnte ich eine große Skepsis auf ihren Gesichtern lesen, vor allem bei Galina. Auf völliges Unverständnis stieß meine Absicht, eine Reise nach Moskau zu wagen, in der Hoffnung, die Behörden wären tatsächlich zu Verhandlungen bereit. Slawa explodierte nahezu. Er versuchte mit allen rhetorischen und emotionalen Mitteln, mich umzustimmen. Meine Absicht zurückzukehren sei ein Fehler, man könne nicht mit dem Tiger Schach spielen. Was ich denn erwarte? Ich solle mir klar sein, daß ich in diesem Fall das Ausland nie mehr zu Gesicht bekäme. Galina Pawlowna drückte sich noch direkter aus.

Und dann sagte Slawa einen seltsamen Satz: »Weißt du was? Wenn du – wie ich sehe – entschlossen bist, doch zurückzugehen, sag bitte denen dort in Moskau, ich hätte es dir empfohlen...«

Die Rückkehr

Warum traf ich die Entscheidung, nach Moskau zurückzukehren? Wie oft wurde mir später diese Frage gestellt! Kaum jemand konnte meinen Schritt nachvollziehen, wohl auch deshalb, weil er weder dem Kalkül politischer Nüchternheit noch der Entschlossenheit meines seit Monaten überlegten Plans entsprach, endlich das Glück und die Freiheit im Westen zu suchen. Eigentlich rechnete ich nicht damit, schon am selben Tag wieder abreisen zu können, wie Luschin es mir in Aussicht gestellt hatte. Er hatte beteuert, es handele sich nur um einen formellen Grenzübertritt. Er hatte ja sogar geschworen, ich könne gleich wieder zurückgehen.

Aber das wollte ich genaugenommen inzwischen gar nicht mehr. Ich war schwankend geworden. Was hatte ich, außer Zukunftsplänen, dort in der mir noch unbekannten westlichen Welt überhaupt zu suchen? Warum sollte ich nicht den bevorstehenden Silvesterabend mit Elena verbringen? War das aber überhaupt möglich? Die Vorstellung, am Flughafen abgeholt und in einen Verhörraum des KGB, ein Sprechzimmer des ZK gebracht zu werden oder gar in einem Gefängnis zu landen, machte mir angst, ich hatte eine Art Lampenfieber, das ich von meinen Konzertauftritten nicht kannte. Ich konnte meine Phantasie nicht bremsen. Warteten am Flughafen auf mich ausländische Journalisten? War ich für sie nicht ein sensationeller Fall, weil ich in den Rachen des Löwen stieg oder – mit Rostropowitschs

Worten – vorhatte, »mit dem Tiger Schach zu spielen«? Wie würden die Behörden meinen Schritt interpretieren? Würde mich schließlich überhaupt jemand willkommen heißen? Meine Eltern waren in Riga, und Elena sollte laut unserer Vereinbarung nicht in Erscheinung treten. Ich mußte damit rechnen, daß einige meiner guten Freunde in Moskau dieser Entscheidung durchaus kritisch gegenüberstünden und sich aus Angst drücken würden, mich zu begrüßen. Die »Stimme Amerikas« mit ihren Berichten, unter denen auch ein Interview mit mir mehrmals ausgestrahlt wurde, sorgte dafür, daß aus der Affäre ein politischer Fall wurde. Aber sogar für diejenigen, die mit mir sympathisierten, war meine Rückkehr unerklärlich. Niemand wollte mir wirklich glauben, daß ich den Weg nach Moskau mit reinem Gewissen und besten Absichten antrat. Aber die Vorstellung, allein in die Hände von Herrn Luschin zu fallen, war ein Alptraum.

Diese Ängste und Zweifel brachten mich kurz vor dem Abflug aus Deutschland auf die Idee, Ksenija anzurufen. Wenn ich an den Abend meiner Ankunft zurückdenke und mir klarmache, was ich damals von ihr verlangte, kann ich mein Verhalten nur als rücksichtslose Zumutung verstehen. Mein damaliger Versuch, an unsere Freundschaft zu appellieren, das Bedürfnis, von keinem andern als ihr beschützt zu werden, machen mich nicht stolz. Unsere Trennung war inzwischen längst vollzogen. Nur meine absolute Angst und Unsicherheit, was mich bei der Rückkehr in Scheremetjewo erwarten würde, ließ mich erneut Ksenijas Schutz suchen. Sie erklärte sich sofort bereit, mich abzuholen. Ihre impulsive Bereitschaft bewies mir erneut ihre Treue, wofür ich ihr dankbar war. Durch dick und dünn war sie mit mir gegangen. Vielleicht träumte sie immer noch von einer gemeinsamen Zukunft. Oft hatte sie wie eine Beschwörungsformel die Worte wiederholt: »Ich weiß, du wirst früher oder später zu mir zurückkommen.« Und mein Anruf, meine Bitte reichten aus, um dieser Fiktion neue Nahrung zu geben.

Scheremetjewo. Das übliche Gedränge. Paßkontrolle. Nichts Auffälliges. Zollbeamte durchsuchten mit gelangweilten Gesichtern mein Gepäck. Was war schon Wichtiges dabei? Viele Geschenke für Lika, einschließlich einiger Pakete mit Pampers, die es damals nur im Westen gab. Niemand schien sich für mich zu interessieren. Nach endlosem Warten auf die Abwicklung der Einreiseformalitäten öffnete sich die Tür zur Wartehalle: Slawa Luschin winkte mir aus der Ferne und kam auf mich zu. Er schien allein zu sein. Nein, da war auch Ksenija. Sonst niemand, nur die anonyme Menschenmenge. Luschin fragte, ob er mich mit dem Auto irgendwohin bringen solle. Nein, bedankte ich mich und erklärte, daß ich abgeholt werde. Er nickte mehrmals und milderte seine Aufdringlichkeit; ich solle mich morgen oder noch besser in den nächsten Tagen im Ministerium melden. Man wolle mit mir das eine oder andere besprechen. Kulturminister Demitschew sei unterwegs, komme in einer Woche zurück. Es sei wichtig, daß ich mich mit ihm treffe. Schon jetzt wurde mir klar, daß offenbar aus dem versprochenen einen Tag inzwischen eine Woche geworden war. Schließlich sagte Luschin, es sei gut, daß ich gekommen sei, und verabschiedete sich.

Ich spürte große Erleichterung. Von diesem Moment an diktierte die Ungeduld, Elena zu sehen, den weiteren Ablauf des Geschehens. Sie wartete an einem geheimgehaltenen Ort auf meinen Anruf. Aber ich fühlte mich zunächst verpflichtet, Ksenija noch etwas Zeit zu widmen. Wir fuhren zusammen in meinem früheren Auto, das nun ihr gehörte, in die Stadt. Das deprimierende Moskauer Dezemberwetter, der Schnee, die Kälte, die Dunkelheit, alles trübte die Begrüßungsstimmung. Die alte Strecke von Scheremetjewo in die Stadt öffnete sich gleich einem bekannten, aber nicht besonders geliebten Bilderbuch, das keine optischen Reize hat.

So entwickelte sich auch die Stimmung unseres Gesprächs. Ksenija wollte wissen, wie ich mir die Konsequenzen meines Schrittes vorstelle, warum ich zurückgekommen sei, was man mir versprochen habe. Ich hielt mich mit Erklärungen zurück und antwortete eher einsilbig. Als Ksenija aber fragte, wohin ich denn nun fahren wolle, ob zu ihr oder zu mir, konnte ich nur antworten: »Weder noch.«

Ich rief von einer öffentlichen Telephonzelle aus Elena an, dann verließ ich Ksenija, die weinend im Wagen zurückblieb. Erst jetzt begriff ich, daß ich sie mit meiner Bitte erneut sehr verletzt, sie noch einmal verlassen hatte.

Über das eine erleichtert, über das andere betrübt, erschöpft und gleichzeitig beflügelt, bestieg ich die Metro, die mich meinem Traum näherbrachte. Nach dem heimlichen Treffen mit Elena vergingen einige Tage. Die Zeit der Trennung schien eine Ewigkeit gedauert zu haben. Was konnten wir nun für die Zukunft erwarten? Einig waren wir uns darin, unsere Beziehung weiterhin vor der Öffentlichkeit geheimzuhalten, solange nichts geklärt war. Die Wahrscheinlichkeit, daß keine einzige der mir gegebenen Versprechungen eingehalten würde, schien nicht gerade klein zu sein.

Eine Woche nach meiner Ankunft begab ich mich ins Kulturministerium. Wladimir Iwanowitsch Popow empfing mich ganz offiziell, schien aber zugleich über meine Rückkehr überrascht zu sein. Seine Unsicherheit offenbarte sich auch darin, daß er mich nicht mehr mit dem üblichen Du ansprach. »Was erwarten Sie, Gidon Markussowitsch?« Ich wiederholte ihm, was ich Botschafter Walentin Falin in Bonn erzählt hatte, und verwies auch auf Rostropowitschs Empfehlungen. Dabei versuchte ich das Motiv der künstlerischen Freiheit besonders hervorzuheben, einer Freiheit, die ich trotz Popows Unterstützung jahrelang nicht besessen hatte. Meine Erläuterungen machten kaum Eindruck auf Wladimir Iwanowitsch. Eher amüsierte ihn der Briefbogen aus dem Leningrader Hotel »Europa«, auf dem ich den Brief an Kulturminister Pjotr Demitschew verfaßt hatte. Dann fügte er trocken hinzu, er selber könne nichts entscheiden, glaube aber, gewisse Entschlüsse seien schon getroffen worden. Welche das waren, sagte er nicht. Auf jeden Fall wäre ein Gespräch mit dem Minister selber notwendig. Dieser sei jedoch im Augenblick abwesend.

Um besser auf dieses Treffen vorbereitet zu sein, empfahl er mir, meine Vorstellungen schriftlich darzulegen, aber »kein Hotelpapier, mein Lieber«, warnte er. Zum Schluß fragte er noch, wann ich denn die Absicht hätte abzureisen? Die Frage irritierte mich, und er korrigierte sich hastig: »Wann ist Ihr nächstes Engagement geplant?« Ich antwortete gelassen, Goskonzert habe erst in einem Monat in London einen Auftritt mit mir vorgesehen. Popow griff die Äußerung erleichtert auf: »Sehr gut, das gibt uns Zeit.« Der eine Tag also, der meine Rückkehr symbolisieren sollte, dehnte sich mehr und mehr aus. Nun war schon ein Monat daraus geworden.

Popow erkundigte sich nach meinen aktuellen Plänen. Ich antwortete, laut meinen früher abgeschlossenen Verträgen würde ich Ende Dezember in Kiew und kurz danach in Riga spielen, es wäre mir aber auch ein Bedürfnis, sollte ich wirklich noch einen ganzen Monat hier bleiben, auch in Moskau und Leningrad aufzutreten. Diese Idee brachte Popows Augen regelrecht zum Leuchten: »Sehr, sehr gut«, sagte er, »das ist das Beste, um es Ihren Feinden hier und unseren Feinden dort zu zeigen.« Beflissen griff er zum Telephon und rief den Direktor des Tschaikowski-Konservatoriums an, um einen Termin im Großen Saal zu vereinbaren. Meine Rückkehr sollte also mit einem Konzert beglaubigt werden. Mir kam das geradezu abenteuerlich vor, aber ich muß auch zugeben, daß ich solche Verrücktheiten immer schon mochte. Die Vorstellung, mit Musik meine Aktion zu unterstreichen, gefiel mir ausgezeichnet. Würde man mich aber wirklich aus Rußland weggehen lassen? Das stand in den Sternen.

Wir verabschiedeten uns. Die schriftliche Darlegung meiner Vorstellungen sollte ich ausarbeiten und bei Popow vorbeibringen. Nach diesem Besuch konnte ich mich endlich auch in der Stadt wieder zeigen. Viele Freunde und Bekannte sahen mich an, als ob ich von den Toten auferstanden wäre. Kaum jemand hatte daran geglaubt, daß ich den Schritt zurück wagen würde. Weil aber noch nichts endgültig sicher war, wollte ich kein unnötiges Aufsehen erregen, vor allem wegen Elena und mir. Nicht alle freilich begrüßten meine Wiederkehr. Einigen erschien ich wohl eher als Seiltänzer, und manch einer vermutete gar irgendeinen teuflischen Pakt dahinter. Nur die besten Freunde waren wirklich glücklich, auch wenn sie sich Sorgen machten.

Immer deutlicher sah ich, daß mein ganzer Plan nur dann endgültig gelingen würde, wenn der eigentliche Grund meiner Rückkehr einbezogen würde, mit anderen Worten, wenn Elena mit mir ausreisen durfte. Dazu aber war eine Heirat Voraussetzung. Wie aber schafften wir das so schnell, da es ja auch in Rußland, wie in jedem anderen Land, Fristen einzuhalten galt? Wenigstens vier bis sechs Wochen nahm die offizielle Bearbeitung der Anträge in Anspruch. Für Januar schien die Zeit zu kurz bemessen zu sein, bis London verblieben nur noch knappe vier Wochen. Ich besorgte im Ministerium mit Hilfe einer Bekannten einen offiziell beglaubigten Antrag. In meinem Gesuch bat ich das zuständige Amt dringlich, meine »Angelegenheit« vor dem 25. Januar zu regeln, dem Tag der geplanten Abreise. Kein Wort mehr, keines weniger.

Obwohl niemand von der Affäre erfahren durfte, wurde unser Eheschließungstermin auf den 20. Januar festgelegt. Jetzt fühlte ich mich nur noch einen Schritt vom endgültigen Glück entfernt. Da erreichte mich unerwartet eine Forderung von Ksenija. Sie wollte unsere Stempelgeschichte nicht, wie vorgesehen, »vergessen«. Trotz der vor einem Jahr getroffenen Vereinbarung und obwohl wir tatsächlich nicht mehr zusammengelebt hatten, bestand sie auf einer regelrechten Scheidung. Nun mußte ich ihr klarmachen, daß dies nur vor meiner vorgesehenen Abreise geschehen könne, wenn sie tatsächlich auf dem formellen Ablauf beharrte. Für Ksenija war meine Eile unbegreiflich. Ich nannte als Grund dafür vor allem den unsicheren Zustand, in dem ich mich befand, seit ich ein Gesuch um »Urlaub von der Sowjetunion«, wie die westliche Presse es gelegentlich formulierte, eingereicht hatte. Ksenija und ich brachten gemeinsam die notwendigen Unterlagen in das Bezirksgericht, mein zweiter Paß tauchte der Not gehorchend wieder auf. Die Gerichtsverhandlung sollte ausgerechnet am 20. Januar stattfinden, an jenem Tag, an dem paradoxerweise auch die andere, glücklichere Veranstaltung vorgesehen war.

Um die Jahreswende spielte ich das Elgar-Konzert in Kiew und Riga. Am 18. Januar waren Duorecitals mit Oleg Maisenberg in Leningrad und am 21. Januar in Moskau geplant. Die Plakate für diese Abende schlugen nach dem ganzen Aufruhr des vergangenen Monats wie eine Bombe ein.

Elena half mir beim Tippen, als ich versuchte, die vom Minister verlangte Darlegung meiner Gründe für einen »Urlaub von der Sowjetunion« auszuarbeiten. Alle wichtigen Angelegenheiten, die meine Zukunft regeln sollten, wurden zu Papier gebracht. Im selben Dokument setzte ich mich auch für einige Kollegen ein, die meiner Meinung nach ebenfalls in ihrer künstlerischen Tätigkeit behindert und damit diskriminiert wurden. Als letzten und wichtigsten Punkt dieses Schreibens erwähnte ich als Bedingung die Begleitung meiner Ehefrau auf sämtlichen Reisen. Ich blieb dabei zurückhaltend und erzählte nicht einmal Popow, um wen es sich handelte. Mir schien die Preisgabe von Elenas Namen immer noch zu gefährlich. Sicher mußte meine Vorsicht sogar Popow überraschen, glaubte er doch, ein vertrauensvolles Verhältnis zu mir zu haben.

Oleg und eine Reihe anderer Freunde wirkten betroffen. Zwar zeigte ich meinem Partner das Schreiben, aber er reagierte voller Zweifel darauf. Unverständlich erschien ihm meine Bereitschaft, allen mit Goskonzert vereinbarten Verpflichtungen nachkommen zu wollen, obwohl ich doch ursprünglich eine klare Trennung angestrebt hatte. Warum, so dachten wohl viele, befreite ich mich nicht ganz von der Unterdrückung der Behörden und den Funktionären, warum strebte ich eine neue Form der Abhängigkeit an, was ja auch finanzielle Nachteile mit sich brachte. Auch Tatjana konnte meine Handlungen nicht gutheißen. Meine Bemühungen um ein einvernehmliches Arrangement quittierte sie nur mit ungläubigem Kopfschütteln. Ich muß zugeben, daß damals kaum jemand imstande war, die Motive meines Verhaltens zu begreifen.

Und doch hatte alles einen Sinn: Meinen Eltern – inzwischen glücklich, daß mir und ihnen nichts passiert war – wollte ich die Möglichkeit einer Auswanderung nach Deutschland nicht gefährden. Für den Fall, daß ich abspringen würde, hätte man sie, wie üblich, gerade damit bestrafen können. Für Elena bemühte ich mich um einen Reisepaß. Wie gerne hätte ich mir auch für meine Freunde und Kollegen, die sich weiterhin mit dem System auseinandersetzen mußten, die Chance einer Änderung ihrer Situation gewünscht. Das schien nämlich gar nicht so utopisch zu sein. Popow äußerte bald mir gegenüber:»Na gut, wir werden mit Ihnen das Experiment einer Öffnung, einer Großzügigkeit wagen und es, wenn das gelingt, vielleicht auch auf andere Ihrer Kollegen ausweiten.« Da es sich dabei nicht nur um die ganz privaten Worte eines Funktionärs handelte, konnte ich annehmen, daß sie etwas zu bedeuten hatten.

Gleichwohl blieb ich in den Augen vieler Kollegen ein Einzelgänger, dessen Interessen rein egoistischer Natur waren. Dieses Verdikt hatte ich noch lange mit mir herumzutragen. Erst nach und nach, abseits des Podiums, bekam ich bisweilen auch Gesten der Anerkennung zu spüren.

Kulturminister Demitschew gehörte, wie viele leitende Funktionäre der Breschnew-Ära, als Mitglied des Politbüros zur Spitze der totalitär regierenden Kommunistischen Partei. Nie hatten wir uns vorher gesprochen, obwohl es dazu einige Gelegenheiten gegeben hatte. Von Demitschew wußten wir alle, daß er nicht zu den fortschrittlichen Kräften gehörte. Als verbissener, gesichtsloser Konformist diente er dem Apparat loyal und linientreu. Und doch konnte man ihn nicht umgehen, alle offiziellen Anträge im Bereich Kultur mußten an ihn als höchste Instanz gerichtet werden; so hatte ich auch meine Bittschrift an ihn adressiert. Erst am 17. Januar, also fast einen Monat nach meiner Ankunft in Scheremetjewo, wurde ich zu ihm geladen. Popow begleitete mich diesmal. Der kurze Weg von seinem Büro zum Kabinett des Ministers im selben Gebäude bekam mit seinen vielen Treppen, Stufen, Türen und der Lautlosigkeit unserer Schritte auf dem Teppichboden den Anstrich eines gespenstischen Rituals. Zwei oder drei Sekretäre im Vorzimmer des Ministers, dann der plötzlich wie aus dem Nichts auftauchende Luschin verstärkten diesen Eindruck noch. Schließlich öffnete sich die mächtige Eichentür, und wir traten ein.

Das Zimmer war groß, riesengroß. Demitschew saß nicht in der Mitte des Raumes, sondern in einer Arbeitsecke unter dem in jedem Amtszimmer hängenden Lenin-Porträt. Eine endlose bedrohliche Leere breitete sich aus, zu der das blasse, ausdruckslose Gesicht meines Vis-à-vis gut paßte.

Die formell-höfliche Begrüßung schuf eine gewisse Distanz. Was mir sogleich auffiel und sich im Laufe der Zeit noch verstärkte, war Demitschews Blick: Der Minister mied offensichtlich den direkten Augenkontakt. Das, wovon viele seiner Mitarbeiter und Gesprächspartner erzählt hatten, bekam auch ich jetzt aus der Nähe mit. Ich hatte das Gefühl, vor dem Blick einer Boa constrictor zu erstarren, der ich mich nicht entziehen konnte. Der Funktionär bediente sich im Gespräch der eigentümlichen Technik, mein Gesicht mit seinen Augen abzutasten, ohne meinen Blick zu suchen, und dabei sehr leise zu sprechen. Ich fragte mich unwillkürlich, ob Parteifunktionäre vielleicht systematisch im Leisesprechen ausgebildet würden. Das Bestreben, damit Autorität zu demonstrieren, war offenkundig.

Mstislaw Rostropowitsch hatte mir einmal von einem Auftritt in unserem weiten Heimatland erzählt, bei dem er mit einem für ein Celloprogramm arg banausischen Publikum konfrontiert wurde. Die Zuhörer amüsierten sich nach Kräften und machten großen Lärm, den der irritierte Künstler mit immer lauter werdendem Spiel zu übertönen suchte. Als er den Wettkampf zu verlieren drohte, probierte er das Gegenteil. Er bekam die Situation mit einem immer leiser werdenden Ton vollständig in den Griff.

Als Demitschew fast flüsternd seine Ansprache begann, wirkte sie nahezu hypnotisch. Der Effekt war beabsichtigt: Er war derjenige, dem man zuzuhören hatte, er gab hier, im wahrsten Sinne des Wortes, den Ton an. Schon die ersten Sätze des Ministers verwirrten mich. Er sei von mir sehr enttäuscht und könne nicht verstehen, daß jemand wie ich, der doch alles hatte, so unbedacht handeln konnte und – schlimmer noch – solche Forderungen stellen würde. Er hätte das nie erwartet. Man habe mir doch so viel Vertrauen ausgesprochen und mein Talent immer so geschätzt. Mit jedem neuen Satz, er sprach fortwährend in der Vergangenheitsform, unterstrich der Minister seine Unzufriedenheit. Nun packte mich regelrecht die Angst. War das die Abrechnung? War jetzt alles, wie man so schön sagt, im Eimer? Demitschew schaute mich weiterhin kaum an und setzte seinen Monolog fort, der sich mehr und mehr in eine Anklagerede verwandelte. Seine Worte klangen immer strafender und gipfelten in dem Vorwurf der Unreife und Staatsfeindlichkeit; meine Handlungen würden sich an der Grenze zum Verrat bewegen: »Es ist eine Schande.«

Die Stimme des Funktionärs war nicht lauter geworden, trotzdem deutete alles auf die Katastrophe hin, vor der man mich einen Monat zuvor schon gewarnt hatte. Demitschew stellte weiterhin keine Fragen. Er schien im Rausch einer Rede zu sein, die sich allmählich in einen Vortrag über die Werte der russischen Kulturgeschichte verwandelte. Mit den Namen Alexei Tolstoi, Wladimir Majakowski und Michail Scholochow jonglierte er in einer Art monotoner Kunstfertigkeit herum, zitierte, verglich und belehrte. Das ganze Spektakel schien kaum etwas mit mir zu tun zu haben. Aber so ganz als Publikum fühlte ich mich auch wieder nicht. Plötzlich nannte er den Namen Mstislaw Rostropowitsch und kam auf das »gemeine Interview« des Cellisten im *Time*-Magazin zu sprechen. Ein Künstler dürfe sich nicht von einer falschen Vorstellung von Freiheit verführen lassen: »Es gibt keine absolute Freiheit.« Demitschews Stimme wurde zum ersten Mal aggressiver und lauter. »Es ist ein grundsätzlicher Fehler. Wer so denkt, handelt nicht als Patriot seines Landes«, bekräftigte er drohend seine Haltung. Damals konnten wir nicht ahnen, daß Demitschews Verdikt die Ereignisse, die einige Monate später folgen sollten, hier bereits vorwegnahm. Als Rostropowitsch und seiner Frau Galina Wischnewskaja kurz darauf die sowjetische Staatsangehörigkeit aberkannt wurde, war Demitschew an dieser Aktion beteiligt, hatte sie mit initiiert. Aus der Rückschau gesehen, schien er sich jetzt mir gegenüber in diese Art »Künstlerabstrafung« einzustimmen, als er belehrend fortfuhr: »Jeder wird so enden, der die wahren Werte unseres Systems nicht zu schätzen weiß und nicht anerkennt, was den Künstlern, gerade den jungen, alles geboten wird. Musiker, die als politische Dilettanten auftreten,

können und sollen nicht als Vertreter ihres Heimatlands angesehen werden.« Wollte er sich mit diesen Worten vor den
gelangweilten Anwesenden wichtig machen? Galt der ganze
Aufwand tatsächlich nur mir? Alles erinnerte mich stark an
eine Vorlesung im Fach Wissenschaftlicher Kommunismus
an der Hochschule und im Konservatorium.

Irgendwann ging Demitschews Treibstoff zu Ende. Noch
einmal schaute er eindringlich an mir vorbei und wiederholte: »Ich würde Ihnen nie entgegenkommen.« Verzweifelt dachte ich: Ist das mein Ende?

Da kam völlig unerwartet die Wende. Nach einer Pause
fuhr Pjotr Nilowitsch fort: »Sie können von Glück reden,
daß man zu Ihnen da oben so gut steht.« Dabei hob er den
Finger zur Decke, meinte damit aber sicher nicht den lieben
Gott. Das Absurde an diesem Satz war, daß es eigentlich
über dem Kulturminister niemanden da oben gab, der für
den Bereich Musik zuständig war. So konnte man aus der
Geste des Ministers nur schließen, daß es eine oder mehrere
Personen in der Nomenklatura geben mußte, die für mein
Gesuch Verständnis aufbrachten. Ich weiß nicht, wem ich es
zu verdanken hatte, daß Demitschew nun einräumen mußte:
»Ihr Talent wird geschätzt, und ich will, daß Sie das zur
Kenntnis nehmen.« Der nächste Satz verbreitete noch mehr
Luft und Hoffnung im Raum. Der Minister atmete tief ein
und sagte: »Wir werden Ihnen also«, dieses bekannte Wir,
nun war Demitschew offenbar wieder mit denen da oben
eins, »wir werden Ihnen also entgegenkommen und alles
erfüllen, worum Sie gebeten respektive wovon Sie geschrieben haben.« Er warf einen konspirativ wirkenden Blick in
den Raum und äußerte in verschwörerischem Ton: »Sie
müssen nur versprechen, eine Bedingung zu erfüllen. Sind
Sie dazu bereit?«

Leise murmelte er diese Frage vor sich hin und schaute
mir zum ersten Mal in die Augen. Sekunden vergingen,
ich glaubte, nicht richtig gehört zu haben, und bekam kalte

Hände und Füße. Was sollte das jetzt noch? Wollten sie von mir ein Geständnis? Eine Zusammenarbeit? Einen Dienst für den KGB? Was erwartete mich? Ein Zurück gab es nicht mehr. Augenblicklich mußte ich die Frage mit Ja beantworten, auch wenn ich dabei lügen würde. Meine gemarterte Seele diktierte mir: Nur raus von hier, nur nicht mehr diesem Gesicht, dieser Stimme ausgeliefert sein.

Demitschew schaute mich aufmerksam an. Ich nickte bestätigend und antwortete in ebenso leisem Tonfall: »Hoffentlich kann ich es tun.« Es war, als würde ich um meine Freilassung bitten. Flüsternd gab nun Demitschew die Bedingung meiner Ausreise bekannt. Es klang geradezu aberwitzig: »Es darf über unsere Vereinbarung nichts an die Öffentlichkeit dringen.« Ohne verstehen, ohne nachvollziehen zu können, was er eigentlich meinte, antwortete ich, wie hypnotisiert, mit Entschiedenheit: »Ich werde alles tun, was in meinen Kräften steht.«

Das Treffen war zu Ende. Wir schüttelten uns die Hände und standen auf. Im Korridor wandte ich mich verlegen an Popow: »Ich kann doch unmöglich verhindern, daß die Presse, die Freunde, die ganze Welt...« Popow unterbrach mich mit spürbarer Ungeduld: »Soll das Arschloch sich zum Teufel scheren.« Er hatte plötzlich alles satt.

Spiele mit der Macht

Kurz vor meiner endgültigen Abreise aus Moskau rief mich ein Freund an und erzählte, er spiele heute abend in einem Konzert für die GAI, für die Verkehrspolizei. Ob ich dort auch auftreten würde? Man muß wissen, daß in der Sowjetunion diese Abteilung der Polizei besonders gefürchtet war, wenn auch nicht so sehr wie der KGB. Für jeden, der ein Auto fuhr, bedeutete sie eine tägliche Gefahr. Warum? Die Polizisten der GAI waren besonders streng; für sie war jeder Bestrafungsakt sichtlich eine Genugtuung. Autofahren war grundsätzlich ein Problem in Moskau. In einem totalitären Staat wie der Sowjetunion sind Regeln in jeder Hinsicht von besonderer Bedeutung. Alles muß seine Ordnung haben. Ich will nicht die Anarchie der neapolitanischen Autofahrer schönreden oder das notorische Verkehrschaos von Paris, gar nicht zu reden von Kairo, Istanbul oder Mexico City. Aber meinem Gemüt liegt einfach mehr die Flexibilität des Rhythmus in der zivilisierten Welt als die eiserne Logik eines russischen Polizisten, der völlig verrückt spielt und der gleich an Ort und Stelle den Strafakt vollziehen möchte. Alles mußte bestraft werden. Wenn jemand in der Nähe der Ampel plötzlich die Spur wechselte, ebenso wie wenn jemand zu langsam auf der Mittelspur fuhr. Strafbar war alles: ein schmutziges Auto, eine nicht intakte Blinkanlage und vieles mehr. Wie in vielen Bereichen des russischen Lebens herrschte auch hier die Willkür der Ordnung. Jeder konnte verdächtigt und erniedrigt werden. Das hatte zur Folge, daß ich immer Angst hatte, einem Polizisten zu begegnen, eine Angst, die ich auch im Westen noch eine geraume Zeit hatte.

In Rußland waren die Folgen einer Konfrontation nicht immer materieller Art und sofort spürbar. Häufig bekam man ein Loch in den Führerschein geknipst, aber schon drei Vermerke dieser Art waren eine Garantie dafür, ihn ganz zu verlieren. Ich erinnere mich eines Konflikts mit einem Polizisten, dem ich unbedingt entgehen wollte. Ich reagierte nicht auf sein Zeichen, versuchte auf Umwegen davonzufahren, wurde jedoch eingeholt und stand nun hilflos vor ihm, meinen Führerschein und damals schon den sowjetischen Auslandspaß vorweisend. Der Polizist barst vor Wut und Autorität, ich war zwar im Unrecht, hatte aber immerhin eine plausible Erklärung, »längere Zeit nicht in Moskau gewesen, nicht genau wissend, wo man umkehren könne, auf Suchen konzentriert und dabei das Zeichen übersehen«, etcetera. Er schaute mich dreist an. Sarkastisch und in einem Ton patriotischen Stolzes sagte er: »Dort hätte man dir« – das Duzen war auch sehr typisch – »dafür wohl mit dem Stock eins zwischen die Ohren gehauen!« Das also war die normale Vorstellung eines durchschnittlichen Sowjetbürgers vom Westen und seinen Sitten.

All diese leidvollen Erfahrungen mit der Verkehrspolizei bewogen mich jetzt, großes Interesse an der Veranstaltung zu zeigen. Abends machte ich mich auf den Weg zum Theater der Sowjetischen Armee, wo das Konzert zum Jahrestag der GAI stattfand. Es gehörte zur Sitte des Landes, Feiertage öffentlich und kunstvoll zu zelebrieren. Ich denke an die vielen Gelegenheiten, bei denen sogar der große Swjatoslaw Richter für die sowjetische Miliz spielte und Millionen im Fernsehen ein fünfminütiges Rachmaninow- oder Skrjabin-Werk verfolgten. Einmal wurde der Pianist sogar vom KGB-Orchester begleitet. Verfolgte er ähnliche Interessen wie ich, oder machte er sich eher lustig darüber, überhaupt mit von der Partie zu sein? Mir ging es vor allem darum, die Moskauer Verkehrspolizei günstig zu stimmen. Käme ich einmal mit dem Führerschein in der Hauptstadt in Schwierigkeiten, hätte ich vielleicht das Glück, auf einen Polizisten aus dem Publikum des heutigen Abends zu stoßen. Im Theater angekommen, wunderte es mich deshalb auch gar nicht, in allen Künstlerzimmern eine Menge Musiker, Tänzer, Sänger, Clowns zu finden. Jeder, der kam, hatte schließlich ein Auto und vermutlich die gleichen Hoffnungen. Ich wußte gar nicht, wann ich an der Reihe war und was ich spielen sollte. Die Organisation war sichtlich überfordert und nicht ausreichend koordiniert. Es gab keine Programmhefte, alles wurde, wie üblich, angesagt. Ich hatte auch Schwierigkeiten, den Ansager beziehungsweise die Ansagerin zu finden, die improvisierend die Reihenfolge herstellten. Auf meiner Suche kam ich auch in die Nähe des Podiums. Was sah ich? Auf der Bühne wälzten sich, tanzten und sprangen Bären! Ihre Leistung, unter der Regie eines guten Zirkusdompteurs, war sicher großartig. Aber die Vorstellung, in einem Konzert zusammen mit Bären aufzutreten, fand ich dann doch eine Zumutung. Nach etwa zwei Stunden Nichtstun verließ ich klammheimlich den Saal. Ich bin sicher, es hat niemand gemerkt.

Meine Haltung hatte aber Folgen. Bis heute habe ich keine Protektion bei der Moskauer Polizei und hüte mich, bei meinen Besuchen dort Auto zu fahren. Und immer wieder habe ich einen Traum: Ein Polizist taucht unversehens als Bärenbändiger auf. Wer der Bär ist, kann man sich wohl denken.

Nur noch wenige Tage blieben mir bis zu der nun neu anberaumten Ausreise. Es gab eine Unmenge zu erledigen. Schon am Tag nach dem Demitschew-Treffen spielten Oleg Maisenberg und ich in Leningrad. Über die Umstände meiner Rückkehr und das Zustandekommen dieser Konzerte hatte es allerlei Gerüchte gegeben. Jetzt strömte das Publikum in großen Scharen in den Saal. Man wollte die möglicherweise letzte Chance nicht verpassen, Kremer nochmals live zu hören. Niemand konnte wissen, ob mir später aus dem Westen der Weg zurück in die Heimat wieder geöffnet würde. Oleg und ich entschieden uns für ein besonders langes Programm, das außer Werken von César Franck, Eugène Ysaye, Béla Bartók und Ludwig van Beethoven noch den gesamten *Tierkreis* von Karlheinz Stockhausen enthielt. Dieser zeitgenössische Komponist wurde damals in der UdSSR nahezu nie gespielt. Mit dieser Erstaufführung in Rußland wollten wir einen Akzent künstlerischer Freiheit setzen.

Inzwischen kümmerte sich das Ministerium um die technische Abwicklung meiner Ausreise. Ich wünschte ein Dauervisum, ein exklusives Privileg, über das sonst nur Swjatoslaw Richter verfügte. Damit würde ich jederzeit die Grenze überqueren können. Solch ein Anliegen konnten nur »höhere Instanzen« bewilligen. Im Antragsformular erwähnte ich meine Ehefrau, gab ihren Namen aber nicht preis. Nach wie vor spürte ich keine endgültige Sicherheit, es fehlte uns ja noch der Trauschein.

Am 20. Januar 1978, nachdem Oleg und ich aus Leningrad zurückgekehrt waren, eilte ich zum Gericht. Um zwölf Uhr sollte die Verhandlung über meine Scheidung von Ksenija stattfinden. Die Prozedur dauerte nicht lange. Ein Friedensrichter rief uns die Verantwortung dem Kind gegenüber ins Bewußtsein und bemühte sich, uns zu einem Versöhnungsversuch zu bewegen. Ich bestätigte nochmals, unsere Tochter auch in Zukunft unterstützen zu wollen, erklärte aber deutlich, daß es kein Zurück in die Ehe mit Ksenija geben würde. Unser Auseinanderleben wurde auf die kürzeste Formel gebracht und eine Trennung »aufgrund der Charakterunterschiede« beantragt. Wenig später wurde das Urteil gesprochen. Das formelle Ende und der Abschied im Gerichtsgebäude waren von Enttäuschung geprägt. Meine

Eile überdeckte ein wenig den bitteren Nachgeschmack. Insgeheim freute ich mich auf die kommenden Stunden.

Ich rief Oleg an und bat ihn, eine Stunde vor unserer Generalprobe an die Kreuzung Kutusowski- und Demidowskiprospekt zu kommen. Oleg wollte wissen, weshalb? Aber am Telephon wollte ich ihm nichts verraten. Verdutzt, aber pünktlich stand er um drei Uhr am vereinbarten Ort. Gleichzeitig erschien Elena, begleitet von einem treuen Freund. »Na gut, gehen wir jetzt also los und heiraten«, sagte ich zu ihm. Er sah mich an, als sei ich nicht ganz bei Trost. Elena fand die Situation besonders lustig und konnte ihr Lachen nicht mehr zurückhalten. Die Frage nach den Hochzeitskleidern ging im allgemeinen Wortwechsel unter. Eines war schnell klar: Oleg war mit mir zu jedem Abenteuer bereit. Und so betraten wir kurz nach drei Uhr das SAGS, das Standesamt für Heirats- und Sterbefälle.

Viele Menschen standen hier herum, mit Blumen oder Sektgläsern. Alle warteten, wie gewöhnlich in einer Art Schlange, auf die Prozedur. Bald waren wir an der Reihe und wurden gefragt, welche Form der Feier wir bevorzugten: mit oder ohne den Hochzeitsmarsch von Felix Mendelssohn Bartholdy aus dem Lautsprecher und einer offiziellen Rede der Beauftragten des Standesamts, die dem Brautpaar eine glückliche und kinderreiche Ehe zum Wohle des Vaterlands wünschte? Wir dankten; die formelle Regelung der Dokumente würde uns als Zeremonie ausreichen. Überrascht, aber zugleich erleichtert begab sich die Bevollmächtigte zu ihren Büchern. Alle vier mußten unterzeichnen. Oleg konnte oder wollte immer noch nicht seinen Augen trauen. Bald jedoch wurden uns die Urkunden ausgehändigt. Unglaublich, aber wahr – Elena und ich waren endlich glücklich verheiratet.

Schon wieder wurde es eilig. Oleg und ich mußten zur Probe im Tschaikowski-Saal des Konservatoriums. Das war das Hauptprogramm dieses besonderen Tages. Am Abend darauf fand nämlich unser später oft als Abschiedskonzert bezeichneter Auftritt statt. Wie vor ein paar Tagen in Leningrad stürmten die Leute in den Saal – unser Konzert hatte sich als Sensation der Stadt herumgesprochen. Erst am Tag darauf konnte ich Popow den Namen meiner neuen Frau nennen und die Karten auf den Tisch legen. Erstaunt brachte er seine Bewunderung zum Ausdruck. »Wie schaffst du es immer wieder, so charmante junge Geschöpfe für dich zu gewinnen?« sagte er mit einem Hauch von Neid in der Stimme und machte mich damit etwas verlegen. Wichtiger war mir, mit ihm meine aktuellste Sorge zu besprechen. Ich bat ihn eindringlich, sich dafür einzusetzen, daß Elena mit mir ins Ausland reisen konnte. Mir war klar, daß die Ausstellung eines Reisepasses einige Wochen, wenn nicht Monate in Anspruch nehmen würde. Elena studierte am Konservatorium und hatte noch nie die sowjetische Staatsgrenze überquert. Wir hatten deshalb eine Menge Unterlagen zu beschaffen, bevor wir einen Antrag auf einen Paß stellen konnten. Und doch zeigte sich Popow eher optimistisch. Vor allem schien ihn zu befriedigen, daß er Elenas Vater Dmitri Baschkirow kannte und schätzte, so daß die Chancen stiegen, daß meine Bitte positiv entschieden würde.

Am 26. Januar flog ich nach London, um das Elgar-Konzert mit Kirill Kondraschin zu spielen, was für mich gerade in England eine besondere Herausforderung bedeutete. Die Weichen für unser Zusammenleben als Paar waren zwar gestellt, aber unsere Zweisamkeit konnten wir dennoch nicht wirklich feiern. Unsere Flitterwochen verbrachten wir weit entfernt voneinander. Und so versuchten wir, die Distanz mit Telephonieren zu überwinden.

Über die sowjetische Botschaft in London richtete ich einen offiziellen Brief an das Rektorat des Konservatoriums, worin ich bat, Elena vorzeitig aus ihrem Studium zu entlassen. Sie hatte zwar vor, ihre Prüfungen früher abzulegen, um mir folgen zu können. In Moskau indessen mußte immer noch mit Hindernissen gerechnet werden. Zwischen Zweifel und Zuversicht überwog bei mir doch die Gewißheit, auf dem richtigen Weg zu sein und gegenüber dem sowjetischen Staat meine Position verteidigt zu haben. Wie so oft hat das Tagebuch wie ein Seismograph die Stimmung jener Tage aufbewahrt.

5. Februar 1978. Leeds
Nach zwei Monaten verrückter Entwicklungen, jede davon ein Roman für sich, bin ich wieder unterwegs im Wilden Westen. Jetzt entschiedener denn je.

England wurde zum ersten Landeplatz nach der Hochspannung, die bei meinem Versuch zu mehr Selbständigkeit und Unabhängigkeit entstanden war. Natürlich ist auch diese Geschichte immer noch mit einem Risiko verbunden. Bis jetzt aber hat sich das Risiko schon gelohnt, und das »noble« Benehmen auch.

Allen jenen – es war die Mehrheit –, die nicht an den Erfolg meines Unternehmens glaubte (die Rückkehr nach Moskau, die Verhandlungen, die Vereinbarungen), konnte ich symbolisch eine lange Nase drehen. Ich habe mein Ziel erreicht. Was sollte ich dort in dieser gar nicht paradiesischen Hälfte der Weltkugel – behandelt halb als Mensch, halb als Objekt –, wo es ausreichend Kräfte gibt, die alles bis zur Leblosigkeit aussaugen und vernichten wollen?

Viel wichtiger aber als diese Erfahrung der Vergangenheit ist der Umstand, daß ich das Licht, die Quelle, die Unterstützung gefunden habe, die auch in Zukunft strahlen und Freude bereiten werden. Man könnte sagen, daß ich hier in England meine Flitterwochen verbringe. Wenn auch leider allein. Und wenn das auch ein trauriger Zustand ist, so bringt er mich doch nicht, wie früher, in Verzweiflung. Die reale Hoffnung besteht, daß es noch viel zu flittern geben wird. Möge nur dieser Wunsch in Erfüllung gehen, diese Wärme, dieser Trost erhalten bleiben.

Die ganze Tragik ist auf diese Weise in den Hintergrund getreten. Wenngleich sie in der Erinnerung als Erfahrung ihre Gültigkeit behält, überwiegt zur Zeit ein neues Gefühl: Verantwortung und ein großes Vertrauen in mich selbst, das ich im Handeln nach eigenem Gewissen gewonnen habe. Und dank der Unterstützung, die Elena mir gewährte.

West-östlicher Wahn

Im Februar 1978 benutzte ich ein freies Wochenende während meiner Tournee durch die Tschechoslowakei, um dank meines exklusiven neuen Dauervisums Elena zwei Tage in Moskau zu besuchen. Wie schmerzlich, danach wieder allein wegfahren zu müssen! Und doch mußten wir Geduld üben. Die Aussichten waren nicht schlecht. Uns war schließlich versprochen worden, schon am 3. April gemeinsam ausreisen zu können.

Als der lang ersehnte Tag nahte, begann plötzlich wieder das alte Spiel: Elenas Paß war noch nicht fertiggestellt, die Formalitäten benötigten noch mehr Zeit. Im gleichen Moment wurde versichert, Elena könne mir später nachreisen. Das akzeptierte ich jedoch jetzt nicht mehr. Von nun an wollten wir strikt zusammenbleiben. Da neue Konflikte unvermeidlich schienen, sagte ich meine Konzertverpflichtung in Toulouse ab. Die Stimmung wurde von Tag zu Tag gespannter. Jede Stunde traten neue Irritationen auf, kamen Anrufe und Fragen, und wie immer hatte ich gleichzeitig Konzerte zu geben, diesmal in Leningrad. Ich wurde immer nervöser, ich konnte keinen Schlaf mehr finden. Das einzige, das mir Mut gab, war das Gefühl, in Elena einen Menschen an der Seite zu haben, der in diesen entscheidenden Stunden immer fröhlich blieb und mir Liebe gab.

Dann geschah das Wunder. Am 5. April konnten wir ihren Paß abholen. Schon am nächsten Tag bestiegen wir gemeinsam das Flugzeug nach Paris. Ein neuer, vielversprechender Lebensabschnitt begann und ließ uns in der freudigen Stimmung unserer Zweisamkeit vergessen, daß wir auf vielen Gebieten noch sehr naiv und unerfahren waren. Die unbekannte westliche Welt, die vor uns lag, verführte zu Leichtgläubigkeit und großen Erwartungen. Ich hatte nie bedacht, daß der wahre Transit vom vertrauten Moskau in den ersehnten Westen erst begonnen hatte, daß die endlich erworbene Freiheit eine neue Herausforderung darstellte. Wir landeten im buchstäblichen Sinn zwischen zwei Welten. Eine gehörte nun der Vergangenheit an, die andere führte in die Zukunft. Als erstes hatte ich aber mein Paris-Debüt mit Jewgeni Swetlanow zu bestehen.

Wir hatten nur zweimal miteinander gespielt, der Chef des Staatsorchesters der Sowjetunion und ich. Swetlanows Ideal als Dirigent und Komponist wurde beherrscht von der mächtigen Klangwelt eines Rachmaninow, eines Tschaikowski oder Skrjabin. Wahrscheinlich würde er selbst die ganze russische Klassik als sein musikalisches Zuhause ansehen. Die Fixierung auf das russische Erbe hinderte ihn jedoch nicht, sich auch Partituren wie Richard Strauss' *Also sprach Zarathustra* oder Olivier Messiaens *Turangalîla* zu widmen, um mit ihnen gewissermaßen Aufklärung zu betreiben; beide Werke waren zuvor in Moskau kaum zu hören gewesen. Als Musiker war Swetlanow immer ausgesprochen aktiv: Er dirigierte, spielte Klavier und versuchte sich auch als Komponist. Mich faszinierten vor allem seine schönen Hände beim Dirigieren. Selten war ich in Rußland einem Maestro begegnet, dessen Bewegungen eine so suggestive Wirkung besaßen. In seiner ganzen Erscheinung war Swetlanow sozusagen der prototypische Slawe. Seine spontanen Reaktionen und unerwarteten Äußerungen auf vielen Gebieten, seine Neigung zu extremen Reaktionen verstärkten noch dieses Image. Oft wußte man bei ihm nicht zwischen aufrichtigem Patriotismus und krudem Nationalismus zu unterscheiden. Aber wie auch immer man seine Haltung definierte, sie sicherte ihm die hohe Position in einem Staat, der keine klare Trennung zwischen diesen Sphären vornahm.

Eines an Swetlanow aber war für die Politiker unbequem: seine Unberechenbarkeit. Viele Handlungen und Aussagen kamen aus seiner stimmungsbetonten, explosiven, keine Hemmungen kennenden Art. Das machte den Funktionären angst. Apparatschiks konnten Überraschungen nicht gut gebrauchen. Was man von Swetlanow erwarten konnte, war aber nie ganz klar: Heute wirkte er wie ein hundertfünfzigprozentiger Kommunist, morgen konnte er einen Parteigenossen in aller Öffentlichkeit wie den letzten Schurken beschimpfen. Genauso unberechenbar war er seinem Orchester gegenüber, auf das er einerseits stolz war, dessen Musiker er aber aus einer Laune heraus oft lautstark demütigte. Einmal in Rage geraten, konnte niemand es ihm mehr recht machen. Swetlanow gehörte, wie der große Jewgeni Mrawinski, zu jenen Maestri, vor denen man ständig Angst hatte, ohne daß sie selbst davon die geringste Ahnung gehabt hätten. Ihnen ging es nur um die Musik. Sein Talent war Swetlanows Triebfeder, sie verwandelte ihn freilich eher in einen Kampfstier als in einen Missionar. Daß er trank, verstärkte noch die Unberechenbarkeit seines Temperaments. Aber auch diese Schwäche gehörte zu seinem Künstlertum.

Die Probe des Brahms-Konzerts in Paris Anfang 1978 verlief zufriedenstellend. Früher hatte ich nur ein einziges Mal eine künstlerische Auseinandersetzung mit dem von vielen gefürchteten Dirigenten gehabt: beim Beethoven-Konzert einige Jahre zuvor in Moskau. Auch dieses Mal hatte Swetlanow allen meinen Erwartungen zum Trotz keine großen Ansprüche. Es herrschte nahezu Harmonie zwischen uns. Abends kam ich in die Salle Pleyel und fand Swetlanow im Künstlerzimmer. Mit einer Flasche Rotwein in der Hand saß er auf einem Stuhl und hatte seine Moskauer Freundin auf dem Schoß, die er als Journalistin vorstellte. Sein Gesicht war gerötet von Genuß und Aufregung. Die ganze Szene erinnerte mich an Gemälde Rembrandts, man hätte die Dame fast mit Saskia anreden können.

Im Konzert ließ der Maestro einen mächtigen Brahms ertönen. Ich spürte die Gefahr, in diesem Ozean des Klanges unterzugehen, aber es geschah nicht. Swetlanow folgte mir einerseits musikantisch, andererseits sehr respektvoll, in jedem Fall aber souverän. Zum Applaus bedankte ich mich bei ihm mit Händedruck. Er, sichtlich erhitzt, fand das wohl zu bescheiden, nahm meinen Kopf und küßte mich auf den Scheitel. Ich fühlte mich wie vom Heiligen Vater gesalbt.

Nach dem Konzert versammelten sich alle, auch Herr Rembrandt nebst Saskia, zum Empfang im Restaurant. Swetlanow kam etwas verspätet, und man merkte ihm sogleich an, daß er die Flasche in der Zwischenzeit geleert haben mußte: Mit seiner überquellenden Gesprächslust fiel er nicht minder aus dem Rahmen als mit seinen Schimpfkanonaden. Und doch war er die große Attraktion des Abends, vor allem weil er, der größte lebende sowjetische Dirigent, mit Kritik am Sowjetstaat nicht hinter dem Berg hielt. Aber dann kam auch wieder sein Patriotismus zum Vorschein. Mit einem Trinkspruch wandte er sich an alle Anwesenden: »Ihr habt alle unrecht, niemand will einen Krieg, auch wir nicht. Nur einer sucht den Kampf, nur einem ist der Frieden fremd: Arafat!« (Heute dagegen denke ich, der alte Haudegen Arafat hätte sich längst auf die Seite des Friedens geschlagen, wenn zugleich die Anerkennung eines souveränen Palästinerstaates greifbare Formen annehmen würde.)

Für mich begann eine Zeit, in der ich in eine Art Doppelrolle gedrängt wurde. Die Menschen in Moskau nahmen an, ich wäre nun prowestlich eingestellt, weshalb Vorsicht mit mir am Platze wäre. Noch mißtrauischer zeigten sich manche Personen und Organisationen im Westen. Sie verdächtigten mich, ein Ostagent zu sein. Im Grunde trauten mir beide Seiten nicht mehr, Bekannte und sogar Freunde. Sie glaubten, ich hätte einen unehrlichen Pakt geschlossen, ein Faustsches Abkommen. Es war ja für Außenstehende auch wirklich nicht so recht einsichtig, warum gerade mir als jungem Künstler solch ungewohnte Großzügigkeit entgegengebracht wurde. Irgend etwas schien an der Sache faul zu sein. Das bekam ich ständig zu spüren – von Journalisten, von Künstlerkollegen wie Mstislaw Rostropowitsch und Martha Argerich, von meinen Agenten oder den Leuten aus der Schallplattenindustrie.

Einer der ersten Konflikte entstand, als ich mit dem English Chamber Orchestra eine Aufnahme bei EMI machen wollte. Ich hatte mehrmals erklärt, die Verträge erfüllen zu wollen, die die staatlichen russischen Institutionen für mich abgeschlossen hatten. Mein Ziel sei es aber, nach und nach auch selber Vereinbarungen zu treffen. Als ich wiederholt auf einen eigenen Vertrag für die geplante Aufnahme drängte, bekam ich zwei Tage vor der ersten Studiositzung ein Telex von EMI. Man verstehe meine Forderungen nicht, die Verträge seien mit Moskau längst unterschrieben worden. Man könne nicht akzeptieren, nun doppelte Honorare an Moskau und an mich zahlen zu müssen. Das Geschäftsgebaren von EMI war eindeutig: Die Firma hatte mit Meschkniga, der für Schallplattenprojekte zuständigen sowjetischen Organisation, die Künstler vermittelte und Lizenzen kassierte, ein Pauschalabkommen getroffen. Und weil ich als Individuum noch nicht in diesen Markt integriert war, versuchte man wie üblich zu verfahren. Die von den Partnern laut Vertrag vereinbarte Pauschalsumme wurde Meschkniga gutgeschrieben. Für komplizierte Sonderprojekte wurden noch zusätzliche Bedingungen ausgehandelt. Für EMI war es einfacher und zugleich lukrativer, mich als Teil des Grundpakets zu betrachten. Außerdem erschien den Herren in London mein neuer Status zu unsicher, als daß sie ihre Interessen in Moskau gefährden wollten. Die Erfahrung, die sie mit mir bei der noch nicht lange zurückliegenden Aufnahme mit Herbert von Karajan gemacht hatten, schien ihnen wohl sehr genehm zu sein: ein gutes Geschäft. Ich durchschaute das Geschäftsgebaren nun gut genug und sagte das ganze Unternehmen ab.

Die Deutsche Grammophon, damals noch kaum tätig im Geschäft mit der Sowjetunion, war im Gegensatz zu EMI zunächst unternehmungslustiger. Zumindest schienen meine Gesprächspartner Verständnis für mich zu haben, auch wenn sie, wie es in der Branche üblich ist, bei den Investitionen sparten. Die Folge war, daß für ein Repertoire mit delikaten Konzertstücken von Schubert und Beethoven das London Symphony Orchestra unter der Leitung des aufsteigenden Karajan-Protegés Emil Tschakarow engagiert wurde. Dem Dirigenten waren aber die Werke nicht vertraut, ein Kammerorchester hätte damit viel besser umgehen können. Meine Eigenständigkeit stand so gleich zu Beginn im Schatten mißlicher Umstände. Ich mußte erfahren, daß die seit Jahren herbeigesehnten neuen Arbeitsmöglichkeiten auch ihre tückischen Seiten besaßen.

Schallplattenfirmen waren nicht die einzigen, die es schwierig machten, mich in meiner neuen Situation zurechtzufinden. Im Umgang mit Agenten erging es mir nicht anders. Keiner von ihnen war bereit, Risiken einzugehen oder etwas aufs Spiel zu setzen, wenn er mit Moskau arbeitete. Die Agenten verdienten an russischen Künstlern, und gerade die bescheidenen finanziellen Möglichkeiten, die den Künstlern von Staats wegen offeriert wurden, konnten sie zugunsten ihres Profits nutzen. Die Sowjetunion betrieb den Sklavenhandel auf ihre Weise, indem sie zwischen 50 und 95 Prozent des vereinbarten Künstlerhonorars kassierte. Der westliche Agent verlangte nicht selten von sich aus das Doppelte oder Dreifache von den Veranstaltern. Als Begründung dafür konnte man Reise- und Hotelkosten angeben. Jahrelang wurden so die Künstler aus dem Ostblock von allen Seiten ausgenutzt. Mein neuer Status erlaubte mir, so manche dieser Geschäftspraktiken zu durchschauen, was natürlich nicht allen Beteiligten gefiel. Konnten sie aber erkennen, daß es vor allem unfaires Verhalten war, das ich haßte? Dabei verabscheute ich die profitorientierte Marktwirtschaft nicht weniger als das totalitäre Monopolsystem. Der Marktwirtschaft freilich konnte man immerhin noch entgehen, während man dem Monopolsystem völlig ausgeliefert war. Auf beiden Seiten vermutete man jedoch, ich betriebe ein faules Spiel und man müsse mit mir vorsichtig sein. So bestand eine meiner ersten Lektionen darin zu lernen, wie schwer es ist, in der Geschäftswelt einer neuen Umgebung Vertrauen zu erwerben. Ein großes Glück bedeutete für mich, bei einigen meiner neuen Betreuer einer großen Herzlichkeit und persönlichen Integrität zu begegnen, etwa bei Beate und Werner Lutz oder bei Reinhard Paulsen – sie alle wurden Freunde fürs Leben.

Von Moskau entfernte ich mich innerlich nur langsam, obwohl ich immer weniger Zeit dort verbrachte. Elenas und meine Gedanken drehten sich mehr und mehr um die Zukunft. Als uns bald klar wurde, daß auch in dieser Welt des Westens manches faul war, gehörte eine gute Portion Optimismus dazu, diesen Irritationen standzuhalten.

Es gab aber noch etwas, das uns das Leben schwermachte: Mit dem russischen Paß waren wir in unserem Aktionsradius sehr eingeschränkt. Jedes Land verlangte ein Visum, das nicht einfach zu besorgen war. Bis es ausgestellt wurde, bekam nicht nur ich regelrechte Aggressions- und Depressionsanfälle. Den Mitarbeitern der Konzertbüros erging es ebenso. Die Welt der Bürokraten schien überall auf gleiche Weise zu funktionieren. Die Angst vor der »roten Pest« – wie man den Kommunismus allenthalben nannte – spürten wir in allen Konsulaten. Die Deutschen und die Amerikaner waren in Sachen Vorsicht Weltmeister. Wie oft standen wir einen Tag vor einem Konzert hilflos vor dem Visafensterchen der Botschaften, wie früher in Moskau vor den Schaltern für die Ausreiseformalitäten. Die unzähligen Fragen, die man auf den Formularen, nicht selten mit drei bis vier Durchschlägen, ausfüllen mußte, erinnerten an den Papierkram der Auslandskommissionen in den Bezirksbüros des Parteiapparats. Bei den Amerikanern, die seit Joseph McCarthy mit der Angst vor allen Formen von Kommunismus infiziert zu sein schienen, hatten wir ständig zusätzliche Fragebogen auszufüllen. Wichtig war die Bestätigung, daß wir niemals auch nur entfernt etwas mit einer kommunistischen Bewegung zu tun gehabt hätten – und das buchstäblich schon vor und unmittelbar nach unserer Geburt.

Es kam mir so vor, als seien die beiden Hemisphären, zumindest in gewissen Bereichen, nahezu identisch. Während man Ausländer in Rußland einerseits als eine Art Elite betrachtete, neigte man doch auch lange nach der Stalinzeit noch dazu, sie alle als potentielle Spione zu verdächtigen. Oft traten dabei sogar gewisse rassistische Züge hervor, die alle asiatischen oder afrikanischen Studenten an Universitäten des Big Brother zu spüren bekamen. Im Westen gab es zwar das musikinteressierte Publikum, die Hingabe und Herzlichkeit neu gewonnener Freunde. Wir hatten aber sehr oft mit Bürokraten zu tun, die in jedem von uns, der einen roten sowjetischen Paß vorlegte, einen kommunistischen Agenten erspähten. Bis heute regt sich in mir Unbehagen, wenn ich an Fragebogen nur denke. Wir mußten die Erfahrung machen, daß die zwei so unterschiedlichen Welten viele Gemeinsamkeiten besaßen: Stumpfsinn blieb Stumpfsinn, Geschäftstüchtigkeit Geschäftstüchtigkeit – welcher Couleur auch immer. Gefrorene Herzen waren zur Zeit des kalten Krieges keine Ausnahme, hier wie dort.

Aber ich will nicht ungerecht sein. Die Unterschiede waren ebenso eindeutig. Gegen äußeren Druck konnten wir uns im Westen besser schützen. Verantwortliche blieben keine anonyme Instanz, sie waren meist ausfindig zu machen, und mit ihrer Hilfe ließen sich Probleme lösen. Das System trug menschliche Züge, was die westliche Welt flexibler machte. Hier atmeten wir besser und leichter. Trotz mancher Enttäuschungen entdeckten wir den freien Raum für Anregungen, Fürsorge, Möglichkeiten und Komfort – sowohl bei der Arbeit als auch in der Zeit der Entspannung. Zum ersten Mal verbrachten Elena und ich unsere Ferien bei Freunden auf Ischia und Sardinien. Wir nahmen auch an einer Musikkreuzfahrt im Mittelmeer teil. Wir wurden verwöhnt; allmählich kam uns das neue Klima vertrauter vor. Wir atmeten so tief, wie wir nur konnten. Nur die Anstrengungen des Konzertlebens überschatteten gelegentlich unser Glücksempfinden. Der Weg in unsere Heimat war uns offen geblieben. Was uns aber bedrückte, war das Gefühl, nirgendwo in dieser Welt zu Hause zu sein.

Unsere erste größere gemeinsame Tournee führte Elena und mich im Herbst 1978 nach Asien und auch auf die Philippinen. Durch Vermittlung von Goskonzert waren wir Gäste des Stadtorchesters von Manila, das, wie die meisten Kulturinstitutionen des Landes, von der First Lady betreut wurde. Imelda Marcos' idealistische Kunstbegeisterung stand in krassem Gegensatz zu dem grenzenlosen materiellen Reichtum, den sie zusammen mit ihrem Mann angehäuft hatte. In welchem Ausmaß das Regentenpaar sowohl politisch als auch finanziell korrumpiert war, offenbarte sich uns erst später. Jedenfalls setzte sich damals niemand so vehement für das Musikleben der Stadt ein wie Imelda Marcos.

Der Kulturattaché der sowjetischen Botschaft betreute uns. Er hatte selten Gelegenheit, Gäste wie uns zu empfangen, und konnte jetzt sozusagen wieder einmal Heimatluft einatmen. Allerdings war der Funktionär hauptsächlich für Sport zuständig. Hocherfreut verkündete er deshalb auch, daß Anatoli Karpow soeben die Schachweltmeisterschaften gewonnen habe. Die letzten Wochen hätten für ihn viele Strapazen mit sich gebracht. Unsere Gedanken, die um seine Position kreisten, konnte er nicht lesen. Es war auch nicht seine Sache, uns darüber aufzuklären, ob für den Sowjetmenschen Sport mehr zur Kultur oder Kultur, respektive Musik, mehr zum Bereich des Sports gehörte. Pathetisch verkündete er, Karpow sei trotz aller Tricks des Gegners siegreich aus dem Endspiel hervorgegangen. Den entscheidenden Wettkampf zwischen dem Champion und seinem Herausforderer beschrieb er uns bis ins letzte Detail und betrachtete Wiktor Kortschnoi, den unter Schweizer Flagge spielenden Emigranten, nahezu als Kriminellen. »Das war vielleicht eine Anstrengung und eine Aufregung«, sagte der Mann, als ob er selber das Spiel gewonnen hätte: »Sie können sich gar nicht vorstellen, was Kortschnoi hier mit seinen Leuten alles anstellte! Das war schon psychologische Kriegführung.« (Als ob man einen Krieg einseitig führen könnte, ging es mir durch den Kopf.) »Wen dieser sogenannte Genosse nicht alles hat anreisen lassen! Ärzte, Psychologen, sogar…«, und hier kannte die Empörung des Mannes keine Grenzen mehr, »… einen Yogi!« Er freute sich offensichtlich sehr darüber, jemandem alles erzählen zu können, und fuhr fort: »Wir mußten dann Gegenmaßnahmen treffen.«

Aus eigener Erfahrung war mir klar, daß er die Wahrheit sprach, und fragte scheinbar ganz naiv, was denn passiert wäre, wenn Karpow die entscheidende letzte Partie dennoch nicht gewonnen hätte, wenn ihm im letzten Augenblick die Nerven versagt hätten? Die Antwort kam prompt: »Das wäre unmöglich gewesen! Kortschnoi konnte auf keinen Fall gewinnen!« Überrascht von dieser eindeutigen Aussage, hatte ich das Verlangen, noch das Tüpfelchen auf das i meiner Neugierde zu setzen, und erkundigte mich nach dem Grund. Jetzt rückte der Funktionär mit der Wahrheit heraus. Er hatte sich während der gemeinsam verbrachten

Tage versichern können, daß wir vertrauenswürdige Landsleute waren und somit auch über interne Angelegenheiten informiert werden durften:»Ganz einfach, wir« (meinte er mit»wir« sich selbst und Karpow, oder schloß das»wir« auch dessen Betreuer ein?)»hätten die letzte Partie einfach unterbrochen, wir hätten uns schon etwas einfallen lassen, schließlich hatten wir Anweisungen aus Moskau. Aber Anatoli, ein toller Kerl, hat uns das erspart.« So wurden Elena und ich ganz en passant in die Art und Weise eingeweiht, wie unser Staat die Schachweltmeisterschaften»Made in USSR« und die Weltpolitik zu beeinflussen versuchte. Nicht das Schachspiel, die»richtige« Ideologie sollte die Weltmeisterschaft gewinnen.

Das Konzert am Abend hatte die Besonderheit, daß es Recital und Orchesterkonzert miteinander verband: Elena und ich traten im ersten Teil allein auf, im zweiten spielte ich dann mit dem Orchester das Tschaikowski-Konzert. Diese Zusammenstellung sollte insbesondere Imelda Marcos Freude bereiten. Sie hatte mehrmals zu den Gästen des Tschaikowski-Wettbewerbs in Moskau gehört und genoß offensichtlich ihren Ruf als Musikfan. Danach gab es einen pompösen Empfang. Große runde Tische standen in einem sich endlos erstreckenden Saal. Die First Lady saß mit uns zusammen. Sie war eine enthusiastische Gesprächspartnerin, Elenas und meine Englischkenntnisse waren jedoch noch zu schwach entwickelt. Wir waren ständig auf die Übersetzungshilfen unseres Dirigenten oder des an derselben Tafel sitzenden sowjetischen Funktionärs angewiesen.

Beim Diner fragte Imelda Marcos unvermittelt, wo denn Elena ihre Abendrobe gefunden habe? Wir schluckten beide, durfte doch niemand erfahren, daß dieses hübsche Kleid aus einer israelischen Boutique stammte. Wir hatten es während eines heimlichen Aufenthalts dort erworben. Irgendwie drückte sich Elena um die Antwort herum. Daraufhin machte Imelda Marcos eine Geste, und plötzlich stand vor uns ein kleiner Mann. Er trug ein feierliches phil-ippinisches Gewand und gehörte wohl zum Hofstaat. Er schaute uns aufmerksam an, nachdem sie ihm für uns unver-ständliche Anweisungen gegeben hatte. Am nächsten Morgen klopfte der kleine Mann an unsere Hoteltür. Er präsentierte Elena ein wunderschönes, mit Per-len besticktes Abendkleid sowie ein für das Land typisches elegant-exquisites Blätterhemd für mich mit Grüßen und Dank von Imelda Marcos. Was besonders verblüffte: Beide Kleidungsstücke paßten perfekt, obwohl sie buchstäblich in einem Augenblick angefertigt worden sein mußten. Es war offensichtlich, daß die First Lady Kunst, Künstler und Künstlerleistung in jeder Hinsicht zu schätzen wußte. Die Erinnerung daran hat ihre persönliche dramatische Ge-schichte überlebt.

Nach einem Recital in Tokio im Rahmen des Festivals sowjetischer Musik in Japan wurden Elena und ich gemein-sam mit dem sowjetischen Botschafter zu einem feierlichen Abendessen eingeladen. Die anwesenden Diplomaten sollten dem Diner zu unseren Ehren ein besonderes Gewicht ver-leihen. Die Atmosphäre am Tisch war eher ungezwungen, begleitet vom üblichen Smalltalk. Die sowjetischen Diplo-maten bemühten sich außerordentlich, Konversation auf einem bestimmten Niveau zu führen. Das Format ihrer historischen Vorgänger erreichten sie jedoch in keiner Weise. Lew Tolstoi hat uns in *Krieg und Frieden* beschrie-ben, welche Gewandtheit die High Society von damals besaß. In den Kreisen sowjetischer Diplomatie aber gab es kaum Persönlichkeiten, die als Botschafter der Sache ihres Landes gerecht zu werden vermochten. Obwohl dem einen oder anderen unter ihnen Humor, Kunstverstand und Rede-gewandtheit nicht abzusprechen waren, begegnete man in den sowjetischen Botschaften doch meistens eher mittel-mäßig begabten Funktionären. Herausragende Persönlich-keiten wie Walentin Falin bildeten die große Ausnahme. Die meisten Botschaftsmitglieder, die ich erlebt habe, brillierten in der Unterhaltung mit Sprüchen und Zitaten von Klassikern. Das brachte mich auf den Gedanken, daß die Moskauer Hochschule für Diplomaten neben Sprachkursen wohl auch noch »Spruchkurse« im Programm haben mußte. Ich fühlte mich in Gesellschaft von Funktionären ständig unter Hochspannung, natürlich auch, weil ich wußte, daß fast alle Diplomaten unmittelbaren Kontakt zum KGB pflegten und man deshalb bei ihrem Spiel ständig auf der Hut sein mußte. Auch an diesem Abend in Tokio wurden hauptsächlich politische und ökonomische Themen diskutiert. Die Sowjets waren offensichtlich an den Japanern interessiert und warben um sie. Unsere Gastgeber hatten den Ablauf des Diners fabelhaft organisiert, wobei ihre permanenten Höflichkeitsbezeugungen ihre wahren Gefühle und Regungen verschleierten. Irgendwann aber begann unser Agent die Aufmerksamkeit auf uns zu lenken. Nishioka-San hatte schon seit Jahren mit großem Engagement russische Musik und russische Künstler präsentiert und sich vehement dafür eingesetzt. Er war es auch, der diesen Abend gestaltet hatte und selbstverständlich die Kosten dafür trug. Niemand war daher überrascht, als Herr Nishioka aufstand, um alle Eingeladenen zu begrüßen. Besonders ehre ihn die Präsenz Seiner Exzellenz, des Botschafters, Poljanski-San (der noch unlängst Landwirtschaftsminister im Politbüro gewesen war...), sagte der Manager, dessen unablässige Verbeugungen mir, um es musikalisch auszudrücken, wie ein anhaltendes Ostinato zur Rede erschien. Herr Nishioka bat nun die Anwesenden, ihre Gläser zu füllen und auf das Wohl der großen Talente Gidon und Elena-San aus der Sowjetunion zu trinken. Dabei schaute er uns freundlich-begeistert an. Die Rede besaß alle Merkmale der Diplomatie, jeder hatte das Gefühl, angesprochen zu sein. Sogar die Sowjetunion als Symbol wurde nicht vergessen – und an dieser Stelle seiner Ansprache verbeugte sich der Japaner besonders tief. (Nishioka-San hatte keine Ahnung, was mir in diesem Augenblick durch den Kopf schoß. Es war ein Gedicht aus der schlimmsten Zeit der Stalin-Ära. Wassili Lebedew-Kumatsch, einer der damals populärsten Dichter, ein Reimeschmied, vergaß in keinem seiner Machwerke Stalins Namen zu erwähnen, nicht einmal in jenem, das Lenin gewidmet war. In diesem Poem rief der Schauspieler, der den Großen Führer jeden Abend auf der Bühne darstellte und Schritt um Schritt mit der Zeit ging: »Lernen wie Lenin – arbeiten wie Lenin – leben wie Lenin!« Dann kam der eigentliche künstlerische Einfall: »Wie Stalin Lenin die Treue beweisen – das muß unser Volk mit Willen und Eisen!«)

Wir waren in Japan geographisch wie zeitlich weit entfernt von dieser Epoche. Und doch war Nishioka-San bemüht, die Rituale der Diplomatie zu erfüllen. Nachdem er sich wieder gesetzt hatte, stellte er seinem prominenten Nachbarn unmittelbar die Frage, wieso die Sowjetunion so reich an Talenten sei. Der nicht besonders gewandte Botschafter zögerte keinen Augenblick, um seine Eitelkeit und Weisheit unter Beweis zu stellen. Seine Antwort, die selber wie ein Zitat klang, war unmißverständlich: »Wissen Sie, die Erklärung ist ganz einfach: Wo man mehr düngt, da bekommt man eine bessere Ernte.«

Dieses Treffen auf höchster Ebene, bei dem ein stark angeheiterter Mitarbeiter des Botschafters zu später Stunde mit einem gewaltigen Sturz von der Treppe des Lokals seinen Ausstand feierte, blieb nicht unsere einzige Erfahrung mit Exzellenzen. In Rom lernten Elena und ich einen anderen sowjetischen Botschafter kennen. Unser Abendkonzert im Teatro Olimpico sollte in einigen Minuten beginnen, die Publikumsglocke klingelte schon zum zweiten Mal. Wir hatten uns bereits umgezogen und baten, niemanden mehr ins Künstlerzimmer zu lassen. Plötzlich öffnete sich die Tür. Neben unserer italienischen Musikagentin, die sich gerade in den Saal begeben wollte, stand ein kugelrunder unbekannter Mann. Mit aggressivem Gesicht kam er näher, richtete seinen Zeigefinger auf die Italienerin und fragte auf russisch:»Wer ist das?« Einigermaßen perplex antworteten wir defensiv:»Unsere Agentin – wieso?« Darauf der Fremde:»Sie soll mal rausgehen, wir wollen allein sein.« Obwohl die Italienerin der russischen Sprache nicht mächtig war, fühlte sie, daß es besser wäre, wenn sie uns allein ließe, und entfernte sich diskret. Allein mit dem Unbekannten, änderte sich sein Gesichtsausdruck schlagartig. Und nun stellte er sich mit freundlichster Miene vor:»Ryschow, der sowjetische Botschafter.« Dann warf uns unser Landsmann einen väterlichen Blick zu und fragte vertraulich:»Wie geht's denn? Habt ihr irgendwelche Probleme? Können wir helfen?« Als wir ihm versicherten, alles sei in Ordnung, das einzige Problem, das wir im Moment hätten, sei das bevorstehende Konzert, wünschte Seine Exzellenz uns Erfolg und entfernte sich unverzüglich.

Die nächste Botschafterepisode spielte sich in Bonn ab, zur Zeit, als Wladimir Semjonow seinen Vorgänger Falin abgelöst hatte. Als langjähriger, verdienstvoller Mann im Amt hatte Semjonow regelmäßig seine Posten respektive Residenzen in verschiedenen Ländern gewechselt. Und überall ging er seiner privaten Neigung nach, der Sammlung moderner russischer Kunst, in der sich auch viele Gemälde von »Underground Art« befanden. Semjonow besuchte unser Recital in Bonn und ließ sich zusammen mit seiner jungen Frau vom Veranstalter zum Abendessen einladen. Er gab sich ganz entspannt und vergnügt. Seine Gemäldekollektion und ihr Wert schienen ihn viel mehr zu beschäftigen als seine Funktion in der Politik. Noch lange amüsierten wir uns über die Tatsache, daß seine Gemahlin ihn während des gesamten Abendessens unentwegt mit »Pupsik« ansprach. Auch Botschafter, sogar sowjetische, können offenbar normale Menschen, die auf Kosenamen hören, und nicht nur Staatsmarionetten sein.

Auch mein einziger Versuch als Schauspieler hat viel mit einem west-östlichen Beziehungsdrama zu tun. Initialzündung für meine Rolle war allerdings eine trügerische Hoffnung. Als mir Anfang der achtziger Jahre der Regisseur Peter Schamoni von seinem Film über die Jugend von Robert Schumann mit dem Titel *Frühlingssinfonie* erzählte und zugleich vorschlug, in zwei Episoden als Niccolò Paganini mitzuwirken, war für meine positive Entscheidung zweifellos Nastassja Kinski ausschlaggebend, die die Hauptrolle der Clara Wieck spielen sollte. Wieder einmal gewann mein Hang zum Abenteuer die Oberhand; schon malte ich mir ein Treffen mit der zauberhaften Partnerin aus, wenn auch nur als romantische Phantasie. Die Vorstellung, zusammen mit einer der charmantesten Filmschauspielerinnen, die ich so oft bewundert hatte, auf der Leinwand zu erscheinen, ging mit mir durch.

Der zweite Aspekt, der mich reizte, hatte damit zu tun, daß es sich bei dem Film um eine Gemeinschaftsproduktion des DDR-Studios DEFA mit einem westlichen Unternehmen handelte. Erst wenige Monate zuvor hatte ich mich entschieden, meinen Wohnsitz in den Westen zu verlegen, was unmittelbar zu Einreiseproblemen nach Moskau und in das ganze übrige östliche Ausland führte, also eigentlich in all jene Länder, in denen ich meine Konzerttätigkeit auch weiterhin ausüben wollte. Mein russischer Paß gab mir zwar immer noch die Möglichkeit, die Grenzen zu überqueren. Aber kein Satellitenstaat der Sowjetunion engagierte noch von Moskau abtrünnige Künstler – zu dieser Kategorie wurde ich jetzt gerechnet. Die Perspektive, die DDR-Behörden in eine pikante Situation zu bringen, erschien mir als überaus reizvoll, weil es mir zugleich die Möglichkeit eröffnete, auch den Moskauer Betonköpfen zu demonstrieren, daß Künstler Weltbürger sind.

Die zwei Filmszenen, in denen ich mitwirkte, sollten in Leipzig gedreht werden. Historisch gesehen war das richtig,

*Als Paganini in dem Film » Frühlingssinfonie « von Peter Schamoni
(rechts Rolf Hoppe als Friedrich Wieck)*

handelte es sich doch um das Auftreten Paganinis im Leipziger Gewandhaus. Nur war das Gebäude und mit ihm der
authentische Saal im Krieg zerstört worden, man mußte ihn
als Kulisse nachbauen. Da bekam ich einen unerwarteten
Anruf des Produktionsteams, das mir bestürzt mitteilte, die
DDR-Administration hätte Moskau um eine Genehmigung
meines Auftritts gebeten, aber keine Antwort erhalten. Wie
das eben oft mit Antworten aus Moskau geschah, schoben
alle die Verantwortung von sich. Lieber ignorierte man die
ganze Einladung mitsamt der Frage.

Auch in der DDR war man das Schweigen und Verschweigen gewohnt. Die Sache wurde vertagt. Schamoni
lag aber an meiner Mitwirkung, und nach einigem Hin und
Her fand die pragmatische Westindustrie eine Lösung: Die

ganze Gewandhausdekoration wurde mit einigen Lastwagen über die Mauer transportiert und in West-Berlin aufgebaut. Wenn die Aufnahmen nur auf Westterritorium gemacht würden, konnte sich auch die DEFA-Zentrale damit einverstanden erklären. Die Episoden wurden gedreht. Das deutsch-deutsche Team verstand sich gut, die ganze Angelegenheit war in zwei Tagen abgeschlossen.

Mein Eindruck von dem Film, den ich in seiner Endfassung erst später im Kino sehen konnte, war relativ gemischt. Zweifellos gab es einige sehr gelungene Szenen und überzeugende schauspielerische Leistungen, etwa Rolf Hoppe als Vater Wieck. Meine eigenen Szenen waren nicht einmal so undynamisch, wie ich befürchtet hatte. Während der Dreharbeiten fühlte ich mich sehr gehemmt durch die Maske und die Synchronisation. Meine Hauptszene lief im übrigen im Vorspann mit der Filmtitelei ab; das bedeutete, man durfte nicht zu spät ins Kino kommen, wenn man sie sehen wollte.

Eine Enttäuschung blieb mir nicht erspart: Nastassja Kinski habe ich nie kennengelernt. Ihre Szenen wurden an anderen Tagen gedreht. So bewundere ich sie weiterhin aus der Ferne, aus der Dunkelheit des Zuschauerraums in Kinos rund um den Globus, platonisch und romantisch, wie es nun einmal meine Art ist.

Weihnachten 1978 feierten Elena und ich gemeinsam mit Alfred Schnittke und seiner Frau in Moskau. Kurz vor dem Abendessen brachte Alfred ein frisch geschriebenes Manuskript. Es war seine *Stille Nacht*-Paraphrase, ein Weihnachtsgeschenk. Elena und ich spielten es schon bald in Konzerten. In Dänemark lachten die Leute über die Verfremdung dieser so zum Kitsch gewordenen Töne. In Graz jedoch schrieb ein Kritiker geradezu paradox anmutende Zeilen: Ein Künstler aus einem sozialistischen Land sollte mehr Respekt für unsere Kulturtradition haben... Auch in Salzburg, wo ich das Stück während der Mozartwoche mit Krysztian Zimerman als Zugabe bot, knallten ein paar Türen. Die Reaktion war bemerkenswert und befremdend zugleich. Die Leute fühlten sich zunächst angesprochen, schließlich aber reagierten sie beleidigt. Alfred berührte offenbar etwas sehr Empfindliches, genau wie mit den Beethoven-Kadenzen: die Tradition. Da zeigte sich, daß das Publikum wenig Sinn für Ironie und unbequeme Reflexionen hatte, die die tradierten Hörgewohnheiten störten. Eine anachronistische Kadenz, wie jene von Fritz Kreisler oder Joseph Joachim, sollte nur der Zeit der lebenden Interpreten gehören.

Nicht anders verhält es sich mit *Stille Nacht*. Eine rührende, gefühlvolle Weihnachtsmelodie hat ihren wahren Ort vielleicht im laienhaften Hauskonzert unter dem Tannenbaum. Sie verliert aber ihren Sinn im Lautsprecher eines großen Warenhauses als Einstimmung in den vorweihnachtlichen Kaufrausch. Dessen war sich Alfred wohl bewußt, deshalb klingt seine Version so traurig wie eine zerbrochene Spieluhr. Das Geschäft im Westen wird aber von gut funktionierenden Räderwerken getrieben. Die Klischees der Werbespots sorgen für die Durchschlagskraft des Produkts auf dem Markt und damit für den Profit – Zusammenhänge, die schon Karl Marx in seinem *Kapital* analysiert hat.

Musicus sowjeticus

Auch Biographien oder biographische Skizzen sind eine Art Geschichtsschreibung, die sich nicht grundsätzlich von der sachlichen Wiedergabe historischer Fakten unterscheidet. Dem Ideal einer objektiven Darstellung kann man sich ohnehin nur annähern, denn schon die notwendige Auswahl und Gruppierung von Tatsachen verleiht jeder Untersuchung einen subjektiven Charakter. Es ist nur eine Frage der Zeit, bis jenes monströse Staatsgebilde, das einmal die Sowjetunion war, in seinen Dimensionen erfaßt, analysiert, katalogisiert, vielleicht sogar in seinen teilweise immer noch rätselhaften Erscheinungsformen entschlüsselt worden ist. Möglicherweise werden Historiker dann zu einem Ergebnis kommen, das wir aus der naturwissenschaftlichen Erforschung früher Lebewesen kennen: ausgestorben, weil sie unfähig waren, sich den veränderten Umweltbedingungen anzupassen.

Offenbar unterliegen auch Staatssysteme jenen Gesetzen der Natur. Im Falle der Sowjetunion aber haben wir, wenn man so will, das bemerkenswerte Phänomen einer Umkehrung bekannter Mechanismen vor uns. Die Menschen haben sich – um zu überleben – diesem System, ihrer Umwelt also, bisweilen so angeglichen, daß viele ihrer humanen Eigenschaften wie unter einer Tarnkappe verschwanden. Der Staat aber ist zugrunde gegangen, weil er zu diesem Anpassungsprozeß, der den Fortbestand garantiert hätte, nicht fähig war.

Wie aber haben sich die Menschen in der Sowjetunion verhalten? Was sind ihre Überlebensstrategien gewesen? Was zeichnete etwa den Musicus sowjeticus aus, diese merkwürdige Gattung, die in der Retrospektive fast nur noch wie ein ferner Verwandter unserer heutigen menschlichen Spezies erscheint?

Einige grundsätzliche Gedanken möchte ich voranstellen. Ich bin fest davon überzeugt und habe genug Anschauungsunterricht in meinen eigenen frühen Lebensjahren erhalten, daß sich durch das System in der Seele und im Verhalten des durchschnittlichen Sowjetbürgers etwas grundsätzlich Amoralisches eingenistet hat. Fjodor Dostojewski hat ein solches Verhalten zwar schon 100 bis 150 Jahre zuvor in Rußland beobachtet, als es noch kein Sowjetsystem gab. Aber das widerspricht sich nicht. Gesellschaftssysteme ebenso wie Persönlichkeiten mit Macht können sowohl gute wie schlechte Eigenschaften des Menschen verstärken, die mehr oder weniger in jedem Individuum angelegt sind. Das Sowjetsystem aber – ein Unterdrückungsapparat wie das zaristische Regime – hat mit Sicherheit nicht die besten menschlichen Charaktereigenschaften bestärkt. Durch den Druck, den das System ausübte, wurde zwar ein gewisser Widerstandsgeist (auch wenn er sich selten zeigte) gefördert, mehr jedoch ein allgemeiner Hang zum Konformismus (um den Druck nicht so zu spüren zu bekommen). Es war diese bizarre Mixtur, die viele Handlungen der Menschen charakterisierte. Die (vielleicht wirklich angeborene) »slawische« Seele fand ihren Ausdruck in überschwenglicher Herzlichkeit, die glücklicherweise nicht ganz verlorenging. Aber sie wurde oft genug deformiert zu einem Bündel unterschiedlichster Verhaltensweisen zwischen Heuchelei, Doppelmoral, Unterwürfigkeit, Verlogenheit, Selbstschutz und Wichtigtuerei.

Sicherlich hat in diesem Wandel des Umgangs miteinander auch die vom Staat geächtete, freilich nie ganz zu unterdrückende Religion eine Rolle gespielt. »Hundert Jahre Atheismus« sorgten für eine innere Leere, wenn man will, für ein Gefühl der Verlassenheit oder gar der Gottverlassenheit, die die Gesellschaft demoralisierte; auch wenn der Staat mit seinem Regelwerk, das er sich auf sein rotes Banner als »lichte Zukunft« schrieb, in die Bresche springen wollte.

Ein Gesetz stand ohnehin stets im Vordergrund: daß es besser, vor allem auch bequemer sei, Verantwortung nicht individuell wahrzunehmen, sondern getrost dem Staat zu überlassen. Lähmende Passivität war die Folge. In dieser Form der Unmündigkeit ging das russische Volk ohne Zäsur vom Absolutismus in den Sozialismus. Früher lag die Allmacht beim Zaren, jetzt lag sie bei der Partei.

Auch die heutigen Versuche nach der Wende, etwa die Pressefreiheit einzuschränken, zeigen den Mangel an Demokratieverständnis in einem Land, in dem nach wie vor im Volk die Ansicht herrscht: Die »da oben« werden schon alles richten, Freiheit führt nur ins Verderben. Gewiß teilt nicht jeder diese Ansicht, wohl aber die Mehrheit.

Es versteht sich von selbst, daß es ähnliche Phänomene auch im Westen gibt (»Geld ist Macht«). Und möglicherweise verhält sich die westliche Welt auch deshalb zu vielem so passiv, zu dem sie ihre Stimme erheben sollte, weil sie diese Verwandtschaft der »schweigenden Mehrheiten« instinktiv spürt und gelegentlich sogar für sich ausnutzt. Das wäre dann ein anderer Fall von Amoralität.

Man könnte ein ganzes Arsenal füllen mit Details, in denen die Verbiegungen durch das System sichtbar wurden. Im künstlerischen Bereich etwa die Zahl der Zugaben, die als meßbarer Beweis des Erfolgs diente, allerdings nicht nur des persönlichen, sondern auch desjenigen des Staates beziehungsweise des Systems. Dazu gehört auch das überdimensionale Auszeichnungsunwesen mit Titeln, Orden und Diplomen als Teil der Machtdemonstration: Wir sind die Besten. Ein elitäres Gefühl, das die Ausgezeichneten mit Genugtuung auf sich selbst übertrugen und eitel bestätigten. Stets stand die physische Gesundheit im Vordergrund: Der überlegene Sowjetkünstler hatte sportlich, stabil, maßstabsetzend zu sein. Und so war auch das Repertoire angelegt: eine Mischung aus klassisch-konservativem und ideologisch-»gesundem« Standard. Sowjetische Musik schritt immer voran, war ein Pionier, kämpfte für irgend etwas Nebulöses in einer visionär besseren Zukunft. Auch die Interpretationen wurden wie Banner vor sich hergetragen: plakativ, überzeugend, eindimensional.

Daß man in diesem System mit Kritik nicht umgehen konnte, wird so durchaus verständlich. Man war einfach nicht gewohnt, mit unterschiedlichen Meinungen konfrontiert zu sein. Staatliches Urteil trug eher den Charakter einer kategorialen Einstufung, gewissermaßen wie ein Stempel in den Arbeitspapieren.

Ich erinnere mich, einen prominenten und sehr sowjetisch orientierten Pianisten, Nikolai Petrow, in den USA getroffen zu haben, der damit protzte, nur glänzende Kritiken während der Tournee bekommen zu haben. »Schlimm«, sagte ich (mit innerer Ironie). Er gab sich total überrascht: »Wieso denn?« Die sowjetische Ideologie umspielend, antwortete ich: »Die Kritiker hier verstehen doch gar nichts...«

Aus diesem allgemeinen Kodex spann der Alltag ein subtiles Verhaltensnetz aus Denunziation, Bemühen um die Gunst von Vorgesetzten (durch »Mitbringsel« für Chefs und ihre Sekretärinnen oder durch Spielen von Kompositionen etwa von Tichon Chrennikow, des Ersten Sekretärs des sowjetischen Komponistenverbands) und der Demonstration von Stärke. Individuelle Schwäche war fast eine Beleidigung für das System, das doch den Menschen stärken sollte. Daraus ergab sich auch die Neigung zu Superlativen, zu Stolz, gemischt mit Kurzsichtigkeit gegenüber den Leistungen des Auslands, zur Idolisierung der eigenen Elite, zu Kritiklosigkeit und zu einer konservativen Einstellung gegenüber neuer, unbekannter Musik und schließlich zur Fetischisierung von meßbaren Spitzenleistungen gegenüber dem vage Musischen: Wer zehn Zugaben spielte, mußte also zehnmal so gut gewesen sein wie jener, der es nur auf eine Zugabe brachte.

Um etwas zu erreichen, war noch etwas anderes wichtig: die Nähe zur Macht. Bekanntschaften waren die beste Basis für Erfolg; die allerdings mußten mehr oder weniger heimlich gepflegt, sie durften nicht offen gezeigt werden. Den Sowjetstaat, in dem die Macht beim anonymen Apparat lag, hielt ein Hintertürensystem zusammen. Wer den Vordereingang der Öffentlichkeit – fast ein Fremdwort – benutzte, hatte keine Chance. Nur wer die dunklen Hintertüren und die Dienstboteneingänge kannte, die Wege der Konspiration oder der Unterwürfigkeit ging, konnte etwas erreichen. Garantien aber gab es nie. Der magische Begriff lautete »blat«, ein Wort, das man vielleicht am besten mit dem Ausdruck »Vitamin B« übersetzen könnte, also: Beziehungen, im Grunde alles, was man auf inoffiziellen Wegen erreichen konnte. Selbst ein vergleichsweise unabhängiger Geist wie Swjatoslaw Richter wußte, daß bestimmte Gespräche am gedeckten Tisch mit den Mächtigen für Entscheidungen und Zustimmungen wichtiger sein konnten als die besten eigenen künstlerischen Leistungen.

In diesem Zusammenhang sei noch einmal der hohe Musikfunktionär Chrennikow erwähnt, der selbst Komponist war. Man könnte sagen, Chrennikow war für die Musik, was Leonid Breschnew für den Staat war. Nach außen gab er sich als Liberaler, während er in Wirklichkeit alle Experimente, jeden wirklichen Fortschritt in der Musik bekämpfte. (Schnittke, der sicher unter ihm zu leiden hatte, hielt ihn trotzdem nicht für das schlimmste Übel. Das sah er – und zu Recht! – eher in der verbreiteten Selbstzensur.)

Chrennikow war der Chefideologe der sowjetischen Musik, und wer sich in dieser Musikszene behaupten wollte, konnte es am besten tun, indem er die Werke des in jüngeren Jahren durchaus nicht unbegabten Chrennikow aufführte. Das traf vor allem auf Leonid Kogan zu, aber selbst junge Talente wie Jewgeni Kissin und Maxim Vengerov taten das noch Anfang der achtziger Jahre. Ich selbst hatte eine Abneigung gegen diese Art von Anbiederung und blieb in stiller Opposition zu dem allmächtigen Sekretär. Als ich mich in den achtziger Jahren wieder darum bemühte, in Rußland aufzutreten, riet man mir, Chrennikow einen Besuch abzustatten. Was der Kulturfunktionär in diesem Gespräch sagte, spricht für sich: Er könne ja alles verstehen, aber ich sei leider grundsätzlich darum bemüht, in der Welt ein verzerrtes Bild der sowjetischen Musik zu verbreiten. Denn ich würde nur Komponisten spielen, die sehr einseitig modernistisch seien und keineswegs den Reichtum des sowjetischen Kulturschaffens widerspiegelten, wie Alfred Schnittke, Sofija Gubaidulina, Edison Denissow, Arvo Pärt.

Jeder in der Sowjetunion wußte, welche Funktion Chrennikow ausübte, im Westen aber versuchte er den Eindruck zu erwecken, er setze sich gerade für alles Progressive in Rußland ein und kümmere sich vor allem auch um die jüngere Generation. Aus diesem Mißverständnis entwickelten sich ganz eigenartige »deals«. Damit etwas in einem Verlag erscheinen konnte, bemühten sich westliche Verleger oder Agenturen um Konzerte, in denen Chrennikows Musik gespielt wurde. Natürlich war Chrennikow nicht der einzige Komponist, mit dem eine Zusammenarbeit angestrebt wurde, nicht die einzige Institution, die Macht ausübte. Viele Komponisten schrieben als Repräsentanten »sowjetischer Musik« verständliche, auf keinen Fall aber kreative Werke. Schon in den Titeln ihrer Stücke versuchten sie eine Verbindung herzustellen zur sowjetischen Ideologie, zur Geschichte der Partei oder des Landes. Sogar Genies wie

Prokofjew oder Schostakowitsch paßten sich dieser Tendenz an. Goskonzert, die für die Organisation von Auslandsgastspielen wichtigste Institution, verlangte, Werke sowjetischer Komponisten ins Programm zu nehmen. Das gleiche galt für Konzerte in der Sowjetunion, die von Sojuskonzert organisiert wurden. Man scheute dabei nicht davor zurück, für sowjetische Kultur den Begriff Propaganda zu benutzen, im selben Sinne wie die Nazis. Alles war den Werten der Partei untergeordnet, auf deren Banner Massenkultur, Verständlichkeit, »Gesundheit« und jener ominöse Terminus »sozialistischer Realismus« stand. Jegliche Art von Musik, von Literatur oder anderen Kunstformen, die sich mit problematischen, ungelösten oder unlösbaren Themen beschäftigte, galt als suspekt. Im Zeichen des sozialistischen Realismus kam es so zu einer merkwürdig unrealistischen Sucht nach Harmonie und künstlerischer Eindimensionalität.

Fatal wäre es freilich, alle Probleme in der Sowjetunion Individuen zuzuschreiben. Das Übel zu personalisieren hieße, das System zu verharmlosen. In mancherlei Hinsicht waren die vielen kleinen Spitzel und Funktionäre, die »Kobenkos« und »Dolmetscher«, die uns als Begleitung und Aufpasser mitgegeben wurden, solchen Figuren wie Chrennikow ebenbürtig. Denn sie repräsentierten das System, machten mit und sorgten für seine Funktionsfähigkeit.

Wenn ich nun am Beispiel von Künstlern, die mir begegnet sind und zu denen ich mehr oder weniger intensive Beziehungen herstellte, zu beschreiben versuche, wie sich diese in jenem komplex-eindimensionalen System verhalten haben, so geht es mir dabei keineswegs um eine gesicherte Typologie. Jeder Künstler – und ich selbst gehörte dazu – hat auf seine Weise auf den Staat und seine Methoden reagiert und war mitverantwortlich für das Überleben des Systems. Ich versuche mir Rechenschaft abzulegen, auch um mein eigenes Handeln besser verstehen zu können. So mag im weiteren Verlauf dieses Kapitels weniger ein Prototyp in Erscheinung treten, eher ein Panoptikum.

Zwei sowjetische Künstler haben, jeder auf seine Art, meinen Status bald auch für sich beansprucht. Das kam mir jedenfalls aus Moskau zu Ohren. Etwas seltsam klang die Nachricht schon, handelte es sich doch um so angesehene Musiker wie der Dirigent Kirill Kondraschin und der Geiger Leonid Kogan. Kein Wunder, daß sehr bald Mstislaw Rostropowitsch mir mit Mißtrauen begegnete. Sie alle – Kondraschin, Kogan und Rostropowitsch – gehörten zur Elite der Sowjetunion.

Die Aufführungen der Moskauer Philharmonie unter ihrem Chef Kondraschin mit Mahler, Strawinsky, Schtschedrin und Beethoven hatten bei mir schon in der Kindheit einen tiefen Eindruck hinterlassen. Kondraschin war zudem jener Dirigent, der mit dem Tschaikowski-Wettbewerb von Anfang an sehr eng verbunden war. Auch in der sogenannten Van-Cliburn-Legende und bei der Uraufführung von Schostakowitschs 13. Symphonie mit dem politisch brisanten Titel *Babi Jar* hatte er eine Rolle gespielt. Und dies waren nur besonders spektakuläre Höhepunkte.

Meine persönlichen Begegnungen mit Kondraschin waren vorwiegend musikalischer Art und stets etwas Besonderes. Dabei spreche ich in diesem Fall einmal nicht so sehr von künstlerischen Leistungen, mehr von den äußeren Umständen. Ich denke an mein erstes Brahms-Konzert unter seiner Leitung in Moskau, an die Konzerte in Jurmala, am heimatlichen Rigaer Strand, an das Beethoven-Konzert mit Schnittkes Kadenz, das gemeinsame Sibelius-Konzert am Tag, an dem Dmitri Schostakowitsch starb, und nicht zuletzt an das Elgar-Konzert im Vaterland des Komponisten. Schließlich müssen noch die drei Konzerte in Amsterdam und Den Haag mit dem Concertgebouw Orkest genannt werden, nach denen Kondraschin die schwere Entscheidung traf, nicht mehr nach Rußland zurückzukehren.

Es liegt hier nicht in meiner Absicht, ein Porträt von Kondraschin zu zeichnen oder eine ausführliche Analyse unseres Verhältnisses zu geben. Wir agierten sozusagen weit voneinander entfernt, empfanden nur gelegentlich Solidarität gegenüber einem gemeinsamen Feind: der Bürokratie. Ich glaube, daß der Unterschied in der Erfahrung – Kondraschin war doppelt so alt wie ich – mehr Distanz als Nähe schuf. Meine Zugehörigkeit zu einer anderen Generation und meine Risikofreude reizten, animierten und begeisterten ihn dennoch immer wieder. Kondraschin, der unermüdliche Vorkämpfer, ich, der heranwachsende Einzelgänger – wir besaßen beide eine ganz wesentliche Eigenschaft: Wir leisteten vollen Einsatz für die Musik, an die wir glaubten. Mit der Zeit jedoch gewann ich die Sympathie eines Mannes, dem ich im Grunde genommen durch meine Art und Sensibilität fremd sein mußte. Entscheidend für seine Zuneigung war aber wohl, daß ich den Staat wegen meines Westaufenthalts herausgefordert hatte.

Trotz seiner Neigung zum Konformismus und trotz seines trockenen, oft irritierenden, arrogant-distanzierten Auftretens war Kondraschin ein warmherziger Mensch und ein ehrlicher Musiker, der das Leben auch zu genießen wußte. Hinderte ihn nur das vom Staat aufgezwungene politische Ränkespiel daran, seine natürlichen Züge mehr zu offenbaren? Die Änderung seines Verhaltens in den letzten, den »westlichen« Jahren, in denen ich Gelegenheit hatte, ihm zu begegnen, legen diese Vermutung nahe. Ich beobachtete ihn und machte mir Gedanken darüber, wieweit die Verkrampfungen der Jahre in Rußland sein Auftreten beeinflußt haben mögen. Dabei soll nicht vergessen werden, mit wieviel Ehrgeiz er sich für bestimmte Werke einsetzte, mit welcher Energie er sich den Aufnahmen, mit welcher Neugier sich sein wacher Geist moderner Musik widmete.

Vielleicht machten gerade diese Talente Kondraschin fähig, das russische Publikum Gustav Mahler neu entdecken zu lassen. Im Vergleich zu dem anderen großen russischen Dirigenten Gennadi Roschdestwenski wirkte Kondraschin als Musiker eher klassisch. Das Repertoire seines Kollegen war etwa gleich breit gefächert, sein Schwerpunkt lag aber eher in den Grenzgebieten der Musikliteratur. Es war bekannt, daß beide loyal zu ihren Freunden standen und sich ganz allgemein kollegial verhielten. Der Druck des Systems aber war sicher entscheidend für gewisse Widersprüche in Kondraschins Persönlichkeit.

Im Grunde hatte ich nicht oft mit Kondraschin zu tun. Orchestermusiker oder Ministeriumsbeamte dürften da mehr mitbekommen haben. Seine Kunst verzauberte mich selten, trotzdem gab es anregende Augenblicke. Es gibt so wenige Dirigenten, die das Handwerk an sich beherrschen – Kondraschin gehörte ohne Zweifel zu ihnen. Seine programmatischen Interessen und seine Kunst des Zusammenspiels mit allen Solisten, die oft als reine Begleitung diskreditiert wird, waren mehr als überzeugend. Trotzdem erlebte ich ihn am stärksten als Zuhörer: Die *Neunte* von Mahler in Riga, die *Fünfte* von Schostakowitsch in Jurmala, ein Liszt-Klavierkonzert im Concertgebouw waren solche großen Momente des musikalischen Erlebens. Es galt als Ehre, Kondraschin – mit oder ohne Moskauer Philharmoniker – als Dirigenten bei einer Aufführung zu haben. Und so trat ich ihm bei unseren Begegnungen respektvoll entgegen, in der Hoffnung, mehr als lediglich ein hohes Niveau zu erzielen oder mein Können zu beweisen. Dennoch gab es auch dann noch Widersprüchliches in der Zusammenarbeit.

Ich möchte eine kleine Episode erzählen, die – so maßgebend sie auch sein mag – möglicherweise nur in meiner subjektiven Empfindung einen Sinn, eine Pointe hat. Mein erstes Brahms-Konzert in Moskau war für mich von großer Bedeutung. Ich bemühte mich wirklich, das Beste aus mir herauszuholen und schon während der Probe mit ganzem Herzen zu spielen. Nach Schluß der Probe, in der ich alles gegeben hatte – wir unterbrachen während des Durchspiels kaum, Kondraschin war sehr flexibel –, fragte ich ihn respektvoll, ob denn noch etwas besser gemacht werden, ob er mir noch etwas empfehlen könnte. Die Antwort kam ohne Zögern:»Nein, alles ist ganz logisch.« Mich, vielleicht auch einen anderen empfindsamen Kollegen hätte so ein Satz vernichten können. Von Kirill Petrowitsch aber war er das größte Kompliment.

Kondraschin, eine vielschichtige Erscheinung als Mensch wie als Künstler, ergriff mit seinem spektakulären Absprung in den Westen noch spät die Chance, sich aus der jahrzehntelangen geistigen Bevormundung zu befreien. Sein schwieriges Ringen um den Raum, den er letztlich erst im Westen gewann, konnte ich gelegentlich – soweit er es wagte, sich einem Nahestehenden anzuvertrauen – erahnen. Um so tragischer war sein dramatisch früher Abschied. Er geschah nach einer nicht geplanten geglückten Aufführung der ersten Mahler-Symphonie im Concertgebouw, die Klaus Tennstedt Stunden zuvor abgesagt hatte. Kondraschin fühlte sich von der Hilfeleistung der Musiker und in der Loyalität gegenüber den Veranstaltern und dem Publikum herausgefordert. Der Titel des Werkes, *Der Titan*, bekam nachträglich eine traurige Symbolik.

Zu den Geigern, die Musikliebhaber und Kenner auf der ganzen Welt und vor allem in Rußland am meisten schätzten, gehörte Leonid Kogan. Auch mein Vater gehörte zu seinen Bewunderern. Diese Verehrung prägte meine Kindheitserfahrungen und damit auch mein Geigenspiel. Kogans Aufnahme des ersten Paganini-Konzerts, seine zahllosen Schallplatten mit effektvollen Zugabeminiaturen waren überwältigend. Während meiner Schulzeit war es Mode, Kogan mit David Oistrach zu vergleichen und bei ihm romantische Ausstrahlungskraft und Virtuosität zu bewundern, Eigenschaften, die Oistrach in den Augen und Ohren vieler Kenner nicht zu besitzen schien. Erst viel später erkannte ich, daß dieses Sichmessen mit den Etablierten nichts Außergewöhnliches darstellt, vielmehr zu allen Zeiten ein Merkmal junger Begabter ist. Die Bedeutung eines Künstlers blieb von solchen Meinungen und Image-Unterschieden gleichsam unberührt: Kogan konnte phantastisch Violine spielen. Oistrach verlor damit kein Jota seiner Größe.

Noch als Kind mußte ich Kogan oft vorspielen – Besuche von Geigern gehörten bei uns zu Hause zum Alltag. Ich war nervös, Kogan merkte das, fand jedoch aufmunternde Worte, und das machte Mut. Nicht immer freilich waren seine Bemerkungen nur positiv. Mein Vater besaß Ehrgeiz und Interesse als Pädagoge und ergänzte das eine oder andere aus seiner Kenntnis heraus. Kogans Autorität wurde dabei nicht angetastet. Als ich ins Konservatorium nach Moskau wechselte, spielten mein Vater und ich immer noch mit dem Gedanken, mich Kogans künstlerischer Führung anzuvertrauen. Wenn die Entscheidung dann doch zugunsten Oistrachs fiel, so lag das vor allem daran, daß man sich aus der Distanz von Riga kein genaues Bild machen konnte, ob Kogan ein ebenso guter Lehrer wie Geiger wäre. Zudem profitierten Oistrachs Studenten von der größeren Protektion, die er ihnen aufgrund seiner Position als etablierter Künstler, der jahrzehntelang Professor am Konservatorium gewesen war, gewähren konnte. Kogans Konzerte aber blieben ein Ereignis. Ob in Riga, Moskau oder Leningrad, ich versuchte immer, ihn zu hören. Bis ich mir eines Abends eingestehen mußte, daß mir sein Klang (lag es am Instrument?) sehr grob, sandig, flach erschien, daß er auf mich störend wirkte. In diesem Augenblick geriet mein Bild des Geigers Kogan ins Wanken. Das allerdings war viel später, erst Mitte der siebziger Jahre.

Im Konservatorium hörte ich oft, Kogan sei eng mit dem KGB liiert. Später im Ausland kam mir ähnliches über ihn zu Ohren. Man sagte, er hätte im Geheimdienst sogar den Rang eines Offiziers bekleidet. Natürlich wurde viel getratscht; nur weniges traf wirklich zu. Doch: Es gibt keinen Rauch ohne Feuer. Irgend etwas mußte mit ihm nicht ganz stimmen. Einen subjektiven Beweis für die Richtigkeit dieser Vermutung bekam ich, als Tatjana nicht nach Brüssel fahren durfte. Weniger die flüchtige Bemerkung von Oistrachs Frau, die den Namen Kogan erwähnte, nährte meinen Verdacht. Kogans eigene Liebenswürdigkeit, sein Interesse und die Sorge, die er zeigte, als er mir beim Empfang im Ministerium die Nachricht übermittelte, erschienen wenig überzeugend und ließen in mir den Gedanken aufkommen, seine Entrüstung könnte auch eine clevere Inszenierung gewesen sein.

Auf alle Fälle war vieles in Kogans Persönlichkeit widersprüchlich. Die Aufgaben, die er sich als Künstler stellte, indem er ständig versuchte, sich ein neues Repertoire zu erarbeiten, widersprachen seiner Bemühung, Jascha Heifetz zu imitieren. Seine Versuche, ausländische Kontakte zu pflegen, standen im Gegensatz zu seiner Freundschaft und Zusammenarbeit mit dem Funktionär Chrennikow, der Kogan zwei Violinkonzerte widmete. Natürlich konnte man mit einer brillanten Wendung aus einem Gedicht von Jewgeni Jewtuschenko feststellen, jeder von uns, Kogan eingeschlossen, habe auch »wie Galileo Galilei eine Familie, Kinder, Jungen, Sorgen«. So suchte Kogan, wo immer nur möglich, eine Absicherung.

Mein Vater nutzte Kogan als markantes Beispiel, um mir zu zeigen, wie man alle Schwierigkeiten überwinden könne. Kogan hatte das, was Tatjana, mir und vielen anderen widerfuhr, selbst viele Male erlebt: Auch ihm wurde in der Jugend häufig die Ausreise oder die Teilnahme an einem Wettbewerb verweigert, Konzertengagements wurden abgesagt. All das war Kogan gut bekannt, die Prinzipien blieben jahrzehntelang die gleichen. Empfand er überhaupt Mitleid oder wenigstens Mitgefühl, wenn seine Schüler betroffen waren? Versuchte Kogan womöglich späte Rache für die Mühen seiner Vergangenheit zu üben? Glaubte er inzwischen an die Notwendigkeit harter Prüfungen?

In all den Jahren wurden Kogan, der nach und nach ein Konformist und, wie viele andere Musiker, Mitglied der kommunistischen Partei geworden war, sämtliche Preise des Landes bis zum Leninpreis, der höchsten Staatsauszeichnung, zugesprochen. Diese Anerkennung, die er als Geiger zweifellos verdient hatte, verdankte er jedoch nicht nur der Musik. Sein gesellschaftliches Auftreten gab in den Augen der Bürokratie, die die Vergabe der Preise verwaltete, den Ausschlag.

Kogan war erbittert darüber, daß es ihm nie gelungen war, ein erstklassiges Instrument als sein Eigentum zu erwerben. Als einer der größten Geiger der Welt hatte er zwar lange das Privileg, auf einer dem Staat gehörenden Geige zu spielen, einer Stradivari des Grafen Jussupow, die in der Revolution konfisziert worden war. Und doch hätte der weltweit Gefeierte einen Anspruch auf ein eigenes Instrument gehabt. Die Regelungen, die alle russischen Künstler ökonomisch wie politisch zu Sklaven machten, erlaubten dies aber nicht. Die Honorareinnahmen Kogans stiegen zwar im Laufe der Jahre, zugleich jedoch der viel größere Anteil der Abgaben an den russischen Staat. Auch darüber beklagte sich Kogan bei mir, nachdem kurz vorher ein offener Konflikt zwischen dem Staat und seinem treuen Untertan ausgebrochen war. Als berühmter Meistergeiger konnte er nicht ertragen, daß ein junger Nachwuchsgeiger wie ich nun mehr Privilegien als er genoß. So versuchte Kogan, meinen kurz zuvor von den sowjetischen Behörden bewilligten Antrag als Präzedenzfall zu nehmen, um wie ich zwei Jahre im Ausland tätig sein zu können. Er fand aber bei den Funktionären keine Gnade. Sie waren auch mir nur widerwillig entgegengekommen, wahrscheinlich auf Geheiß eines hohen Regierungsmitglieds, dessen Namen ich nicht kannte. In ihren Augen war ich sowieso ein Abtrünniger, aufgrund meiner Herkunft ein Fremder, so daß es ihnen bei mir leichter fiel als bei Kogan, der sich immer bemüht hatte, die gleiche Sprache wie die Führung zu sprechen. Die konservativen Kulturfunktionäre empfanden seine Aktion wohl als eine Art Verrat und lehnten ab.

Als wir uns dann in Deutschland trafen, hatte Kogan das unüberhörbare Bedürfnis, mit mir über seine Misere zu sprechen. Er schien verzweifelt zu sein. Die erste Überraschung erwartete mich, als wir sein Hotelzimmer betraten. Er stellte den Fernsehapparat ganz laut und erklärte mir pantomimisch, daß er zu dieser Maßnahme greife, damit unser Gespräch nicht abgehört oder auf Band aufgezeichnet werden könne. Ich lebte damals schon einige Zeit im Westen und fragte mich, ob es sich dabei lediglich um eine seiner alten Gewohnheiten handelte. Der ganze weitere Verlauf war tragikomisch. Es war mir fast peinlich, den großen Geiger, den ich jahrelang bewundert hatte, in dieser prekären Situation zu sehen. Kogan zeigte mir einen Zettel mit annähernd hundert Kreuzen darauf. Ich verstand zunächst gar nichts. Aus seinem Monolog wurde dann deutlich, daß er sich seit langem um ein Gespräch mit dem Kulturminister der UdSSR, Pjotr Demitschew, bemüht hatte. Jedesmal, wenn er im Vorzimmer anrief, gelegentlich mehrmals am Tag, zeichnete er ein Kreuz ein. Der Minister widersetzte sich seiner Bitte, ihn zu empfangen. Kogan fühlte sich erniedrigt und geriet in Panik. Jahrelang hatte er versucht, willfährig zu sein und sich anzupassen. Und nun ließ man ihn fallen. Er besaß zwar immer noch das Privileg, mit Frau, Sohn und Tochter zu reisen. Aber das Verhalten des Ministers schien ihn zu warnen.

Es überraschte mich, wie kritisch, wie abfällig Kogan nun über das Land, die Politik und die Kollegen sprach. Was mußte in der Seele dieses Menschen vorgegangen sein, als er zu spüren bekam, daß er in Ungnade gefallen war? Schon seit Jahren litt er an einem Magengeschwür; er hatte sein Leben, sein Interesse, seine ganze Arbeit ausschließlich dem Instrument, dem Violinspiel, gewidmet, nachdem es ihm gelungen war, das Handicap der jüdischen Abstammung und die Schwierigkeiten der ersten Jahre zu überwinden. Er erkämpfte sich eine Position in den prekären fünfziger Jahren, wenn auch oft im Schatten Oistrachs, eine Stellung, die in musikalischen Kreisen allgemeinen Respekt hervorrief. Mit einem wenn auch eher artifiziellen Eifer wandte er sich Parteiaufgaben zu, hatte erfolgreiche Schüler und machte eine Anzahl großartiger Aufnahmen mit bekannten Dirigenten. Seine begabten Kinder begannen eine erfolgreiche Laufbahn und verschafften ihm weitere Genugtuung. Seine ihm treu ergebene Frau Jelisaweta, die Schwester des Pianisten Emil Gilels, unterstützte alle seine Vorhaben. Was mochte Kogan gefühlt haben, als ihm der drohende Machtverlust bewußt wurde? Diese Niederlage wird schließlich, obwohl sein Alter und sein Können noch einiges für die Zukunft versprachen, sein Herz zerrissen haben. Kogans früher Tod, der ihn auf der Bahnfahrt zu einem Konzert in Jaroslawl ereilte, muß als tragischer Schlußakkord dieser Jahre seiner opportunistischen Anpassungsversuche gesehen werden. Sein Herz konnte die Anspannung der müden Seele nicht mehr aushalten.

Selten habe ich bei einer Künstlerin eine solche innere Kraft gefühlt und zugleich das starke Bedürfnis verspürt, ihrer Inspiration zu folgen, wie bei der Komponistin Sofija Gubaidulina. Sofija gehört sicherlich zu jenen außergewöhnlichen Frauen, denen eine Verführung auf höchster geistiger Ebene gelingt. Die Freude, die jedes unserer leider viel zu seltenen Treffen auslöste, wurde bestimmt von einem Gefühl wachsender Energie. Sofijas ganz eigene Ausstrahlung

Mit Sofija Gubaidulina

hatte etwas vom Flair einer Missionarin. Schon in Moskau hatte ich, als fernen Klang im Konzertsaal, ihre Musik kennengelernt. Sie hinterließ den Eindruck einer Quelle im Verborgenen, und das machte sie noch anziehender. Jedenfalls weckte sie das Bedürfnis, noch mehr hören zu wollen.

Eines Tages, nachdem ich schon einige Jahre im Westen gelebt hatte und meine Konzerte in Moskau schon lange auf Eis lagen, erhielt ich überraschend die Partitur ihres *Offertoriums*. Noch war mir der wirkliche Wert des Werkes nicht bewußt, ich empfand es einfach als wunderbar, daß jemand so weit entfernt in meinem Moskau den Mut fand, mir, dem inzwischen in Ungnade Gefallenen, ein Werk zu widmen und sich damit vielleicht auch ins Abseits zu begeben. Ich konnte nicht ahnen, daß ich selbst, nicht nur mein Spiel der Auslöser dieser Aktion war. Das erfuhr ich erst viel später. Ich versuchte das Werk noch in derselben Saison aufzuführen. Die Gelegenheit ergab sich während der Wiener Festwochen beim Abschlußkonzert des Komponistenwettbewerbs im Konzerthaus. Zwar war das keine optimale Möglichkeit; das Orchester des ORF, aber auch das Publikum waren überfordert von den vielen zeitgenössischen Kompositionen des Abends. Dennoch fand das *Offertorium* seinen Weg in die Öffentlichkeit. Wie man einen Freund in schweren Zeiten besser erkennt, so kann man auch den Wert einer Komposition trotz der Dichte ihrer Klänge in einer schwierigen Aufführungskonstellation erfahren. Die Wiedergaben des Werkes in den kommenden Jahren in Berlin, New York, München und Paris bestätigten seinen Rang als eine der bedeutendsten neueren, kaum in ein System einzuordnenden Kompositionen. Dabei ist es ein ganz besonderes Gefühl, ein Kunstwerk mit der eigenen Interpretation gleichsam in Schutz zu nehmen. Es wird so Teil meines Selbst, ohne seinen objektiven Wert dabei zu verlieren.

Viele Jahre lang versuchte ich, die Deutsche Grammophon für eine Aufnahme des *Offertoriums* zu gewinnen. Nach der New Yorker Aufführung mit ihrer starken Resonanz war die Plattenfirma auch grundsätzlich dazu bereit. Die Realisierung des Projekts ließ aber auf sich warten. Man gab dafür verschiedene Gründe an: kein Orchester, kein Studio oder kein Geld für ein solches Unternehmen. Mit der Entschuldigung, die Marketingabteilung habe Bedenken, wurde es immer wieder vertagt. Schließlich vereinbarten wir doch einen Termin in Boston. Alles schien endlich segensreich ineinanderzugreifen: der von Gubaidulina gewünschte Dirigent Charles Dutoit, das Orchester und die Tatsache, daß es mir gelungen war, das Werk in Boston viermal aufs Konzertprogramm zu setzen. Unversehens aber streikte die Deutsche Grammophon erneut. Diesmal

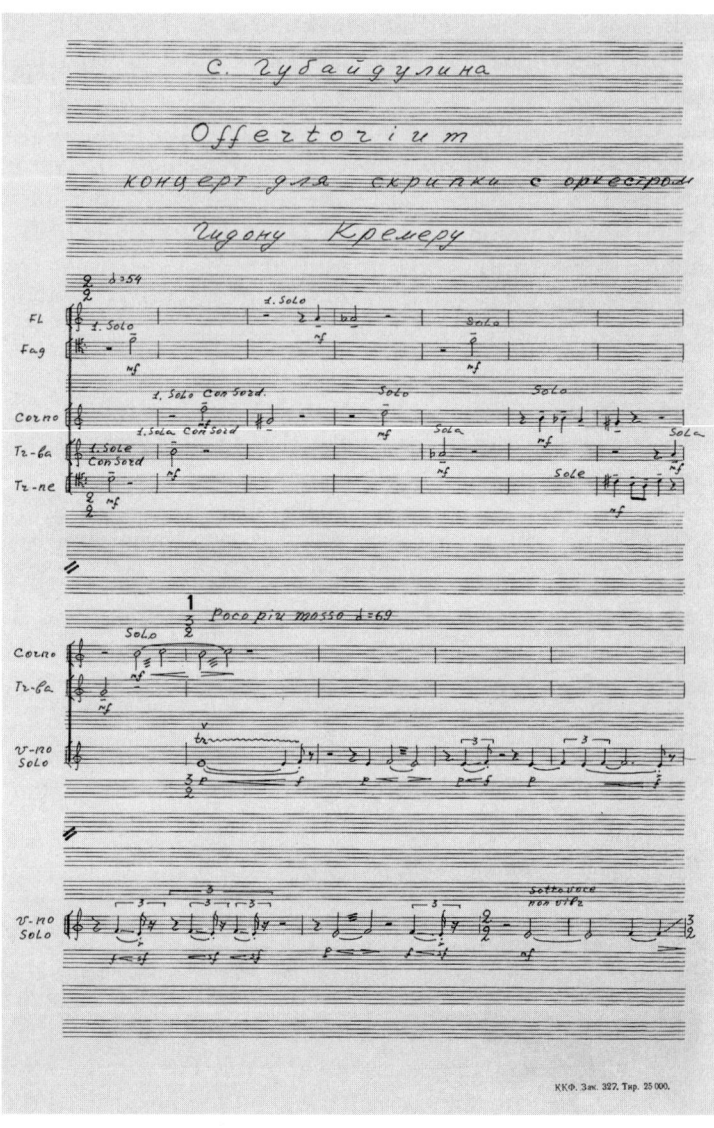

Die erste Seite der Partitur von Sofija Gubaidulinas » Offertorium «

hieß es, die Aufnahme sei zu teuer, man solle sie vielleicht in Zukunft mit einem europäischen Rundfunkorchester verwirklichen, et cetera. Ich war nicht nur verärgert, ich war wütend. Anscheinend kann man Geschäftsleute nur in einer bestimmten Sprache überzeugen. Korrekten Umgang miteinander verstehen sie offenbar nicht. Also stellte ich die Deutsche Grammophon vor ein hartes Ultimatum: »Entweder nehmen wir das *Offertorium* jetzt auf, oder ich werde nie mehr eine Produktion für das ›Gelbe Label‹ machen.« Das wirkte Wunder, obwohl die schwer ausgehandelten Bedingungen sehr bescheiden waren. Man gestand uns lediglich vier Stunden Aufnahmezeit zu, worin eine Stunde Pause enthalten war, also drei Stunden effektiver Produktionszeit. Die Investitionen der Gesellschaft waren alles andere als grandios.

Obwohl ich nicht gern eigene Aufnahmen rühmen möchte, kann ich doch nicht unerwähnt lassen, daß diese Einspielung begeisterte Zustimmung und viele Preise erhielt. Als Ergänzung zum *Offertorium* wurde das Kammermusikwerk *Hommage à T. S. Eliot* auf der Platte veröffentlicht. Dieses Stück schrieb Sofija Gubaidulina, nachdem sie als erste russische Komponistin unser Sommerfestival mit jungen Künstlern im österreichischen Lockenhaus besucht hatte, für unsere Tournee »Musik aus Lockenhaus«. Die Kölner Philharmonie unter Franz-Xaver Ohnesorg war der offizielle Auftraggeber. Der Name Gubaidulina sprach sich nicht zuletzt dank dieser Aufnahmen in der westlichen Hemisphäre herum.

Eine Reihe anderer Kompositionen von Sofija Gubaidulina begleitete mich auch weiterhin. Jedes Stück bedeutete eine Bewältigung ganz eigener Art. Ich denke zum Beispiel an das dritte Streichquartett, an dem wir wahrlich hart arbeiten mußten. Auf einer Fernosttournee spielten wir es mit Isabelle van Keulen, Tabea Zimmermann und Boris Pergamenschikow. Einige Spieler hatten ein sehr kritisches

Verhältnis zu dem mit Pizzikati gespickten Werk, und die ersten Aufführungen führten nicht gerade zu einem besseren Verständnis, obgleich ich fast schon obsessiv an der Komposition hing. Ich schäme mich beinahe zu sagen, daß wir alle erst nach dem vielleicht zehnten Konzert den wirklichen Wert des Quartetts erkannten und zu schätzen begannen. Diese Erfahrung zeigt erneut, wie überaus heikel die Eroberung eines Werkes sein kann.

Auch die religiös inspirierte brillante Sonate für Violine und Cello *Erfreue Dich*, die ich mit Yo-Yo Ma auf Schallplatte und später mit Thomas Demenga sowie Wladimir Tonha und neuerdings mit Marta Sudraba oft im Konzert spielte und spiele, überraschte in ihrer instrumentalen Klarheit und ihrer facettenreichen Gläubigkeit, die sich auf Spielende wie Zuhörer gleichermaßen überträgt.

Das *Offertorium* hatte ich, wie gesagt, eines Tages ganz unerwartet geschenkt bekommen. Auf meine überraschte Frage, weshalb sie auf die Idee gekommen sei, ein Werk für mich zu komponieren, antwortete Sofija: »Wie? Sie haben es vergessen? Wir saßen doch nach einem Konzert zufällig zusammen im selben Taxi. Sie drehten sich um und sagten: ›Sofija, warum schreiben Sie nicht einmal ein Violinkonzert?‹ Ich versuchte Ihnen damals zu erklären, ich könne es nicht, ich hätte Angst davor. Sie aber haben mir diese Bedenken ausgeredet. Und das ist daraus entstanden.«

Beinahe ein Jahrzehnt später war ich nun doppelt glücklich über meine harmlose Anregung, aus der ein Meisterwerk geworden war. Selbstverständlich hätten diese Worte wenig genützt, wenn sie nicht von einem seelenverwandten Menschen aufgenommen worden wären, der das Wagnis auf sich nahm, diesen Gleichklang im Wesen in Noten zu verwandeln. Man kann sich offenbar auch in großer räumlicher Entfernung nahe sein, kann dieselbe Sprache sprechen, ohne sich mitteilen zu müssen. Es bleibt eines der ganz großen Geheimnisse unseres Lebens.

Sofija Gubaidulina hatte sich ihre Welt in der Abgeschiedenheit eingerichtet, weit weg vom Tummelplatz erfolgssüchtiger Musiker. Die Grenzen ihres Heimatlands öffneten sich für sie erst ganz spät, sogar per Telephon war sie selten erreichbar, auch deshalb, weil es für sie ein Störfaktor war und ist. Und doch schaffte sie es, uns allen eine Musik zu schenken, die Selbstbewußtsein und Stärke erkennen ließ. Das gibt mir einen Hinweis darauf, wie sehr Stille und Glaube Hand in Hand gehen können und wieviel Stärke einem ganzen System gegenüber daraus erwachsen konnte. Kein Wunder auch, daß Sofija Gubaidulina, die jetzt in Norddeutschland lebt, weiterhin fern der Großstädte und des Rummels ihre Musik, die andere aufhorchen läßt, in Abgeschiedenheit zu Papier bringt.

Nicht jede Begegnung mit einem Komponisten hinterließ persönliche Spuren, nicht jede Zusammenarbeit mündete in Jahre der Freundschaft und unzählige Aufführungen. Die Geburt eines Werkes war mir immer besonders wichtig, und ich wollte dem Kinde eine optimale Hebamme sein. Wenn ich diese Bereitschaft und diese Affinität nicht in mir spürte, machte ich es mir zur Regel, lieber die Hände davon zu lassen, bevor die Uraufführung überhaupt festgelegt wurde.
Als Edison Denissow, ein sehr ernstzunehmender zeitgenössischer Komponist, mir die Noten seines Violinkonzerts in die Hand drückte, sagte er: »Wissen Sie, ich habe dieses Werk für Pawel Kogan – den Sohn Leonids – komponiert, aber nur Sie können es spielen.« Noch hatte ich nicht ganz begriffen, ob ich diesen Satz als Kompliment oder als Anbiederung verstehen sollte, als mir gesagt wurde, Claudio Abbado wünsche sich, ich solle das Werk in der Mailänder Scala im Sommer des darauffolgenden Jahres – ich glaube, es war 1979 – uraufführen. Ich respektierte das Schaffen Denissows. Ein von ihm im Anklang an Volksmusikelemente komponiertes Werk – *Platschi* – hatte schon vor Jah-

ren auf mich einen tiefen Eindruck gemacht. Es spiegelte die heidnisch-russische Trauerzeremonie mit modernen Mitteln wider.

Das Angebot kam zu einem Zeitpunkt, da Abbado für mich als Künstler und Mensch noch mehr Gewicht besaß als später. Es war außerdem ein Moment in meinem Künstlerleben, da ich, mehr oder weniger von Moskau losgelöst, jedes zusätzliche Engagement bereitwillig annahm. Die Jahre des zwangsweisen Verzichts wirkten sich hier noch aus. Nach meinen Versuchen, einer Reihe von interessanten russischen Komponisten ein guter Anwalt zu sein, paßte die Aufgabe, Denissow zu spielen, ideal in meine Programmlinie. Ich wollte ja den immer feiner werdenden Faden zu meinem Heimatland und zu seiner Kultur keinesfalls abreißen lassen. (Hier müßte ich mir eigentlich selbst die Frage stellen: Warum zur russischen und nicht zur lettischen Kultur, schließlich bin ich in Riga aufgewachsen?) Die politische Struktur des Landes und mein langer Aufenthalt in Moskau haben wohl auch mein Denken und Handeln beeinflußt. Ich widmete mich also intensiv dem Werk Denissows, das sich schnell als harte Nuß herausstellte. Der erste Satz mit seiner unendlichen, über mehrere Seiten anhaltenden Akkordkette ließ sich besonders schwer bewältigen. Bisweilen stellte ich mir dabei die Frage, wieweit sich Komponisten eigentlich bewußt sind, welche Schwierigkeiten sie den Interpreten zumuten? Wie viele dieser schwierigen Passagen könnten, aus meiner Sicht ohne Verlust, vereinfacht werden. Sollte denn nicht die Idee, der Geist eines Satzes – und hier liegt möglicherweise das Dilemma – weniger in den mit Genauigkeit gespielten Tönen liegen als vielmehr im Gefühl des endlosen Kampfes um den Stoff? Der zweite Satz des zweiteiligen Werkes hatte mit seinem Schubert-Zitat am Schluß eine ganz andere Funktion: Er diente der Versinnlichung, der Verklärung. Das Konzert ist eben eine Konfrontation zweier Welten.

Viele Stunden, Tage, ja Wochen brauchte es, bis ich soweit war. Zum Glück, und das ist keine der üblichen Koketterien, schaffte ich es noch vor der Premiere. Der Sommer war heiß, das Publikum, vielfach Touristen, kaum auf eine harte Uraufführung eingestimmt. Ich kämpfte geradezu besessen nicht nur gegen die vielen schwarzen Noten, sondern auch gegen die Zuhörer, die es sich im herrlichen Saal der Scala bequem gemacht hatten. Hubert Soudant, ein holländischer Dirigent, war mein Mitstreiter. Vom Scala-Orchester, das eher andere Musik zu spielen gewohnt war, hätte ich das nicht unbedingt behaupten können, wenn sich auch die Musiker – aus Respekt vor dem Komponisten im Saal – bemühten, das Konzert zu einem glücklichen Ende zu bringen. Jeden Abend, es waren drei an der Zahl, empfand ich eine große Erleichterung, wenn wir auf die Coda zusteuerten. Der Komponist verfolgte die Proben, schien zufrieden zu sein und merkte nicht, wenn sich in den beinahe unspielbaren Text ein paar falsche Töne einschlichen (ich habe das wirklich selten von einem Werk gesagt, erinnere aber daran, daß es dem ersten Interpreten des Tschaikowski-Konzerts ähnlich erging).

Am Abend der Premiere waren wir höchst konzentriert – der Dirigent, das Orchester, alle. Die sieben Minuten des teuflischen ersten Satzes waren gerade vorbei, als ich aus dem Saal ein polyphon mehrstimmiges »Basta« hörte. Dann sagte ein Herr, der nahe an der Bühne saß, ganz laut: »Molto grazie!« War es ein Sponsor, ein Kommunist oder ein Fan zeitgenössischer Musik? Auf alle Fälle war ich ihm in der entstandenen Verlegenheit dankbar. Der zweite Satz folgte, die Auflösung der Spannung in den hohen Tönen der Coda gelang auch. Applaus, Ovationen, »Bravo« und »Basta« ließen sich schon nicht mehr unterscheiden, dankbares Händeschütteln mit dem glücklichen Komponisten.

Im selben Jahr spielte ich das Konzert für den WDR ein und wiederholte es – eine wunderbare Gelegenheit – im

Rahmen des in Paris veranstalteten Festivals »Paris–Moskau«. Die anderen Werke des Abends stammten sämtlich von Denissows russischen Kollegen. Übrigens spielte bald danach Pawel Kogan die Moskauer Erstaufführung des Violinkonzerts. Denissow verließ ebenfalls sein Heimatland und feierte noch viele Erfolge im Ausland, vor allem in Frankreich, wo er nach schwerer Krankheit starb.

Allmählich sprach sich auch Alfred Schnittkes Name endlich im Westen herum – hie und da vielleicht auch dank meiner Bemühungen. Ich setzte immer wieder das zweite und dritte Violinkonzert und die *Paganiniana*, ein Solostück, auf meine Programme. Ich nahm die Werke auf Schallplatten auf. Aber auch andere Interpreten, vor allem Gennadi Roschdestwenski, Oleg Kagan, Natalija Gutman und Juri Baschmet, spielten seine Musik im Konzertsaal. Für die Uraufführung der zweiten Symphonie – *St. Florian* – flog ich eigens nach London. Es war schön, diese Geburt mitzuerleben, gerade weil die Idee dieser Komposition, ein unsichtbarer Chor, aus der Zeit stammt, als wir gemeinsam auf Tournee waren und Sankt Florian besuchten, Anton Bruckners Kirche in der Nähe von Linz.

Eines Tages überraschte mich Alfred mit der Nachricht, daß er für mich ein Violinkonzert komponiere: »... es ist doch höchste Zeit, daß ich endlich auch etwas für Dich persönlich schreibe...« Ich hatte nie die Ambition, Widmungsträger zu sein, bestellte deshalb eigentlich auch nie ein Werk. Ich versuchte nur Dinge anzuregen, die mir vorschwebten. Geschenke nahm ich aber gerne entgegen, zumal wenn es sich um Geschenke von Freunden oder gar um Musik handelte. Die Uraufführung fand im September 1984 in Berlin statt. Der Dirigent war Christoph von Dohnányi. Obwohl ich das Konzert spielte, bekam Alfred von der Moskauer Kulturbürokratie die Erlaubnis, in Berlin dabei zu sein. Was für ein Fortschritt! Die Funktionäre gaben ihm lediglich die Empfehlung, er solle mich vor den Kameras nicht zuviel und zu intensiv umarmen. Die Uraufführung war ein Riesenerfolg. Und wir konnten uns gemeinsam darüber freuen, was besonders schön war. Das Werk enthält eine kleine Novität. Es verlangt vom Solisten in der »Cadenza Visuale« nicht nur die üblichen virtuosen Passagen, polyphon-kontrapunktische Exerzitien, sondern die Identifikation mit der Person eines Virtuosen, der gegen die Masse (das Orchester) ankämpft: Einer gegen alle.

Jedesmal, wenn ich das Konzert spiele, muß ich mich in diese Rolle, die zwar nicht ungewohnt, aber doch nicht so alltäglich ist, hineinfühlen. Das verlangt eine besondere Konzentration, aber gerade das ist das Ziel des Komponisten: Das Publikum soll – wie oft bei Alfred – an dieser Stelle auf dem bequemen Sitz etwas nach vorne rücken, sich fragen, was denn jetzt los sei, warum man den Solisten nicht mehr hören könne? Daß der Zuhörer zu der Erkenntnis gelangt, daß hier das Orchester nicht zu laut ist, daß es nicht etwa schlecht spielt und dadurch den Solisten unhörbar macht, sondern daß es so gemeint ist, das wird von ihm verlangt. Ich glaube überhaupt, daß die Fähigkeit, aus bekannten Bereichen ins Unbekannte zu wechseln, zu den entscheidenden Qualitäten großer Komponisten gehört – ob Schubert oder Mozart in ihren Harmoniewechseln, ob Beethoven im Aufbrechen bekannter Formen, ob Schostakowitsch oder Schnittke im Ausspinnen der unerschöpflich geheimnisvollen Dramatik des Konventionellen.

Im Jahre 1985 erreichte mich die Partitur von Schnittkes Streichtrio. Wir widmeten Alfred zum 50. Geburtstag ein besonderes Konzert in Lockenhaus. Das Streichtrio empfinde ich immer noch als eines der überzeugendsten, emotionalsten seiner Werke. Die Spannungen, aus dem Minimum von drei Instrumenten aufgebaut, zeugen von einem inneren Energiestau, in dem kein Ausweg mehr gefunden wird, der in ferne Vergangenheit oder in andere, außerirdische Sphären treibt. Etwas darin erscheint mir mit der Passage aus der letzten Klaviersonate von Beethoven, op. 111, verwandt zu sein, wo beim Triller die »himmlische Musik« beginnt – ein Werk, das mich nun schon nahezu zwanzig Jahre begleitet. Ich habe es zu meiner Freude mit vielen wunderbaren Kollegen gespielt, darunter Tabea Zimmermann, Kim Kashkashian, Veronika Hagen, Juri Baschmet und Ula Ulijona an der Bratsche und Slawa Rostropowitsch, Misha Maisky, Heinrich Schiff, Yo-Yo Ma und Clemens Hagen am Cello.

Keiner von uns ahnte damals, welche Gesundheitskrise Alfred bevorstand. Im Sommer bekam ich während einer Amerikatournee einen Anruf von Kurt Masur, der auch ein Freund von Schnittke war. Alfred habe in Pizunda einen Schlaganfall erlitten, er liege seit Wochen auf der Intensivstation und kämpfe um sein Leben. Dreimal sei er dabei schon im Jenseits gewesen, erzählte Alfred später. Das Schicksal gewährte ihm dann doch noch einen Aufschub. Er überlebte, wenn auch mit vielen gesundheitlichen Problemen. Aber er konnte noch vieles komponieren. Die Reisen, die Anrufe, das allmähliche Berühmtwerden – alles strengte ihn an. Er sagte mir einmal in Paris ganz traurig und doch sachlich-ernst, nichts mehr würde ihn interessieren, auch nicht das früher so ersehnte Ausland. Nur noch die Zeit am Schreibtisch sei wichtig. Ich, der ich mir damals gerade ein Urlaubsjahr zugestanden hatte, fühlte mich durch seine Aussage etwas beschämt. Vielleicht ist das aber genau die Erfahrung, die man nach einem solchen »Jenseitsbesuch« macht.

1988 spielte ich zum ersten Mal wieder in Leningrad. Natürlich waren Werke von Alfred auf dem Programm, *Quasi una sonata*, aber auch das *Concerto grosso Nr. 1*. Es war schön zu erleben, wie die gleichen wohlbekannten Säle, in denen schon das eine oder andere Werk von Schnittke uraufgeführt worden war, nun erneut mit Begeisterung für seine Musik erfüllt wurden.

Im nächsten Jahr, 1989, besuchte ich sogar Gorki, das heute wieder Nischni Nowgorod heißt. Es wurde zum ersten Mal in der Sowjetunion ein Schnittke-Festival veranstaltet, ausgerechnet in der Stadt, in die nicht nur Andrei Sacharow für Jahre verbannt gewesen war, sondern in der auch Schnittke vor knapp zwei Jahrzehnten die größte Niederlage, die Beschimpfung der ersten Symphonie in der Presse und in Leserbriefen erleiden mußte. Im Laufe einer Woche wurden sämtliche Werke gespielt. Der Saal war stets ausverkauft, sogar die Schaffnerin im Zug von Moskau nach Gorki bat uns, ihr ein Ticket zu besorgen. (Eine Zugschaffnerin, die an klassischen Konzerten interessiert ist, ist auch in Rußland eine Ausnahme.)

Beim Abschlußkonzert spielte ich das mir gewidmete vierte Violinkonzert. Das Allunion-Fernsehen war dabei, so konnten später Menschen in vielen Städten das Konzert erleben. Nur drehten die Kameraleute ihre Objektive während der »Cadenza Visuale« – der dramatischsten Stelle des Werkes – von mir weg. Des Lateinischen oder Italienischen nicht mächtig, konzentrierten sie sich mit ihren Kameras auf das Orchester. Das verzweifelt dagegen ankämpfende Individuum – der Solist – blieb außerhalb des Bildes: im Grunde eine symbolische, wenn auch zufällig entstandene Beschreibung der Verhältnisse – im Werk wie in der Realität des täglichen Lebens im damaligen Rußland. Der Erfolg war ungeteilt. Die Parteidirektion der Stadt wollte auf die übliche Weise Schnittke gratulieren, es war durchaus gutgemeint, schließlich war sie der Gastgeber. Aber die Ansprache wurde von Gelächter unterbrochen. Die Zeit der Reden war überholt. Nicht nur der Komponist, alle Anwesenden empfanden das so.

Schnittke war danach bis zu seinem Tod willkommener Gast an vielen Universitäten. Festivals in verschiedenen

Erdteilen wurden ihm gewidmet. Ich beteiligte mich an zweien in Stockholm, wo im Laufe einer Woche 41 Werke aufgeführt wurden (von Roschdestwenski und vielen schwedischen Interpreten), später in London, wo seine inzwischen treuesten Freunde wie Natalija Gutman, Juri Baschmet, das Borodin-Quartett und andere ein Festival mit ihrer Mitwirkung unterstützten. Erst kürzlich widmete die BBC seinem Schaffen ein ganzes Wochenende, an dem auch ich fünf Werke spielte.

Das Thema Schnittke ist für mich schier unerschöpflich. Ich denke nicht nur an das fünfte *Concerto grosso*, das ich mit Christoph von Dohnányi und dem Cleveland Orchestra in Schnittkes Anwesenheit zum 100-Jahr-Jubiläum der Carnegie Hall in New York uraufgeführt habe. Später wurden alle vier Violinkonzerte mit Christoph Eschenbach aufgenommen. Ich denke vor allem auch an das zweite und das sechste *Concerto grosso*, die für mich – vor allem das zweite – zu den großartigsten seiner Werke gehören und die ich heute sehr gerne spiele. Weil ich die Zusammenarbeit zwischen Natalija Gutman und ihrem Mann Oleg Kagan, einem großartigen, leider viel zu früh verstorbenen Geiger, respektierte und mich in ihre Domäne nicht »einmischen« wollte, habe ich das zweite *Concerto grosso* lange Zeit nicht in meinen Programmen gehabt. Nun genieße ich es in der Partnerschaft mit Marta Sudraba aus »meiner« Kremerata Baltica, einem Kammerorchester, das erst später entstand.

Auch die beiden Besuche Schnittkes in Lockenhaus waren für mich sehr wertvoll. Das Festival im Jahre 1993 wurde sogar ihm und Robert Schumann gewidmet. In Lockenhaus ist Alfred zum Katholizismus konvertiert, wobei er allerdings, wie bei seinem Begräbnis festgestellt wurde, wohl auch in gewisser Weise am orthodoxen Glauben festgehalten hat. Auch das scheint mir typisch gewesen zu sein für ihn, der sein ganzes Leben lang zwischen der deutschen und russischen Kultur pendelte und der stets wie in einem Transitraum, zwischen Welten, lebte. Bemerkenswert ist auch sein *Konzert zu dritt*, das sich im übrigen nicht nur einer Anregung Rostropowitschs verdankt, der bei Schnittke für sich und Baschmet ein Doppelkonzert in Auftrag gegeben hatte. Als Alfred mir seinen Vorbehalt gegen eine solche Komposition äußerte, schlug ich vor, daraus doch ein Tripelkonzert zu machen. Von dieser Idee war er sehr angetan, nicht zuletzt auch, weil er sehr unter der Auseinandersetzung zwischen Rostropowitsch und mir litt. In der Tat ist dieses Konzert dann auch so etwas wie ein Werk der Versöhnung zwischen uns geworden. Der Ansicht, es handele sich um ein von Schnittke abgeschlossenes Werk, kann ich mich allerdings nicht recht anschließen. Ich sehe vor allem in dem geheimnisvollen Schlußakkord, der auf einer leeren Manuskriptseite für ein Instrument notiert wurde, das in der sonstigen Besetzung gar nicht vorkommt und der von einem Tasteninstrument gespielt werden soll, so etwas wie die Vorahnung des » Schlags des Schicksals «, der später das Leben Schnittkes beendete. Rostropowitsch wollte daraus eine Art Happening machen, indem er bei der Uraufführung anregte, einen Feuerwehrmann auf die Bühne kommen und von ihm einen Cluster auf dem Klavier spielen zu lassen. Außerdem hat Rostropowitsch das Stück, das eine Art Tripelporträt darstellt – im ersten Satz ist das Cello der alleinige Solist, im zweiten die Bratsche und im dritten die Violine –, als musikalische Deutung einer russischen Gewohnheit verstanden. » Zu dritt « bedeutet in Rußland eben auch, eine Flasche Wodka zu trinken, die man – auch wegen des Preises – meist zu dritt kaufte, um sie dann gemeinsam zu leeren. So wollte er tatsächlich, wogegen ich bei der Uraufführung erfolgreich Einspruch erhob, dann auch auf der Konzertbühne eine Flasche Wodka mit uns trinken. Diese waghalsige Interpretation hat sogar Eingang in Werkbeschreibungen gefunden, wo es heißt, dieses Stück habe mit einem heiteren Akt, um nicht zu sagen, in einem angeheiterten Zustand zu enden. Man muß aber wissen, daß eine Flasche Wodka zu leeren in Rußland geradezu eine Chiffre für die Tragik des Lebens darstellt, etwa wenn in Andrei Tarkowskis Film *Stalker* drei Männer eine Flasche Wodka leeren und die Szene als Symbol des russischen Daseins erscheint. Man betrinkt sich, statt das eigene Schicksal in die Hand zu nehmen. Eine Flasche Wodka zu leeren hat eher etwas Verzweifeltes, auf keinen Fall aber etwas Heiteres.

Für mich steht auch das »zu dritt« in einer langen musikalischen Tradition, die als »à trois« aus der barocken Aufführungspraxis stammt. Und wer stand der Barockmusik näher als Schnittke mit seinen Concerti grossi und seinem multistilistischen Denken? Das *Konzert zu dritt* ist für mich das letzte Werk eines durch und durch authentischen Schnittke, der in seinen späten Werken – ähnlich wie Schostakowitsch – und sicherlich bedingt durch seine Krankheit immer düsterer, tragischer und hoffnungsloser wird. Dieses Werk spielten wir in Amerika mit Ula Ulijona, Marta Sudraba und der Kremerata Baltica, als uns die Nachricht von Schnittkes Tod erreichte. Ich flog nach Moskau und verabschiedete mich mit einem sich in der totalen Einsamkeit auflösenden Solotango von Astor Piazzolla. Daß Gija Kantscheli, ein enger Freund Alfreds, dabei war, half mir in dieser Stunde sehr. Gija konnte sich nicht verkneifen, eine tragikomische Episode auszuplaudern, die er wenige Minuten zuvor miterlebt hatte: Der bekannte sowjetische Verfasser von patriotischen Liedern Serafim Tulikow, ein älterer Kollege Alfreds, hatte sich unter die Leute gemischt, die sich anstellten, um eine Ehrenwache am Sarg zu gestalten, und fragte:» Können Mitglieder des Komponistenverbands vorrücken, ohne sich anzustellen?« Alfred hätte sicher herzlich gelacht.

Heute denke ich mit Wärme an die 30 Jahre unserer Freundschaft zurück. Meine Ansprache nach dem Konzert in

Gorki hat meine Gefühle für Alfred in knappe Worte gefaßt:
»Vor vielen Jahren war in meiner Heimatstadt – und auch
hier – Schnittkes Musik unerwünscht, sie sei unnötig, wie
man meinte. Aber nach dem Triumph dieses Künstlers kann
ich einen bekannten Satz zitieren und auf Schnittke übertragen: Und die Erde dreht sich doch – und wir alle, denen
Musik eine Lebenssache bedeutet, brauchen dich sehr.«

Auch Roschdestwenski war einer der wichtigen Künstler,
die schon früh Schnittke entdeckten und zu ihm standen.
Mich inspirierte zudem die innere Unabhängigkeit, die
dieser Maestro ausstrahlte. Aber obwohl er zu den interes-
santesten russischen Dirigenten gehört, haben wir merk-
würdigerweise selten miteinander gearbeitet. In den zehn
Jahren meiner aktiven Tätigkeit in Rußland bildete das
»Scherzo« aus Sergei Prokofjews erstem Violinkonzert,
das wir in einem Sammelprogramm fürs Fernsehen spielten, die einzige Ausnahme. In den achtziger Jahren führten
uns dann Schnittkes Partituren zusammen, für die wir uns
beide einsetzten. In Moskau aber waren wir gut miteinander bekannt, und ich besuchte ihn und seine Frau, die brillante Pianistin Wiktorija Postnikowa, oft in ihrer Moskauer
Wohnung, meist mit gemeinsamen Freunden. Seine un-
nachahmliche Art, Witze zum besten zu geben, faszinierte
ungemein. Russen lieben es, nach gutem Essen und Trinken
Geschichten zu erzählen. Roschdestwenski gehörte zu den
Großmeistern, vor allem mit seiner Fähigkeit, die triste Realität, seine Erfahrungen im Umgang mit Behörden und Kollegen in Anekdoten zu verwandeln. Ein Beispiel möchte ich
hier wiedergeben. Die Geschichte handelte von einem bekannten Sänger des Bolschoi-Theaters, der einen geradezu
exemplarischen Einfluß auf die Dirigentenkunst nahm.
    Der Geiger Mark Lubozki spielte in Leningrad mit
Roschdestwenski das zweite Violinkonzert von Schnittke.
Die Umstände wollten es, daß sich der Solist an diesem

Abend in den vielen verschlungenen Klängen der Partitur plötzlich verlor. Roschdestwenski, als einer der intelligentesten, aber auch kaltblütigsten Dirigenten unserer Zeit bekannt, sagte ziemlich laut zu Mark, ohne die Aufführung zu unterbrechen: »Schau auf Onkels Finger«, und zeigte ihm dabei die Stelle in der Partitur. Dem Solisten gelang es, sich wieder in das Werk hineinzufinden, kaum jemand hatte den Zwischenfall bemerkt, und die Aufführung schloß glänzend und mit großem Erfolg. Alle, Solist und Komponist eingerechnet, bewunderten das Geschick des Dirigenten. Der aber antwortete nur trocken: »Es war überhaupt kein Problem, mein Sänger Ogniwzew vom Bolschoi-Theater trainiert mich sehr gut. Er springt nicht nur von Takt zu Takt, sondern von Akt zu Akt.«

Auch ich war sehr daran interessiert, mit Roschdestwenski zu musizieren. Eines Tages machte ich ihm, da er auch gut Klavier spielte, den Vorschlag, einige von Mozarts Sonaten mit mir aufzuführen. Die Idee gefiel ihm; wir wollten sie in einem Abonnementskonzert verwirklichen. Daß eine Verstimmung zwischen uns dies später verhindern würde, konnte niemand ahnen. Roschdestwenski hatte kurz zuvor aus politischen Gründen das von ihm jahrelang geleitete Rundfunkorchester verlassen müssen. Die Parteigenossen hatten von ihm verlangt, eine große Zahl von Musikern zu entlassen, hauptsächlich aufgrund ihrer jüdischen Abstammung. Um die wahren Absichten zu vertuschen, wurde ein Auswahlvorspiel durchgeführt. Wie üblich, wurde in Musikerkreisen einiges über das Vorspiel gemunkelt. In einer Zeit massenhafter jüdischer Emigration war die »Säuberungsaktion« von den Funktionären als politisches Exempel im Medienbereich verzeichnet worden. Roschdestwenski widersetzte sich dem Druck und verließ seinen Posten – eine große und seltene Geste. Zu seinem Nachfolger wurde Wladimir Fedossejew ernannt, der bis zu diesem Zeitpunkt im gleichen Haus, dem staatlichen Rundfunk, ein Volksmusikorchester leitete. Nicht unbegabt, aber damals ohne jegliche Symphonieorchester-Erfahrung, wurde er bald zum Spott vieler Musiker. Man nannte Fedossejew in Künstlerkreisen »Bajan-Karajan«. (Bajan war die russische Bezeichnung für ein elektrisches Akkordeon.) Das Rundfunkorchester sollte nun im Frühjahr 1976 unter seinem neuen Chef große Gastspiele in der Bundesrepublik Deutschland und Österreich geben. Seit einiger Zeit stand ich für diese Tournee als Solist fest. Mich beschäftigte die Frage, ob ich mich mit Fedossejew, den ich noch nie getroffen hatte, verstehen würde.

Eines Tages erlebte ich eine böse Überraschung: Auf der Straße grüßte mich Roschdestwenski nicht mehr. Seine Frau Wiktorija erklärte mir kurze Zeit später, ihr Mann sähe meine Zusammenarbeit mit Fedossejew als Illoyalität, als Affront und sei sehr verletzt. Als ich den Versuch unternahm, dies telephonisch mit ihm persönlich zu klären, ging er nicht an den Apparat. Der Direktion der Philharmonie, die sich um den Termin für das geplante Mozart-Programm bemühte, antwortete er auf eine für ihn typische Art: »Haben wir denn dieses Konzert nicht schon gespielt?«

Aus Solidarität mit Roschdestwenski versuchte ich nun, auf eine weitere Zusammenarbeit mit Fedossejew zu verzichten. Obwohl der Nachfolger Gennadis sich mir gegenüber immer aufmerksam und seriös verhalten hatte, fühlte ich mich nun doch verpflichtet, zu dem Künstler zu stehen, den ich länger kannte, mehr bewunderte und der sich – das war für mich besonders wichtig – regelmäßig für unterdrückte Musik und Musiker eingesetzt hatte. Roschdestwenskis Sarkasmus und seine Eitelkeit widersprachen zwar dem Idealbild eines Künstlers. Er gehörte aber zu jenen, die sich auf unserer Seite der Barrikaden für die Gerechtigkeit schlugen. Mit Hilfe von Ljuba Kormout konnten unsere Differenzen schließlich beigelegt werden.

Heute höre ich oft von Orchestermusikern und Managern, Roschdestwenski sei unerträglich schwierig geworden, wolle überhaupt nicht arbeiten und halte die Probezeiten nicht ein. Ähnlich beschrieb Rudolf Bing Maria Callas in seinen Memoiren. Er sagte, sie sei die schwierigste Künstlerin an der Met gewesen. Der Grund dafür war aber, daß die Callas im Unterschied zu anderen unberechenbaren Künstlern immer genau wußte, was sie wollte. Auch Roschdestwenski gehört zu den Musikern, die sich im klaren sind, was sie hören wollen, aber auch, was sie selber können.

In Moskau sprach sich herum, daß Roschdestwenski einmal zu seinem Rundfunkorchester ins Studio kam, die Tür öffnete und sagte: »Rotes Licht – Aufnahme!« Für ihn war es der Idealfall, ohne Vorbereitung und ohne Probe die Musik genußvoll zu lesen und ohne Umschweife aufzunehmen. Diese Fähigkeit besitzt freilich nicht jeder Musiker, der unter seinem Taktstock spielt. Auch die besten Orchester der Welt könnten nach einem kurzen Durchspiel den für ihn typischen Satz nicht akzeptieren: »Sie können es, ich kann es, sehen wir uns am Abend im Konzert.« Sie brauchen mehr Probenarbeit. Optimale Sicherheit kann es nie und nirgends geben, auch nicht für einen Perfektionisten des Taktstocks. Der Arbeitsprozeß, die Beschäftigung mit dem Werk, kann oft sogar erfreulicher sein als die spontane Inspiration.

Aber wo ist der Haken? Wo stoßen Meister wie Roschdestwenski an ihre Grenzen? Seine Kenntnis der Musikgeschichte ist sicher unerschöpflich, sein Interesse an Vergessenem, Neuem, Ungewohntem und Unbequemem ist so einzigartig wie seine Schlagtechnik. Wie Lorin Maazel ist Gennadi ein Virtuose seines Faches. Beiden bedeutet die Musik viel, aber beide können auch außerhalb ihres Berufszweigs noch etwas bewegen: Maazel komponiert gerne, Roschdestwenski ist ein ausgesprochener Kenner der Kunstgeschichte, der sich außerdem auf den Umgang mit dem Wort versteht. Und doch fehlt etwas. Was ist der Grund? Ist das viele Wissen, das Zuvielkönnen ein Hindernis? Könnte man das romantische Urgefühl als Gegenpol solcher Qualitäten sehen? Ich meine Romantik als Streben, Hoffen, Fühlen. Roschdestwenski, dem Emotionen nicht versperrt sind, würde dem sicher widersprechen. Man denke nur an die Hunderte von Aufnahmen, an die Opernaufführungen, an sein Klavierspiel zu vier Händen mit Wiktorija, an die Artikel und die Einführungen, die er seit Jahren vor seinen Konzerten in Rußland gab. In der Zusammenarbeit mit Solisten ist er ein kreativer Künstler und wahrer Mitspieler. Später habe ich das intensiv erleben können. Wie leichtgewichtig, sarkastisch, nahezu kabarettreif auch immer geprobt wurde, im Konzert erlebte ich trotzdem das Gefühl einer echten Partnerschaft, wie es sonst selten ein Dirigent zu vermitteln verstand.

Was hindert mich gleichwohl daran, ihm größere Bewunderung entgegenzubringen? Das Kapriziöse? Das Komödiantische? Das kann doch unterhaltsam sein – ich habe mich selbst davon verführen lassen. Vielleicht ist der große Enthusiast und scharfe Denker mit den Jahren schlicht ein Opfer seines schieren Professionalismus geworden. Vor ein paar Jahren stach mir eine Schallplattenwerbung in die Augen. In ein Werk von Prokofjew, seine *Oktoberkantate*, dirigiert von Neeme Järvi, hatte Gennadi die Stimme Lenins montiert. Kein Zufall. Das Paradoxe zog den Meister immer gewaltig an. Wie viele Schauspieler der russischen Bühnen hätten es in den letzten Jahrzehnten als Ehre empfunden, die Rolle Lenins zu spielen. Dem Dirigenten ging es aber nicht um Ehre, sondern um einen Witz. »Kukisch w karmane«, sagen die Russen: Die Maske der Scheinheiligkeit macht dem Träger Spaß. Eine ausgesprochen »sowjetische« Eigenschaft? Vielleicht. Ganz anders dagegen eine Persönlichkeit wie Alfred Schnittke, der den Mut fand, die Annahme des ihm zugesprochenen Lenin-Preises zu verweigern.

Vor kurzem sah ich Gennadi im russischen Fernsehen – zu Recht gekränkt, erklärte er die Gründe, die ihn dazu zwangen, den Posten des Bolschoi-Intendanten zu verlassen. Bitter beschwerte er sich:»... und um zwei Uhr am Tag der Premiere waren die Programmhefte noch nicht gedruckt...«

Vielleicht kann ich doch die These wagen: Obwohl Roschdestwenski ein großer russischer Künstler des 20. Jahrhunderts ist, der sich eindeutig zu den Werten von Geschichte und Kultur bekennt, ist es vielleicht gerade der Bazillus sowjeticus gewesen, der sein Selbstwertgefühl stimulierte und in ihm ein trügerisches Gefühl von Überlegenheit nährte. Vielleicht waren ihm deshalb die Musen doch nicht ganz gewogen. Und doch sollten seine musikalischen Leistungen, vor allem sein Einsatz für die zeitgenössische Musik, besonders für Schnittkes Werk, nicht zu niedrig veranschlagt werden.

Mehr und mehr ähnelte mein Status, zumindest in Äußerlichkeiten, dem eines großen Pianisten, den ich seit meiner Jugend bewunderte, weil er stark, perfekt, originell, unabhängig zu sein schien und weil er ganz und gar nicht zu dem Begriff paßte, den man sich gewöhnlich vom sowjetischen Musiker macht. Doch ein sowjetischer Künstler war er durchaus: Swjatoslaw Richter.

Elena und ich waren auf einer Konzertreise durch Deutschland. Wir hatten endlich einen freien Tag, den wir bei guten Freunden, bei der Familie Frobeen, in Bergisch Gladbach verbrachten. Abends wollten wir ein Konzert von Richter besuchen, dessen Auftreten immer ein Ereignis zu werden versprach. Das Bild seiner dynamischen Erscheinung bewahrte ich seit meiner Rigaer Zeit in mir: sein Auftreten, sein schneller Gang zum Klavier, sein stürmischer, augenblicklicher Beginn, die monumentalen Tempi, die Gewalt seiner Akkorde, seine Besessenheit. Er schien nur von Musik zu leben, und das lockte mich immer wieder in seine Konzerte. Ich blieb sein treuer Anhänger, selbst wenn ich gelegentlich enttäuscht wurde, selbst wenn einige meiner Freunde Emil Gilels' Spiel bevorzugten und über Richter lästerten. Er war Einzelgänger und von einer Aura umgeben, die seine Ausnahmestellung bestätigte. Gewöhnlich verließ er gleich nach dem Konzert das Gebäude, bevor das Publikum ins Künstlerzimmer stürmen konnte. Autogramme gab er selten, was seine Attraktivität noch verstärkte. Hier in Deutschland stand es außer Frage, daß wir sein Konzert besuchen mußten. Welch ein Glück, daß wir einen freien Abend hatten.

Am Nachmittag, als wir gerade gemütlich beim Kaffee saßen, rief Georg Hörtnagel an, mein damaliger Agent und guter Freund, um nachzufragen, ob wir eventuell abends spielen könnten?»Wieso denn?«»Na ja, Richter fühlt sich nicht gut und scheint absagen zu wollen.« Eigentlich, dachte ich, sollten wir es nicht tun. Trotzdem bat ich Georg, mich eine Viertelstunde später noch einmal zurückzurufen, ich wollte die Idee vorher mit Elena besprechen. Sie war nicht abgeneigt, mobilisierte meine sonst stets vorhandene Hilfsbereitschaft, auch wenn es natürlich schön gewesen wäre, einmal nichts zu tun. Aber wenn wir Georg helfen konnten und so das Publikum nicht enttäuscht wurde, warum nicht. Das Konzert fand in Bad Godesberg statt, wo sich die sowjetische Botschaft befand. Es war somit zu erwarten, daß der Botschafter anwesend sein würde. Wegen der damals komplizierten Situation unserer Beziehungen zu Moskau war der Gedanke, unser Spiel könnte eine positive Auswirkung haben, nicht abwegig. Ein Gespräch mit dem Funktionär würde auf alle Fälle nicht schaden. Herr Hahn aus Hörtnagels Büro rief uns eine halbe Stunde später an, und als ich ihn fragte, ob wir überhaupt erwünscht wären, meinte er eifrig und aufgeregt:»Ja, sogar sehr.« Inzwischen hatte Richter tatsächlich abgesagt.»Gut, wir sind bereit«, antwortete ich. Kurz danach machten wir uns auf den Weg, da wir uns noch einspielen wollten.

Das Konzert sollte um 20 Uhr beginnen. Wir kamen kurz vor 19 Uhr an und begaben uns zu einer kleinen Einspielprobe direkt in den Saal. Es ist wichtig, einen unbekannten Flügel, die Akustik und die Balance vor dem Auftritt zu prüfen. Zwischen Elena und mir gab es keine Probleme. Wir hatten das Programm zuletzt am Vorabend gespielt. Eigenartig war nur, daß niemand von den Veranstaltern erschien. »Merkwürdig«, dachte ich, als plötzlich drei Männer die Bühne betraten und uns zu verstehen gaben, wir könnten nicht weiterproben, weil das Klavier abtransportiert würde. »Warten Sie mal«, sagte ich aufgebracht, »das ist doch Unsinn, hier wird gleich ein Konzert stattfinden.« Das Konzert sei abgesagt, erwiderten sie ohne mit der Wimper zu zucken. Ihnen sei aufgetragen worden, das Klavier abzutransportieren. Noch immer war ich überzeugt, daß es sich um ein Mißverständnis handelte. Die Geräusche des Publikums, das sich im Foyer einfand, waren nicht zu überhören, durch die Tür sah man schon die Menge. Einige kamen sogar in den Saal, um sich Plätze zu reservieren.

Nun bestand ich darauf, jemanden von der Organisation zu sprechen. Mit einem traurigen Blick erschien der verantwortliche Herr Wasmuth. Bedauernd sagte er: »Wie schade, ich hatte das Konzert schon abgesagt, als ich Ihre Zusage bekam. Es tut mir wirklich sehr leid. Kann ich etwas für Sie tun?« Wir waren perplex, wir hatten uns bereit erklärt einzuspringen und sollten nun unverrichteter Dinge wieder abziehen. Mein Versuch, den Organisator zu überzeugen, das Konzert jetzt erneut anzukündigen, weil die Leute ja schließlich gekommen waren, fruchtete nichts. Er meinte, es sei zu spät, viele seien schon gegangen.

Beim Verlassen des Saales kamen Leute auf mich zu: »Warum spielen Sie denn nicht? Wir haben uns so auf den Abend gefreut, und Sie sind ja, wie man sieht, wirklich da.« Ich konnte nur mit den Schultern zucken, den Kopf schütteln und auf den Veranstalter verweisen. Das Treffen mit Richter kam nicht zustande, und unser freier Abend war ebenso zunichte gemacht. Richter, der sich im nahe gelegenen Hotel aufhielt und sich nicht wohl fühlte, konnte sicher nichts dafür. Wie so oft, ließ er andere handeln, eine Lösung suchen und in diesem Fall auch den Verzicht erklären. Ohne es beweisen zu können, schien es mir, als ob die Fäden doch von ihm gezogen worden seien.

Wenn ich an seine große Musik denke, an seine Erscheinung und an die Gesellschaftsabende in Moskau, die er veranstaltete und zu denen er nur einen kleinen Freundeskreis zuließ, war seine Regie immer zu spüren gewesen. Der einsame, kauzige Schauspieldirektor inszenierte gerne total – Freunde, Partner, Funktionäre und die eigenen Auftritte. Alles fügte sich den Gesetzen seiner Einfälle – im Notfall sogar die Abwesenheit. Das Fehlen seines Namens unter einem von Kollegen aufgesetzten Brief (einem Nachruf oder einer Kritik) sprach ebenso für sich wie die Tatsache, daß Richter selten ein Flugzeug bestieg und gerne im Geländewagen von einem kleinen Ort zum anderen fuhr. Als einer der wenigen Außenseiter im Land des kollektiven Verhaltens sicherte er sich auch damit einen Platz, der ihn, den titanischen Klavierspieler, zum Missionar machte.

Richters Begeisterung für selten gespielte Musik von Paul Hindemith, Nikolai Mjaskowski, Karol Szymanowski und Alban Berg war eine Aufforderung, es ihm nachzutun. Sogar seine phänomenale Fähigkeit, Walzer zu tanzen, konnte im Land der strikten Regeln seinesgleichen suchen. Seine wertvollste Charaktereigenschaft zeigte sich darin, daß er schlechthin unfähig war, sich anderen zu fügen, auch der Sowjetmacht nicht. Er mußte einfach alles selbst bestimmen. Es war sein Wille, wenn er sich entschied, für die Partei oder die Armee ein fünfminütiges Rachmaninow-Prélude in einem Galakonzert zu spielen. Es wurde im Fernsehen Millionen von Menschen zugänglich gemacht, und man stellte sich immer wieder die Frage, warum gerade Richter? Es überraschte kaum, daß dem Pianisten aller

Pianisten ein Orden nach dem anderen verliehen wurde. All diese Widersprüche gehörten zu seiner Persönlichkeit. Richter blieb unübertrefflich. Vielleicht auch deshalb, weil er sich alle Freiheiten nahm und in gewissen Situationen sich wie eine Schnecke zurückziehen konnte. Sein Klavierspiel blieb davon gleichsam unberührt. Auch deshalb empfand ich die Staatspreise und Lenin-Orden, die Richter verliehen wurden, eher als peinlich. Es schien, als ehrte man damit jemanden, der mit dem System nichts gemein hatte, der aber, um sich seine innere Welt und seine Musik bewahren zu können, immer bereit war zu schweigen. Gehörte das zu seiner Taktik? War nicht auch das ein Merkmal des Systems? Erst kurz vor seinem Tod erlaubte er in einem von Bruno Monsaingeon gedrehten Videoporträt einen Einblick in seine Gedankenwelt. Es verwundert kaum, daß da auch viel Verbissenes, Deprimiertes, Kritisches zum Vorschein kam. In der Musik, die er zum Klingen brachte, war all das nicht zu hören. Sein Genie überspielte die Beschränkungen seiner Seele.

Jetzt, nach seinem Tod und der Veröffentlichung seiner Tagebücher, läßt sich die Gesamterscheinung Richters als kritischer Künstler und Mensch viel besser verstehen und beurteilen. Man kann sein Beispiel als erneuten Beweis anführen, wie sehr das totalitäre System sogar innerlich freie Geister in seinen Dienst nahm. Aber dieses Verstummen hatte etwas Doppelbödiges. Man verhielt sich konform, unterwarf sich dem Staat und zahlte zugleich einen Tribut an die eigene Bequemlichkeit: keine Notwendigkeit, sich kritisch mit Menschen und Problemen auseinanderzusetzen. Im stillen, nur für sich selbst harte Kritik zu üben schonte nicht nur die virtuell Angegriffenen, sondern auch den Angreifer. Solche Kritik später zu lesen hat etwas Obsoletes. Das Verdikt hat seine Kraft verloren, zumal angesichts des Todes: Einspruch ausgeschlossen.

Heute spielt längst schon die nächste Generation jener Musiker, die noch vom Typ des »Musicus sowjeticus« geprägt sind, in aller Welt und erntet zumeist enthusiastischen Beifall. Darunter sind so herausragende Künstlerpersönlichkeiten wie Wladimir Spiwakov, Juri Baschmet oder Waleri Gergijew. Sie alle wahren eine gewisse kritische Distanz zu den sowjetischen Traditionen, in denen sie aufgewachsen sind. Sie alle aber haben geistige Einstellungen und Verhaltensstandards gelernt – dazu gehört auch das elitäre Bewußtsein »wir sind die Besten« –, die mit dem Untergang des sowjetischen Regimes keineswegs verschwunden sind. Ob ich das Bild des »Musicus sowjeticus« in meinem Innern ganz überwunden habe, ist eine Frage, die ich auch mir selbst stelle. Immerhin, es hat viele Facetten gehabt. Vielleicht wird man diese eigentümlichen Charakterzüge irgendwann nicht mehr spüren können; vielleicht aber auch werden sie, wie ein Atavismus, die Generationen überspringen, plötzlich wieder auftauchen und von einer Epoche künden, die längst Geschichte geworden ist.

Va banque

Ein Extremfall des »Musicus sowjeticus« war jener, der mich von allen am meisten berührt hat. Er betrifft mein Verhältnis zu einem ganz großen Künstler, Mstislaw Rostropowitsch, und er macht das Klima der Mißverständnisse und des Mißtrauens spürbar, das aus dem Sowjetsystem erwuchs. In den ersten Monaten nach Antritt meines »Urlaubs« im Westen kam es zwischen Rostropowitsch und mir zu einem Eklat. In einem Interview in einer israelischen Zeitung hatte ich mich über die prekäre Situation sowjetischer Künstler im westlichen Ausland geäußert und war auch auf das Beispiel des Cellisten, der gerade gemeinsam mit seiner Frau Galina die sowjetische Staatsangehörigkeit verloren hatte, eingegangen. Unter dem Eindruck der Ausbürgerung und des entwürdigenden Procedere, das damit verbunden war, nahm Slawa umlaufende Gerüchte und mein Interview zum Anlaß, mir einen überaus empörten Brief zu schreiben. In seiner impulsiven Art löste er einige Formulierungen des (im übrigen schlecht übersetzten) Interviews aus dem Zusammenhang, unterstellte ihnen Bedeutungen, die sie nicht hatten, und schleuderte wütende und ungerechte Vorwürfe gegen mich. Ich war sprachlos und verletzt. Ich überlegte wochenlang, wie ich reagieren sollte. Schließlich schrieb ich ihm einen kurzen, beschwichtigenden Brief in der Hoffnung, daß sich schon irgendwann eine Gelegenheit zu einer klärenden Aussprache finden werde. Aber sie kam nicht zustande. So waren unsere persönlichen Beziehungen jahrelang sehr belastet – obwohl mindestens die Hälfte des ganzen Ärgers Ausdruck des Mißtrauens und der Verdächtigungen war, die das soziale Klima unserer sowjetischen Heimat beherrschten.

Rostropowitsch war schon zu meiner Moskauer Studienzeit eine lebende Legende. Sein Konzertzyklus »Die Geschichte der Celloliteratur« mit mehr als 30 Kompositionen für Cello und Orchester hatte damals Maßstäbe gesetzt. Noch in den Jahren 1972/73 inspirierte mich diese enzyklopädische Arbeit so sehr, daß ich etwas Ähnliches für die Geige anstrebte. Rostropowitschs Persönlichkeit, seine Erscheinung, seine Ausstrahlung, seine Intensität, zog die Musikwelt in Bann. Seine Klasse am Konservatorium war ständig überfüllt, selbst Studenten anderer Lehrer und Fakultäten sowie Gäste aus aller Welt wollten dabei sein. Hinzu kam für ein halbes Jahr eine besondere Attraktion: Jacqueline du Pré, die bei Rostropowitsch Cello studierte.

Mit seinen Kammermusikpartnern arbeitete Rostropowitsch ebenso unermüdlich wie mit seinen Schülern. Noch während meines kurzen Studiums in Leningrad erlebte ich wunderbare Proben des achten Streichquartetts und des Klavierquintetts von Schostakowitsch. Es gehörte zu Slawas Eigenheiten, am Cellopult immer wieder die Führung zu übernehmen, obwohl er den Großen von Leningrad – den Geigern Michail Waiman und Boris Gutnikow, dem Bratschisten Juri Kramarow und dem greisen Pianisten Pawel Serebrjakow – gegenübersaß, Autoritäten allesamt, die ihrerseits ein Publikum und Bewunderer besaßen.

Die Aktivitäten Rostropowitschs waren aber nicht auf das Cellospiel, den Unterricht und die Kammermusik beschränkt. Seine außergewöhnliche Begabung, auch wohl sein angeborenes Führungstalent drängten ihn schon damals zum Dirigieren. Bei seinen Proben und Aufführungen von Tschaikowskis *Eugen Onegin* versammelte sich ganz Moskau im Bolschoi-Theater. Gerade in jenen Zeiten

341

massenhafter Anpassung faszinierte seine eigenwillige Persönlichkeit. Rostropowitsch schien einer der wenigen zu sein, die sich keiner Macht unterwarfen. Das spürten alle, nicht nur Musiker. Seine grenzenlose Musikbesessenheit und sein herausforderndes Auftreten gehörten zu seinen hervorstechenden Eigenschaften. Die Geschichten und Abenteuer, die ihm passiert waren, erzählte er mit großem Freimut. Seine Anhänger verbreiteten sie großzügig weiter und stärkten damit das Image des Freidenkers.

Die Tatsache, daß Rostropowitsch sich auch außerhalb seines weitgesteckten künstlerischen Rahmens ständig profilierte, spielte in diesem Zusammenhang keine geringe Rolle. Slawa dürstete förmlich nach Kommunikation. Wie kein anderer pflegte er seine Kontakte zu Künstlern, die er schätzte und mit denen er musizierte. Zur großen Rostropowitsch-Familie gehörten auch seine Studenten. Vielen von ihnen half er, zu manchen seiner Zöglinge ging er allerdings auch auf Distanz. Oder distanzierten sie sich womöglich selbst, indem sie ihm nicht immer folgten? Die meisten aber genossen des Meisters Nähe und den Überschwang seines Temperaments. Paul Sacher sagte mir einmal, er würde Slawa als Mensch und Künstler besonders schätzen. So nahe seien sie sich, daß Rostropowitsch ihn selbst als seinen Bruder bezeichne. Und mit einem weisen Lächeln fügte er hinzu: »So nennt er aber jeden.«

Geradezu unersättlich bemühte sich Rostropowitsch um Kontakte aller Art. Zu den Funktionären im Parteiapparat und den Referenten des Kulturministeriums fand er ebenso schnell Zugang wie zu den meisten Sekretärinnen in den Vorzimmern. Die Angestellten bei Goskonzert ließen sich von ihm vieles gefallen, was sie anderen nie erlaubt hätten. Und er selbst war stolz, einen Innenminister (der später verhaftet wurde) zu seinem Freundeskreis zu zählen. Im Umgang mit allen Instanzen des Machtapparats schien Rostropowitsch der demokratischste Künstler des totalitären Staates zu sein. Und wir fragten uns ständig: Wie schafft er das nur? Warum läßt man ihm so vieles durchgehen? Worin liegt das Charisma seiner Persönlichkeit? Als Künstler, der sich über alle geltenden Grenzen hinwegsetzte, war Slawa die große Ausnahme. Er kam mit der Masse genauso gut zurecht wie mit den Funktionären. Er wußte, wie man sich durchsetzt, obwohl er nie Mitglied der kommunistischen Partei gewesen ist. Mit seinen außergewöhnlichen Eigenschaften schaffte es Rostropowitsch, sich einen ehrenvollen Platz im sowjetischen System zu sichern. Wir Studenten lachten gleichermaßen über seine Kapriolen, wie wir seine Leistungen bewunderten. So war auch für mich Slawa ein Idol, dem ich folgen wollte. Menschen wie er, die sich nicht anpaßten, standen besonders hoch in meiner Wertschätzung. Mich faszinierte, daß er mit allen – mit Freunden und mit dem Staat – gleich gut auskam. Aber ich fühlte auch, daß da noch etwas anderes im Spiel war als das pure Können eines Cellisten. Immerhin gab es außer ihm noch andere große Meister; Gilels, Oistrach, Richter oder Mrawinski – sie alle benahmen sich ganz anders. Jeder von ihnen ging auf seine Weise dem Konflikt mit dem Staat aus dem Wege. Während Gilels und Oistrach sich als Parteimitglieder eher fügten, war Richters Taktik seine ständige Unerreichbarkeit. Er gönnte sich den Luxus, als Verrückter zu gelten, und wurde wie kein anderer von seiner Frau und seinen Vertrauten beschützt. Vor Mrawinski aber, der sich zu seiner Religiosität bekannte, hatten die meisten Ehrfurcht, Musiker sogar eine Art Furcht.

Rostropowitsch dagegen schien geradezu konfliktsüchtig zu sein, ja, ständig den Eklat zu suchen. Desungeachtet gelang es ihm, sich nahezu alle Ehrungen und Titel zu erspielen, die in Rußland vergeben wurden. Erreichte er das tatsächlich ohne jegliche Anpassungsgesten gegenüber den Funktionären? Eines Tages, viele Jahre später, hörte ich einmal in einem seiner Interviews den Satz: »Den Titel

Volkskünstler hat mir das Volk verliehen.« Aus westlicher Sicht scheinbar plausibel, ist dieses Statement in Wirklichkeit überaus anfechtbar. Der berühmte Cellist konnte nicht einfach vergessen haben, daß man in der Sowjetunion damals mit musikalischem Können allein nicht zu solchen Ehren kam. Die Reputation bei den Mächtigen war immer eng mit politisch-ideologischem Wohlverhalten verbunden. Heute bin ich fest davon überzeugt, daß Rostropowitsch seinen Anteil an Kompromissen mit dem System in irgendeiner Weise beigesteuert haben muß, sonst wären all die ehrenvollen Auszeichnungen nicht an ihn vergeben worden.

Der Fall Solschenizyn wurde zu einer Art Machtspiel mit dem Staat. Zweifellos gewann er damit größte Achtung bei der gesamten Intelligenzija wie auch bei uns, seinen Jüngern. Der selbstbewußte Schritt, den geächteten Alexandr Solschenizyn in seiner Datscha zu beherbergen, war eine Ohrfeige für alle jene in der Kulturbürokratie, die Rostropowitschs Eskapaden jahrelang geduldet hatten. Sein »offener Brief«, in dem er die Motive seines Handelns darlegte – nur für die Leser im Westen veröffentlicht, die Einheimischen erfuhren den Inhalt über ausländische Sender –, war eine Sensation und hatte die Sprengkraft einer Bombe. Die ehrlichen Absichten, die Motivation von Rostropowitsch, dem großen Schriftsteller Schutz zu gewähren, standen außer Frage. Viele von uns empfanden das Eintreten für den Regimekritiker als einen überaus riskanten Akt, der auf Selbstaufopferung hinauslief. Kaum jemand kam auf die Idee, daß damit auch eine persönliche Absicht verbunden sein konnte, daß es das Spiel eines Spielers wäre, dem das Terrain zu eng geworden war. Jeder, der in Rostropowitschs kühnem Schritt auch nur einen Anflug von Selbstdarstellung zu bemerken glaubte, riskierte jedoch, mit den konservativsten Funktionären gleichgesetzt zu werden.

Das Bemerkenswerte an der ganzen Aktion bestand aber darin, daß Rostropowitsch, ebenso wie wir alle, wußte, daß

344

man ihm diese Ohrfeige nicht durchgehen lassen konnte. Es war eine scharfe Provokation, der Schritt in einem Spiel, das man wirklich als »va banque« bezeichnen mußte. Mich beeindruckte eine Bemerkung Rostropowitschs gegenüber unserer gemeinsamen Freundin Ljuba Kormout, als sie ihm sagte, er sei verrückt geworden: »Weißt du, Ljuba, dafür schlafe ich jetzt besser.« Das klang so rein wie eine Kirchenglocke. Es war für uns alle so wichtig, daß sich jemand wie er – berühmt und einflußreich – dem Druck des totalitären Staates widersetzte. Jeder wußte doch, daß dem Staatsapparat alle Mittel der Unterdrückung zur Verfügung standen. Die Aussichtslosigkeit einer Änderung des Systems verlangte geradezu, jeden möglichen Konflikt zu meiden. Den Ungehorsamen drohte, wenn auch nicht wie zur Zeit Stalins die Vernichtung, so doch eine einschneidende Beschränkung.

Rostropowitschs Behauptung, seine Haltung beschere ihm besseren Schlaf, faszinierte mich. Sie wirkte nicht nur ungemein menschlich, sie hatte auch etwas Heroisches. So wollte ich mich auch verhalten. Der Schritt, den er gewagt hatte, blieb in unseren Freundeskreisen Gesprächsthema. In Rostropowitschs nächsten Aufführungen und Konzerten – als Dirigent von *Tosca*, in Soloabenden und auf seinen Rußlandtourneen – wurde erkennbar, wieviel Sympathie ihm die Leute entgegenbrachten und wieviel ihnen sein Einsatz bedeutete. Aber die offizielle Macht wollte ihn nicht mehr dulden. Der »Verdiente Künstler des Volkes« hatte zwar seine Verdienste; seinen Versuch jedoch, die offizielle politische Linie anzugreifen, stufte man als frech, als illoyal ein. Er selbst aber kämpfte – mit und ohne Cello – lediglich um die Rechte der freien Persönlichkeit.

Unter dem Druck von oben gingen aber bald auch Rostropowitsch seine schier unermüdlichen Kräfte aus. Ein Gerichtsverfahren gegen den Star leitete man allerdings nicht ein. Ich glaube, der Staat empfand sogar so etwas wie Erleichterung, als das Ehepaar Rostropowitsch schließlich

1974 die Ausreise beantragte. Man sprach davon, daß bestimmte Funktionäre ihm diesen Schritt sogar nahegelegt hätten. Für zwei Jahre wollten sie ins westliche Ausland gehen, wo man ihnen den Rahmen ihrer künstlerischen Aktivitäten nicht beschnitt. Das Dirigieren eines erstklassigen Orchesters – der lange unerfüllt gebliebene Traum Slawas – ging mit der Absicht einher, sein Schicksal in die eigenen Hände zu nehmen. Der Ruf, den er in der ganzen Welt genoß, war ein Bonus in seinen Plänen, auf den er sich verlassen konnte.

Rostropowitschs von »oben« genehmigtes Konzert im Großen Saal des Tschaikowski-Konservatoriums kurz vor der Abreise klang für uns natürlich besonders traurig. In Tschaikowskis *Pathétique*, mit Hingabe vom Studentenorchester gespielt, hörten wir die Kollision von Verzweiflung und Unterdrückung. Natürlich empfand ich, wie viele meiner Freunde, eine gewisse Solidarität mit dem großen Abtrünnigen. Weil wir im Lande bleiben mußten und wußten, daß die Unterdrückung nicht nachlassen würde, blieb uns nur der Wunsch, daß dieser Abschied nicht endgültig sein würde. Mit einem Hymnus an die Freiheit, mit vielen traurigen Untertönen, verließ Rostropowitsch Rußland. Keinen anderen Abschied in diesem Jahrzehnt erlebten wir so als öffentliches Ereignis und gleichzeitig so – im doppelten Sinn des Wortes – pathetisch. Das Spiel für die Wahrheit hatte er für sich gewonnen.

Rostropowitsch hat, auch das ein Zeichen seiner Popularität, viele Namen. »Rostrap« gilt unter Russen als die geläufigste Kurzform für ihn, der wie ein künstlerisch-menschliches Gutwettersignal wirkte. Ein anderes verbreitetes Kürzel, »Rostro«, entspricht wohl eher der französischen Vorstellung von Wohlklang. Noch verbreiteter ist allerdings »Slawa«; Leonard Bernstein schrieb sogar eine *Slava-Ouvertüre* zu Rostropowitschs Geburtstag. Bemerkenswerterweise bedeutet das soviel wie »Ruhm«.

Sein voller Vorname Mstislaw aber ließe sich so übersetzen:
»Übe Rache und Ruhm aus.«

Etwa ein Jahr später trafen wir uns in einem fremden Land wieder. Es war in Stockholm. Wir hatten, obwohl wir sozusagen aus verschiedenen Weltecken kamen – ich war ja immer noch in Moskau –, denselben Manager, Henrik Lodding, wohnten im selben Hotel »Diplomat« und spielten beide im städtischen Konserthus. Ich freute mich von Herzen, Mstislaw Leopoldowitsch zu sehen, und wollte ihn unbedingt sprechen. Hoffte ich schon damals, von ihm einen Ratschlag für meine Zukunft zu bekommen? Wer konnte mir schließlich besser als er, der so viele Auseinandersetzungen mit dem Staat ausgefochten hatte, einen Ausweg zeigen? Abends gingen wir zusammen essen. Das Gespräch fand unter vier Augen statt und drehte sich vor allem um unsere gemeinsamen Bekannten, um die Schwierigkeiten des Lebens in Rußland und natürlich um die Freiheit, die wir beide so liebten.

Trotz des Altersunterschieds fanden wir im Gespräch schnell dieselbe Wellenlänge. Rostropowitsch, im Zenit seiner Karriere, sprach von den Umständen, die ihn gezwungen hatten, Rußland zu verlassen. Obgleich ich erst am Anfang meines künstlerischen Weges stand, glaubte ich gut zu verstehen, warum der geniale Rostrap sich jetzt viel besser, viel kreativer, viel sicherer fühlte. Ich schaute ihn an, hörte ihm zu, bewunderte seine Energie, seine Ausstrahlung, seine Überzeugungskraft. Seit Jahren war er mir Vorbild. Und dennoch fand ich noch immer Gründe für mein Verbleiben in Rußland. Rostropowitsch kannte meine Absichten und meine Zweifel. Ich glaube, Slawa wollte mir wirklich helfen, als er sagte: »Staryk« (»mein Alter«, sprach er mich an), »verstehst du immer noch nicht, was ich dir zu erklären versuche? Wenn ich heute auf die Bühne gehe, erwarten mich nach jeder meiner Leistungen 15 000 Dollar. Allein schon dieses Wissen zwingt mich, besser zu sein. Es entsteht ein ganz neues Verantwortungsgefühl, das zusätzliche Kräfte bei mir freisetzt. Ich spiele besser, weil ich für 15 000 besser spielen muß!«

Ich hörte Rostrap zu und glaubte ihm jedes Wort. Seine Persönlichkeit wirkte auf mich nahezu hypnotisierend. Jede Geste, jedes Wort Slawas sprühte nur so vor schier unerschöpflicher Vitalität. Rätselhaft schien mir aber doch diese Fixierung auf Geld angesichts seiner Kreativität zu sein. Als ich spät nachts wieder allein in meinem Hotelzimmer war, fragte ich mich: Was haben all diese eigentümlichen Ansichten zu bedeuten? Inspiration durch Geld? Bessere Musik durch höhere Gagen? Mir wurde schlagartig klar: Meine Welt war eine andere und wird eine andere bleiben. Wie aber sollte ich seine Äußerungen einordnen? Spiegelten sie nicht die Schattenseiten seiner Persönlichkeit? Oder war die harte Währung nur ein Symbol seines Ehrgeizes? Und dieser ein Quell seiner Kreativität? In seiner unverblümten Direktheit, die durch den Kontrast zu seiner künstlerischen Integrität noch gesteigert wurde, wirkte Slawas Rede schier unangreifbar. Ich wußte schon damals, daß diejenigen, die an seiner Haltung Kritik übten, für ihn zu den kleinen Menschen gehörten. Warum sollte er also seinen Standpunkt nicht etwas überspitzt darstellen? Innerlich ging ich zum ersten Mal ein wenig auf Distanz zu dem bewunderten Künstler.

Und doch ist trotz dieser Bedenken Rostrap derjenige gewesen, den ich später in Berlin, im schwierigsten Augenblick meiner Auseinandersetzung mit dem System, aufsuchte, um ihn um Rat zu fragen. Wieso nun dieser Brief, diese Aversion gegen mich? Griff er mich an, weil ich damals seinem Rat nicht gefolgt war? Ich fühlte mich frei von Schuld, das machte die Sache noch bitterer. Trotz meiner anhaltenden Bewunderung für Rostrap wurde mir immer klarer, daß ich mich anders verhalten wollte. Ich wollte meinen eigenen Weg gehen, vielleicht damit auch anderen ein Zeichen geben. Ich war traurig, daß mir das Idol meiner Jugend mit den Vorwürfen seines Briefes einen solchen Schlag versetzte. Ich hatte immer die Freiheit gesucht. Es war aber klar, daß das totalitäre System sie auf Dauer nicht dulden würde. Nur in der Musik schien sie gesichert zu sein. In allen anderen Angelegenheiten hatte ich lediglich Zeit gewonnen, um das zu erreichen, was auch Slawa anstrebte: eine Welt ohne Grenzen, aber mit sowjetischem Paß! Ohne ein politisches Spiel spielen zu müssen, konnte ich mir einen gewissen Respekt, für kurze Zeit einen gewissen Freiraum verschaffen, was einigen Leuten verdächtig erschien. In den folgenden Jahren kamen Slawa und ich uns wieder etwas näher, aber der Konflikt blieb weiterhin bestehen.

Im Februar 1990 stürmten die Moskauer den berühmten Tschaikowski-Saal: Slawa, der Einzigartige, war zurückgekehrt. Die Ehrungen, die dank Presse und Fernsehen kein Ende nahmen, konnten von allen Schau- und Hörlustigen in der ganzen Welt mitverfolgt werden. Rostropowitsch war nun nicht mehr nur der berühmte Cellist und Dirigent, sondern wieder in seiner Heimat *der* russische Künstler schlechthin.

Eine Frage, die mich beschäftigte, blieb gleichwohl offen: Warum hat Rostropowitsch nie zugegeben, daß es auch seine Entscheidung gewesen war, in den Westen zu gehen? Nur ihm wurde dies vom Staat bewilligt; für zahlreiche andere blieb der gleiche Weg, wenn nicht für immer, so doch sehr lange gesperrt. Dafür gab es natürlich viele Gründe: Die meisten anderen waren nicht mutig genug (oder zuwenig verzweifelt?). Auch hatten sie einen zu niedrigen Rang in den Augen des Staates, als daß man ihnen Ausnahmen zugestanden hätte. Slawa behauptete trotzdem hartnäckig, er sei aus dem Land verjagt worden, weil er Solschenizyn in seiner Datscha beherbergt hatte, weil er ein Kämpfer für die Freiheit war. Niemand zog seinen Freiheitswillen, seine Solidarität mit den Unterdrückten in Zweifel, und doch hing die Frage im Raum, ob sein Freiheitsstreben die Freiheit aller meinte oder womöglich doch mehr die Freiheit der wenigen, der Auserwählten – und damit die eigene Freiheit. Diese Fragen des außerkünstlerischen, des persönlichen politischen Verhaltens sind im Westen an Slawa nie gestellt worden; hier genießt er einen untadeligen und im buchstäblichen Sinne unbefragten Ruf. Offenheit, Spontaneität und ein freies Bekenntnis gehören zu den demokratischen Tugenden; wer sich emotional und unverblümt verhält, wirkt aufrecht und vertrauenswürdig – und kann als Künstler sicher sein, ein populäres Image mit einem sympathischen Profil zu haben. Daß solches Verhalten aber auch gesellschaftliche Attitüde sein kann, scheint kaum jemand in den Sinn zu kommen. Diese außerkünstlerischen Qualitäten, die im Westen bereitwillig akzeptiert und im Fall von Rostropowitsch sogar bejubelt werden, besitzen deshalb solche Suggestivkraft, weil sie zum Image gehören, mit dem sich Künstler und Politiker ein besonderes Profil geben.

In Sowjetrußland dominierten bis zum Auftreten Michail Gorbatschows andere gesellschaftliche Werte. Die Vaterfigur, ob Zar oder Stalin, war ein Idol, eine unantastbare Person. Im Westen herrscht dagegen eine Art Popularitätszwang: Eine Person, die in der Öffentlichkeit steht, versucht, möglichst vielen zu gefallen, jeden anzusprechen, auf jeden einzugehen – das ist die Gesellschaftsnorm. Dahinter steckt auch das merkantile Prinzip, auf diese Weise die eigene Idee besser vermitteln oder gar besser verkaufen zu können. Dieses Gesetz herrscht auch in der Welt der Kunst. Die Slogans, mit denen in Politik und Wirtschaft die komplizierte Wirklichkeit vereinfacht wird, haben längst auch den Musikbetrieb erreicht: Rundfunk und Fernsehen bieten mit Verschnitten aus Opern und Symphonien »Classic-Hits« und »Kuschelklassik« an, eine mundgerechte Häppchenkultur, die das Erleben von Musik zum Wellneßkonsum degradiert. Ein Genie wie Rostropowitsch hat sich dieser Welt des Musikbetriebs und der Medien intuitiv anzupassen vermocht. Er hat Imagepflege immer » aus dem Bauch « heraus gemacht.

Die Ausbürgerung von Rostropowitsch wurde später als Fehler der Breschnew-Ära eingestuft. Nach fast 15 Jahren konnte eine Niederlage in einen triumphalen Erfolg umgewandelt werden, den Slawa während seiner sechstägigen Rückkehr gebührend feierte. Man kann diese Kehrtwendung der Politik zudem als Beweis dafür nehmen, daß auch sein früheres Verhalten Anhänger (oder zumindest Wohlwollende) unter den Offiziellen des Sowjetstaats hatte, und als ein Zeichen, daß Rostropowitsch ein sowjetischer Bürger gewesen ist. Die Aura des Sowjetischen läßt sich nicht so leicht abstreifen. Der Bazillus des Totalitarismus sitzt tief. Auch ich, groß geworden in einer europäischen, einer deutschen Familie im baltischen Staat Lettland, entdecke an mir bis heute gelegentlich sowjetische Züge, leider eine Art Virus, das man nicht so schnell wieder loswird. So merke ich bis heute eine Tendenz zum Mißtrauen gegenüber Menschen und Vereinbarungen, die ich offensichtlich früh gelernt habe.

Zu Rostropowitschs Extrovertiertheit gehörte auch der Drang, sich mit allen Mitteln ins Gespräch zu bringen. Dafür lieferte er ein eklatantes Beispiel, als er einen Tag nach der Öffnung der Mauer in Berlin eintraf, sein Cello auspackte und mit einer Sarabande von Bach vor Mikrophonen und laufenden Kameras das Ereignis publikumswirksam feierte. Das brachte ihn an prominenter Stelle in die Weltpresse und stärkte erneut sein Image als außergewöhnliche Künstlerpersönlichkeit.

Der Fairneß halber sei aber auch erwähnt, daß meine persönlichen künstlerischen Begegnungen mit Rostropowitsch auf einem anderen Blatt standen. Als er beispielsweise vor zehn Jahren seinen Schostakowitsch-Zyklus in Sankt

Petersburg plante, wurde ich eingeladen, mich daran zu beteiligen. Unter seiner Leitung spielte ich das zweite Violinkonzert und hatte zudem noch die Freude, zwei Streichquartette, darunter auch das berühmte achte, als Primarius (erste Violine) mit Tatjana Grindenko, Juri Baschmet und ihm vorzutragen.

In einem Brief an seinen Freund Issaak Glikman schreibt Schostakowitsch einige Tage nach der Vollendung des Werkes, wenn er einmal sterben würde, gäbe es wohl kaum jemand, der sich an ihn erinnerte. Deshalb habe er dieses achte Streichquartett, in dem sein Monogramm D-Es(=S)-C-H eindeutig den roten Faden, eine Art Leitmotiv bildet, als Nachruf für sich selbst geschrieben. Das war jene Komposition, von der man stets angenommen hatte, sie sei »Den Opfern des Krieges und des Faschismus« (so die offizielle Widmung des Komponisten) zugeeignet, da Schostakowitsch zur selben Zeit die Musik zu dem Film *Fünf Tage, fünf Nächte* über die Zerstörung Dresdens schrieb.

Das Quartett, das wir in Sankt Petersburg bildeten, war natürlich ad hoc entstanden und keine Institution auf Dauer. Aber solche Begegnungen und künstlerischen Ereignisse sind Augenblicke im Leben, die unvergeßlich bleiben, so wie die Uraufführung des uns gewidmeten *Konzerts zu dritt* von Schnittke.

Mit seinem Auftreten – musikalisch voller Einfälle, großherzig, facettenreich, humorvoll, schelmisch, emotional – bleibt aber Slawa das, was er Jahrzehnte war: ein echter russischer Akteur wie Fjodor Schaljapin. Ein Mercutio? Ein »Slawa der Große«? Jedenfalls jemand, der seine Rolle, sein Spiel, nicht nur mit dem Cello auf dem Podium, sondern auch im Leben viel interessanter gestaltete als alle Politiker des Systems zusammengenommen.

Vor kurzem feierte Rostropowitsch in London seinen 75. Geburtstag. Mit einer Uraufführung des eigens zu diesem »event« komponierten Stücks von Gija Kan-

352

Mit Juri Baschmet vor einem Photo von Mstislaw Rostropowitsch

tscheli – einem mir im Geiste heute besonders verbundenen
Komponisten und Freund –, dem wir den Titel 2 *great Slava
from 2 GK's* gaben, gratulierte ich Rostropowitsch, dem
Idol meiner Jugend. Slawa fand sehr persönliche Worte, um
sich vom Podium aus bei allen aus der ganzen Welt zusam-
mengeströmten Künstlern zu bedanken. Daß er sich sogar
an meine Studienjahre bei Oistrach erinnerte, überraschte
mich und berührte mich tief – datierte doch gerade meine
Bewunderung für ihn aus dieser Zeit. Die Versöhnung war
ein Geschenk.

Der Westen

Die neuen Arbeitsbedingungen boten mehr Entwicklungs-
möglichkeiten und höhere Gagen. Wir mußten aber noch
lernen, uns neu zu orientieren. Sehr schnell wurde mir klar,
daß es eine bisher unbekannte Erfahrung gab: die Qual der
Wahl. In jedem Bereich des Lebens zeigte sie sich als zusätzliche Last, auch wenn ich früher, als vieles über meinen
Kopf hinweg entschieden wurde, diese Freiheit herbeige-
sehnt hatte. Mir fiel auf, daß die Menschen im Westen vor
allem über zwei Dinge sprachen, über die Steuern und das
Essen. Dann stieß ich auf eine mir bis dahin nicht vertraute
Unflexibilität im Tagesablauf: Alle Verabredungen waren
viel verbindlicher, als ich es gewohnt war. Bisweilen mußte
man sogar eine Kaffeestunde wochenlang im voraus planen.
Mit nostalgischer Wehmut dachte ich an die Ungezwungen-
heit des Lebens in der Chodynka zurück.

Das war aber nur der Anfang. Zahlreiche Situationen
konnte ich überhaupt nicht einordnen. Einige allgemein-
menschliche Charaktereigenschaften kamen in beruflichen
Angelegenheiten mit einer Vehemenz zum Ausdruck, wie
ich es bis dahin nur im Privatleben kennengelernt hatte.
So mischte sich Eifersucht in die Beziehungen zwischen
Musikagenten, sie war spürbar auch noch in den Chefetagen
großer Schallplattenfirmen. In der professionellen Sprache
versuchte man diese Art der Bindung an ein Unternehmen mit Begriffen wie »Exklusiv-Künstler«, »General-
Management« oder »Personal Representative« zu eti-

kettieren. Daß mir mein Interesse an allem Neuen, meine Freude an kreativen Initiativen und Kontakten zum Nachteil ausschlagen würde, wer hätte das damals ahnen können. In vielen Dingen fing ich noch einmal als Lehrling an. Zunächst erlebte ich, wie allein in Deutschland fünf Konzertmanagements gleichzeitig um mich buhlten. Sie hatten früher schon, als ich noch Gast aus Moskau war, Tourneen oder einzelne Konzerte organisiert. Nun beanspruchte jedes dieser Büros das Recht, mich vertreten zu können, und versuchte die Konkurrenz mit attraktiveren Angeboten zu übertrumpfen. Zudem versuchte jeder Agent, mir das Gefühl zu geben, gerade er leiste die beste Arbeit und könne mich optimal betreuen. Die Art und Weise dieses Werbens um mich ähnelte den Gepflogenheiten auf einem Pferdemarkt. In meiner Unerfahrenheit konnte ich nicht herausfinden, wer es ehrlich und wirklich ernst meinte. Jeder war nett und aufmerksam und versuchte, auf alle meine Wünsche einzugehen. Wie hätte ich mich diesem Wohlwollen entziehen können, das mir plötzlich entgegengebracht wurde und das mir die Behörden jahrelang vorenthalten hatten? Dankbar bemühte ich mich, alle zufriedenzustellen. Das Gefühl, einiges nachholen zu müssen, weil ich viele Jahre nicht in den Westen hatte reisen dürfen, trieb mich an. Zu viele Projekte interessierten mich; ich sah wenig Grund, auch nur auf ein einziges zu verzichten. Daß ich zwischen den Engagements mir auch Zeit für Entspannung nehmen müßte, war eine weise Maxime, die ich noch nicht kannte und der zu folgen ich bis heute Schwierigkeiten habe.

Der Versuch, es allen recht zu machen, scheiterte schnell. Die Konzertagenturen, die mit Moskau weiterarbeiteten, wollten ihre Kontakte auf keinen Fall aufs Spiel setzen. Für sie wurde ich zur Gefahr, hatte ich doch jetzt Einblick in das hiesige Geschäftsgebaren. Auf der anderen Seite fanden all jene Agenten, die von Goskonzert fallengelassen worden waren oder nie mit ihm zusammengearbeitet hatten, an mir ein Interesse. Für sie war ich ein besonderes Zugpferd, das auf Dauer Gewinn versprach.

Vieles verstand ich nicht gleich, weil es sich im oft unergründlichen menschlichen Bereich abspielte oder auch weil die Mitwirkenden an diesem Spiel sich nicht der mir vertrauten Behördensprache bedienten. Erst nach und nach bekam ich mehr Durchblick und sah mich gezwungen, vom einen oder anderen Agenten Abstand zu nehmen, vor allem von denen, die die Geschäfte weiterhin nach Moskauer Art abwickeln wollten. Sie waren gewohnt, dem Künstler nur einen kleinen Teil ihrer Einnahmen zu bezahlen.

Viele Agenten machten von sich aus Rückzieher. Ihnen war die Pauschalabmachung mit Moskau wichtiger als das Geschäft mit einem Geiger, der auf seine Unabhängigkeit Wert legte. Sollte ich meine schwer erkämpfte Freiheit nun Impresarios opfern? Meine jahrelangen Erfahrungen als Exklusivpartner von Goskonzert hinderten mich mehr und mehr an dieser Art von Zusammenarbeit. Ich entwickelte eine regelrechte Allergie gegen rigide Bedingungen.

Bei den Schallplattenfirmen kamen schließlich die Deutsche Grammophon und Philips als Hauptbewerber in die engere Wahl. Kurz zuvor hatte ich auch bei EMI produziert, jener Firma, die hinter dem Karajan-Überfall stand und mich weiterhin als Exklusivkünstler engagieren wollte. Eine Duoaufnahme mit Andrei Gawrilow, nur im deutschsprachigen Raum veröffentlicht, war im Zeichen dieses Interesses entstanden. Noch aktiver war meine Zusammenarbeit mit Ariola-Eurodisc gewesen, deren Kontaktperson die mit allen russischen Künstlern gut befreundete Ljuba Kormout war. Diese Firma brachte die meisten meiner Moskauer Produktionen auf den westlichen Markt, was mich nahezu zur Treue verpflichtete, obwohl die Einnahmen bis heute ausblieben; die Lizenzen wurden in Moskau kassiert. Schließlich nahm ich die attraktiven Angebote der Deutschen Grammophon und von Philips an. Ich erkannte nicht sofort, daß auch die Deutsche Grammophon nicht nur meine Interessen wahrnahm, sondern Aufnahmen favorisierte, die Kombinationen mit ihren Exklusivdirigenten und Exklusivensembles vorsah. So beschloß ich, meine anderen Projekte bei Philips zu verwirklichen, wo man mir eine Art Carte blanche gab.

Wenige Monate, nachdem ich vor allem für die Deutsche Grammophon selbst wichtige Projekte abgeschlossen hatte, kam von dort ein verstimmter Brief. Darin teilte man mir mit, man ziehe sich aus den Verpflichtungen zurück. Außerdem wurde mir Vertragsbruch vorgeworfen. Ich war bitter enttäuscht über die Art, wie man Künstler zuerst ködert und nachher abschiebt, machte zugleich aber wichtige Erfahrungen im Lehrfach »Geschäftsdenken«, das ich nur widerwillig belegt hatte.

Kaum geringer war etwas später meine Enttäuschung über Terry Harrison, einen der wichtigsten Agenten der Branche. Sein Umgang mit Künstlern war gewinnend und fragwürdig zugleich. Er konnte für den einen oder anderen wie für einen Freund die Hand ins Feuer legen, Kontakte pflegen, über Kontinente fliegen, endlos diskutieren, Privatangelegenheiten regeln, jedes Konzert seiner Künstler besuchen und die besten Bedingungen für sie aushandeln. Man konnte keinen finden, der ebenso tüchtig und wohlwollend gewesen wäre. Seine Art hat auch mich schließlich für ihn eingenommen. Erst später begriff ich, daß Terry alles nur dann tat, wenn er das ganze Kapital des Künstlers, alle seine Verträge weltweit, Schallplatten- und Sonderrechte, inklusive der Werbespots, verwalten konnte. Seine Aufgabe sah er in einer Art Totaleinsatz, der ihm ein beträchtliches Einkommen sicherte. Nach seinen eigenen Angaben mußte Terry mit seinen Künstlern wenigstens 30000 Dollar pro Tag umsetzen, um sein Büro aufrechterhalten zu können.

Von Anfang an bekräftigte er, nicht nur mein Postamt sein zu wollen; vielmehr meldete er sein Interesse an allen meinen Aktivitäten an. Zum damaligen Zeitpunkt hatte ich schon einige Erfahrungen gemacht und fand es tatsächlich gut, nur einen Betreuer zu haben. Ich ließ mich auf Terrys Vorschlag ein, und so wurde er mit allen meinen Angelegenheiten außerhalb des deutschsprachigen Raums und Nordamerikas betraut. Zwei Jahre lang nahm ich jede kleinste Möglichkeit wahr, Terry zu treffen, mit ihm zu sprechen und ihm meine Vorstellungen nahezubringen. Vieles funktionierte dennoch nicht. Die meiste Arbeit leisteten weiterhin seine Sekretärinnen, die oft wechselten, weil sie seinen Streß und seinen Arbeitsstil nicht aushielten. Meine wichtigen Anliegen blieben auf der Strecke. Ich wollte nicht nur bekannter und besser werden. Ich wollte vor allem mir selbst treu bleiben und als Gidon Kremer der Welt etwas vermitteln.

Mehr als zwei Jahre war Terry mein Generalmanager und verkaufte mich als einen seiner vielen Stars. Daß sich die gleichen Fragen ständig wiederholten, enttäuschte mich besonders, weil ich während unserer Zusammenarbeit immer wieder zu erklären versuchte, worauf es mir in Musik und Beruf ankam. Er glaubte, schon früh erraten zu haben, was ich wirklich meinte. Als durch und durch wendiger Geschäftsmann konnte er nicht verstehen, daß das, was ich sagte, mir erhoffte, erklärte und wünschte, tatsächlich so gemeint war. Er fand mich »kompliziert« und ließ erkennen, daß er hinter meinen Worten etwas anderes vermutete als die Absichten, die ich ihm erläutert hatte. Auch in einer Geschäftsbeziehung ehrlich bleiben zu wollen ging offenbar über seinen Verstand. Mein im Sowjetstaat gelerntes Mißtrauen stieß auf das stark verbreitete Mißtrauen der Geschäftswelt. Diese Einsicht war für mich deprimierend. Geschäftsdenken kündigte sich mir in der neuen, der westlichen Welt als eine Art Krankheit, als Hauptfeind meines

Idealismus an. Zum Glück stieß ich im Lauf der Zeit auch auf andere Betreuer.

Herausforderungen ganz anderer Art stellten Auftragswerke und Uraufführungen dar. Über neue Beziehungen lernte ich neue Werke kennen; Manfred Gräter initiierte die Uraufführung von Hans Werner Henzes *Vitallino radoppiato*, wie später Robert Hurwitz von Nonesuch meine Beziehung zu John Adams pflegte und Heinz Holliger das Treffen mit Yuji Takahashi ins Leben rief. Ich blieb dennoch – und bin es bis heute – meinen Moskauer Kollegen treu. Ich empfand es als Pflicht, ihnen zu helfen, ihre Musik erklingen zu lassen.

Langsam wurde ich des Visumproblems mit den Vereinigten Staaten überdrüssig. Fast fünf Jahre reiste ich nun schon mehr oder weniger frei durch die Welt, seit zwei Jahren lebte ich definitiv im Westen. Aber noch immer besaß ich einen sowjetischen Paß. Auch mir erschien es bisweilen sonderbar, daß mir das Dokument nicht längst, wie den meisten anderen auch, weggenommen worden war. Viele, vor allem die Bürokraten im Westen, hätten gerne gewußt, was es wohl damit auf sich hat. Die einfache Erklärung, ich sei ein Ausnahmefall, überzeugte niemanden. Die Amerikaner konnten meinen komplizierten Status am wenigsten verstehen. Als ich 1977 zum ersten Mal in die Vereinigten Staaten einreiste, trug ich in das Visaformular zu der Frage, ob ich Mitglied einer kommunistischen Organisation gewesen sei, in aller Naivität ein »Ja« ein. Ich war mir damals keineswegs im klaren darüber, was das für Konsequenzen nach sich ziehen würde. Tatsache war, daß ich wie Millionen anderer Studenten und Jugendliche dem Komsomol, dem Kommunistischen Jugendverband, angehört hatte – vor zehn bis zwölf Jahren. Niemand hatte je etwas anderes von mir verlangt, als hie und da an Konzerten oder Veranstaltungen für die Jugend zu spielen und die monatlichen Gebühren zu bezahlen. So wie die Masse der anderen Gleichaltrigen brachte auch ich diese Aktivitäten nicht mit dem Kommunismus in Verbindung, es war eine der vielen Routine-Mitgliedschaften, die das System von uns verlangte. Die infantile Begeisterungsphase für den Kommunismus hatten wir im Alter von 14 oder 15 Jahren durchlebt, also noch bevor wir Mitglieder des Komsomol wurden. Die meisten wandten sich danach ganz und gar von der kommunistischen Idee ab.

Was in den Computern der amerikanischen Botschaften gespeichert wird, weiß ich bis heute nicht. Die Daten über mich wurden jedenfalls so verarbeitet, daß sie mich zum Kommunisten machten. Die Folge war, stets mit den gleichen Fragen belästigt zu werden, die mir immer mehr auf die Nerven gingen. Ich bemühte mich um eine »clearance«. Dies auch deshalb, weil die FBI-Agenten regelmäßig meine amerikanischen Freunde und Kollegen ausfragten, ob ihnen während der Tourneen mit mir nichts auffalle, ob ich mich nicht noch anderen Tätigkeiten als der Musik widme? Die Bratscherin Kim Kashkashian war entrüstet und antwortete den Funktionären jedesmal, sie sollten mich doch selbst fragen. Man forderte mich auf, im New Yorker Büro des FBI zu erscheinen. Ich wich aus und lud statt dessen die Gesprächspartner in meine Wohnung ein. Später kam es noch zu einem Treffen im State Department von Washington. So hatte ich wieder einmal Gelegenheit, die Denkweise von Beamten kennenzulernen.

Die Zusammenkünfte erinnerten mich sehr an die Besuche im ZK der kommunistischen Partei von Moskau: Ein Beamter stellte Fragen, ein anderer hörte aufmerksam zu. Die »Grey-coats« in New York unterschieden sich wenig von den »Grey-suits« in Washington. Sie wollten einfach die ganze Story von mir persönlich hören. Jedes Detail schien ihnen von Bedeutung zu sein, es gab Dutzende von Wiesos und Warums. Besonders merkwürdig kamen ihnen mein Sonderstatus, mein immer noch gültiger sowjetischer Paß und meine intensive Reisetätigkeit vor. Nach einem langen Monolog, in dem ich die ganze Geschichte der Entstehung meiner Sonderposition erklärte, gaben sie sich endlich zufrieden. Meine Situation war ihnen offensichtlich nun viel klarer, ihr Informationshunger schien gestillt. Zum Schluß aber stellte der Herr, der mir – wie vor kurzem noch Pjotr Demitschew – gegenübersaß, eine Frage, mit der ich am wenigsten gerechnet hatte: »Haben Sie je in der Vergangenheit oder vielleicht erst vor kurzem für den KGB gearbeitet?« »Mein Gott«, dachte ich, »gibt es auf der Welt denn nur Idioten?« Als ich Freunden diese Situation schilderte, bogen sie sich vor Lachen über die absurde Naivität dieser Agenten. Nur einer, der der Sowjetunion sehr kritisch gegenüberstand, sagte: »Wir sollten uns doch freuen, daß die Behörden in den USA so wachsam sind!«

Es kam, wie es kommen mußte. Der Weltbürger mit sowjetischem Paß und westlichem Aufenthaltsort fiel überall, im Westen und im Osten, wie ein weißer Rabe auf. So fand schließlich noch einmal ein Gespräch mit Wladimir Semjonow statt, damals sowjetischer Botschafter in Bonn. Auch der früher im Sportressort tätige Kulturattaché, Genosse Igor Maximytschew, war anwesend; er machte sich fleißig Notizen. Im Empfangszimmer Seiner Exzellenz sprachen wir diesmal sehr direkt miteinander, ohne die sonst üblichen Politfloskeln. Darin zeigte sich, wie sehr sich die Haltung der Behörden inzwischen verhärtet hatte. Vielleicht trug die Afghanistankrise dazu bei, möglicherweise war auch die gesamte Kulturpolitik unter Breschnew verschärft worden. Mein Interview im *Spiegel* nannte Semjonow kurz und bündig »beschissen«, er relativierte sein Urteil aber gleich mit der Äußerung, Journalisten verdrehten oft Aussagen oder manipulierten den Gesprächspartner mit ihren Fragen. Meine Idee, den Wohnsitz in den Westen zu verlegen, empfand Semjonow als befremdlich und überflüssig, schließlich könnte ich ja im Bedarfsfall jederzeit meine Eltern, die inzwischen nach Deutschland ausgereist waren, besuchen. Er legte mir dar, wie er mir in Moskau behilflich sein könne. Ich sollte mich doch dort umschauen, da zur Zeit von den Kremlbehörden Datschas verteilt würden: »Man wird bestimmt auch Ihnen entgegenkommen.« Offenbar glaubte er, mich wie viele andere mit der Zusage einer besseren Wohnung ködern zu können.

In den Ausführungen des Botschafters ging es vor allem um materielle Dinge. Er wollte einfach nicht zur Kenntnis nehmen, daß ich das System im ganzen ablehnte, hinter dem er doch trotz oder wegen seines Alters fest stand. Auch private Gründe ließ er nicht gelten, für die Kommunisten hatte der Staat immer Vorrang. Als er sah, daß er meinen Widerstand nicht brechen konnte, reagierte er irritiert. Er versprach zwar, in Moskau alles zu berichten, ließ jedoch nicht erkennen, ob er darunter den Antrag, das Interview, den Inhalt unseres Gesprächs oder seine Vorschläge verstand. In der Zwischenzeit sollte ich mir alles nochmals überlegen. Überaus beruhigt zeigte er sich, als ich meine Pläne erwähnte, Mitte Januar in Moskau meine nächsten Konzerte zu spielen. Das gab ihm die Möglichkeit, ohne Umschweife Verantwortung abzutreten: »Dann können Sie in Moskau alles weitere selbst besprechen«, sagte er deutlich erleichtert und begleitete mich mit den Worten aus dem Zimmer: »Ich bin sicher, daß Sie den richtigen Schritt tun werden, wir sind doch schließlich alle Sowjetmenschen.«

Zuvor aber hatte ich schon etwas viel Wichtigeres zu Papier gebracht.

Hiermit erkläre ich, im Dezember 1979 einen Antrag auf ständigen Wohnsitz in der Bundesrepublik Deutschland gestellt zu haben. Bei meiner Reise in die UdSSR verfolge ich lediglich das künstlerische Ziel, zwei Konzerte in Leningrad (am 22. und 23. Januar 1980) zu geben. Vor meiner Abreise bekam ich in der sowjetischen Botschaft in Bonn ein bis zum 5. März 1980 gültiges Ausreisevisum aus der UdSSR. Ich beabsichtige,

•••• INTERHOTEL ASTORIA LEIPZIG

GÄSTEPOST *Statement*

G Kremer

Gidon Kremer will erklären, daß, seitdem ich im 10.79 einen Antrag auf beständigen Wohnsitz in der BRD gestellt habe, ich bei meiner Reise in die UdSSR nur künstlerische Ziele verfolge – 2 Konzerte in Leningrad (am 22.-23.1.80) zu spielen.

Vor meiner Abreise bekam ich in der sowjetischen Botschaft in Bonn ein, bis zum 5.3.80 gültiges, Ausreisevisum aus der UdSSR.

Meinen Absichten nach soll ich am 24.1.80 in Heidelberg u. am 28.1.80 in Berlin zu Konzerten, u. danach zu Aufnahmen in London mit dem LSO u. Claudio Abbado absolvieren.

Es gibt keine Gründe von meiner Seite diese Verpflichtungen kurzfristig abzusagen.

Nur Gewalt kann mich dabei hindern. In diesem Fall bitte ich möglichst weit u. schnell diese Erklärung zu verbreiten um weitere Mißhandlung der soj. Behörden zu bremsen.

Ich bitte auch in diesem Fall die Regierung der BRD um Unterstützung als Künstler u. Person aus deutscher Familie stammend, die sich in der BRD als gewähltem Heimatland bekennt.

Weitere Begründungen u. Beweise befinden sich bei meinen in Heidelberg lebenden Eltern, bei der Familie Troben in Bergisch Gladbach, bei Herrn Polen in München u. der Konzertdirektion Dr. Goette in Hamburg.

G Kremer

München 20.1.80

Entwurf des »Statement« vom 20. Januar 1980

am 24. Januar 1980 in Heidelberg und am 28. Januar in Berlin Konzerte zu geben und danach in London mit dem London Symphony Orchestra unter Claudio Abbado Aufnahmen zu machen.

Es gibt keine Gründe von meiner Seite, diese Verpflichtungen kurzfristig abzusagen. Nur Gewalt kann mich daran hindern. Sollte es dazu kommen, bitte ich, möglichst breitgestreut und schnell diese Erklärung zu veröffentlichen, um weitere Übergriffe durch die sowjetischen Behörden zu verhindern.

Ich bitte in diesem Fall auch die Regierung der Bundesrepublik um Unterstützung für mich als Person und als Künstler, da ich aus deutscher Familie stamme und mich zu Deutschland als meinem gewählten Heimatland bekenne.

Weitere Erklärungen und Dokumente befinden sich bei meinen in Heidelberg lebenden Eltern, bei der Familie Frobeen in Bergisch Gladbach, bei Herrn Polzin in München und der Konzertdirektion Dr. Goette in Hamburg.

München, 20. Januar 1980

Gidon Kremer

Bevor ich nach Moskau fuhr, ließ ich mir versichern, daß dort ein Gespräch tatsächlich stattfinden würde. Die Botschaft bestätigte es und stellte mir ein Ausreisevisum aus. Am festgelegten Tag hatte ich mich im Ministerium einzufinden. Der eigentliche Zweck der Reise waren die zwei Konzerte in Leningrad. Beide Male sollte ich mit dem mir immer noch treu ergebenen Litauischen Orchester unter Saulius Sondeckis die von mir soeben einstudierten *Vier Jahreszeiten* von Vivaldi spielen. Die Aufführungen waren deshalb so wichtig, weil ich das Werk einige Wochen später in London mit Abbado auf Platten einspielen wollte. Eines war mir aber klar, Elena und ich durften auf keinen Fall mehr zusammen nach Moskau fahren. Sie mußte zurückbleiben und hier auf mich warten.

Schon bei meiner Ankunft am Flughafen in Moskau begannen die Schikanen. Sie galten weniger mir als meiner neu erworbenen Stradivari. Ich hatte sämtliche notwendigen Unterlagen bei mir, sogar Beweise, daß das Instrument nicht ganz bezahlt war und sich deshalb noch in fremdem Besitz befand. Das reichte dem Zöllner aber nicht aus, er blieb stur: »Ich kann die Stradivari nicht ins Land hereinlassen. Sie können das Instrument natürlich trotzdem mitnehmen, Sie werden es aber später nicht mehr ausführen können.« »Wieso denn das?« wunderte ich mich. »Wie soll ich wissen, daß es eine Stradivari ist?« »Ja, hier sind doch die Papiere und ein Photo.« »Das sind alles ausländische Unterlagen, die hier nichts bedeuten«, erwiderte der Mann gleichgültig. »Ich kann das nicht entscheiden.« »Wer kann es denn?« »Der zuständige Beamte ist heute nicht da.« »Aber ich muß doch in Leningrad ein Konzert spielen und kann nicht bis morgen warten.« »Was ich brauche, ist eine Bewilligung des Kulturministeriums.« »Sie wissen doch selbst, daß heute Sonntag und somit dort niemand zu erreichen ist.« »Das ist nicht mein Problem, sondern Ihres.« »Gut«, ich gab langsam auf, gegen diesen Stumpfsinn anzukämpfen. »Gibt es irgendeinen Weg, das Problem zu lösen? Ich muß mich jetzt beeilen, um meinen Zug nicht zu verpassen.« »Sie können die Geige auf eigenes Risiko mitnehmen, ich kann Ihnen aber nichts versprechen. Wir werden später sehen.« Es blieb mir nichts anderes übrig, als auf das Angebot einzugehen. Ich ließ die Geige trotzdem registrieren. Man fragte mich nach einem besonderen Kennzeichen, wie bei einer menschlichen Physiognomie. Dabei fiel mir das rettende Argument ein: Der Violine war im Geschäft auf der Innenseite des Bodens eine Registrationsnummer aufgeklebt worden. Ich reiste also in die Sowjetunion nicht mit einer Stradivari ein, sondern mit einem »Instrument eines unbekannten Meisters – Nummer 3679«. Damit würde sich hoffentlich auch der Beamte bei der Ausreise zufriedengeben.

Mit Elena auf einem Plattencover

Zu meinen Konzerten in Leningrad kamen riesige Menschenmengen, die Stimmung war einzigartig. Jeder Besucher hatte wohl wieder einmal das Gefühl: Es könnte der letzte Auftritt von Gidon Kremer sein. Das ewige Hin und Her wird man vielleicht nicht länger dulden. Vielleicht ist ihm sowieso längst die Lust vergangen, unser unmögliches Land zu besuchen. Diese und ähnliche Gedanken hatten wohl nicht wenige im Publikum.

Anschließend fuhr ich nach Moskau, wo mich am nächsten Tag der Vizeminister empfangen wollte, nicht aber der Minister selbst. Die Zeiten waren düsterer geworden, der liberale Wladimir Popow war offensichtlich entmachtet worden.

Der Vize hieß Barabasch. Lebten wir nicht in der Realität, sondern in der Literatur, würde der Name eine schöne Analogie zum Räuber Barabbas ergeben. Barabaschs Stimme erinnerte an diejenige des Ministers, auch er sprach leise und überzeugend. Viel hatte er mir allerdings nicht zu sagen: Man sei von mir enttäuscht. In dem Interview hätte ich mein Heimatland diskreditiert und damit das mir entgegengebrachte Vertrauen mißbraucht. Ich versuchte zu kontern: Die verabredete Regelung, meinen Fall als eine Art Experiment zu behandeln, sei nicht eingehalten worden. Ich betonte, daß ausschließlich private Gründe für meinen Wunsch nach einem Wohnsitz im Westen ausschlaggebend seien. Zum Schluß unterstrich ich nochmals meinen dringenden Wunsch, mit meinem Land künstlerische Kontakte pflegen zu können.

»Was meinen Sie damit?« fragte mich Barabasch. »Ganz einfach, das Natürlichste auf der Welt, ich würde gerne weiterhin in die UdSSR kommen und Konzerte geben.« »Und was wird mit Goskonzert passieren?« fragte Barabasch ungeduldig. »Das kann ich nicht beantworten, natürlich würden mit meinem neuen Wohnsitz Änderungen eintreten.« Es war ein Versuch, kein undiplomatisches Nein zu verwenden. »Als was wollen Sie dann Konzerte geben? Als Ausländer?« »Wieso? Als Musiker, als Geiger. Schließlich behalte ich ja den sowjetischen Paß und will auch weiterhin meinem Lande und meinem Publikum nützlich sein. Im musikalischen Bereich spielt der Wohnsitz nur eine kleine Rolle.« Alles legte ich auf den Tisch, außer daß ich inzwischen – dank meiner deutschen Mutter, also meiner Herkunft – auch im Besitz eines deutschen Passes war.

»Ein sowjetischer Künstler, der im Ausland wohnt, ist kein sowjetischer Künstler mehr!« Diese rigide Formel als politisches Statement der Sowjetunion besiegelte meine Zukunft für die nächsten acht Jahre, was ich nicht ahnte. Wie der Kranke auf ein Wundermittel und der Gefangene auf eine Amnestie hofft, hoffte auch ich auf Änderungen im politischen Leben, die eines Tages eintreten würden. Dieses »eines Tages« wurde allmählich zur Lebensphilosophie aller, die im Lande bleiben wollten oder mußten. Eine gewisse Zuversicht erfüllte auch mich, als ich das Kabinett verließ – die Hoffnung nämlich, daß ich im Laufe des nächsten Monats mit jemandem »von oben« sprechen könnte, der weiser und wichtiger wäre. Barabasch fragte mich noch nach meinem nächsten Konzert in Moskau, das in einigen Wochen stattfinden sollte.

Vor der Abreise schrieb ich einen privaten Brief an Walentin Falin, worin ich mich nochmals für seine Intervention vor zwei Jahren bedankte und die jetzigen Umstände mit den damaligen verglich. Dieser Brief blieb jedoch unbeantwortet. Nun hoffte ich, daß mir und der »Nummer 3679« bei der Ausreise nichts passieren würde. Zum Glück verlief alles reibungslos.

Bald war ich wieder in München bei Elena; später fuhr sie allein ihre Eltern besuchen. Wir wußten aber nicht, wann wir von unseren Freunden, Verwandten und meiner Tochter Lika, die ich ohnehin selten sah, gänzlich getrennt sein würden, wir ahnten aber, daß dies auf uns zukam.

Elena und ich verstanden uns hervorragend, was ihre Mutter kaum glauben konnte. Sie erkundigte sich immer wieder, ob »wirklich alles in Ordnung« sei. Ich konnte ohne jegliche Zweifel antworten: »Ja, wirklich – wie im Märchen, es stimmt einfach.« Es war beinahe zuviel des Guten, daß wir jetzt in der freien Welt lebten und dazu auch noch glücklich waren.

Der Februar 1980 kam, eine Bestätigung des Konzerttermins in Moskau traf in der Bonner Botschaft ein. Daraufhin wurde mir ein Visum ausgestellt. Ich sollte am 20. Februar mit den Moskauer Philharmonikern das selten gespielte Schumann-Konzert im vertrauten Tschaikowski-Saal aufführen. Es war ein Abonnementskonzert unter der

Leitung von Dmitri Kitajenko, der das Orchester von Kirill Kondraschin übernommen hatte. Ich freute mich auf das Konzert und auf den Besuch, war neugierig, welches Gespräch mich im Ministerium erwarten würde. Wird man sich um Kontakte mit Goskonzert bemühen? Wird man auf finanziellen Abgaben bestehen? Was wird ihnen sonst noch einfallen?

Doch es kam anders. Das Konsulat in Bonn teilte uns telephonisch mit, bei ihnen sei ein Telegramm aus Moskau eingetroffen mit der Nachricht, mein Konzert sei abgesagt worden. Es würde ein anderes Werk mit einem anderen Solisten aufgeführt. Zeugen berichteten mir später, daß das Plakat, welches mein Konzert ankündigte, überklebt worden war. Das war ein klares Indiz, ein Beweis für die Haltung, die Barabasch vertreten hatte. In der Tat, die zwei Jahre »Urlaub« im Westen, die ich der sowjetischen Kulturbürokratie abgetrotzt hatte, waren inzwischen abgelaufen. Aus Moskau kamen eindeutige Signale, daß mir dieser Sonderstatus nicht länger zugebilligt werden würde. Das haben wir in den kommenden Monaten in der Botschaft öfters gehört. Mir sind die Forderungen Punkt für Punkt im Gedächtnis hängengeblieben, die Genosse Maximytschew aus seinem kleinen Notizheft vorlas: Wir sollten unverzüglich in unsere Heimat zurückkehren. Dort sollten wir unsere Konzerttätigkeit weiterhin ausüben in der Weise, wie sie dem Standard der sowjetischen Künstler entsprach. Von Elena wurde verlangt, ihre Studien am Konservatorium fortzusetzen. Schließlich wurde uns zugesichert, daß unser Wohnungsproblem »gelöst« werde. Falls wir auf dieses großzügige Angebot nicht eingehen würden, drohte die Ausbürgerung, wurden wir gewarnt.

Genau das wollte ich aber vermeiden. Wer ausgebürgert war, weil er um politisches Asyl nachgesucht hatte oder als Dissident oder auf andere Weise bei den Sowjets in Mißkredit geraten war, dem wurde der Stempel des »Volksverräters« aufgedrückt. So einfach wollte ich es aber den sowjetischen Behörden nicht machen. Ich war weder ein Staatsfeind noch ein Abtrünniger und schon gar kein Volksverräter, ich hatte diese Art Etikett nicht verdient. Mit meiner ganzen Aktion hatte ich schließlich lediglich das Recht des Menschen auf freie Wahl seines Wohnsitzes verteidigt, ein Recht, das nach meiner Meinung auch für Sowjetbürger gelten sollte. Wieder ging es mir darum, *meinen* Weg, *meine* Form der Lösung des Konflikts zu finden. Als klar war, daß ich nach Moskau nicht zurückkehren, sondern auf meinem Recht der freien Wahl von Wohn- und Arbeitsort bestehen würde, wurde uns als »mildere« Variante ein Antrag zum Verzicht auf die sowjetische Staatsangehörigkeit angeboten. Beim Ausfüllen des Formulars führte ich als Grund meines Gesuchs nicht nur die Zusammenführung meiner Familie, mit meinen Eltern, an, sondern vor allem, daß unsere Bitte um Genehmigung eines Wohnsitzes in Deutschland mehrfach schnöde abgelehnt worden war. Nachdem wir in der Bonner Botschaft unsere Antragsformulare abgegeben hatten, hörten wir lange nichts aus Moskau. Auf diese Weise behielten wir jedoch unseren sowjetischen Paß, was allerdings nicht bedeutete, daß wir in der Sowjetunion hätten Konzerte geben können. Erst 1988, mit der Perestroika, änderten sich die Verhältnisse. Auch für uns.

Epilog

Nun lebten Elena und ich im Westen nicht mehr als Gast, sondern als Bürger. Das bedeutete für uns eine neue Herausforderung. Zum Glück hielten wir in dieser Situation zusammen.

Paris wurde zu unserer Stadt. Leider aber währte unser Zusammenleben nicht mehr lang. Eines Tages mußten wir beide einsehen, daß die Trennung unausweichlich war. Es ist aber gelungen – wie schon vorher mit Tatjana, Ksenija und Magdalena –, unsere Freundschaft trotz aller Widerstände aufrechtzuerhalten. Das Festival von Lockenhaus ins Leben zu rufen – mit der aktiven Unterstützung des musikbesessenen Pfarrers Josef Herowitsch – war unsere letzte gemeinsame Initiative. Seit über 20 Jahren treffen hier Musiker und Musikliebhaber zu einer kammermusikalischen Sommerwerkstatt zusammen, einem Treffpunkt des Musizierens weitab vom Kommerz und den Zwängen des Musikbetriebs.

Vieles ist seither geschehen, vieles hat sich im künstlerischen, im persönlichen Bereich, aber auch in Politik und Gesellschaft, verändert, zum Teil so radikal, daß auch einiges aus der geschilderten Vergangenheit in neuem Licht gesehen werden muß. So scheint doch – auch wenn die Fakten über die Zeit nach 1980 einer späteren Beschreibung vorbehalten bleiben – eine Reflexion aus der Distanz von wiederum zehn Jahren hier angebracht. Denn die Erfahrungen, die ich mittlerweile auch im Westen machen konnte,

Die Kremerata Baltica

relativieren manches Bild, lassen vor allem aber einen besseren Vergleich zwischen der Sowjetunion und dem Westen zu. Haben wir nicht alle – ob Musiker, Mediziner oder Juristen – kostenlos die Schule bis zum Abitur besucht und studiert? Haben wir nicht alle geglaubt, das sei normal und weltweit so Usus? Ein Vergleich im übrigen, der den notorischen Schwarzweißmalern kaum gefallen dürfte.

Damals konnte freilich niemand ahnen, daß die Sowjetunion nur noch zehn Jahre vor sich haben würde und ich mich bald zu Lettland, nach Wiederherstellung der unabhängigen Lettischen Republik, als meiner eigentlichen Heimat bekennen würde. Wenige Jahre nach dem

Zusammenbruch der Sowjetunion, 1997, habe ich die Kremerata Baltica ins Leben gerufen, ein Ensemble mit vielen jungen Musikern der wieder selbständigen baltischen Staaten, dessen Schicksal mir besonders am Herzen lag und mit dem ich seither weltweit viele Konzerte gegeben habe. Die Kremerata wurde fast zu meinem Zuhause. Neue wundervolle Persönlichkeiten unter den osteuropäischen Komponisten wie Leonid Desjatnikow, Gija Kantscheli, Walentin Silwestrow, Alexandr Raskatow, Peteris Vasks und Alexandr Wustin bauen mit ihren Werken an diesem »Zuhause«.

1988 kehrte ich zum ersten Mal als Musiker in die Sowjetunion zurück. In den neunziger Jahren wurde mir der russische Staatspreis für Kultur verliehen, auch für meine Unterstützung eines Schnittke-Festivals in Moskau. Vor kurzem erhielt ich sogar den »Triumf«-Preis, der in Rußland – ähnlich wie der »Oscar« in der Filmindustrie – alljährlich von einer Jury, die ausschließlich mit Künstlern besetzt ist, vergeben wird.

Immer häufiger stelle ich mir die Frage des Musikmachens, in der Sowjetunion, im Westen und in Rußland, das sich heute immer mehr dem Westen annähert, leider nicht nur in positiver Weise. Jenen Sinn des Musikmachens, wie wir ihn in der unglücklichen Sowjetunion empfanden – als eine Art Widerstand, als Aufopferung, gar als »vertontes Gewissen« –, haben heute nur noch sehr wenige begabte junge Musiker im Kopf. Das Starsystem, bei dem der große Umsatz zählt, ist der Motor, der die Musikwelt antreibt. Quantität triumphiert über Qualität, große Namen sind wichtiger als der musikalische Inhalt. Das Publikum zahlt mit teurem Geld für seinen »Kunstgenuß«, den die großen Namen versprechen – insgesamt eine traurige Entwicklung. Immer weniger wird verstanden, daß Kunst einen Weg zu unseren Emotionen eröffnet, zu Emotionen freilich, die nicht nur reine Freude und heitere Gefühle bedeuten. Musik als Medium der Besinnung wird zugunsten der Funktion platter Unterhaltung verdrängt. Musik wird dann nicht geatmet und gelebt, sondern »nebenbei« konsumiert. Das permanente Lächeln unserer Reklamewelt wirkt als Fassade eines eigentlich kranken Kosmos, aus dem alle Probleme und Ängste verdrängt werden. Künstler sollten aber ihre Berufung ernst nehmen, gerade diese problematischen Aspekte unserer Existenz anzusprechen, statt ausschließlich ihren persönlichen Ehrgeiz zu befriedigen.

In einem totalitären System paßt man sich dem totalitären Dämon an wie in einem freieren System den Bequemlichkeiten der Gesellschaft. Die Sowjetunion als ein den Menschen aufgezwungenes System hatte gleichwohl in manchen Künstlern das Bedürfnis hervorgerufen, ihrem Gewissen, besser vielleicht: ihrem metaphysischen Gewissen zu folgen. Kunst wurde als etwas Ethisches empfunden, das sich dem herrschenden System zu widersetzen hatte. Diese Art des notwendigen Widerstands von Kunst scheint mir im Westen gefährdet zu sein, nicht zuletzt auch aus jenem Grund, den Mauricio Kagel meinte, als er beklagte, daß Komponisten zu oft für Komponisten komponierten. Ich könnte das weiterführen: Erfolgreiche Künstler widmen zu oft ihre Tätigkeit nur dem eigenen Erfolg.

Gefährdet aber ist die Kunst auch, weil der Erfolg eines jungen Künstlers daran gemessen wird, wie schnell, wie laut er spielt und wie gefällig er sich produziert, welchen Manager er hat und wieviel Umsatz er mit seinen Aufnahmen macht.

Der jugoslawische Dissident Michailo Michailov sagte einmal, in einer Gefängniszelle habe man mehr Freiheit als in einem freien Staat. Was er meinte, war die Freiheit des Geistes, die sich selbst in der Sowjetunion einige bewahren konnten. Die Lähmung des freien Geistes hält aber in Rußland bis heute an. Früher bekam man gesagt, was man zu tun und zu lassen hatte, man hatte keine Verantwortung,

nur ein miserables Gehalt, dafür aber Sicherheit. Deshalb
wünschen sich einige das alte System zurück. Das legendäre
russische Publikum von damals – es kann sich heute die
Konzertkarten nicht leisten. Heute muß jeder selbst Entscheidungen treffen und mit der Freiheit umgehen lernen.
Diese Freiheit erscheint den Menschen aber vielfach wie
ein Synonym für den kapitalistischen Wettkampf, nicht wie
jene große Chance, den freien Geist zu entwickeln, die wir
uns im Westen vorstellten und um die wir ihn beneideten.
Wenn ich zurückblicke auf die Entwicklung der letzten
Jahre und Vergleiche mit früher anstelle, wird mir aber vor
allem eines immer bewußter: die Rolle der Persönlichkeit,
die große Bedeutung von Menschen, die sich rigiden Gesetzen nicht beugen, die zu ihren Aufgaben stehen, ihren
individuellen Lebensweg suchen, die Ideale haben und sie
unbeirrt verfolgen. Wichtig bleibt die Frage: Wie finde ich
meine eigene Stimme? Wenn man sie sucht und gar findet, ob es nun eine kleine Stimme ist oder eine große, eine
schöne oder weniger schöne, so hat man einen Sieg errun-

gen. Es ist ein schwieriger Weg. Aber vielleicht ist die Schilderung des Weges, den ich persönlich gegangen bin und noch gehe, ein kleiner, ermunternder Hinweis. In diesem riesigen Chor, den der sowjetische Staat darstellte, scheinen mir noch immer jene persönlichen Stimmen die schönsten gewesen zu sein, die sich einfach weigerten mitzusingen. Wie es der große Luigi Nono mit einem Spruch, den er als Inschrift in einem Kloster in Toledo gefunden hatte, oft sagte: »Es gibt keinen Weg, aber wir müssen gehen...« Und für diesen Weg ist letztlich nicht ein System, sondern jeder selbst verantwortlich.

Danksagung

Von Herzen möchte ich mich bei all jenen bedanken, die mitgeholfen haben, aus diesen vor zwölf Jahren zu Papier gebrachten Aufzeichnungen ein Buch zu machen. Vor allem Ruth Wlodarczak, die als erste, selbstlos und generös, den »Urtext« verarbeitete, und Wolfgang Sandner, der über Jahre hinweg im ständigen Dialog mit mir das Manuskript in die vorliegende Form brachte. Seinem sicheren Stilgefühl und der einfühlsamen Redaktion von Renate Dörner ist es zu verdanken, daß ich den Text als meinen eigenen empfinde. Bei Klaus Stadler im Lektorat liefen alle Fäden zusammen. Uwe Steffen war ein kenntnisreicher und geduldiger Setzer. Bessere Partner konnte ich mir nicht wünschen. Schließlich geht mein Dank an meine Managerin Sonja Simmenauer und ihr Team, die den Kontakt zwischen Verlag und Autor zuverlässig organisierten.

Ich freue mich, diesen Teil meiner Autobiographie am Vorabend des 80. Geburtstags meiner Mutter, die immer an mich und den Sinn dieser Veröffentlichung geglaubt hat, abzuschließen.

Und schließlich sei all der vielen gedacht, die mich auf diesem Stück meines Lebenswegs begleitet, mir Kraft geschenkt und Unterstützung gewährt haben. Ihnen allen gilt mein Dank.

São Paulo – Buenos Aires, im November 2002   *Gidon Kremer*

Bildnachweis

Autor und Verlag haben sich bemüht, alle Inhaber von Bildrechten ausfindig zu machen. Dies ist nicht in allen Fällen gelungen. Wir bitten gegebenenfalls um entsprechende Hinweise an den Piper Verlag.

Ralf Hinterkeuser: S. 375
Barbara Klemm, Frankfurt am Main: S. 2
Privatarchiv Gidon Kremer: S. 25, 43, 79, 83, 85, 86, 106, 168, 213, 234, 240, 242, 247, 295, 314, 353, 363
Siegfried Lauterwasser, Überlingen: S. 204
Evelyn Richter, Leipzig: S. 17
Jochen Richter: S. 366
Wolfgang Roloff, Mannheim: S. 372
Paul Sacher Stiftung, Basel (Sammlung Sofia Gubaidulina): S. 316
Universal Edition, Wien: S. 244

Personenregister

Abbado, Claudio 232 f., 319 f., 364

Abrassimow, Pjotr 146–150, 152

Achmatowa, Anna 51

Adams, John 359

Adorno, Theodor W. 97

Antonioni, Michelangelo 15 f.

Arafat, Jassir 282

Argerich, Martha 54, 211, 283

Arrau, Claudio 55

Ashkenazy, Shmuel 82

Bacewicz, Grażyna 130

Bach, Johann Sebastian 39, 80, 104 f., 132, 137, 189, 209 f., 219, 221, 233, 239, 351

Barabasch, Juri 367–369

Barenboim, Daniel 131

Barinowa, Galina 17

Bartók, Béla 14, 52, 59, 107, 116, 274

Baryschnikow, Michail 223

Baschkirow, Dmitri 230, 252, 276, 368

Baschkirowa, Elena *siehe* Kremer, Elena

Baschmet, Juri 228, 322, 324, 326 f., 339, 352 f.

Beckett, Samuel 126

Beethoven, Ludwig van 39, 53, 59, 104, 133, 140, 175 f., 185–187, 219, 226, 230–232, 274, 281, 284, 297, 305, 323 f.

Belenki, Boris 17

Berg, Alban 52, 337

Bergman, Ingmar 10

Berio, Luciano 226

Bernstein, Leonard 39, 74 f., 211 f., 220, 346

Bing, Rudolf 332

Böhm, Karl 55, 160

Bondarenko, Pjotr 14, 24–29, 57, 59, 70, 81 f., 174

Brahms, Johannes 14, 33 f., 51, 92, 135, 175, 201 f., 204, 206, 208, 210, 281 f., 305, 307

Braun, Hermann 130 f.

Brel, Jacques 55

Breschnew, Leonid 183, 266, 302, 351, 361

Britten, Benjamin 107

Bruckner, Anton 209, 322

Brückner, Karl 38, 51, 63, 66, 100 f., 130, 156, 216

Brückner, Nora 32, 37 f., 66, 156

Bunin, Iwan 231

Byron, Lord 62

Cage, John 127

Callas, Maria 54 f., 87, 332

Carreras, José 128

Chatschaturjan, Aram 18, 53

PIPER

Gidon Kremer
Kindheitssplitter

232 Seiten. Serie Piper

»Warum eigentlich bin ich Geiger geworden – und nicht
Eisenbahnschaffner oder Feuerwehrmann?« fragt sich
Gidon Kremer in der Mitte seiner vierziger Jahre, auf der
Höhe einer Weltkarriere als Geiger. Da zieht er sich eine
Weile aus dem Trubel seiner internationalen
Konzertverpflichtungen zurück – und erinnert sich.
Herausgekommen sind bei dieser Erinnerungsarbeit Szenen
einer intimen Reise durch eine Nachkriegskindheit in der
ehemaligen Sowjetunion, ein Porträt von eigentümlichem Reiz
und von spröder Innigkeit, geprägt von dem Grundmotiv
großer Wahrhaftigkeit. Gidon Kremer ist ein Grenzgänger
unter den virtuosen Geigern der Gegenwart. Die Suche
nach den eigenen, unverwechselbaren Tönen in der Musik
heißt für ihn, nicht nur im Reich der Musik die Grenzen
auszuloten, sondern auch in der eigenen Persönlichkeit.

01/1274/01/R

PIPER

Hans Heinrich Eggebrecht
Musik im Abendland

Prozesse und Situationen vom Mittelalter bis zur Gegenwart
838 Seiten mit 16 Seiten teils farbigen Abbildungen.
Serie Piper

»Musik im Abendland« – das ist die seit langem erwartete Musikgeschichte in einem Band des international renommierten Musikwissenschaftlers Hans Heinrich Eggebrecht. Sein großes Werk beschreibt und erzählt die Geschichte der Musik von der Entstehung der Mehrstimmigkeit im 9. Jahrhundert bis in unsere Zeit. Der Leser soll hier Musikgeschichte erleben, im Sinn existentieller Berührung. In vorbildlicher Weise ist es dem Autor gelungen, die Ansprüche, die sein Thema stellt, und die Verständlichkeit des Schreibens durch seine Art des Erzählens zu vermitteln.

»So beschert uns das Werk nicht nur einen Kosmos höchst quaifizierter Informationen, sondern auch reichlich intellektuelle An- und Aufregungen.«
Süddeutsche Zeitung

PIPER

Harald Eggebrecht
Große Geiger

Kreisler, Heifetz, Oistrach, Mutter, Hahn & Co. Mit einem
Vorwort von Joachim Kaiser. 472 Seiten mit 79 Abbildungen

Spätestens seit Niccolò Paganinis skandalumwitterten Auftritten lassen sich viele Menschen von den Artisten auf den vier
Geigensaiten faszinieren. Engel und Teufel, Hohepriester, ur-
wüchsige Zigeuner, mondäne Stars, Rattenfänger, sensible
Einzelgänger. Das sind nur einige der Etiketten, mit denen die
großen Geigerinnen und Geiger versehen werden. Ihr Spiel, ihre Musik, Besonderheiten ihrer Interpretationen, ihr Einfluß
auf die Komponisten ihrer Zeit, ihr Leben und Schicksal – davon erzählt Harald Eggebrecht. Von Joseph Joachim, Pablo de
Sarasate und Eugene Ysaye als den »Ahnen« über Fritz Kreisler, Bronislaw Huberman, Jascha Heifetz, Ginette Neveu, Nat-
han Milstein, Yehudi Menuhin, David Oistrach, Isaac Stern,
Ida Haendel, Gidon Kremer, Victoria Mullowa, Anne-Sophie
Mutter, Frank Peter Zimmermann bis zu den »Geigenwun-
dern« der letzten Jahre wie Vadim Repin, Maxim Vengerov,
Hilary Hahn und Julia Fischer spannt sich der Bogen. Entstanden ist so ein facettenreiches und lebendig erzähltes Kompendium über die wichtigsten Geiger und das Geigenspiel in den
letzten 100 Jahren.

PIPER

Yehudi Menuhin
Unvollendete Reise

Lebenserinnerungen. Aus dem Englischen von Isabella
Nadolny und Albrecht Roeseler. 480 Seiten

»Die Geschichte dieser geradezu fabulösen Künstlerkarriere ist
den Enthusiasten bekannt: seine Konzerte unter Toscanini,
Busch, Bruno Walter und Furtwängler, seine Begegnungen mit
Bartók und Enesco, seine Freundschaft mit Oistrach und Ca-
sals, seine Tourneen mit Benjamin Britten, Wilhelm Kempff,
Gerald Moore und Schwester Hephzibah, seine Zusammenarbeit mit Karajan und Pierre Boulez, seine Betätigung als Dirigent und als Leiter der Festivals in Gstaad, Bath und Windsor.
Aber vom Privatleben dieses Künstlers, seinen jugendlichen
Träumen ›der Menschheit Frieden zu bringen‹, den Illusionen,
die Völker durch Musik zu versöhnen, von seiner großen Begabung zur Freundschaft wußte man bislang zu wenig ...Was
Menuhin den meisten Lebenserinnerungen voraus hat, ist die
hohe Intelligenz und sein erzählerischer Charme.«
Frankfurter Allgemeine

PIPER

Humphrey Burton
Menuhin

Die Biographie. Aus dem Englischen von Harald Stadler. 527
Seiten. Mit 45 Abbildungen auf Tafeln und 27 im Text. Geb.

Als Yehudi Menuhin im März 1999 während einer Konzertreise durch Deutschland überraschend starb, trauerte nicht nur die
musikalische Welt über diesen Verlust. Denn Menuhin war
weit mehr als ein Jahrhundertgeiger und vielgefragter Dirigent,
er war auch ein Visionär und Humanist, der sich bis zuletzt politisch engagierte und für seine humanitären Projekte einsetzte.
Geboren 1916 in New York als Sohn russisch-jüdischer Ein-
wanderer, trat er im Alter von acht Jahren erstmals als Solist
bei einem großen öffentlichen Konzert auf. Innerhalb von nur
fünf Jahren erlangte er Weltruhm. Der Geiger Menuhin wurde
zum bestbezahlten Künstler der Vorkriegszeit. Nach dem
Zweiten Weltkrieg setzte er sich für Wilhelm Furtwängler ein
und trat sehr früh wieder in Deutschland auf. Er protestierte
gegen die Apartheid in Südafrika und gegen die Unterdrückung von Künstlern in der Sowjetunion, gründete Schulen,
Festivals und Projekte wie »Live Music Now«. In seinen späteren Jahren war er dann mehr und mehr als Dirigent in der
ganzen Welt tätig.